高等学校工程管理类本科指导性专业规范配套教材

编审委员会名单

编委会主任： 任　宏　重庆大学

编委会副主任： 李启明　东南大学

　　　　　　　　乐　云　同济大学

编委会成员： 陈起俊　山东建筑大学

　　　　　　　乐　云　同济大学

　　　　　　　丁晓欣　吉林建筑大学

　　　　　　　李启明　东南大学

　　　　　　　李忠富　大连理工大学

　　　　　　　郭汉丁　天津城建大学

　　　　　　　刘亚臣　沈阳建筑大学

　　　　　　　任　宏　重庆大学

　　　　　　　王立国　东北财经大学

　　　　　　　王孟钧　中南大学

　　　　　　　赵金先　青岛理工大学

　　　　　　　周天华　长安大学

高等学校工程管理类本科指导性专业规范配套教材

高等学校土建类专业"十三五"规划教材

工程经济学

第二版

李明孝　主　编

赵　旭　黄湘红　副主编

化学工业出版社

·北京·

本书为高等学校工程管理类本科指导性专业配套教材，高等学校土建类专业"十三五"规划教材。本书以 2006 年国家发改委、建设部编写的《建设项目经济评价方法与参数》为指导，参考全国建筑行业执业资格要求，采用理论和实例相结合的方法，全面系统地介绍了工程经济学的基本理论、评价指标和分析方法，以及这些理论和方法在工程建设或投资项目经济分析、设备更新等决策工作中的应用。具体内容包括工程经济学的基本概念、工程经济学的产生与发展历程、现金流量与工程经济基本要素、资金时间价值理论、工程经济评价的基本指标、多方案比较与选择的方法、工程项目的不确定性分析与风险分析、工程项目的可行性研究与后评估、设备更新的经济分析、价值工程等。

本书清楚地表达工程经济学各种概念、方法及原理的本质特征与相互联系，适应现代社会经济建设对工程经济学教学与应用的新要求，符合培养高等应用型人才的教育宗旨。本书既可作为工程管理和土木工程等专业的本科生与研究生教材，也可供各类工程技术人员学习参考，还可作为建筑行业各类执业资格考试参考用书。

图书在版编目（CIP）数据

工程经济学/李明孝主编．—2 版．—北京：化学工业出版社，2017.12（2022.7重印）
高等学校工程管理类本科指导性专业规范配套教材
ISBN 978-7-122-31023-1

Ⅰ.①工⋯ Ⅱ.①李⋯ Ⅲ.①工程经济学-高等学校-教材
Ⅳ.①F062.4

中国版本图书馆 CIP 数据核字（2017）第 282951 号

责任编辑：陶艳玲　　　　　　　　装帧设计：刘丽华
责任校对：王素芹

出版发行：化学工业出版社（北京市东城区青年湖南街 13 号　邮政编码 100011）
印　　装：天津盛通数码科技有限公司
787mm×1092mm　1/16　印张 19　字数 461 千字　2022 年 7 月北京第 2 版第 6 次印刷

购书咨询：010-64518888　　　　　　　　售后服务：010-64518899
网　　址：http://www.cip.com.cn
凡购买本书，如有缺损质量问题，本社销售中心负责调换。

定　价：49.00 元　　　　　　　　　　　　　　　　　　版权所有　违者必究

本书编写人员

主　　编　李明孝

副 主 编　赵　旭　黄湘红

参编人员　靳鹏伟　杜　宇　武　芸
　　　　　伍腾峰　胡婷婷　黄　金
　　　　　苏永波

我国建筑行业经历了自改革开放以来20多年的粗放型快速发展阶段,近期正面临较大调整,建筑业目前正处于大周期下滑、小周期筑底的嵌套重叠阶段,在"十三五"期间都将保持在盘整阶段,我国建筑企业处于转型改革的关键时期。

另一方面,建筑行业在"十三五"期间也面临更多的发展机遇。国家基础建设固定资产投资持续增加,"一带一路"战略提出以来,中西部的战略地位显著提升,对于中西部地区的投资上升;同时,"一带一路"国家战略打开国际市场,中国建筑业的海外竞争力再度提升;国家推动建筑产业现代化,"中国制造2025"的实施及"互联网+"行动计划促进工业化和信息化深度融合,借助最新的科学技术,工业化、信息化、自动化、智能化成为建筑行业转型发展方式的主要方向,BIM应用的台风口来临,面对复杂的新形式和诸多的新机遇,对高校工程管理人才的培养也提出了更高的要求。

为配合教育部关于推进国家教育标准体系建设的要求,规范全国高等学校工程管理和工程造价专业本科教学与人才培养工作,形成具有指导性的专业质量标准。教育部与住建部委托高等学校工程管理和工程造价学科专业指导委员会编制了《高等学校工程管理本科指导性专业规范》和《高等学校工程造价本科指导性专业规范》(简称"规范")。规范是经委员会与全国数十所高校的共同努力,通过对国内高校的广泛调研、采纳新的国内外教改成果,在征求企业、行业协会、主管部门意见的基础上,结合国内高校办学实际情况,编制完成。规范提出工程管理专业本科学生应学习的基本理论、应掌握的基本技能和方法、应具备的基本能力,以进一步对国内院校工程管理专业和工程造价专业的建设与发展提供指引。

规范的编制更是为了促使各高校跟踪学科和行业发展的前沿,不断将新的理论、新的技能、新的方法充实到教学内容中,确保教学内容的先进性和可持续性;并促使学生将所学知识运用于工程管理实际,使学生具有职业可持续发展能力和不断创新的能力。

由化学工业出版社组织编写和出版的"高等学校工程管理类本科指导性专业规范配套教材",邀请了国内30多所知名高校,对教学规范进行了深入学习和研讨,教材编写工作对教学规范进行了较好的贯彻。该系列教材具有强调厚基础、重应用的特色,使学生掌握本专业必备的基础理论知识,具有本专业相关领域工作第一线的岗位能力和专业技能。目的是培养综合素质高,具有国际化视野,实践动手能力强,善于把BIM、"互联网+"等新知识转化成新技术、新方法、新服务,具有创新及创业能力的高级技术应用型专门人才。

同时,为配合做好"十三五"期间教育信息化工作,加快全国教育信息化进程,系列教材还尝试配套数字资源的开发与服务，探索从服务课堂学习拓展为支撑网络化的泛在学习，为更多的学生提供更全面的教学服务。

相信本套教材的出版，能够为工程管理类高素质专业性人才的培养提供重要的教学支持。

高等学校工程管理和工程造价学科专业指导委员会 主任
任宏
2016 年 1 月

前言

本书第 1 版自 2011 年出版以来，因其体系完整、讲解清晰而被列为"十二五"规划教材，被国内许多高等院校工程类专业选定为"工程经济学"课程的指定教材或教学参考书，也成为建筑行业注册造价工程师、一级建造师等各类执业资格考试参考用书，受到广大专业教学工作者和读者的好评，到目前为止，已经连续印刷了 6 次，累计已发行超过 20000 册。但随着我国社会经济的快速发展，国家经济政策的调整，本书第 1 版存在的缺陷和局限性越来越明显，为适应新形势下现代社会经济建设的实际需要，全面提高本书的质量，进一步满足专业教学，更好地服务于社会，我们对本书进行了一次较为全面的修订，除了修正第 1 版中的疏漏之外，还对部分章节进行了充实，特作以下几点说明。

1. 保持原书的体系、结构不变，对部分章节内容进行了调整、充实，但避免过多地增加篇幅，本书简明扼要的编写风格依然没有改变；

2. 进一步修正了原教材中存在的问题与疏漏；

3. 根据国家相关政策规定，调整了有关税费、投资、资本金制度等内容；

4. 为体现培养高等应用型人才的宗旨，参考全国建筑行业执业资格要求，对工程经济分析的基本要素、资金时间价值等部分进行了必要的补充。

希望这些内容的调整与充实能够更为清晰地表达各种概念、方法及原理的本质特征与相互联系，反映现代社会经济建设对工程经济学教学与应用的新要求，进一步体现培养高等应用型人才的宗旨。

本书第 2 版主要由李明孝、赵旭、黄湘红进行修订。本着负责和精益求精的精神，对本书中的内容，尤其是修改、调整的内容，进行了斟字酌句的思考、研究，力求尽可能地防止和消除瑕疵。但由于水平有限，书中难免还会存在缺陷和错误，敬请读者批评指正。

本书第 1 版的使用者，包括师生和读者给编者提出了许多宝贵意见和建议，在第 2 版的修订过程中，也积极听取了广大师生和读者提供的若干参考建议，在此表示衷心的感谢。同时借此机会，向使用本套教材的广大师生，向给予我们关心、鼓励和帮助的同行、专家学者致以衷心的感谢。

编者
2017 年 10 月

第1版前言

"工程经济学"是工程管理专业经济平台课程中的核心课程，也是土木工程类专业各类工科专业的必修课。工程经济学是对工程建设项目（方案）进行技术与经济的分析、论证、计算、比较和评价，从中选出技术上先进、经济上合理、实践上可行、经济效益丰厚、社会效益明显的最优方案，为决策提供科学依据的一门新兴的边缘学科。

建设工程不仅追求工程的顺利建成和运营，实现其功能，还要取得较好的经济效益。从工程的构思开始，直到工程运营、工程结束，都存在许多经济问题。工程技术方案的选择、确定等，都必须考虑经济问题，而工程进度安排、融资方案、投资计划、建设规模等，更会影响工程后期的经济效益。一般情况下，工程中的技术、管理、经济等问题通常交织在一起，相互影响、相互制约，而现代工程对经济性要求越来越高，资金限制也越来越严格，经济性和资金问题已成为现代工程能否立项、能否取得成功的关键。

随着社会主义经济体制改革的进一步深化，我国建设市场需要的不再是单纯只懂技术的人才，而是大量既懂技术、又懂法律、懂经济、会管理的复合型人才，因此，工程技术和管理人员必须掌握一定的工程经济学知识。

工程经济学课程教学的目的是使学生了解工程技术与经济效果之间的关系，熟悉工程技术方案优选的基本过程，掌握建筑工程技术、经济、管理工作中的经济分析与评价方法，培养具有宽广知识面、掌握坚实专业知识技能的综合型、应用型人才，使学生通过课堂学习与参与实践，具备进行工程经济分析的基本能力，使工程经济分析方法，真正成为学生的基本技能。

本书在广泛吸收国内外优秀教材、研究成果的基础上，编写而成。并结合不同层次的高等院校工程管理等相关专业对工程经济学的不同要求，对内容进行了调整和取舍。本书由湖南农业大学、湖南城市学院、广西工学院、湖南科技学院、湖南水利水电职业技术学院等高校中长期从事工程经济学及相关课程教学工作的教师共同完成。全书由李明孝主编，赵旭、黄湘红副主编。具体分工如下：第1章、第4章由李明孝编写，第2章由靳鹏伟编写，第3章由赵旭编写，第5章由胡婷婷编写，第6章由武芸编写，第7章由苏永波编写，第8章由黄金编写，第9章由杜宇编写，第10章由伍腾峰编写，最后由李明孝、赵旭、黄湘红统稿。

本书的出版得到同行、同事的大力支持和帮助，在编写过程中，参阅了许多文献和相关教材，在此一并向给予支持和帮助的同行、同事和相关作者表示衷心的感谢！

本书虽几经修改，但由于编者水平有限，难免有疏漏、错误之处，恳请各位专家、同行、读者提出宝贵意见。

编者
2011 年 4 月

目录

第一章 绪论 ... 1

第一节 工程经济学的基本概念 ... 1
一、工程经济学的含义 ... 1
二、工程、技术、经济及其关系 ... 3
三、工程经济分析的重要意义 ... 5

第二节 工程经济学的产生与发展 ... 6
一、工程经济学的萌芽与形成（1887—1930年） ... 6
二、工程经济学的发展（1950—1990年） ... 7
三、现代工程经济学的发展 ... 7

第三节 工程经济学的分析方法和基本原则 ... 8
一、工程经济学的分析方法与特点 ... 8
二、工程经济分析的基本原则 ... 9
三、经济分析的可比条件 ... 11
四、工程经济学的研究内容 ... 12
五、本教材的内容体系 ... 13

第二章 现金流量与工程经济基本要素 ... 14

第一节 现金流量 ... 14
一、现金流量和现金流量图 ... 14
二、现金流量对企业筹资决策的影响 ... 16

第二节 工程项目投资 ... 17
一、投资的概念及构成 ... 17
二、投资形成的资产 ... 20
三、投资估算 ... 20

第三节 费用与成本 ... 25
一、费用与成本的关系 ... 25
二、成本的概念及其分类 ... 26
三、总成本费用的估算 ... 29
四、折旧费与摊销费的计算 ... 30

第四节　项目经营期间的收入、利润和税金 ·· 32
　　一、收入的概念与特点 ·· 32
　　二、利润及分配 ·· 33
　　三、税金 ··· 34
思考题与练习题 ·· 36

第三章　资金的时间价值与等值计算 ·· 37

第一节　资金时间价值的概念 ·· 37
　　一、资金时间价值的概念与意义 ·· 37
　　二、衡量资金时间价值的尺度 ·· 38
　　三、资金的等值原理 ·· 40
第二节　资金的等值计算 ··· 41
　　一、单利与复利 ·· 41
　　二、资金等值计算的基本公式 ·· 43
　　三、资金等值计算的应用 ·· 52
第三节　名义利率与实际利率 ·· 54
　　一、名义利率与实际利率的概念 ·· 54
　　二、名义利率与实际利率的换算关系 ·· 54
　　三、名义利率与实际利率的等值计算 ·· 55
　　四、间断计息与连续计息 ·· 56
　　五、应用分析 ··· 56
思考题与练习题 ·· 58

第四章　工程经济评价的基本方法 ·· 60

第一节　经济评价指标 ·· 60
第二节　静态评价指标 ·· 61
　　一、静态投资回收期 ·· 61
　　二、投资收益率 ·· 63
　　三、静态评价指标的综合分析 ·· 64
第三节　动态评价指标 ·· 64
　　一、净现值（NPV） ·· 64
　　二、净现值率（$NPVR$） ··· 68
　　三、净将来值（NFV） ·· 69
　　四、净年值（NAV） ·· 69
　　五、内部收益率（IRR） ··· 70
　　六、动态投资回收期（P_D） ·· 73
第四节　多方案的经济比较与选择 ··· 74
　　一、互斥方案比较的方法 ·· 75

二、寿命周期相同的互斥方案的选择 ········· 80
　　三、寿命期不同的互斥方案的选择 ········· 85
　　四、独立方案的选择 ········· 89
　　五、混合方案的比较与选择 ········· 94
　思考题与练习题 ········· 96

第五章　工程项目的不确定性分析与风险分析 ········· 100
　第一节　不确定性与风险概述 ········· 100
　　一、不确定性与风险产生的原因 ········· 100
　　二、不确定性分析的概念 ········· 101
　　三、不确定性分析的作用 ········· 102
　　四、不确定性分析的方法 ········· 102
　　五、不确定性分析的步骤 ········· 102
　第二节　盈亏平衡分析 ········· 103
　　一、盈亏平衡分析的概念 ········· 103
　　二、基本的损益方程式 ········· 103
　　三、线性盈亏平衡分析 ········· 104
　　四、多方案的优劣平衡分析 ········· 106
　　五、非线性盈亏平衡分析 ········· 108
　第三节　敏感性分析 ········· 109
　　一、敏感性分析的概念和作用 ········· 109
　　二、敏感性分析的步骤 ········· 110
　　三、单因素敏感性分析 ········· 111
　　四、多因素敏感性分析 ········· 113
　第四节　风险分析 ········· 115
　　一、风险的概念 ········· 115
　　二、风险识别 ········· 116
　　三、风险估计 ········· 117
　　四、风险评价 ········· 125
　　五、风险决策 ········· 126
　　六、风险控制 ········· 127
　思考题与练习题 ········· 128

第六章　工程项目的经济评价 ········· 129
　第一节　资金筹集与资金规划 ········· 129
　　一、资金的来源渠道 ········· 129
　　二、资金的筹集方式 ········· 130
　　三、资金结构与财务杠杆效应 ········· 133

四、债务偿还 ··· 135
　第二节　工程项目财务评价 ·· 135
　　一、财务评价的概念 ··· 135
　　二、财务评价的主要内容及步骤 ·· 135
　　三、财务评价报表 ·· 136
　　四、财务评价指标 ·· 141
　第三节　国民经济评价 ··· 151
　　一、国民经济评价的概念 ··· 151
　　二、国民经济评价中费用与效益识别 ·· 152
　　三、国民经济评价的价格与参数 ·· 155
　　四、国民经济评价的报表与指标 ·· 165
　第四节　改扩建和技术改造项目的经济评价 ··· 173
　　一、投资项目的分类 ··· 173
　　二、改扩建和技术改造项目的特点 ··· 173
　　三、改扩建和技术改造项目的财务评价 ··· 173
　思考题与练习题 ·· 177

第七章　公益性项目的经济评价 ·· 178

　第一节　公益性项目评价概述 ·· 178
　　一、公益性项目的概念 ·· 178
　　二、公益性项目的特点 ·· 179
　　三、公益性项目评价 ··· 180
　第二节　公益性项目的费用和收益 ··· 180
　　一、公益性项目费用和收益的分类 ··· 180
　　二、公益性项目费用与收益的识别和计量原则 ··· 181
　第三节　公益性项目的经济评价方法 ·· 182
　　一、收益-成本分析法 ·· 182
　　二、成本-效能分析法 ·· 188
　思考题与练习题 ·· 191

第八章　工程项目的可行性研究与后评估 ··· 192

　第一节　可行性研究概述 ·· 192
　　一、可行性研究的概念和目的 ··· 192
　　二、可行性研究的主要作用 ·· 193
　　三、可行性研究的阶段划分及内容 ··· 194
　第二节　可行性研究报告的编制 ·· 196
　　一、可行性研究报告编制依据 ··· 196
　　二、可行性研究报告编制步骤 ··· 197

三、可行性研究报告的内容 ································· 198
　　四、可行性研究报告的编制要求 ····························· 201
第三节　市场调查 ··· 201
　　一、市场调查概述 ·· 201
　　二、市场调查的作用和步骤 ··· 203
　　三、市场调查的方法 ·· 205
第四节　市场预测 ··· 205
　　一、市场预测概述 ·· 205
　　二、市场预测的方法 ·· 206
第五节　项目后评估 ·· 210
　　一、项目后评估概述 ·· 210
　　二、项目后评估的内容 ··· 210
　　三、项目后评估报告 ·· 211
思考题与练习题 ··· 213

第九章　设备更新的经济分析 ································· 214

第一节　设备磨损 ··· 214
　　一、设备磨损概述 ·· 214
　　二、设备磨损的补偿方法 ·· 218
第二节　设备寿命 ··· 219
　　一、自然寿命 ·· 219
　　二、技术寿命 ·· 219
　　三、经济寿命 ·· 219
　　四、折旧寿命 ·· 220
第三节　设备大修理的经济分析 ····································· 220
　　一、设备大修理概述 ·· 220
　　二、设备大修理的经济界限 ··· 221
第四节　设备更新的经济分析 ·· 222
　　一、设备更新原则 ·· 223
　　二、设备原型更新的经济分析 ····································· 223
　　三、设备技术更新的经济分析 ····································· 227
　　四、设备更新综合案例分析 ··· 229
第五节　设备租赁经济分析 ·· 231
　　一、设备租赁的特点 ·· 231
　　二、设备租赁决策分析 ··· 232
思考题与练习题 ··· 235

第十章　价值工程 ·· 236

第一节　概述 ··· 236

一、价值工程的产生和发展 ………………………………………………… 236
二、价值工程原理 …………………………………………………………… 237
第二节 价值工程的分析过程 ………………………………………………… 239
一、价值工程的工作程序 …………………………………………………… 239
二、价值工程对象选择和情报资料收集 …………………………………… 239
三、功能分析 ………………………………………………………………… 245
四、改进方案的制定与评价 ………………………………………………… 252
第三节 价值工程在工程设计方案选优中的应用 …………………………… 256
一、对象选择 ………………………………………………………………… 256
二、信息资料 ………………………………………………………………… 256
三、功能分析 ………………………………………………………………… 256
四、方案设计与评价 ………………………………………………………… 257
思考题与练习题 ……………………………………………………………… 258

附录 ………………………………………………………………………… 260
附录1 建设项目财务评价案例 …………………………………………… 260
附录2 复利系数表 ………………………………………………………… 268

参考文献 …………………………………………………………………… 287

第一章

绪 论

工程经济学是工程与经济的交叉学科,是研究工程技术实践活动经济效果的学科。本章主要内容包括:工程经济学及其相关概念;工程经济分析及其重要意义;工程经济学的分析方法与特点;工程经济分析的基本原则。

第一节 工程经济学的基本概念

一、工程经济学的含义

工程经济学(Engineering Economics),主要研究如何确定工程项目的投资方向,从经济的角度对工程建设投资方案进行综合评价,即以工程项目为主体,以技术——经济系统为核心,研究如何有效利用资源,提高经济效益的学科。工程经济学研究各种工程技术方案的经济效益,研究各种技术在使用过程中如何以最小的投入获得预期产出,或者说如何以等量的投入获得最大产出;如何用最低的寿命周期成本实现产品、作业以及服务的必要功能。为企业的经营活动确定总体的经济方针政策。

一般来说,工程经济的分析结果,是决定工程项目是否建设的评价依据,也是进行工程建设项目招标投标的直接数据资料,所以,工程经济与企业的经济活动有着不可分割的关系。

随着科学技术的发展,资源有限性问题越来越突出,为了保证工程技术很好地服务于经济,使有限的资源最大限度地满足社会的需要,就要考虑如何根据资源条件正确建立可供选择的工程技术方案,用什么经济指标对方案进行正确地计算、比较和评价,从中选出最优方案等问题。另一方面,随着人们社会经济活动的增加、规模的扩大,工程技术活动的经济环境和工程项目的经济结构也日益复杂,如何用客观的经济规律指导工程技术活动,充分估计活动过程的风险和不确定情况，也是重要的实际问题。工程经济学是融会了工程学和经济学各自特点和内在联系的交叉学科。它运用经济理论和定量分析方法，研究工程投资和经济效益的关系。

工程经济学要回答这样的问题，为什么要建设这项工程？为什么要以这种方式来建设这项工程？比如，有一个水力发电站的建设项目，如果从经济角度分析是不可行的，就没有必要建设了。如果在经济上是可行的，又如何建设呢？一般来说，可供选择的方案是很多的，如这个水力发电站可采用河床式左岸厂房方案，也可采用右岸厂房方案，还可采用引水式发电方案，这里，至少面临三种方案的选择。很明显，这三种方案在技术上都是可行的，但是每种方案所需要的投资和所能够产生的经济效益却有可能很不相同。这就要用工程经济学的分析方法进行比较。分析的目的是以有限的资金，最好地完成工程任务，获得最高的经济效益。因此，技术上先进，经济上合理，构成了工程经济分析最基本的原则。

工程经济分析实质上是研究不同方案在投资效益上的差别，比如投资收益率上的差别等。这种分析的出发点是：必须采用一个能够得到满意的经济效益而投资最少的方案，除非有明确的理由说明为什么要采用投资较多的方案。工程经济分析的基本方法是将投资最少的方案作为基准与其他方案进行比较，如果追加投资能够获得足够高的经济收益，才采用投资多的方案。

由此可见，工程经济学是一门综合工程学和经济学知识，研究工程（技术）领域经济问题和经济规律，在有限资源条件下运用有效方法，对多种可行方案进行评价和决策，确定最佳方案的学科。或者说，工程经济学，是从经济的角度来研究工程技术问题，主要研究如何经济地利用各种知识和手段，进行物质资料的生产，根据工程技术的适宜性、条件性，恰当地组织工程技术方案，求得最好的经济效果，是一门研究经济活动中，人、财、物的消耗同所预期达到的目标之间的最优结合的问题的学科。

工程经济学以工程技术项目或工程技术方案为对象，研究如何有效利用工程技术资源，促进经济增长。它不研究工程技术原理，也不研究影响经济效果的各种因素本身，而是研究工程技术的经济合理性，以及这些因素对工程项目的影响，研究工程项目的经济效果。具体内容包括了对工程项目的资金筹集、经济评价、优化决策，以及风险和不确定性分析等。

一般来说，工程技术是一个广义的概念，是指人类利用和改造自然的手段。它不仅包含劳动者的技能，还包括部分取代这些技能的物质手段。因此，工程技术是指包括劳动工具、劳动对象等一切劳动的物质手段和体现为工艺、方法、程序、信息、经验、技巧和管理能力的非物质手段。工程技术的使用直接涉及生产经营活动中的投入与产出。所谓投入，是指各种资源（包括机器设备、厂房、基础设施、原材料、能源等物质要素和具有各种知识和技能的劳动力）的消耗或占用；所谓产出，是指各种形式的产品或服务。工程技术属于资源的范畴，但它不同于日益减少的自然资源，是可以重复使用和再生的。但是，在特定的时期内，相对于需求，工程技术在数量上和质量上还是具有稀缺性。

工程经济学研究各种工程技术方案的经济效果，即研究各种技术在使用过程中如何以最小的投入取得最大的产出；如何用最低的寿命周期成本实现产品、作业或服务的必要功能。对工程项目经济效益的考察就是要从技术经济系统出发，对方案的效益水平进行全面分析、评价和比较，寻求技术与经济的最佳结合。

二、工程、技术、经济及其关系

尽管"工程经济学"中的"工程"是一个广义的概念,但在工程经济分析过程中,则偏重于建设工程,即各种投资项目。

1. 工程

一般意义上,工程是指土木建筑或其他生产、制造部门用比较大且复杂的设备来进行的工作,如土木工程、机械工程、化学工程、水利工程等。技术是人类在认识自然和改造自然的反复实践中积累起来的有关生产劳动的经验、知识、技巧和设备等。

一项工程能被人们所接受必须做到有效,即必须具备两个条件:一是技术上的可行性;二是经济上的合理性。在技术上无法实现的项目是不可能存在的,因为人们还没有掌握它的客观规律;而一项工程如果只是技术上可行,而经济上不合理,也同样是不能被接受的。人们发展技术、应用技术的根本目的,正是在于提高经济活动的合理性,也就是经济效益。因此,为了保证工程技术更好地服务于经济,最大限度地满足社会需要,就必须研究、寻找技术与经济的最佳结合点,在具体目标和条件下,获得投入产出的最大效益。

2. 技术

工程建设活动离不开技术,一般认为,技术是人类在利用自然和改造自然的过程中积累起来并在生产劳动中体现出来的经验和知识以及操作技巧的科学总结,是人类改造自然的手段和方法。也可以这样理解,技术是生产和生活领域中,运用各种科学所揭示的客观规律,进行各种生产和非生产活动的技能,以及根据科学原理改造自然的一切方法。如电工技术、焊接技术、木工技术、激光技术、作物栽培技术、育种技术等。

人们往往把科学与技术视为一体。但严格说来,"科学"是人们对客观规律的认识和总结。而"技术"则是人类改造自然的手段和方法,是应用各种科学所揭示的客观规律进行各种产品(或结构、系统及过程)开发、设计和制造所采用的方法、措施、技巧等水平的总称。其目的是为了更好地改造世界,为人类造福。

工程技术与科学是既有联系又有区别的两个概念。科学是技术存在的前提,技术是科学的应用。对于工程技术人员来说,其基本任务就在于把科学家的发明与发现,应用到各种结构、系统、过程的设计和制造中去。

由于人们对技术的理解不同,技术经济学研究的对象就不同。从技术经济学的角度来看,技术是科学知识和技术知识的总和,是运用科学原理对自然进行控制与变革的方法和手段,是科学的具体应用。

科学技术是生产力,这是马克思主义观点。目前世界范围内正面临着新技术革命的兴起,这个新的技术革命将使整个世界的社会生产力产生飞跃,对经济、社会、劳动甚至家庭生活都会产生深远的影响。我国实现四个现代化,科学技术是关键;只有科学技术现代化,才有工业、农业和国防现代化。但科学技术必须通过下面几个途径才能直接转化为生产力:一是随着科学技术的发展,不断改进现有的生产工具和技术装备,创造出前所未有的高效率的生产工具和技术装备,创造出巨大的生产力;二是不断提高劳动对象的质量,扩大劳动对象的领域;三是通过教育、科研和人才开发,把现代科学技术转变为劳动者的知识和技能。

要进行工程活动,必须依赖于技术,但是,并非先进的技术都能生产出市场需要而又价廉物美的产品,因此,工程技术的应用必须结合经济因素的分析,也就是说,工程技术的应用,必须符合工程经济的基本原则:技术上先进,经济上合理。

3. 经济

经济，按字面解释，主要是指社会生产、再生产和节约。概括起来有以下四种含义。

① "经济"指生产关系。经济是人类社会发展到一定阶段的社会经济制度，是生产关系的总和，是政治和思想意识等上层建筑赖以建立起来的基础。从政治经济学角度来看，"经济"指的是生产关系和生产力的相互作用，它研究的是生产关系运动的规律。

② 经济是指国民经济的总称，或指国民经济的各部门。如工业经济、农业经济、运输经济等。

③ "经济"指社会生产和再生产。即指物质资料的生产、交换、分配、消费的现象和过程。如国民经济学、部门经济学，它们是研究社会和部门经济发展规律的科学。

④ "经济"指"节约"或"节省"。也是人们日常所说的"经济不经济"。

工程经济学研究中较多应用的概念是第四种，是指人、财、物、时间等资源的节约和有效使用。例如在工程建设中，以较少的费用建成具有同样效用的工程，或以同样数量的费用，建成更多更好的工程等，不论哪一种情况，都是表现为了获得单位效用所消耗的费用的节约。

此外，工程经济决策所涉及的经济问题，又多与社会生产和再生产的部门经济发展规律有关，因而工程经济学的经济概念基本上是上述第三种和第四种含义。

4. 技术与经济的关系

经济是技术进步的目的和动力，技术则是经济发展的手段和方法。技术的先进性与经济的合理性是社会发展中一对相互促进、相互制约的既有统一、又有矛盾的统一体。

(1) 在社会再生产活动中，技术和经济是密切联系、相互促进而又相互制约的两个方面，既有矛盾、又有统一

技术进步是经济发展的重要条件和物质基础。技术一般包括自然技术和社会技术两方面。自然技术是根据生产实践经验和自然科学原理而发展形成的各种工艺操作方法、技能和相应的生产工具及其他物质装备。社会技术是指组织和管理生产及流通的技术。由这两部分组成的技术，是变革物质代谢过程的手段，是科学与生产联系的纽带，是改造自然、变革自然的手段和方法。技术进步是提高劳动生产率、推动经济发展的最为重要的手段和物质基础。

人类历史上已经发生了三次世界性的重大技术革命，每一次都是由于有新的科学发现和技术的发展而产生的。这些新的发现和发展导致生产手段和生产方法的重大变革，促进了新的产业部门的建立和经济水平的提高，有力地推动了生产的发展和社会的进步。

现在，全世界范围内正面临着新的技术革命，被称为"第四次产业革命"、"第三次浪潮"。这是指信息科学、遗传工程、新型材料、海洋工程等方面的重大突破，这些也必将大大推动社会生产力的发展，也会对生产组织和社会生活等方面带来巨大影响。目前世界各经济发达国家都竞相采用新技术来促进经济发展。

(2) 技术进步促进经济发展，而经济发展则是技术进步的归宿和基础

经济发展的需要是推动技术进步的动力，任何一项新技术的产生都是经济上的需要引起的。同时技术发展是要受经济条件制约的。一项新技术的发展、应用和完善，主要取决于是否具备必要的经济条件，是否具备广泛使用的可能性，这种可能性包括与采用该项技术相适应的物质和经济条件。

(3) 在技术和经济的关系中，经济占据支配地位

技术进步是为经济发展服务的，技术是人类进行生产斗争和改善生活的手段，它的产生就具有明显的经济目的。因此，任何一种技术，在推广应用时首先要考虑其经济效果问题。一般情况下，技术的发展会带来经济效果的提高，技术不断发展的过程也正是其经济效果不断提高的过程。随着技术的进步，人类能够用越来越少的人力和物力消耗获得越来越多的产品和服务。从这方面看，技术和经济是统一的，技术的先进性和它的经济合理性是相一致的。绝大多数先进技术大都具有较高的经济效果，较高的经济效果恰恰决定它是先进的技术。但是，有时新技术缺少社会条件的经济适应性，与经济又是相互矛盾、相互对立的。例如，有的技术在国外的社会综合条件下是先进的，而一旦引进到国内来，由于电力、运输、原料质量、特别是技术管理水平与技术工人的操作水平等与新技术不协调、不适应，而致使新技术发挥不出应有的经济效益。另外，也有的技术本身并不算很先进，但在一定条件下采用时，经济效益却不错。这是因为任何技术的应用都必然受到当地、当时具体的自然条件和社会条件的约束。条件不同，技术带来的经济效果也就不同。随着条件的变化，技术的经济效果也会发生变化，原来经济效果不好的技术会变为经济效果较好，原来经济效果好的技术可以发展为效果更好或变得不好。工程经济学的主要任务，就是研究技术和经济之间的合理关系，找出它们的协调发展规律，促进技术的发展和经济效果的提高。

因此说，技术与经济互为基础、条件；技术是手段，经济是目的；技术与经济必须协调发展。

三、工程经济分析的重要意义

要使应用于工程的技术能够有效地为建设服务，就必须对各种技术方案的经济效益进行计算、分析和评价，这就是工程经济分析。其重要意义体现在以下三个方面。

(1) 工程经济分析是提高社会资源利用效率的有效途径

任何资源都是有限的，工程师所肩负的一项重大社会和经济责任就是要合理分配和有效利用现有的资源，包括资金、劳动力、原材料、能源等等，来满足人类的需要，所以，如何使产品以最低的成本可靠地实现产品的必要功能是工程师必须考虑和解决的问题。而要作出合理分配和有效利用资源的决策，则必须同时考虑技术与经济各方面的因素，进行工程经济分析。

(2) 工程经济分析是企业生产决策的重要保证

现代社会要求企业的产品具有较高的竞争力，不仅技术上要过硬，价格上也要有吸引力。如果只考虑提高质量，不考虑成本，产品价格很高，产品也就卖不出去。降低成本，增加利润，是工程师的重要任务，也是经济发展对工程提出的要求。如果工程技术人员不懂经济，不能正确处理技术与经济关系，就做不到这一点。作为一名工程师，不仅必须精通本行的专业技术，具有较高的技术水平，而且还要有强烈的经济意识，能够进行经济分析与决策。

(3) 工程经济分析是降低项目投资风险的可靠保证

决策科学化是工程经济分析方法的重要体现。在工程项目投资前期进行各种技术方案的论证评价，一方面可以在投资前发现问题，并及时采取相应措施；另一方面对于技术经济论证不可行的方案，及时否定，从而避免不必要的损失，使投资风险最小化。如果盲目从事或凭主观意识发号施令，到头来只会造成人力、物力和财力的浪费。只有加强工程经济分析工作，才能降低投资风险，从而使每项投资获得预期收益。

第二节 工程经济学的产生与发展

工程经济学是建立在工程学与经济学基础之上的一门新型学科。它的产生有其历史原因。因为直到19世纪末,工程师的工作仍是把科学家的发明转变为有用的商品,他们仅仅关心机器设计、制造和运转,很少注意有限资源的合理配置。随着科学技术的飞速发展,社会投资活动的增加。他们的职责范围不断扩大,他们不得不对许多工程问题进行决策,如相互竞争的设计方案应该选择哪一个?正在使用的机器是否应该更新?在有限资金的情况下如何选择投资方案?这些问题都有两个明显的特点:一是每个问题都涉及方案的选择;二是每个问题都需要考虑经济问题。因此,工程师要在日益复杂的经济环境下做出正确的决策,必须兼有工程学和经济学知识,掌握工程经济的评价方法。这就促成工程经济学的产生。

一、工程经济学的萌芽与形成(1887—1930年)

工程经济学的历史渊源可追溯到1887年惠灵顿(A. M. Wellington)的《铁路布局的经济理论》(The Economic Theory of Railway Location)一书的出版。当时正是美国大规模修建铁路的时期,惠灵顿发现许多工程师在布局决策时很少注意铁路工程所需要的投资和将来可能带来的经济收益。作为一名建筑工程师,惠灵顿首次将成本分析方法应用于铁路的最佳长度和路线的曲率选择问题,并提出了工程利息的概念,开创了工程领域中的经济评价工作。他在书中指出:因布局的错误,"可以使为数众多的镐、铲和机车干着徒劳无益的活"。他将工程经济学描述为"一门少花钱多办事的艺术"。

惠灵顿的精辟见解被后来的工程经济学家所承袭,20世纪初,斯坦福大学教授菲什(J. C. L. Fish)出版了第一部直接冠以《工程经济学》(Engineering Economics)名称的著作,将投资模型与证券市场联系起来,分析内容包括投资、利率、估价、预测等,并在1920年提出了用复利法确定方案的比较值。

与菲什同时代的戈尔德曼(O. B. Goldman)教授在其《财务工程学》(Financial Engineering)一书中提出了决定相对价值的复利模型,为工程经济学中许多基本理论的产生奠定了基础。戈尔德曼说:"有一种奇怪而遗憾的现象,就是许多作者在他们的工程学书籍中,没有或很少考虑成本问题。实际上,工程师的最基本的责任,是分析成本,以达到真正的经济性,即赢得最大可能数量的货币,获得最佳财务效率。"

然而真正使工程经济学成为一门系统化学科的学者,则是格兰特(E. L. Grant)教授。1930年,格兰特提出了工程的评价准则,出版了教科书《工程经济学原理》(Principles of Engineering Economy),奠定了经典工程经济学的基础。该书历经半个世纪,到1982年已再版6次,是一本公认的工程经济学代表著作。在书中,作者指出了古典工程经济学的局限性,并以复利计算为基础,对固定资产投资的经济评价原理作了阐述,并讨论了判别因子和短期评价理论与原则。格兰特对投资经济分析理论的重大贡献得到了社会的普遍认同,并因此被誉为"工程经济学之父"。

从惠灵顿到格兰特,经历了43年的探索,一门独立的、系统的工程经济学终于形成了。

二、工程经济学的发展（1950—1990 年）

第二次世界大战以后，随着西方经济的复兴，工业投资机会急剧增加，出现了资金短缺的局面。如何使有限的资金得到最有效的利用成为当时投资者与经营者普遍关注的问题。在这种客观条件下，工程经济学受凯恩斯主义经济理论的影响，研究内容从单纯的工程费用效益分析扩大到市场供求和投资分配领域，工程经济分析的理论和实践得到了进一步的发展。

在凯恩斯经济理论的基础上，工程经济学家乔尔·迪安（J. Dean）进一步分析了市场供求状况对企业有限投资分配的影响。迪安指出："时间具有经济价值，所以近期的货币要比远期的货币更有价值。"银行要向存款者支付利息，向借款者索取利息，正是由于这个道理。当我们对一项工程进行经济评价时，总要遇到不同时期、不同数量的货币支出和货币收入的各种方案。要比较这些方案，必须将资金的时间价值计入投资收益率之中。具体方法有很多，例如年值法、现值法、将来值法、内部收益率法、外部收益率法等等。但是不论哪种方法都表明经济收益尽可能提前，资金投入尽可能靠后，是获得好的经济效果的基本思路。1951年，乔尔·迪安教授出版了《投资预算》，不仅发展了现金流量的贴现方法，而且开创了资本限额分配的现代分析方法。

20世纪60年代以来，工程经济学（包括公司理财学）研究主要集中在风险投资、决策敏感性分析和市场不确定性因素分析三个方面。主要代表人物是美国的德加莫、卡纳达和塔奎因教授。而提供投资分析和公司理财一般理论基础和方法的则是4位先后获诺贝尔奖的大经济学家——莫迪里安尼（Franco Modigllani）、马柯维茨（Harry Markowltz）、夏普（William Sharpe）和米勒（Mertou Miller）。德加莫教授偏重于研究工程企业的经济决策分析。他的《工程经济》（1968年）一书以投资形态和决策方案的比较研究，开辟了工程经济学对经济计划和公用事业的应用研究途径。卡纳达教授的理论重视外在经济因素和风险性投资分析，代表作为《工程经济学》（1980年）。塔奎因教授等人的理论则强调投资方案的选择与比较，他们提出的各种经济评价原则（如利润、成本与服务年限的评价原则、盈亏平衡原则和债务报酬率分析等）成为美国工程经济学教材中的主要理论。

三、现代工程经济学的发展

一些专家认为工程经济学从20世纪70年代至今一直强调了资本投资决策的内容，与突飞猛进的经济学相比处于相对停滞的状况。这期间，企业正经历着从传统的规模经济、标准化和重复生产的经营观念和以高产低差异的国内市场产品获得竞争优势的方式，转变为将资本、技术、信息、能源和时间集成为人力和自然资源一体化系统，以低成本、高质量、低产多差异的国际市场产品获取竞争优势的经营思路。企业为适应这种转变，突出了对先进制造技术（AMT）的资本和非资本投资的关注，工程经济在"企业战略投资"问题上发挥着越来越重要的作用，这种转移在跨国制造公司和服务公司中表现得尤为突出。先进制造技术中与投资评估问题有关的内容主要有：投资与企业战略的关系和组织障碍；投资评估和非财务效益；成本管理系统中成本信息和财务指标；风险决策分析；管理政策、管理手段和管理支持系统。

传统的项目管理把重点放在了优化分析（分析评价、报表决策）上，而在现代社会经济快速发展的形势下，企业的重点应该是生存竞争策略，投资项目的决策应该是企业的生存战略决策。因此，工程经济学在今后的研究重点和发展趋势如下。

① 用什么样的财务和非财务指标来正确地判断企业的经营状况;

② 由于产品的更新换代加快,怎样更好地用工程经济学的原理和方法解决工程项目的寿命周期问题;

③ 成本管理系统能否准确地衡量与项目规模、范围、实验、技术和复杂性有关的费用?该系统在方案的概念和初步设计中能否通过改进资源分配来减少成本;

④ 在多变的市场中,怎样进行再投资决策以保持项目在市场中的动态性。

近十几年来,西方工程经济学理论出现了宏观经济研究的新趋势,工程经济中的微观部门效果分析正逐渐同宏观的社会效益研究、环境效益分析结合在一起,国家的经济制度和政策等宏观问题成为当代工程经济学研究的新内容。

第三节 工程经济学的分析方法和基本原则

一、工程经济学的分析方法与特点

工程经济学是一门工程技术与经济学相结合的边缘交叉学科,同时,工程经济学是自然科学、社会科学密切交融的综合科学,也是一门与生产建设、经济发展有着直接联系的应用性学科。因此,工程经济学的分析方法主要包括以下几种。

1. 定性与定量分析方法

工程经济学对问题的分析,是从定性分析出发,通过定量分析,再返回到定性分析。首先从工程项目分析的目标要求、基本指标的含义出发,通过资料的收集、数据的计算得到一系列指标,最后通过实际指标与基本指标的对比、不同方案之间经济指标的对比,对工程项目各方案作出优劣判断。

2. 系统分析和平衡分析方法

工程项目通常都是由许多子项目所组成,每个项目的运行都有自己的寿命周期。因此,工程经济的分析方法只能是全面的、系统的分析方法,虽然工程经济分析的过程需要计算成本、收益和费用,但是其目的在于寻求技术与经济的最优平衡点。

3. 静态评价与动态评价相结合方法

对工程项目可以根据需要进行静态评价和动态评价。静态评价就是在不考虑货币时间价值的前提下,对项目经济指标进行计算和考核,也就是所谓的粗略评价;动态评价就是考虑货币的时间价值。对不同时点上的投入与产出做出不同的核算处理,从而对项目进行更客观的分析和计算,也就是所谓的详细评价。通常在确定投资机会和对项目进行初步选择时一般只进行静态评价,而为了更科学、更准确地反映项目的经济情况,则必须采用动态评价。

4. 统计预测与不确定性分析方法

在对工程项目实施分析时,它们往往还停留在考察阶段。因此,工程项目中的投资、成本、费用、收益等只有依靠预测来获得。评价结论的准确性与预测数据的可靠性有着密切关系。统计预测方法主要在横向、纵向两个方面提供预测手段。在横向上利用回归分析,对相关的未知数据进行推算,如根据产量与成本的回归模型推算目标成本下的必要产量。在纵向上,利用指数平滑等方法,对现象发展的趋势数值进行预测。由于影响未来的因素众多,许多因素处在发展变化之中，因此还需要对项目的经济指标作不确定性分析。

二、工程经济分析的基本原则

对工程项目的技术方案进行分析、比较和评价，是工程经济学的中心内容。利用工程经济学的方法，分析一项投资项目产生的经济效果，还要系统、全面地分析、研究其社会、技术、环境及资源等多方面的因素，结合社会对该项目的要求，论证得出最佳方案，付诸实施，以期取得良好的效益。而在进行工程经济分析过程中，还必须遵循一定的规则，建立一定的假定条件，这些规则和假定条件，也就构成了工程经济分析应遵循的基本原则。

在工程经济分析中，对工程项目或技术方案进行经济评价的原则主要有如下7项。这些原则分别从不同的角度对项目或方案进行评价，以得到项目或方案的综合评价结果，为决策者提供参考。

1. 技术与经济相结合的原则

技术是经济发展的重要手段。技术进步是推动经济前进的强大动力，人类几千年的文明史证明了这一点。同时，技术也是在一定的经济条件下产生和发展的，技术的进步要受经济情况和条件的制约，经济上的需求是推动技术发展的动力。技术与经济这种相互依赖、相互促进、相辅相成的关系，构成了分析与评价技术方案的原则之一，而经济效益评价又是决定方案取舍的依据。在评价方案的技术问题时，既要考虑方案技术的宏观影响，使技术对国民经济和社会经济发展起到促进作用，又应考虑到方案技术的微观影响，使得采用的技术能有效地结合本部门、本单位的具体实际，发挥出该项技术的最大潜能，创造出该技术的最大价值。同时，又要注意避免贪大求洋，盲目追求所谓"最先进的技术"。当然，也要注意不能一味强调现有实际，而不善于引进、采纳现代高新技术，无法利用现有条件去最大程度地发挥优势，创造价值。另外，在考核项目或方案的技术问题时，还要注意其经济能力和影响，不要因具体部门采纳的技术给全局性的经济问题带来诸如资源、环保等方面的负面影响。

所以，在应用工程经济学的理论来评价工程项目或技术方案时，既要评价其技术能力、技术意义，也要评价其经济特性、经济价值，将二者结合起来，寻找符合国家政策、满足发展方向需要且又能促进企业发展的项目或方案，使之最大限度地创造效益，促进技术进步及资源、环保等工作的共同发展。

2. 财务分析与国民经济分析相结合的原则

项目的财务分析是指根据国家现行的财务制度和价格体系，从投资主体的角度考察项目给投资者带来的经济效果的分析方法。项目的国民经济分析则是指按照社会资源合理配置和有效利用的原则，从国家整体的角度来考察项目的效益和费用的分析计算，其目的是充分利用有限的资源，促进国民经济持续稳定的发展。

项目的财务分析和国民经济分析都是项目的盈利性分析，但各自所代表的利益主体不同，因而两种分析方法的目的、任务和作用等也有所不同。财务分析是微观经济效益分析，它是站在投资者的立场上的，而国民经济分析是宏观经济效益分析，它是站在国家或全社会的角度进行分析的。

财务分析是从投资者或项目本身的角度出发进行分析，只考虑可以直接用货币量度量的效果。国民经济分析则是从整个国家和社会的角度出发进行分析，除了考虑直接的、能以货币量度量的效果外，还要考虑间接的、不能以货币量度量的效果；除了考虑项目的内部效果外，还要考虑外部效果。对于国家来讲，资源的配置及获取效益的大小应从国家利益出发追求其合理性,当财务分析与国民经济分析结果产生不一致时,应以首先满足国民经济需要为前提。一般来说,财务分析与国民经济分析结论均可行的项目,应予通过;国民经济分析结论不可行而财务分析可行的项目应予否定。对于一些国计民生必需的项目,国民经济分析结论可行,但财务分析的结论却不可行,通常应进一步优化方案,或必要时向有关主管部门建议或申请采取相应的经济优惠措施,使得投资项目具有财务上的生存能力,既满足人民群众生产、生活的必需,又不给国家造成严重的经济负担。

3. 效益与费用计算口径对应一致的原则

在经济评价中,只有将项目的效益与费用限定在同一个范围内,才有比较的基础,计算的净效益才是项目投入的真实回报。

4. 定量分析与定性分析相结合,以定量分析为主的原则

定性分析是评价人员依据国家的法律法规、国家发展布局及发展方向、该项目对国家发展所起作用和该项目发展趋势等进行的基于经验的评价。在实际项目或方案中,由于有些问题的复杂性和有些内容无法用数量表达,定性分析十分必要。定性分析以主观判断为基础,在占有一定资料、掌握相应政策的基础上,根据决策人员的经验、直觉、学识、逻辑推理能力等,进行评价,评价尺度往往是给项目打分或确定指数。这是从总体上进行的一种笼统的评价方法,属于经验型决策。

定量分析则是以客观、具体的计算结果为依据,以得出的项目的各项经济效益指标为尺度,通过对"成果"与"消耗"、"产出"与"投入"等的分析,对项目进行评价。定量分析不仅使评价更加精确,减少了分析中的直觉成分,使得分析评价更加科学化,还有利于在定量分析中发现研究对象的实质和规律,尤其是对一些不确定因素和风险因素,都可以用量化指标对其做出判断与决策。定量分析以其评价科学、具体、客观、针对性强、可信程度高的特点,在实际中应用普遍。更由于现代应用数学及计算机技术的发展,使得定量分析更加规范和易行。

可见,定性与定量分析相结合有利于发挥各自在分析上的优势,互相补充;以定量分析为主,可以使分析结果科学、准确,有利于决策者在对项目总体有较全面了解的基础上,进行科学决策。

5. 收益与风险权衡的原则

通常,项目的投资人关心的是效益指标,对于可能给项目带来风险的因素考虑得不全面,对风险可能造成的损失估计不足,结果往往有可能使得项目失败。收益与风险权衡的原则提示投资者,在进行投资决策时,不仅要看到效益,也要关注风险,权衡得失利弊后再行决策。

6. 动态分析与静态分析相结合,以动态分析为主的原则

动态分析是一种考虑资金时间价值的分析方法,它将不同时点的净现金流量折算到同一个时点进行对比分析。静态分析是一种不考虑资金时间价值的分析方法。资金的时间价值分析是项目经济评价的核心,所以分析评价要以动态指标为主。静态指标与一般的财务和经济指标内涵基本相同,比较直观,但是只能作为辅助指标。

7. 可比性原则

工程经济分析既要对某方案的各项经济指标进行研究,以确定其经济效益的大小,也要进行方案比较评价,以找出具有最佳经济效果的方案。方案比较是工程经济学中十分重要的内容,可比性原则是进行定量分析时所应遵循的重要原则之一。

三、经济分析的可比条件

工程经济学研究的主要任务是对各种工程技术方案进行经济比较,从中选择经济效果最好的方案。在进行方案评价、比较时,必须使各方案具备可比条件,遵循可比性原则。根据工程经济比较原理,对两个以上的技术方案进行经济效果比较时,必须同时具备以下四个可比条件:①满足需要上的可比;②消耗费用上的可比;③价格指标上的可比;④ 时间因素上的可比。

1. 满足需要可比原则

满足需要可比原则是指相比较的各个技术方案满足同样的社会实际需要。从工程经济的观点来看,一个方案要与另一个方案相比较,必须以满足相同需要为条件,否则就无法进行比较。一切技术方案,总是以其一定的品种、一定的质量和一定的数量来满足社会需要。所以,不同技术方案在满足需要上的可比,就是在产量、质量和品种方面使之可比。

值得注意的是,这种满足需要上的可比,可以理解是物化指标的可比,因而是相对,对于不同的物化指标,可以借助于价格指标转化为价值指标,实现可比。

2. 消耗费用可比原则

对技术方案的比较,从根本上来说是比较方案的经济效益,所以相比较的各方案,不仅要求在满足需要上是可比的,而且在消耗费用上也要求是可比的。

消耗费用的可比原则是:在计算和比较费用指标时,不仅要计算和比较方案本身的各种费用,还应考虑相关费用,并且应采用统一的计算原则和方法来计算各种费用。

相关费用是指实现本方案而引起生产上相关的环节(或部门)所增加(或节约)的费用。这一点很重要,为了使技术方案具有消耗费用方面的可比性,必须从整个社会和整个国民经济的观点、社会的总消耗、系统的观点出发进行综合考虑。例如,建设某钢铁厂,除考虑钢铁总厂工程投资外,还必须考虑其冶金配套工程,如冶金配件制造厂工程、耐火材料厂工程、水泥厂工程、辅助材料矿山工程等的相关投资,以及外部配套工程(如洗煤厂工程,铁路工程、矿石转运港口、煤炭码头工程等)的相关费用。

采用统一的原则是指在计算技术方案的消耗费用时,各方案的费用构成项目和计算范围必须一致。如在估算投资指标时,应将流动资金包括在内,使方案必须一致。采用统一的方法是指各项费用的计算方法必须一致。

3. 价格可比原则

对各个技术方案进行经济效益比较时,无论是投入的费用,还是产出和收益。都要借助于价格来计算,所以价格必须是可比的。

价格可比的原则是:在对技术方案进行经济计算时,必须采用合理的一致的价格。

"合理的价格"是指价格必须正确反映产品价值,各种产品之间的比价合理。由于我国目前价格的制定不够合理,价格体系不够完善,许多产品的价格与价值相背离的现象很严重,如果采用这种价格进行经济分析,常给经济评价带来假象,以致得出错误结论。例如电力机车方案与蒸汽机车方案比较,如果采用现行的电能价格和煤炭价格,由于当前电能价格相对煤炭价格而言偏高,而煤炭价格偏低,就会得出电力机车方案没有蒸汽机车方案经济效益好的结论。这显然是不对的。为了避免这种错误结论,就需要对价格进行修正。其解决办法是采用影子价格代替现行市场价格,或是采取计算相关费用的办法代替实际价格。如在计算电力机车方案的经济效益时,不用现行的电能价格,而是直接计算发电站和输电线路的全部费用消耗，同时，在计算蒸汽机车方案的经济效益时，也不用煤炭的现行价格，而是直接计算煤矿和煤炭运输的全部费用消耗，这样才能达到价格的可比原则。

"一致的价格"是指价格种类的一致。由于科学技术的进步，劳动生产率的不断提高，产品成本的不断下降，各种技术方案的消耗费用也随之逐渐减少，产品价格也要发生变化，故要求在对不同技术方案进行比较和评价时，必须采用相应时期的价格。即在分析近期技术方案时，应统一使用现行价格，而在分析远景技术方案时，则应统一使用远景价格。

4. 时间因素可比原则

时间因素的可比原则主要考虑两方面的问题：一是经济寿命不同的技术方案进行比较时，应采用相同的计算期作为基础；二是技术方案在不同时期内发生的效益与费用，不能直接相加，必须考虑时间因素。

1) 对经济寿命不同的技术方案作经济效益比较时，必须采用相同的计算期作为比较的基础。

如甲、乙两个方案，它们的经济寿命周期分别为10年和5年，不能拿甲方案在10年期间的经济效益与乙方案在5年期间的经济效益作比较，因为它们在时间上不可比，只能采用相同的计算期时，计算它们在同一时期内的效益与费用消耗，才有可比性。

关于采用相同计算期的问题，有下述3种情况。

① 当相比较的各技术方案的经济寿命周期有倍数关系时，应采用它们的最小公倍数作为各技术方案的共同计算期。

如甲方案的经济寿命为10年，乙方案的经济寿命为5年，则两方案进行比较时，它们共同采用的计算期应为两方案寿命周期的最小公倍数10年，这样需把乙方案重复建设一次，即两个乙方案的效益和费用与一个甲方案的效益和费用相比较，才能得到合理的结果。

② 当相比较的各技术方案的经济寿命周期没有倍数关系时，一般可采用20年为统一的计算期。

统一的计算期是根据目前的经济效益与长远的经济效益相结合的原则来确定的。目前一般采用20年为计算期，即相互比较的各个技术方案都计算它们在20年期间的效益与费用，并作相互比较。

③ 如果相互比较的各技术方案由于投入期、服务期和退役期不一致，而使它们的寿命周期有所不同，应采用约定的计算期作为共同基础，进行相应的计算和比较。

2) 技术方案在不同时期内发生的效益和费用，不能直接简单地相加，必须考虑时间因素。

资金与时间有着密切的关系。如果资金放着不用，造成资金积压，就不会产生利润，并且还要付出利息，因而就等于损失资金。所以在流动资金实行全额信贷、固定资产实行有偿使用的情况下，如果投资使用时间与数量不同，最后的投资总和就会有较大的差别。

四、工程经济学的研究内容

建设工程不仅追求工程的顺利建成和运营，实现其功能，还要取得较好的经济效益。从工程的构思开始，直到工程运营、工程结束，都存在许多经济问题。工程技术方案的选择、施工方案的确定等，都必须考虑经济问题，而工程进度安排、融资方案、投资计划、建设规模等，更会影响工程后期的经济效益。一般情况下，工程中的技术、管理、经济等问题通常交织在一起，相互影响、相互制约，而现代工程对经济性要求越来越高，资金限制也越来越严格，经济性和资金问题已成为现代工程能否立项、能否取得成功的关键。

工程经济学主要包括如下方面的研究内容。

1）经济评价指标与方法。研究方案的评价指标，以便分析方案的可行性。

2）投资方案选择。投资项目往往具有多个方案，分析多个方案之间的关系，进行多方案选择是工程经济学研究的重要内容。

3）筹资分析。随着社会主义市场经济体制的建立，建设项目资金来源多元化已成为必然。因此，要研究在市场经济体制下，如何建立筹资主体和筹资机制，怎样分析各种筹资方式的成本和风险。

4）财务分析。研究项目对各投资主体的贡献，从企业财务角度分析项目的可行性。

5）经济分析。研究项目对国民经济的贡献，从国民经济角度分析项目的可行性。

6）风险和不确定性分析。任何一项经济活动，由于各种不确定性因素的影响，会使期望的目标与实际状况发生差异，可能会造成经济损失。为此，需要识别和估计风险，进行不确定性分析。

7）建设项目可行性研究与后评估。项目后评估是在项目建成后，衡量和分析项目的实际情况与预测情况的差距，为提高项目投资效益提出对策措施。因此，需要研究怎样进行建设项目后评估，采用什么样的方法和指标。

8）技术选择。为了实现一定的经济目标，要考虑客观因素的制约，对各种可能得到的技术手段进行分析比较，选取最佳方案。因此，需要研究各种客观条件是如何影响技术选择的，怎样对技术手段进行分析比较来选取最佳方案。

五、本教材的内容体系

本书主要是作为工程管理和土木工程等专业的教材，内容包括工程经济学基本原理、工程经济学方法和工程经济学应用。具体内容包括 10 章，分别为绪论、现金流量与工程经济基本要素、资金时间价值与等值计算、工程经济评价的基本方法、工程项目的不确定性分析与风险分析、工程项目的经济评价、公益性项目的经济评价、工程项目的可行性研究与后评估、设备更新的经济分析、价值工程。

通过本书的学习，掌握工程经济学的基本原理，并具备初步的进行工程项目经济分析和工程方案比较与选择的技能。

第二章 现金流量与工程经济基本要素

本章介绍工程经济基本要素，是工程经济分析的基础。主要内容包括：投资的构成，投资形成的资产种类，投资的估算方法；成本的构成、成本的种类、成本的估算；收入、利润与税金的测算等。

第一节 现金流量

一、现金流量和现金流量图

1. 现金流量

现金流量是工程经济学中的一个重要概念，是指企业在一定会计期间按照现金收付实现制，通过一定经济活动（包括经营活动、投资活动、筹资活动和非经常性项目）而产生的现金流入、现金流出及其总量情况的总称。即：企业一定时期的现金和现金等价物的流入和流出的数量。流入系统的称现金流入（CI）；流出系统的称现金流出（CO）。同一时点上现金流入与流出之差称净现金流量（CI－CO）。现金流入、现金流出和净现金流量统称为现金流量。

现金流量管理中的现金，不是通常所理解的手持现金，而是指企业的库存现金和银行存款，还包括现金等价物，即企业持有的期限短、流动性强、容易转换为已知金额现金、价值变动风险很小的投资等。包括现金、可以随时用于支付的银行存款和其他货币资金。

一项投资被确认为现金等价物必须同时具备四个条件：期限短、流动性强、易于转换为已知金额现金、价值改动风险小。

现金流量一般分为以下几种。

（1）初始现金流量

初始现金流量是指开始投资时发生的现金流量，一般包括如下的几个部分。

① 固定资产投资。包括固定资产的购入或建造成本、运输成本和安装成本等。

② 流动资产投资。包括材料、在产品、产成品和现金等流动资产上的投资。

③ 其他投资费用。指与长期投资有关的职工培训费、谈判费、注册费用等。

④ 原有固定资产的变价收入。这主要是指固定资产更新时变卖原有固定资产所得的现金收入。

(2) 营业现金流量

营业现金流量是指投资项目投入使用后，在其寿命周期内由于生产经营所带来的现金流入和流出的数量。这种现金流量一般以年为单位进行计算。这里现金流入一般是指营业现金收入。现金流出是指营业现金支出和交纳的税金。

(3) 终结现金流量

终结现金流量是指投资项目完结时所发生的现金流量，主要包括以下几种。

① 回收固定资产余值；

② 回收流动资金；

③ 停止使用的土地的变价收入等。

2. 现金流量图

是一种反映经济系统资金运动状态的图式，即把经济系统的现金流量绘入时间坐标图中，表示各现金流入、流出与相应时间的对应关系，如图 2-1 所示。

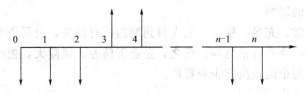

图 2-1 现金流量图

(1) 现金流量的三要素

现金流量的大小（现金数量）、方向（现金流入或流出）和作用点（现金发生的时间点）。

(2) 现金流量图的绘制方法和规则

① 横轴为时间轴，表示一个从 0 开始到 n 的时间序列，每一间隔代表一个时间单位（一个计息期）。时间单位可以取年、半年、季度和月。0 表示时间序列的起点，同时也是第一个计息期的起始点。1～n 分别代表各计息期的终点，第一个计息期的终点也就是第二个计息期的起点，n 表示时间序列的终点。横轴反映的是所考察的经济系统的寿命周期。

② 相对于时间坐标的垂直箭线代表不同时点的现金流量。垂直线的箭头表示现金流动的方向。箭头向上表示现金流入，即现金流量为正；箭头向下，表示现金流出，即现金流量为负。并在各箭线旁注明现金流量的大小。

③ 现金流量的方向，即现金的流入与流出是相对特定的经济系统而言的。贷款方的现金流入就是借款方的现金流出，贷款方的还本付息就是借款方的现金流入。通常工程项目现金流量的方向是针对资金使用者的系统而言的。

④ 在现金流量图中，垂直线的长度与现金流量的金额成正比，金额越大，相应垂直线的长度越长。一般来说，现金流量图上要注明每一笔现金流量的金额。

项目净现金流量是指现金流入和与现金流出的差额。净现金流量可能是正数，也可能是负数。如果是正数，则为净流入；如果是负数，则为净流出。净现金流量反映了企业各类活动形成的现金流量的最终结果，即：某项目在一定时期内，现金流入大于现金流出，还是现金流出大于现金流入。净现金流量是现金流量表要反映的一个重要指标。

现金流量分析具有以下作用。
① 对获取现金的能力做出评价；
② 对偿债能力做出评价；
③ 对收益的质量做出评价；
④ 对投资活动和筹资活动做出评价。

二、现金流量对企业筹资决策的影响

企业根据实际生产经营需要，通过现金流量表，可以确定企业筹资总额。一般来说，企业财务状况越好，净现金流量越多，所需资金越少，反之，财务状况越差，净现金流量越少，所需资金越多。

(1) 对企业投资决策的影响

现金流量是企业评价项目可行性的主要指标，投资项目可行性评价方法有动态法和静态法。动态法以资金成本为折现率，进行现金流量折现，若净现金流量大于0或现值指数大于1，则说明该投资项目可以接受；反之，该投资项目不可行。静态法投资项目的回收期即原始投资额除以每年净现金流量，若小于预计的回收期，则投资方案可行。否则，投资方案不可行。

(2) 对企业资信的影响

企业现金流量正常、充足、稳定，能支付到期的所有债务，公司资金运作有序，不确定性越少，企业风险小，企业资信越高；反之，企业资信差，风险大，银行信誉差，很难争取到银行支持。因此，现金流量决定企业资信。

(3) 对企业盈利水平的影响

现金是一项极为特殊的资产，具体表现如下。
① 流动性最强，可以衡量企业短期偿债能力和应变能力；
② 现金本身获利能力低下，只能产生少量利息收入，由于过高的现金存量会造成企业损失机会成本的可能，因此合理的现金流量是既能满足需求，又不过多积囤资金，这需要理财人员对资金流动性和收益性之间做出权衡，寻求不同时期的最佳资金平衡点，有效组织现金流量及流速以满足偶然发生资金需要及投资机会的能力。

(4) 对企业价值的影响

在有效资本市场中，企业价值的大小在很大程度上取决于投资者对企业资产如股票等的估价，在估价方法中，现金流量是决定性因素。也就是说，估价高低取决于企业在未来年度的现金流量及其投资者的预期投资报酬率。现金流入越充足，企业投资风险越小，投资者要求的报酬率越低，企业的价值越大。企业价值最大化正是投资者追求的目标，企业投资行为都是为实现这一目标而进行的。

(5) 对企业破产界定的影响

中国现行破产法明确规定企业因经营管理不善造成严重亏损，不能清偿到期债务的，可依法宣告破产，即达到破产界限，这与以往的"资不抵债"是两个不同概念，通过现金流量分析，若企业不能以财产、信用或能力等任何方式清偿到期债务，或在可预见的相当长期间内持续不能偿还，而不是因资金周转困难等暂时延期支付，即使该公司尚有盈利，也预示企业已濒临破产的边缘，难以摆脱破产的命运。因此，对现金流量要有足够的重视，未雨绸缪，透过现象看本质，将信息及时反馈到公司管理层，为投资决策提供数据依据。

第二节 工程项目投资

一、投资的概念及构成

1. 投资的概念

投资是工程经济分析中的重要概念，投资一词有双重含义。

① 投资是指投资活动，即投资主体为了特定的目的，获取预期收益而施行的一种价值垫付行为。或者说是经济主体为了获取经济利益，向某项计划投入一定量的资源并使资源不断转化为资产的全部经济活动。

其中经济主体即投资者，也就是各种自然人和经济法人，具体表现为个人、家庭、企业、政府、外商以及其他组织；预期收益不仅包含着投资的动机与目的，也体现着一定的经济数量关系，包括可以测算的经济收益和不可测算的经济收益，还包括社会和环境方面的收益；投入的经济要素是指从事生产、建设、经营等活动所必需的物质条件和生产要素，可以是现金、物资、劳务、土地等有形资产，也可以是专利权、商标、技术、信息等无形资产；投资的领域可以是建设领域、生产领域，也可以是流通领域、服务领域，投入的资产可以是固定资产，也可以是流动资产；投资的形式包括直接投资、间接投资；投资的行为包括投资资金和各种生产要素的筹集、使用、回收及再投资等。

由此可见，投资这一概念，是一种广义上的投资概念，包括了投资主体、投资动机、投资目的、投资形式、投资领域、投入产出效益、投资的过程和行为等诸多因素。

② 投资是指投入的资金数量，是指投资者为获取预期收益而投入的资金或资源以及其他形式的等值价值量。或者说是为了保证项目投产和生产经营活动的正常进行而投入的活劳动和物化劳动的价值总和，是为了未来收益而预先垫付的资金。

投资的这一概念，是工程经济分析的重要经济指标，是一种狭义上的投资概念。

2. 投资的构成

建设工程项目总投资一般是指进行某项工程建设所需的全部费用。生产性建设项目总投资包括建设投资和流动资金两部分；非生产性建设项目总投资则只包括建设投资。对于贷款兴建项目，还包括建设期贷款利息。

（1）建设投资

建设投资包括：建筑安装工程费、设备及工器具购置费、工程建设其他费用和预备费（包括基本预备费和涨价预备费）、建设期利息等。

建筑安装工程费是指建设单位用于建筑和安装工程方面的投资，由建筑工程费和安装工程费两部分组成。建筑工程费是指建设工程涉及范围内的建筑物、构筑物、场地平整、道路、室外管道铺设、大型土石方工程费用等；安装工程费是指主要生产、辅助生产、公用工程等单项工程中需要安装的机械设备、电器设备、专用设备、仪器仪表等设备的安装及配件工程费，以及工艺、供热、供水等各种管道、配件、闸门和供电外线安装工程费用等。

设备及工器具购置费是指建设单位按照建设工程设计文件要求，购置或自制达到固定资产标准的设备和新、扩建项目配套的首套工器具及生产家具所需的费用。

工程建设其他费用是指未纳入以上两项的，根据设计文件要求和国家有关规定应由项目投资支付的为保证工程建设顺利完成和交付使用后能正常发挥效用而发生的一些费用。

建设投资可以分为静态投资部分和动态投资部分。静态投资部分由建筑安装工程费、设备及工器具购置费、工程建设其他费用和基本预备费构成；动态投资是指在建设期内，因建设期利息和国家新批准的税费、汇率、利率变动以及建设期价格变动引起的建设投资增加额，包括涨价预备费、建设期利息等。建设投资的具体构成见表2-1。

表2-1 建设投资组成表

第一部分 工程费用		建筑安装工程费	建筑工程费和安装工程费	静态投资
		设备、工器具购置费	按照建设工程设计文件要求，建设单位购置或自制达到固定资产标准的设备和新、扩建项目配置的首套工器具及生产家具所需的费用	
第二部分 工程建设其他费用	第一类	土地使用费	农用土地征收费：①土地补偿费；②安置补助费；③土地投资补偿费；④土地管理费；⑤耕地占用税	
			取得国有土地使用费：①土地使用权出让金；②城市建设配套费；③拆迁补偿与临时安置补助费	
	第二类	建设管理费	建设单位管理费	
			工程监理费	
			工程质量监督费	
		可行性研究费	编制和评估项目建议书、可行性研究报告所需的费用	
		研究试验费	研究试验及按设计规定在建设过程中必须进行试验、验证所需的费用	
		勘察设计费	①工程勘察费；②初步设计费（基础设计费）、施工图设计费（详细设计费）；③设计模板制作费	
		环境影响评价费		
		劳动安全卫生评价费		
		场地准备及临时设施费	建设场地和建设单位临时设施费	
		引进技术和进口其他费	①出国人员费用；②国外技术人员来华费用；③技术引进费；④分期或延期付款利息；⑤担保费；⑥进口设备检验鉴定费用	
		工程保险费	①建筑安装工程一切险；②进口设备财产保险；③人身意外伤害险	
		特殊设备安全监督检验费		
		市政公用设施建设及绿化补偿费		
	第三类	联合试费	联合试运转费用支出－联合试运转收入	
		生产准备费	①生产职工培训费 ②生产单位提前进厂参加施工、设备安装、调试等以及熟悉工艺流程及设备性能等人员的工资、工资性补贴、职工福利费、差旅交通费、劳动保护费	
		办公和生活家具购置费	为保证新建、改建、扩建项目初期正常生产、使用和管理所必须购置的办公和生活家具、用具的费用	
第三部分 预备费		基本预备费	在项目实施中可能发生难以预料的支出，需要预先预留的费用，又称不可预见费	
		涨价预备费	建设工程项目在建设期内由于价格等变化引起投资增加，需要事先预留的费用	动态投资
建设期利息			项目借款在建设期内发生并计入固定资产的利息	

建设投资通常形成固定资产、无形资产和其他资产。

应说明的是，在上述建设投资中，有一部分向政府部门核销，不构成固定资产，主要包括应核销投资和转出投资。

应核销投资：是指按照规定计算投资完成额，但不应计入交付使用财产内，要报请核销的各项不直接构成物质成果的支出。如生产职工培训费、勘察设计费、施工机构转移费、报废工程损失、农业开荒费以及样机、样品的购置费等。

转出投资：是指建设单位在建设过程中，有些经批准转给外单位的投资，既不应分摊到本项目交付使用的财产价值中去，本身又不能构成交付使用财产，应单独核算的投资完成额。

故： 固定资产原值＝固定资产投资＋建设期利息－应核销投资－转出投资 (2-1)

（2）建设期贷款利息

如果建设投资中含有借款，则在建设期间的借款利息通常计入建设投资中。凡与构建固定资产或者无形资产有关的计入相应的资产原值，其余都计入开办费，形成其他资产的原值。

（3）流动资金投资

对于生产性建设项目，总投资中还包括流动资金。流动资金是指企业用于购买生产资料、支付职工工资和其他生产费用所需要的处于生产领域和流通领域供周转使用的资金。按来源，分为自有资金和借入资金；按管理方式，分为定额流动资金和非定额流动资金。其中定额流动资金是指根据企业规模、完成任务数量、人员组成情况、物资与费用消耗水平、材料物资供应条件等，事先核定定额需用量，并实行定额管理的流动资金。非定额流动资金包括各种应收款、现金、结算户存款和其他货币资金。大部分反映的是债权、债务关系。

在企业生产经营活动中，用流动资金购买原材料、燃料等，形成生产储备，然后投入生产，经过加工制成产品，经过销售回收货币，完成一个生产循环过程，流动资金就进行了一次周转，依次经过了货币资金、储备资金、生产资金、成品资金、结算资金、货币资金几种表现形式。流动资金就是这样由生产领域→流通领域→生产领域，依次通过供、产、销等三个环节，反复循环，不断周转。流动资金的构成如图 2-2 所示。

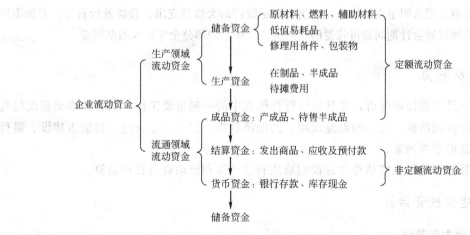

图 2-2 流动资金的构成

流动资金投资通常形成流动资产。

二、投资形成的资产

投资所形成的资产,依据资产的特性可分为固定资产、无形资产、流动资产和其他资产。

1. 固定资产

固定资产是指单位价值高,使用期限较长,并在使用过程中保持其原有实物形态的资产。其基本特征如下:

① 使用期限超过1年且在使用过程中保持其原有的实物形态;

② 使用寿命是有限的,其价值随其磨损,以折旧形式逐渐转移到产品成本中去,并随产品价值的实现分次得到补偿;

③ 用于生产经营活动而不是为了出售,这一特征是区别固定资产与商品等流动资产的重要标志。

2. 无形资产

无形资产是指具有一定价值或可以为所有者或控制者带来经济利益、能在比较长时期内持续发挥作用且不具有独立实体的权利和经济资源。包括专利权、商标权、著作权、土地使用权、专有技术、商誉等。其特征表现如下:

① 没有实物形态,却具有价值。这是无形资产区别于其他资产的显著标志;

② 能在较长时期内使企业获得经济利益;

③ 持有者的目的是使用而不是出售,脱离了生产经营活动,无形资产就失去其经济价值;

④ 为企业提供经济效益的大小具有较大的不确定性。其经济价值大小在很大程度上受企业外部因素的影响,预期的获利能力难以估计。

3. 流动资产

流动资产是指可以在一年内或者超过一年的一个营业周期内变现或者耗用的资产。

4. 其他资产

其他资产是指企业已经支出但不能全部计入当年损益,应当在以后年度内分期摊销的各项费用。如:开办费、租入固定资产的改良支出、固定资产的大修理支出、股票发行费等。但如果该摊销项目不能使以后会计期间获得收益的,应将尚未摊销的部分全部转入当期损益。

三、投资估算

投资估算是工程经济分析,尤其是可行性研究中的一项重要工作,估算的准确程度将直接影响项目评价的结果,也影响着建设项目的经济效果,同时也是决定项目能否建设、银行能否提供贷款的重要因素。

投资估算包括建设投资估算和建设期贷款利息计算和流动资金投资估算。

(一) 建设投资估算

1. 生产能力指数法

这种方法是利用已知的投资指标来概略地估算同类型但不同规模的工程项目或设备的投资额。计算公式为:

$$K_2 = K_1 \left(\frac{Q_2}{Q_1}\right)^n P_f \tag{2-2}$$

式中 K_2——新建工程（或设备）的投资估算值；

K_1——已知工程（或设备）的投资额；

Q_2——新建工程（或设备）的生产能力；

Q_1——已知工程（或设备）的生产能力；

n——工程能力指数；

P_f——差价系数。

n 的平均值大约在 0.6 左右，又称为 0.6 指数法。拟建项目的增加幅度不宜大于 50 倍。生产规模比值在 0.5～2 之间，$n=1$。生产规模比值相差不大于 50 倍，且拟建项目规模的扩大仅靠增大设备规模来达到时，则 n 取值在 0.6～0.7 之间，若靠增加相同规模设备数量达到目的时，n 取值在 0.8～0.9 之间。

2. 分项类比估算法

分项类比估算法是将工程项目的固定资产分为三项：a. 机器设备的投资；b. 建筑物、构筑物的投资；c. 其他投资。在估算时，首先估算出机器设备部分的投资额，然后根据其他两部分对它的比例关系分别逐项估算。

（1）机械设备投资估算

$$K_m = \sum_{i=1}^{n} D_i Q_i (1 + k_i) \tag{2-3}$$

式中 K_m——机械设备的投资估算值；

D_i——第 i 种设备的出厂价格；

Q_i——第 i 种设备的数量；

k_i——同类工程、同类机械设备的运输、安装费用系数；

n——机械设备种数。

（2）建筑物、构筑物部分投资估算

$$K_f = K_m k_f \tag{2-4}$$

式中 K_f——建筑物、构筑物部分投资估算值；

k_f——同类工程建筑物、构筑物部分投资占机械设备部分的比重。

$$k_f = k_{f1} + k_{f2} + k_{f3} + k_{f4} \tag{2-5}$$

式中 k_{f1}——同类工程厂房建筑物部分占机械设备投资的比重；

k_{f2}——同类工程附属设施费占机械设备投资的比重；

k_{f3}——同类工程仪表费用占机械设备投资的比重；

k_{f4}——同类工程工艺管线费用占机械设备投资的比重。

（3）其他投资估算

其他投资一般指独立的单项费用，如土地购置费、青苗补偿费、拆迁安置费、建设单位管理费、设计费、生产工人培训费和试车费等。

$$K_w = K_m k_w \tag{2-6}$$

式中 K_w——其他投资估算值；

k_w——同类工程项目其他投资占机械设备部分的比重，k_w 视项目特点而定。

（4）施工费用和预备费估算

施工费用估算值：
$$K_s=(K_m+K_f+K_w)k_s \qquad (2-7)$$
式中，k_s 的大小取决于工程施工的复杂程度。

预备费估算值：
$$K_b=(K_m+K_f+K_w)k_b \qquad (2-8)$$
式中，k_b 为预备费用系数。

最后估算拟建项目固定资产投资总额为：
$$K=K_m+K_f+K_w+K_s+K_b \qquad (2-9)$$

需说明的是，上述公式应用时，应视工程项目投资环境的不同对各系数进行具体调整。

3. 工程概算法

工程概算法主要用于设计概算。是在投资估算的控制下，由设计单位根据初步设计（或扩大初步设计）图纸及说明、概算定额、各项费用定额或取费标准、设备、材料预算价格等资料，编制和确定的建设项目从筹建到竣工交付使用所需全部费用的方法。

设计概算可分为单位工程概算、单项工程综合概算和建设工程项目总概算三级，建设项目总概算形成关系如图 2-3 所示。

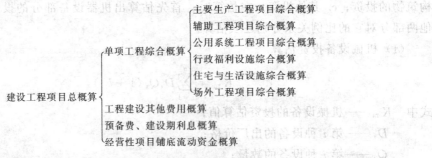

图 2-3 建设工程项目总概算的组成内容

（1）单位工程概算

是确定各单位工程建设费用的文件，它是根据初步设计或扩大初步设计图纸和概算定额或概算指标以及市场价格信息等资料编制而成。

对于一般工业与民用建筑工程而言，单位工程概算按其工程性质，分为建筑工程概算和设备及安装工程概算两大类，如图 2-4 所示。

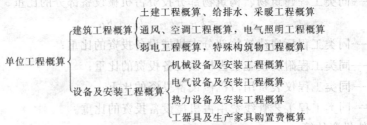

图 2-4 单位工程概算构成图

单位工程概算只包括单位工程的工程费用，由人、料、机费用和企业管理费、利润、规费、税金组成。

（2）单项工程综合概算

是确定一个单项工程所需建设费用的文件，是由单项工程中各单位工程概算汇总编制而成的，是建设工程项目总概算的组成部分。

(3) 建设项目总概算

是确定整个建设工程项目从筹建开始实行到竣工验收、交付使用所需全部费用的文件，是由各单项工程综合概算、工程建设其他费用概算、预备费、建设期利息概算和经营性铺底流动资金概算等汇总编制而成。

(4) 单位工程概算的编制方法

单位工程概算按其工程性质分为建筑工程概算和设备及安装工程概算两大类。建筑工程概算的编制方法有：定额概算法、概算指标法、类似工程预算法；设备及安装工程概算的编制方法有：预算单价法、扩大单价法、设备价值百分比法和综合吨位指标法等。

（二）建设期贷款利息的计算

国内贷款建设项目，建设期利息，一般采用近似复利公式计算：

$$\text{建设期每年应计利息} = \left(\text{以前年度贷款本息累计} + \frac{\text{本年度贷款额}}{2}\right) \times \text{利率} \tag{2-10}$$

[例 2-1] 某工程项目建设期 4 年，每年贷款额分别为 1500 万元、1500 万元、2000 万元、3000 万元，总计 8000 万元。年利率为 6%，计算建设期贷款利息。

解：第一年应计利息 = 1500/2 × 6% = 45 万元

第二年应计利息 = (1500 + 45 + 1500/2) × 6% = 137.7 万元

第三年应计利息 = (3000 + 45 + 137.7 + 2000/2) × 6% = 251 万元

第四年应计利息 = (5000 + 45 + 137.7 + 251 + 3000/2) × 6% = 416 万元

合计：849.7 万元

（三）流动资金投资估算

1. 扩大指标估算法

扩大指标估算法一般可参照同类生产企业流动资金占销售收入、经营成本、固定资产投资的比率，以及单位产量占用流动资金的比率来确定。

一般按百元产值占用额进行估算：

$$\text{定额流动资金} = \text{工业总产值} \times \text{每百元产值占用定额流动资金} \tag{2-11}$$

2. 分项详细估算法

分项详细估算法的基本思路是：先按照项目各年生产运行的强度，估算出各大类的流动资产的最低需要量。加总以后减去该年估算出的正常情况下的流动负债，这就是该年需要的流动资金，再减去上年已注入的流动资金，就得到该年流动资金的增加额。当项目已经达到正常的生产运行水平后，流动资金就可以不再投入。具体计算公式如下：

$$\text{流动资金} = \text{流动资产} - \text{流动负债} \tag{2-12}$$

式中，流动资产 = 应收账款 + 存货 + 现金

流动负债 = 应付账款

要估算流动资金，首先确定各分项最低周转天数，计算出周转次数，然后进行分项估算。

(1) 周转次数

$$\text{周转次数} = \frac{360}{\text{最低周转天数}} \tag{2-13}$$

各类流动资产和流动负债的最低周转天数参照同类企业的平均周转天数并结合项目特点

确定，或按部门（行业）规定，在确定最低周转天数时应考虑储存天数、在途天数，并考虑适当的保险系数。

(2) 流动资产估算

① 存货的估算。存货是指企业在日常生产经营过程中持有以备出售，或者仍然处在生产过程，或者在生产或提供劳务过程中将消耗的材料或物料等，包括各类材料、商品、在产品、半成品和产成品等。为简化计算，项目评价中仅考虑外购原材料、燃料、其他材料、在产品和产成品，并分项进行计算。计算公式为：

$$存货 = 外购原材料、燃料 + 其他材料 + 在产品 + 产成品 \tag{2-14}$$

$$外购原材料、燃料 = \frac{年外购原材料、燃料费}{周转次数} \tag{2-15}$$

$$其他材料 = \frac{年其他材料费}{其他材料周转次数} \tag{2-16}$$

$$在产品 = \frac{年外购原材料燃料动力费 + 年工资及福利费 + 年修理费 + 年其他制造费}{在产品周转次数} \tag{2-17}$$

$$产成品 = \frac{年经营成本 - 年其他营业费用}{产成品周转次数} \tag{2-18}$$

② 应收账款估算。应收账款是指企业对外销售商品、提供劳务尚未收回的资金。计算式为：

$$应收账款 = \frac{年经营成本}{应收账款周转次数} \tag{2-19}$$

③ 预付账款估算。预付账款是指企业为购买各类材料、半成品或服务所预先支付的款项。计算式为：

$$预付账款 = \frac{外购商品或服务年费用}{预付账款周转次数} \tag{2-20}$$

④ 现金估算。项目流动资金中的现金是指为维持正常生产运营必须预留的货币资金。计算式为：

$$现金 = \frac{年工资及福利费 + 年其他费用}{现金周转次数} \tag{2-21}$$

$$年其他费用 = 制造费用 + 管理费用 + 营业费用 - \\ (以上三项费用中所含的工资及福利费、折旧费、\\ 摊销费、修理费) \tag{2-22}$$

(3) 流动负债估算

流动负债是指将在1年（含1年）或者超过1年的一个营业周期内偿还的债务，包括短期借款、应付票据、应付账款、预收账款、应付工资、应付福利费、应付股利、应交税金、其他暂收应付款项、预提费用和1年内到期的长期借款等。在项目评价中，流动负债的估算可以只考虑应付账款和预收账款两项。

计算公式为：

$$应付账款 = \frac{外购原材料、燃料动力及其他材料年费用}{应付账款周转次数} \tag{2-23}$$

$$预收账款 = \frac{预收的营业收入年金额}{预收账款周转次数} \tag{2-24}$$

[**例2-2**] 某企业定员1100人,工资及福利费按照每人每年7.20万元估算,每年其他费用为860万元(其中:其他制造费用为660万元),年外购原材料、燃料、动力费为19200万元;年经营成本为21000万元,年销售收入33000万元,年修理费占年经营成本10%;年预付账款为800万元,年预收账款为1200万元。各项流动资金最低周转天数分别为:应收账款为30天,现金为40天,应付账款为30天,存货为40天,预付账款为30天,预收账款为30天。用分项详细估算法估算拟建项目的流动资金。

解:
1. 流动资产估算
(1) 应收账款=21000/(360/30)=1750万元
(2) 预付账款=800/(360/30)=66.67万元
(3) 存货估算
购原材料、燃料=19200/(360/40)=2133.33万元
在产品=(19200+1100×7.2+21000×10%+660)/(360/40)=3320.00万元
产成品=21000/(360/40)=2333.33万元
存货=2133.33+3320.00+2333.33=7786.66万元
(4) 现金=(1100×7.2+860)/(360/40)=975.56万元
流动资产=1750+66.67+7786.66+975.56=10578.89万元
2. 流动负债估算
(1) 应付账款=19200/(360/30)=1600.00万元
(2) 预收账款=1200/(360/30)=100.00万元
流动负债=1600.00+100.00=1700.00万元
3. 流动资金=10578.89-1700.00=8878.89万元

第三节 费用与成本

一、费用与成本的关系

1. 费用的概念与特点

费用是指企业在生产和销售商品、提供劳务等日常经济活动中所发生的、会导致所有者权益减少的、与向所有者分配利润无关的经济利益的总流出。费用具有以下特点。

① 费用是企业在日常活动中发生的经济利益的流出,而不是从偶发的交易或事项中发生的经济利益的流出;

② 费用可能表现为资产的减少或负债的增加,或二者兼而有之。费用本质上是一种企业资源的流出,是资产的耗费,其目的是为了取得收入;

③ 费用将引起所有者权益的减少,但与利润分配时的支出无关;

④ 费用只包括本企业经济利益的流出,而不包括代付的款项及偿还债务支出,并且经济利益的支出能够可靠计量。

2. 费用和成本的联系与区别

费用是会计主体各类支出中的收益性支出。费用按不同的分类标准有多种不同的分类方

法，如按经济内容和性质，费用可分为购置劳动对象的费用、购建劳动资料的费用和支付职工薪酬的费用；按经济用途，费用可分为生产费用和期间费用。

生产费用是指为生产产品而发生的、与产品生产直接相关的费用，如生产产品所发生的原材料费用、人工费用等。在财务会计中，生产费用与生产成本是不完全等同的概念，生产费用计入生产成本要明确两个前提：一是生产费用的具体承担者，即成本核算对象，如：购买生产用原材料8万元，用于A、B两种产品生产，其中A产品消耗3万元，B产品消耗5万元，则生产费用为8万元，计入A产品生产成本3万元，B产品生产成本5万元。二是生产费用和生产成本的归属期，又分为两种情况，第一种情况是生产费用已经发生但应由以后多个会计期承担，如：年初支出12万元，用于支付租期为6个月的周转材料的租金，则按照会计分期假设和权责发生制的要求，生产费用为12万元应分摊计入6个月的生产成本，若平均分摊，由每月生产成本为2万元；第二种情况生产费用应当计入生产成本但费用并没有实际支付，如租期为6个月的周转材料，每月租金2万元，租赁期结束时一次性支付12万元租金，按照权责发生制和收益费用匹配原则，每月应计入生产成本2万元，而生产费用12万元在租赁期末才实际发生。

(1) 费用和成本的联系

① 成本和费用都是企业除偿债性和分配性支出以外的支出；
② 成本和费用都是企业经济资源的耗费；
③ 生产费用的发生过程同时也是生产成本的形成过程，生产费用构成生产成本的基础。

(2) 费用和成本的区别

① 费用是针对一定期间而言的，而成本是针对一定产品而言的；
② 成本是对象化的费用，针对的是一定的成本计算对象；
③ 成本是由费用组成的，但费用不一定能计入成本。

二、成本的概念及其分类

产品成本是以货币为表现形式的，企业在一定时期内，为生产和销售一定质量和数量的产品，按一定规则而支付的各种费用的总和。

产品成本是一个极其重要的综合性指标，企业生产经营活动的各项工作成果，最终都会直接或间接地反映到产品成本这个指标上来。产品成本的高低，可以反映企业经营管理水平的状况，同时也直接决定了企业经济效益的好坏，因此，成本是工程经济分析中一个最重要的指标。

1. 产品成本的分类

(1) 按经济性质分类

按照费用的原始形态，把全部费用划分为若干费用要素，构成产品总成本的费用可分为六大部分，即六大费用要素如下。

① 直接材料　是指在生产经营过程中，直接用于产品生产，构成产品实体的原料、主要材料、外购半成品，以及有助于产品形成的辅助材料与其他材料。

包括：原材料、燃料、动力、外购半成品、辅助材料、包装物等。

② 直接工资　指直接从事产品生产的工人的工资性支出，以及按规定比例提取的职工福利费。包括：生产工人工资、奖金、津贴、补贴、福利费等。

③ 制造费用　指企业各生产单位为生产产品和提供劳务所发生的各项间接费用。

包括：生产单位管理人员工资、奖金、津贴、福利费；房屋建筑物等固定资产折旧费；维修费、低值易耗品、取暖费、水电费、差旅费、保险费、劳动保护费等。

④ 管理费用　是指企业行政管理部门和组织经营活动而发生的各项费用。

包括：企业管理人员工资、福利及补贴、固定资产折旧费、无形资产及其他资产摊销费、办公费、差旅费、技术转让费、土地使用税、车船使用税、房产税、印花税等。

⑤ 财务费用　指企业为筹集生产经营所需资金而发生的费用。包括：利息支出、汇兑损失、金融机构手续费以及筹集资金发生的其他费用等。

⑥ 销售费用　指企业为销售产品而发生的各项费用。包括：运输费、折旧费、销售人员工资及福利费和广告费等。

以上六大费用要素依次企业不同层次的成本，如图 2-5 所示。

总成本费用 $\begin{cases} 生产成本 \begin{cases} 直接支出：生产中实际消耗的直接材料、工资和其他支出 \\ 制造费用：为生产产品和提供劳务发生的各项间接费用 \end{cases} \\ 销售费用：销售过程中发生的各项费用 \\ 管理费用：管理和组织生产经营发生的费用，如工会经费、税金、折旧等 \\ 财务费用：企业为筹集资金而发生的各项费用 \end{cases}$

图 2-5　总成本费用构成

（2）按费用与产量的关系分类

产品成本按其与产量变化的关系可分为固定成本、变动成本和半固定半变动成本。

① 固定成本，指在一定期间和一定生产规模限度内，不随产品产量而变化的费用。如固定资产折旧、管理人员工资、办公费、差旅费等。

② 变动成本，指产品成本中随产品产量的增减而成比例地增减的费用。如直接材料、直接燃料和动力费等。

③ 半固定半变动成本，是指其费用总额随产量增减而变化，但非成比例地变化的费用，同时具有固定成本和变动成本的特征。

2. 其他成本概念

（1）经营成本

是从工程项目本身考察其在一定期间（1年）内由于生产和销售产品及提供劳务而实际发生的现金支出。

经营成本是工程经济分析中的主要现金流出项目。

$$经营成本 = 总成本 - 折旧费 - 摊销费 - 维简费 - 借款利息 \qquad (2-25)$$

折旧费、摊销费、维简费等是过去投资在使用期的分摊，而投资已在期初作为一次性支出计入现金流量，故不能再以折旧等摊销方式计为现金流量，否则会造成重复计算。全部投资现金流量表以全部投资作为计算基础，利息支出不作为现金流出；而自有资金现金流量表则将借款利息作为单列项目，也不能包括在经营成本之内。

（2）机会成本

将某种有限资源用于某一用途而放弃的其他各种用途的最高收益。资源是稀缺的，有限资源应有效的利用。机会成本不是实际发生的成本，而是方案决策时的观念上的成本。

例如，有一块有限的土地，若在地上种植小麦可得年收入 5000 元，若种植大豆可收入 8000 元，若选择种小麦，则其机会成本为 8000 元（即没种大豆造成的损失），因此可判断，种小麦的方案不是最优方案。由于机会成本大于实际收益，说明有限的资源（土地）没有得到最优的利用。

可见，机会成本的概念可以帮助我们寻找出利用有限资源的最佳方向。机会成本存在的前提条件——资源是有限的，若资源并没有充分利用，还有许多剩余时，则机会成本为零。

应用机会成本的概念对方案进行选择时，常需要计算内在成本：

内在成本＝方案的实际收入－机会成本

当内在成本为正值时，说明方案选择正确。

[例2-3] 某厂有两个产品方案：方案一，直接出售A产品，收入1500元；方案二，将A进行深度加工得到B产品，收入2550元，但要支付加工费650元，应选哪个方案？

若选深度加工方案，则其内在成本为：

B产品的收入	2550元
B产品加工费	－650元
B产品净收入	1900元
深度加工方案的机会成本	－1500元
内在成本	400元

这说明，B产品的收入补偿了深度加工的成本和不出售A产品的机会成本后，还余400元，即内在成本为正值，选择方案二。

(3) 沉没成本

过去已经支出而现在已无法得到补偿的成本。过去发生的，目前决策不能改变的成本。过去发生的，在一定情况下无法补偿的成本。

沉没成本是西方经济学中的概念，提出这个概念的目的是提醒人们，在进行决策时要向前看，不要总想到已花费而不能收回的费用，而影响未来的决策。在对方案进行经济分析时，不考虑沉没成本是经济分析的一项原则。为什么在经济分析中不考虑沉没成本？其一，不考虑沉没成本与技术经济分析的出发点有关。在技术经济分析时，决策者的目的在于选择一个将来达到最好效果的方案。只有未来的行动才会受今天所选方案的影响，而沉没成本是过去发生的，目前决策不能改变的，因而与技术经济研究无关。其二，不考虑沉没成本不影响决策的正确性。

例如某人想买一台旧电脑，A商店刚好有一台中意的电脑，售价1000元，因而约好购买此电脑并交付了200元定金（毁约不买，定金不退）。可之后在B商店发现一台完全相同的电脑，标价700元。那么在哪家商店买电脑合算？

无视过去业已支付的费用，似乎难以理解，但事实并非如此。在比较方案优劣时，不论是将该费用考虑进去，还是不予考虑，结论是相同的，故以不考虑为宜。本例中，不论是否考虑定金损失，都是以在B商店购买为宜。

[例2-4] 某厂以28000元购入一辆汽车，但变速器有毛病，要花5000元修理费。若不修理将车出售可得19000元。若将车修好再卖可得26000元。该厂应否修车？

① 不考虑沉没成本进行决策，决策计算见表2-2。

表2-2 不考虑沉没成本的决策表

项　目	以原车出售	修理后再出售	差额
预期收入	19000	26000	7000
修理成本	0	5000	5000
净额	19000	21000	2000

据表 2-2，可以看出，由于差额为净收入 2000 元，故修理好再卖有利。

② 考虑沉没成本进行决策，决策计算见表 2-3。

表 2-3 考虑沉没成本的决策表

项 目	以原车出售	修理后再出售	差额
预期收入	19000	26000	7000
修理成本	0	5000	5000
购入成本	28000	28000	28000
净额	−9000	−7000	2000

据表 2-3，可以看出，修好再卖可少亏损 2000 元。两种情况下的决策结论是一致的。

(4) 环境成本

环境成本是指在建设生产经营活动中，从资源开采、生产、运输、使用、回收到处理，解决环境污染和生态破坏所需的全部费用。环境成本又称环境降级成本，指由于经济活动造成环境污染而使环境服务功能质量下降的代价。环境成本又分为环境保护支出和环境退化成本，环境保护支出指为保护环境而实际支付的费用，环境退化成本指环境污染损失的价值和为保护环境应该支付的费用。

三、总成本费用的估算

为便于计算，在工程经济中将工资及福利费、折旧费、修理费、摊销费、利息支出进行归并后分别列出，另设一项"其他费用"将制造费用、管理费用、财务费用和销售费用中扣除工资及福利费、折旧费、修理费、摊销费、维简费、利息支出后的费用列入其中。这样，各年成本费用的计算公式为：

$$\text{年总成本费用} = \text{外购原材料} + \text{外购燃料动力} + \text{工资及福利费} + \text{修理费}$$
$$+ \text{折旧费} + \text{维简费} + \text{摊销费} + \text{利息支出} + \text{其他费用} \qquad (2\text{-}26)$$

(1) 外购原材料、燃料及动力费

对耗用量大的主要原材料、燃料及动力，应分别按其年消耗量和供应单价进行估算，然后汇总。

$$\text{外购原材料、燃料及动力费} = \Sigma \text{年消耗数} \times \text{原材料、燃料及动力供应单价} \qquad (2\text{-}27)$$

其他耗用量不大，但种类繁多的原材料、燃料及动力费，可以参照类似企业统计资料计算的其他材料、燃料及动力费占主要原材料、燃料及动力费的比率进行估算。

(2) 工资及福利费

工资及福利费是指企业为获得职工提供的服务而给予的各种形式的报酬以及其他相关支出，通常包括职工工资、奖金、津贴和补贴，职工福利费，以及医疗、养老、失业、工伤、生育等社会保险费和住房公积金中由职工个人缴付的部分。工资及福利费一般按工程建设项目投产后各年所需的职工总数即劳动定员数和人均年工资及福利费水平进行估算。

$$\text{工资及福利费} = \text{企业职工定员人数} \times \text{人均年工资及福利费} \qquad (2\text{-}28)$$

(3) 修理费

修理费是指为保持固定资产的正常运转和使用，对其进行必要修理所发生的费用。修理费可按下列公式之一计算：

$$\text{修理费} = \text{固定资产原值} \times \text{修理费综合费率} \qquad (2\text{-}29)$$

$$\text{修理费} = \text{固定资产折旧额} \times \text{修理费综合费率} \qquad (2\text{-}30)$$

(4) 折旧费与摊销费

折旧费与摊销费的概念与计算详见下节。

(5) 财务费用

财务费用是指企业为筹集所需资金而发生的费用,包括利息支出、汇兑损失以及相关手续费。工程经济分析中通常只考虑借款利息支出。建设投资贷款在生产期间的利息支出应根据不同的还款方式和条件采用不同的计算方法;流动资金借款利息按每年年初借款余额和预计年利率计算。

(6) 其他费用

其他费用是指构成总成本费用的所有科目中,除上述成本费用以外的所有成本费用,包括生产部门的其他制造费用、管理部门的其他管理费用和销售部门的其他费用。其他费用一般参照同类工程项目的其他费用水平进行估算。

四、折旧费与摊销费的计算

在投资项目寿命期的现金流量表中,折旧费和摊销费并不构成现金流出。但是,在估算利润总额和所得税时,它们是总成本费用的组成部分。从企业角度看,折旧与摊销的多少与快慢并不代表企业这项费用实际支出的多少与快慢,因为它们本身就不是实际的支出,而是一种会计手段,把以前发生的一次性支出在生产经营期各年度中进行分摊,以核算当年应缴纳的所得税和可以分配的利润。一般来说,企业总是希望多提和快提折旧费和摊销费,以期少交和慢交所得税。为保证国家正常的税收来源,防止企业多提和快提折旧和摊销费的倾向,国家对折旧方法、折旧年限以及摊销费的计算均有明确规定。

1. 折旧的概念

固定资产在使用过程中会不断发生磨损,产生价值损耗,这种损耗的价值随着工程项目的营运而逐渐转移到产品成本中去,并通过产品销售,以货币资金的形式加以回收,从而达到对固定资产损耗的补偿和更新的目的。固定资产这种因损耗而转移到产品成本中去的价值就叫折旧。

2. 影响固定资产折旧的因素

① 固定资产原值:指固定资产的原始价值或重置价值。

② 固定资产净残值=估计残值-估计清理费用。

③ 固定资产估计使用年限:指固定资产的预期使用年限。

现行财务制度将企业的固定资产分为 3 大部分、22 类,对各类固定资产折旧年限规定了一个最高限和最低限,见表 2-4。

3. 折旧的计算方法

新财务制度规定,建筑企业计提折旧一般采用平均年限法和工作量法,但企业有权选择具体的折旧方法,在开始实行年度前报主管财政机关备案。折旧方法和折旧年限一经确定,不得随意变更,确需变更的,由企业提出申请,并在变更年度前报主管财政机关批准。

常用的折旧方法有以下几种。

① 平均年限法(直线折旧法):是按照预计使用年限平均分摊固定资产折旧额的方法。

$$\text{年折旧率} = \frac{1 - \text{预计净残值率}}{\text{折旧年限}} \times 100\% \qquad (2\text{-}31)$$

表 2-4 工业企业固定资产分类折旧年限表

一、通用设备部分		11. 机械工业专用设备	20～25 年
通用设备分类	折旧年限	12. 石油工业专用设备	8～12 年
1. 机械设备	10～14 年	13. 化工、医药工业专用设备	8～14 年
2. 动力设备	11～18 年	14. 电子仪表电讯工业专用设备	7～14 年
3. 传导设备	15～28 年	15. 建材工业专用设备	5～10 年
4. 运输设备	6～12 年	16. 纺织、轻工业专用设备	6～12 年
5. 自动化控制及仪器仪表		17. 矿山、煤炭及森工专用设备	7～15 年
自动化、半自动化控制设备	8～12 年	18. 造船工业专用设备	15～22 年
电子计算机	4～10 年	19. 核工业专用设备	20～25 年
通用测试仪器设备	7～12 年	20. 公用事业企业专用设备	
6. 工业炉窑	7～13 年	自来水	15～25 年
7. 工具及其他生产用具	9～14 年	燃气	16～25 年
8. 非生产用设备及器具		三、房屋、建筑物部分	
设备工具	18～22 年	房屋、建筑物分类	折旧年限
电视机、复印机、文字处理机	5～8 年	21. 房屋	
二、专用设备部分		生产用房	30～40 年
专用设备分类	折旧年限	受强腐蚀生产用房	10～15 年
9. 冶金工业专用设备	9～15 年	受腐蚀生产用房	20～25 年
10. 电子工业专用设备		非生产用房	35～45 年
发电及供热设备	12～20 年	简易房	8～10 年
输电线路	30～35 年	22. 建筑物	
配电线路	14～16 年	水电站大坝	45～55 年
交电配电设备	18～22 年	其他建筑物	15～25 年
核能发电设备	20～25 年		

净残值率一般取 3%～5%。

$$月折旧率＝年折旧率 \div 12$$

$$年折旧额＝固定资产原值 \times 年折旧率$$

[例 2-5] 项目固定资产总额为 3000 万元，使用年限为 10 年，残值率 4%，则

$$年折旧额 = \frac{3000 - 3000 \times 4\%}{10} \times 100\% = 288 \text{ 万元}$$

② 工作量法：适用于各种大型机械、设备的折旧。

$$单位里程（每工作小时）折旧额 = \frac{原值 \times (1 - 预计净残值率)}{规定的行驶总里程（总工作小时）} \quad (2-32)$$

③ 年数总和法：是以固定资产原值减预计净残值后的余额为基数，按照逐年递减的折旧率计提折旧的一种方法。

在年数总和法中，折旧率是以该项固定资产预计可使用的年数（包括当年）作为分子，以逐年可使用的年数之和作为分母而计算的比率。分母为固定的，而分子逐年递减，所以折旧率是逐年递减的。采用此法时，计算基数是固定的，折旧率逐年递减，因此计提的折旧额逐年递减。

$$年折旧率 = \frac{折旧年限 - 已使用年数}{折旧年限 \times \left(\frac{折旧年限 + 1}{2}\right)} \quad (2-33)$$

$$年折旧额 = (原值 - 残值) \times 年折旧率$$

[例 2-6] 某项固定资产原价为 10000 元，预计净残值 400 元，使用年限 5 年。采用年

数和法计算各年折旧额。

解：计算折旧的基数＝10000－400＝9600元
年数总和＝1＋2＋3＋4＋5＝15年　　或5×(5+1)/2＝15年
则：第一年折旧额＝9600×(5－0)/15＝3200元
第二年折旧额＝9600×(5－1)/15＝2560元
第三年折旧额＝9600×(5－2)/15＝1920元
第四年折旧额＝9600×(5－3)/15＝1280元
第五年折旧额＝9600×(5－4)/15＝640元

④ 双倍余额递减法：是按照账面价值（＝原值－已提折旧）和折旧率计算折旧的方法。

在双倍余额递减法中，折旧率是平均年限法的两倍，并且在计算年折旧率时，不考虑预计净残值。此法是以固定资产账面价值为基数，计提的折旧额逐年递减。

$$年折旧率 = \frac{2}{折旧年限} \times 100\% \tag{2-34}$$

年折旧额＝固定资产账面价值×年折旧率

注意：实行双倍余额递减法的固定资产，应在其折旧年限到期的前两年（即最后两年）内，将固定资产净值扣除预计残值后的净额平均分摊。

[**例 2-7**]　如[例2-6]，采用双倍余额递减法计算各年折旧额。

解：年折旧率＝2/5＝40％
则：第一年折旧额＝10000×40％＝4000元
第二年折旧额＝(10000－4000)×40％＝2400元
第三年折旧额＝(10000－6400)×40％＝1440元
第四年折旧额＝(10000－7840－400)/2＝880元
第五年折旧额＝(10000－7840－400)/2＝880元

4. 摊销费的计算

摊销费是无形资产和其他资产等一次性投入费用的分摊，其性质与固定资产折旧费相同。

无形资产从开始使用之日起，在有效使用期限内平均分摊，计算摊销费。有效使用期限按下列原则确定：法律、合同或者企业申请书分别规定有法定的有效期限和受益年限的，取两者较短者为有效使用年限；法律没有规定有效期限的，按合同或者企业申请书规定的受益年限为有效使用年限；法律、合同或者企业申请书均未规定有效期或者受益年限的，按照不少于10年确定有效使用期限。

其他资产包括开办费和以经营租赁方式租入的固定资产改良支出等。开办费从企业开始生产经营起，按照不短于5年的期限平均分摊；以经营租赁方式租入的固定资产改良支出，在租赁有效期内平均分摊。

第四节　项目经营期间的收入、利润和税金

一、收入的概念与特点

收入有广义和狭义之分，广义的收入包括营业收入、投资收益、补贴收入和营业外收

入。工程经济分析中的收入通常是指狭义的收入,即营业收入,是指企业在销售商品、提供劳务以及让渡资产使用权等日常经济活动中形成的经济利益的总流入,包括主营业收入和其他业务收入,但不包括为第三方或客户代收的款项。

收入具有以下特点。

① 收入从企业日常经济活动中产生,而不是从偶发交易或事项中产生。日常经济活动是指企业为了完成所有的经济目标而从事的一切经济活动,这些活动具有经常性、重复性和可预见性等特点,如生产企业销售产品,流通企业销售商品等。与日常经济活动相对应,企业还会发生一些偶然的事项,导致经济利益的流入,如接受捐赠等,这种偶然发生的非正常经济活动产生的流入不能作为企业的收入。

② 收入可能表现为资产的增加,或者负债的减少,或者兼而有之。

③ 收入将引起所有者权益的增加,根据"资产=负债+所有者权益"会计恒等式,收入无论表现为资产的增加,还是负债的减少,最终必然导致所有者权益增加,不符合这一特征的经济利益流入,也不是企业收入。

④ 收入只包括本企业的经济利益的流入,不包括代收的款项,如代国家收取的增值税、代客户收取的运杂费等,因为代收款项,在增加企业资产的同时也增加企业负债,不会增加企业的所有者权益,也不属于本企业的经济利益,不能作为本企业的收入。

通常情况下,收入有以下两种分类方式。

① 按收入的性质,企业收入可以分为建造(施工)合同收入、销售商品收入、提供劳务收入、让渡资产使用权收入等;

② 按企业营业的主次分类,企业收入可以分为主营业务收入和其他业务收入。

工程经济分析中应根据项目的类型确定不同性质的收入种类,计算项目的主营业务收入。本教材根据一般工业项目,计算销售商品收入。

销售收入是企业向社会出售商品或提供劳务的货币收入。

$$销售收入 = \Sigma 销售量 \times 销售价格 \tag{2-35}$$

企业销售收入包括产品销售收入和其他销售收入;产品销售收入包括:销售产成品、自制半成品、工业性劳务等取得的收入;其他销售收入包括:材料销售、技术转让、包装物出租、外购商品销售、承担运输等非工业性劳务所取得的收入。

二、利润及分配

利润是企业在一定时期内全部生产经营活动的最终成果。是销售收入扣除销售成本和销售税金后的净余额。

$$销售利润 = 销售收入 - 产品总成本 - 税金及附加 \tag{2-36}$$

$$税后利润 = 销售利润 - 所得税 \tag{2-37}$$

按《公司法》规定,企业利润分配顺序如下。

① 被没收的财物损失、支付各项税收的滞纳金和罚款;

② 弥补以前年度亏损;

③ 提取法定公积金,用于弥补企业亏损及按照国家规定转增资本金等;但是,当提取的公积金累计额达到注册资本的50%及以上时,可不再提取;

④ 提取公益金，主要用于职工福利设施建设支出；

⑤ 向投资者分配利润。

三、税金

税金是国家依法对有纳税义务的单位和个人征收的财政资金，是纳税人为国家提供积累的重要方式。具有强制性、无偿性和固定性的特点。合理计算各种税费，是正确计算工程建设项目效益与费用的重要基础。

工程经济分析涉及的税费主要包括增值税、消费税、资源税、城市维护建设税和教育费附加、地方教育附加、关税、所得税等，有些行业还包括土地增值税。

1. 增值税

增值税以商品生产、流通和劳动服务各个环节的增值额为征税对象。在我国境内，销售货物或者提供加工、修理修配劳务以及进口货物的单位或个人，都应缴纳增值税。

增值税的应纳税额是销项税额与进项税额的差额。

销项税额是纳税人销售货物或提供应纳税劳务，按销售额及适用税率向购买方收取的增值税额，计算公式如下：

$$销项税额 = 销售收入（含增值税） \times \frac{税率}{1+税率} \qquad (2\text{-}38)$$

进项税额是纳税人购进货物或接受应纳税劳务所应负担的增值税，计算公式如下：

$$进项税额 = 外购原材料、燃料、动力（含增值税） \times \frac{税率}{1+税率} \qquad (2\text{-}39)$$

2. 消费税

消费税是针对特定消费品征收的税金，纳税义务人是在我国境内生产、委托加工和进口某些消费品的单位或个人。工程经济分析中，对适用消费税的产品，消费税的计算通常有三种方法：从价定率法、从量定额法、复合计税法。

① 从价定率法　　　应纳消费税 = 销售额 × 比例税率　　　　　　　　　(2-40)

② 从量定额法　　　应纳消费税 = 销售数量 × 定额税率　　　　　　　　(2-41)

③ 复合计税法　　　应纳消费税 = 销售额 × 比例税率 + 销售数量 × 定额税率　(2-42)

3. 资源税

资源税是对在我国境内开采原油、天然气、煤炭、金属或非金属矿原矿及生产盐的单位和个人征收的一种税。

征收资源税的目的在于调节因资源条件差异而形成的资源级差收入，促使国有资源的合理开采与利用，同时为国家财政取得一定收入。目前，根据资源不同分别实行从价定率和从量定额的办法计算应纳资源税额。

① 对煤炭、原油、天然气、稀土、钨、钼以及列入资源税税目的金属或非金属矿、海盐等实行从价定率的方法征税。

$$应纳资源税 = 销售额 \times 比例税率 \qquad (2\text{-}43)$$

② 对经营分散、多为现金交易且难以控管的黏土、砂石，按照便利征管原则，仍实行从量定额法计征，即按应课税资源的产量乘以单位税额计算。

$$应纳资源税 = 课税数量 \times 单位税额 \qquad (2\text{-}44)$$

4. 土地增值税

土地增值税是对有偿转让房地产取得的增值额征收的税种。房地产开发项目应按规定计算土地增值税。土地增值税按四级超率累进税率计算。

$$土地增值税 = 增值额 \times 适用税率 \tag{2-45}$$

5. 附加税

工程经济分析中涉及的附加税主要包括城市维护建设税、教育费附加、地方教育附加。

城市维护建设税：是为保证城市维护和建设有稳定的资金来源而征收的一种税。

凡有经营收入的单位和个人，除另有规定外，都是城市维护建设税的纳税义务人。

$$城市维护建设税 = (增值税 + 消费税) \times 适用税率 \tag{2-46}$$

教育费附加：是国家为了发展地方教育事业，扩大地方教育经费来源，计征用于教育的政府性基金，主要用于改善中小学教学设施和办学条件。

$$教育费附加 = (增值税 + 消费税) \times 适用税率 \tag{2-47}$$

地方教育附加：是各省、自治区、直辖市根据国家有关规定，为实施"科教兴省"战略，增加地方教育的资金投入，开征的一项地方政府性基金，主要用于各地方的教育经费的投入补充。

$$地方教育附加 = (增值税 + 消费税) \times 适用税率 \tag{2-48}$$

城市维护建设税、教育费附加，根据项目所在地的不同，采用差别税率。

6. 关税

关税是以进出口的应税货物为纳税对象的税种，工程经济分析中涉及引进设备、技术和进口原材料时，应按有关税法和国家税收政策，正确估算进口关税。进口关税按从价计征、从量计征或者国家规定的其他方式征收。

(1) 从价计征时， $$应纳关税 = 完税价格 \times 关税税率 \tag{2-49}$$

(2) 从量计征时， $$应纳关税 = 货物数量 \times 单位税额 \tag{2-50}$$

7. 所得税

是以企业、单位、个人在一定时期内的应纳税所得额为征收对象的一种税。有企业所得税和个人所得税。

$$应纳所得税 = 应纳税所得额 \times 适用税率 - 减免税额 - 抵免税额 \tag{2-51}$$

上述各税费如有减征、免征或抵免的优惠，应说明政策依据以及减免、抵免的方式，按相关规定估算减免、抵免金额。

掌握理解各种税金的概念，对于识别企业生产项目收入与支出、计算现金流入与现金流出，具有重大的意义。同时，还应知道各种税金的计税基础与扣除方法。

可以计入产品成本的税金有：房产税、土地使用税、车船使用税、印花税以及进口原材料和备品备件的关税等；

从销售收入中直接扣除的有：增值税、消费税、资源税、土地增值税、城市维护建设税、教育费附加和地方教育附加等；

从销售利润中扣除的税金有：所得税。

最后，列出销售收入、成本和税金的关系图，帮助理解销售收入、成本和税金的关系，如图2-6所示。

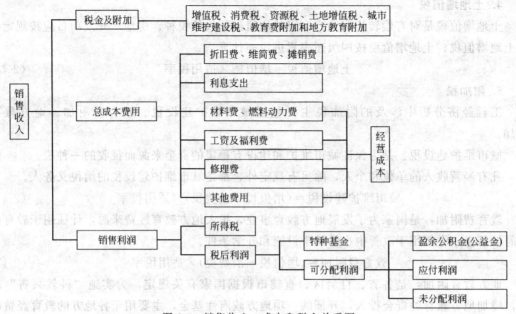

图 2-6 销售收入、成本和税金关系图

思考题与练习题

1. 什么是现金流量？现金流量图的三要素是什么？
2. 现金流量分析有何作用？现金流量对企业有何影响？
3. 试述我国工程项目投资构成？
4. 什么是成本费用？什么是经营成本？
5. 试述成本和费用的关系与区别。
6. 固定资产折旧的计算方法有哪些？工作量法的适用范围是什么？
7. 税金及附加中包括哪些税种？
8. 试述利润总额、净利润及未分配利润的关系？
9. 某工程项目第一年初的投资 100 万元，第二年投资 50 万元，第二年获利 30 万元，第三年上半年获利 50 万元，第三年下半年获利 100 万元。试绘制现金流量图？
10. 某项目生产能力为 45000 吨，正常年份总成本费用为 32480 万元，其中外购原材料、燃料动力 24900 万元，产品销售价格 16300 元/吨，增值税税率 17%，所得税税率 25%，城市维护建设税税率为 5%，教育费附加税率取 3%，地方教育附加率为 2%。

试计算：利润总额、净利润。

11. 某项资产原值为 2500 元，预计使用 5 年，预计净残值率为 10%，分别用直线折旧法、双倍余额递减法、年数总和法求每年的折旧额。

第三章 资金的时间价值与等值计算

本章介绍资金时间价值的基本理论。主要内容包括：资金时间价值的概念与衡量尺度；等值原理；不同支付类型下资金时间价值的计算；名义利率与实际利率的关系与区别。

第一节 资金时间价值的概念

货币是被用来充当固定的一般等价物的特殊的商品，在商品交换中，可作为价值尺度衡量商品的价值，充当商品交换的媒介，除此以外，货币还具有储藏手段、流通手段和充当世界货币三个主要职能。货币作为一种投资参与社会生产过程的循环时被称之为资金，体现着社会再生产的价值外在表现。

一、资金时间价值的概念与意义

（一）资金时间价值的概念

资金时间价值是指资金在生产和流通领域随着时间的增加而增加的价值。资金的增值过程是与生产和流通过程相结合的，资金只有投入到生产流通领域，参与社会生产过程的循环，才会产生增值，带来利润。资金的增值过程可由图 3-1 表示。

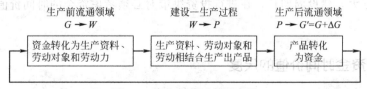

图 3-1 资金增值过程示意图

下面用一个简单的例子说明资金时间价值。

[例 3-1] 某企业有两个投资方案，寿命期均为 2 年，初始投资均为 10000 元，两方案各年的收益不同，但收益总额是相同的，具体数据见表 3-1 所示。

表 3-1 投资方案现金流量表　　　　　　　　　　　　　　　　　　　　　单位：元

年末	0	1	2
A 方案	−10000	7000	5000
B 方案	−10000	5000	7000

如果项目其他条件均相同，应该选择哪个方案？

根据投资方案现金流量表可以获知 A 方案在第一年获取的收益大于 B 方案，第二年获取的收益小于 B 方案，考虑到两方案获取的收益均可以再投资，且再投资的收益率假设为 10%，则在考虑资金时间价值的情况下，A 方案的收益总额为：7000×(1+10%)+5000=12700(元)，B 方案的收益总额为：5000×(1+10%)+7000=12500(元)，从而可得 A 方案优于 B 方案。

影响资金时间价值的因素很多，其中主要有以下几方面。

① 资金的使用时间。在单位时间的资金增值率一定的条件下，资金使用时间越长，则资金的时间价值越大；使用时间越短，则资金的时间价值越小。

② 资金数量的多少。在其他条件不变的情况下，资金数量越大，资金的时间价值就越大；反之，资金的时间价值则越小。

③ 资金投入和回收的特点。在总资金一定的情况下，前期投入的资金越多，资金的负效益越大；反之，后期投入的资金越多，资金的负效益越小。在资金回收额一定的情况下，离现在越近的时间回收的资金越多，资金的时间价值就越大；反之，离现在越远的时间回收的资金越多，资金的时间价值就越小。

④ 资金周转的速度。资金周转越快，在一定的时间内等量资金的时间价值越大；反之，资金的时间价值越小。

（二）资金时间价值的意义

资金时间价值在生产实践过程中有广泛的应用。其意义主要表现在两个方面。

1. 促进合理有效的资金利用

当决策者认识到资金具有时间价值时，就会努力使资金流向更加合理和易于控制，从而达到合理有效利用资金的目的。如工程项目建设过程中，企业必须充分考虑资金时间价值，千方百计缩短建设周期，加速资金周转，提高资金的使用效率。

2. 促进科学的投资决策

任何一个工程建设项目从规划、建设到投入使用均需要经过一段时间，尤其是大型建设项目，投资数额大，建设周期长，在进行投资决策时必须考虑资金的时间价值，才能做出科学的决策。

二、衡量资金时间价值的尺度

衡量资金时间价值的尺度有两种：其一是绝对尺度，即利息、盈利或收益；其二是相对尺度，即利率、盈利率或收益率。

1. 利息（Interest）

利息的定义有狭义和广义之分，狭义的利息是指占用资金所付出的代价（或放弃使用资金所得到的补偿），广义的利息是指资金投入到生产和流通领域中所获得的资金增值部分。因此利息即包括存款（贷款）所得到（所付出）的报酬额，也包括投资所产生的净收益或利润。工程经济学中的利息通常指广义的利息。利息通常用 I 表示。

2. 利率（Interest Rate）

利率是资金在单位时间内所产生的增值（利息或利润）与投入的资金额（本金）之比。通常以百分数的形式表示。即：

$$利率 = 单位时间的利息/本金 \times 100\% \tag{3-1}$$

用于表示计算利息的时间单位，称为计息周期（number of interest periods，通常用 n 表示），有年、季、月、日等不同的计息长度。因计息周期的不同，表示利率时应注明时间单位，如年利率、月利率等，其中年利率通常以"%"表示，月利率通常以"‰"表示。利率通常用 i 表示。

利率是发展国民经济的重要杠杆之一，利率的高低由以下因素决定。

① 社会平均利润率。利率高低首先取决于社会平均利润率的高低，并随之变动。在通常情况下，社会平均利润率是利率的最高界限，如果利率高于利润率，无利可图就不会去借款。

② 金融市场上借贷资本的供求情况。在社会平均利润率不变的情况下，利率高低取决于金融市场上借贷资本的供求情况。借贷资本供过于求，利率便下降；反之，供不应求，利率便会上升。

③ 借出资本承担的风险。利率高低与借出资本承担风险有关，风险越大，利率也会越高。

④ 借出资本的期限。贷款期限越长，不可预见因素会越多，风险也会越大，利率也会越高。

利息和利率在工程经济活动中具有非常重要的作用，具体表现在以下几个方面。

(1) 利息和利率是以信用方式动员和筹集资金的动力

以信用方式筹集资金的一个特点就是自愿性，而自愿性的动力在于利息和利率。比如一个投资者，他首先要考虑的是投资某一项目所得到的利息是否比把这笔资金投入其他项目所得的利息多。如果多，他就可以在这个项目投资；如果所得的利息达不到其他项目利息水平，他就可能不在这个项目投资。

(2) 利息促进投资者加强经济核算，节约使用资金

投资者借款需付利息，增加支出负担，这就促使投资者必须精打细算，把借入资金用在刀刃上，减少借入资金的占用，以少付利息。同时可以使投资者自觉压缩库存限额，减少多环节占压资金。

(3) 利息和利率是宏观经济管理的重要杠杆

国家在不同的时期制定不同的利息政策，对不同地区、不同行业规定不同的利率标准，就会对整个国民经济产生影响。例如对于限制发展的行业，利率规定得高一些；对于提倡发展的行业，利率规定得低一些，从而引导行业和企业的生产经营服从国民经济发展的总方向。同样，占用资金时间短的，收取低利息；占用时间长的，收取高

利息。

（4）利息与利率是金融企业经营发展的重要条件

金融机构作为企业，必须获取利润。由于金融机构的存放款利率不同，其差额成为金融机构业务收入，扣除业务费后就是金融机构的利润，所以利息和利率能刺激金融企业的经营发展。

在工程经济分析中，利息与盈利、收益，利率与盈利率、收益率是不同的概念。在分析资金信贷时使用利息和利率的概念，而在研究某项投资的经济效果时，则使用收益（或盈利）和收益率（或盈利率）的概念。项目投资通常要求其收益大于应该支付的利息，即收益率必须大于利率。

三、资金的等值原理

资金等值是指在考虑资金时间价值因素后，不同时点上数额不等的资金在一定的利率条件下具有相同的价值。如现在1000元与一年后的1200元，其数额并不相等，但在20%的年利率条件下，它们具有相同的价值，则可以说现在的1000元与一年后的1200元，在20%的年利率条件下，它们是等值的。

由于资金时间价值的存在，因此不同时点上发生的现金流量不能直接加以比较，而必须通过资金等值计算，将不同时点上的现金流量换算到同一时点才能进行比较分析。其中资金等值计算，是指将一个时点发生的资金金额换算成另一时点的等值金额的过程。影响资金等值计算的因素有三个：资金额的大小、资金发生的时点以及利率。

进行资金等值计算，需要掌握以下几个相关概念。

① 折现。折现也叫贴现，是指把将来某一时点的资金金额换算成现在时点的等值金额。折现时所用的利率叫作折现率或者贴现率。

② 现值（Present Value）。现值是指资金"现在"的价值。现值是一个相对的概念，如将 $t+k$ 个时点上发生的资金折现到第 t 个时点，所得的等值金额就是 $t+k$ 个时点上的资金额在 t 时点的现值。通常用 P 表示。

③ 终值（Future Value）。终值也叫未来值，是指现值在未来时点上的等值资金。通常用 F 表示。

④ 等额年金（Annual Value）。等额年金也叫年金或等年值。是指分期等额收支的资金额。通常用 A 表示。如折旧、租金、利息等通常都采取年金的形式。年金有普通年金、预付年金和延期年金之分。普通年金是指每期期末收款、付款的年金；预付年金是指每期期初

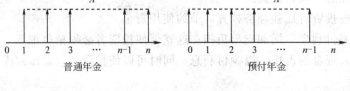

图 3-2　年金的现金流量图

收款、付款的年金；延期年金是指距今若干期以后发生的每期期末收款、付款的年金。普通年金、预付年金和延期年金的现金流量图如图 3-2 所示。

第二节 资金的等值计算

一、单利与复利

利息的计算有单利计息和复利计息两种方式。

（一）单利

单利是指仅以本金为基数计算利息，利息不再产生利息。

设贷款资金为 P，年贷款利率为 i，贷款年限为 n，贷款的本金与利息之和（简称本利和）为 F，则计算单利的公式推导过程见表 3-2。

表 3-2　单利计息公式推算过程

年份	年初欠款	年末欠利息	年末欠本利和
1	P	Pi	$P+Pi=P(1+i)$
2	$P(1+i)$	Pi	$P(1+i)+Pi=P(1+2i)$
3	$P(1+2i)$	Pi	$P(1+2i)+Pi=P(1+3i)$
⋮	⋮	⋮	⋮
n	$P[1+(n-1)i]$	Pi	$P[1+(n-1)i]+Pi=P(1+ni)$

由表 3-2 可知，单利的本利和公式为：

$$F=P(1+ni) \tag{3-2}$$

单利的利息计算公式为：

$$I=P(1+ni)-P=Pni \tag{3-3}$$

[例 3-2]　假设以单利借入一笔资金 10000 元，规定年利率为 10%，借款年限为 4 年，4 年末偿还，试计算各年利息及本利和。

解：计算过程如表 3-3 所示。

表 3-3　单利利息计算表

年末	借款本金/元	利息/元	本利和/元	偿还额/元
0	10000			
1		10000×10%=1000	11000	0
2		10000×10%=1000	12000	0
3		10000×10%=1000	13000	0
4		10000×10%=1000	14000	14000

(二) 复利

复利是指以本金和累计利息之和为基数计算利息的方法，也就是通常所说的"利滚利"的方法。

假设以复利借入一笔资金 P，年利率为 i，借款年限为 n，设本利和为 F，则每年应计利息及本利和见表 3-4。

表 3-4 复利计息推导表　　　　　　　　　　　　　　　　　　　单位：元

年末	借款本金	利息	本利和
0	P		
1		Pi	$P+Pi=P(1+i)$
2		$P(1+i)i$	$P(1+i)(1+i)=P(1+i)^2$
3		$P(1+i)^2 i$	$P(1+i)^2(1+i)=P(1+i)^3$
⋮		⋮	⋮
n		$P(1+i)^{n-1}i$	$P(1+i)^{n-1}(1+i)=P(1+i)^n$

由表 3-4 可知，复利计息的本利和公式为：

$$F=P(1+i)^n \tag{3-4}$$

复利计息的利息公式为：

$$I=P(1+i)^n-P \tag{3-5}$$

[例 3-3] 假设以复利借入一笔资金 10000 元，规定年利率为 10%，借款年限为 4 年，4 年末偿还，试计算各年利息及本利和。

解：计算过程如表 3-5 所示

表 3-5 复利利息计算表　　　　　　　　　　　　　　　　　　　单位：元

年末	借款本金	利息	本利和	偿还额
0	10000			
1		10000×10%=1000	11000	0
2		11000×10%=1100	12100	0
3		12100×10%=1210	13310	0
4		13310×10%=1331	14641	14641

[例 3-4] 新建一厂房，某企业向银行借款 1000 万元，年利率为 10%，借款年限为 4 年，4 年末一次性还本付息，分别按单利和复利计算 4 年末应偿还的资金数额。

解：(1) 单利计息方式

$$F=P(1+ni)=1000\times(1+4\times 10\%)=1400 \text{ 万元}$$

(2) 复利计息方式

$$F=P(1+i)^n=1000\times(1+10\%)^4=1464.1 \text{ 万元}$$

从 [例 3-4] 可以看出，同一笔资金，在年利率和计息年限相同的情况下，用复利计息计算出来的本利和比用单利计息计算出来的本利和数目大，且本金越大、利率越高、计息时间越长，两者之间的差距就会越大。因为在复利计息中，本金产生的利息作为资金也具有时间价值，也可以继续产生新的利息，而在单利计息中，忽略了利息本身的时间价值，因此复利计息更能体现出全部资金的时间价值。在工程建设项目中，资金总是在不断地周转、循环和增值，为更好地反映资金时间价值，准确地评价项目经济效果，通常采用复利计息的方式进行项目经济评价。

二、资金等值计算的基本公式

（一）一次性支付复利公式

一次性支付又称为整付，是指项目的现金流入和现金流出仅发生一次的情况。如图 3-3 所示。

图 3-3　一次性支付现金流量图

在图 3-3 中，P 为现值，F 为终值。另外，i 为计息周期利率，n 为计息周期期数。一次性支付复利公式包括复利终值公式和复利现值公式。

1. 一次性支付复利终值公式（已知 P 求 F）

一次性支付复利终值公式，是等值计算的基本公式，与复利计息的本利和公式（3-4）是一样的，它的现金流量图如图 3-4 所示。

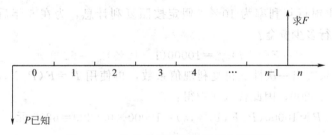

图 3-4　一次性支付复利终值现金流量图

一次性支付复利终值公式为：

$$F = P(1+i)^n \tag{3-6}$$

式中 $(1+i)^n$ 称之为一次性支付复利终值系数，可用 $(F/P,i,n)$ 表示，故式(3-6) 又可写成：

$$F = P(F/P,i,n) \tag{3-7}$$

在 $(F/P,i,n)$ 这类符号中，括号内斜线上的符号表示所求的未知数，斜线下的符号表示已知数，$(F/P,i,n)$ 符号表示在已知 i、n 和 P 的情况下求解 F 的数值。

为计算方便，通常按照不同的利率 i 和计息周期 n 计算出 $(1+i)^n$ 的数值，并列于表中（见附录）。在计算 F 的数值时，只要从复利表中查出相应的复利系数再乘以本金即为所求。

[**例 3-5**]　某企业从银行借款 100 万元，年利率为 10%，复利计息，试问 5 年末连本带

利一次偿还所需支付的资金额？

解：
$$F=P(1+i)^n=100(1+10\%)^5=161.05 \text{ 万元}$$

也可以通过附录查出一次性支付复利终值系数，再使用 $F=P(F/P,i,n)$ 计算。其中 $(F/P,10\%,5)=1.6105$，因此代入式中得：

$$F=100(F/P,10\%,5)=100\times1.6105=161.05 \text{ 万元}$$

2. 一次性支付复利现值公式（已知 F 求 P）

已知终值 F 求现值 P 的等值公式，是一次性支付复利终值公式的逆运算，其现金流量图如图 3-5 所示。一次性支付复利现值公式可由式(3-6)直接导出：

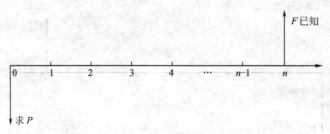

图 3-5 一次性支付复利现值现金流量图

$$P=F\frac{1}{(1+i)^n} \tag{3-8}$$

式中 $\frac{1}{(1+i)^n}$ 称之为一次性支付复利现值系数，可用 $(P/F,i,n)$ 表示，故式(3-8)又可写成：

$$P=F(P/F,i,n) \tag{3-9}$$

[例 3-6] 如果银行年利率为 10%，假定按照复利计息，为在 5 年后获得 10000 元款项，现在应存入银行多少资金？

解：
$$P=F(1+i)^{-n}=10000(1+10\%)^{-5}=6209 \text{ 元}$$

也可以通过附录查出一次性支付复利现值系数，再使用 $P=F(P/F,i,n)$ 计算。其中 $(P/F,10\%,5)=0.6209$，因此代入式中得：

$$P=10000(P/F,10\%,5)=10000\times0.6209=6209 \text{ 元}$$

（二）等额分付序列复利公式

等额分付是指项目的现金流入和现金流出是以年金的形式出现。关于年金有普通年金、预付年金和延期年金，它们的计算是以普通年金为基础的，通过普通年金的计算可以推算出预付年金和延期年金的计算公式。现以普通年金为例，介绍等额分付序列复利公式。等额分付序列复利公式包括等额分付序列复利终值公式、等额分付序列偿债基金公式、等额分付序列复利现值公式以及等额分付序列投资回收公式。

1. 等额分付序列复利终值公式（已知 A 求 F）

等额分付序列复利终值公式也称年金终值公式，其含义是在利率为 i 的情况下，连续每年年末支出（收入）一笔等额的资金 A，求 n 年后由各年的本利和累计而成的总额 F。即已知 A、i、n，求 F。其现金流量图如图 3-6 所示。

各期期末的年金 A，相对于第 n 期期末的本利和可用表 3-6 表示。

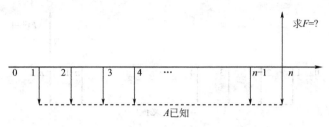

图 3-6　等额分付序列复利终值现金流量图

表 3-6　普通年金复利终值计算表

期数	1	2	3	…	$n-1$	n
每期末年金	A	A	A	…	A	A
n 期末年金终值	$A(1+i)^{n-1}$	$A(1+i)^{n-2}$	$A(1+i)^{n-3}$		$A(1+i)$	A

$$F=A(1+i)^{n-1}+A(1+i)^{n-2}+A(1+i)^{n-3}+\cdots+A(1+i)+A$$

$$F=A\frac{(1+i)^n-1}{i} \tag{3-10}$$

式中 $\dfrac{(1+i)^n-1}{i}$ 称之为等额分付序列复利终值系数，可用 $(F/A,i,n)$ 表示，故式(3-10)又可写成：

$$F=A(F/A,i,n) \tag{3-11}$$

规则：已知 A 求 F，所求 F 发生在最后一个 A 的同一个计息期。

[例 3-7]　如果银行年利率为 10%，假定按照复利计息，从现在起连续 5 年每年年末存入银行 10000 元，问 5 年末能一次性从银行取出多少资金？假若从现在起连续 5 年每年年初存入银行 10000 元，问 5 年末能一次性从银行取出多少资金？

解：

(1) 从现在起连续 5 年每年年末存入银行 10000 元，5 年末能一次性从银行取出的资金额：

$$F=A(F/A,i,n)=10000(F/A,10\%,5)=10000\times 6.105=61050 \text{ 元}$$

(2) 从现在起连续 5 年每年年初存入银行 10000 元，5 年末能一次性从银行取出的资金额：

$$F=A(F/A,i,n)(1+i)=10000(F/A,10\%,5)(1+10\%)=67155 \text{ 元}$$

在本题中应区分普通年金和预付年金换算成与其等值的终值的区别。其中预付年金换算成 n 年后与其等值的 F 的计算公式为：

$$F=A\frac{(1+i)^n-1}{i}(1+i)=A(F/A,i,n)(1+i) \tag{3-12}$$

2. 等额分付序列偿债基金公式（已知 F 求 A）

等额分付序列偿债基金公式是等额分付序列复利终值公式的逆运算，其含义是在利率为 i，复利计息的情况下，已知 n 年后要支出一笔总额为 F 的资金，则从现在起连续 n 年年末每年应等额存入银行的资金额。即已知 F、i、n，求 A。其现金流量图如图 3-7 所示。

由式(3-10)可以直接得出等额分付序列偿债基金公式：

$$A=F\frac{i}{(1+i)^n-1} \tag{3-13}$$

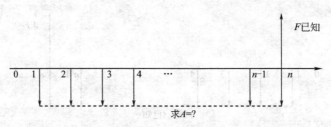

图 3-7 等额分付序列偿债基金现金流量图

式中 $\dfrac{i}{(1+i)^n-1}$ 称为等额分付序列偿债基金系数，可用 $(A/F,i,n)$ 表示，故式(3-13)又可写成：

$$A=F(A/F,i,n) \tag{3-14}$$

[**例 3-8**] 某企业欲积累一笔设备更新基金，用于 5 年后更新设备。此项投资的总额为 1000 万元，如果银行年利率为 10%，假定按照复利计息，问从现在起连续 5 年每年年末应存入银行多少资金？

解：
$$A=F(A/F,i,n)=1000(A/F,10\%,5)=1000\times 0.1638=163.8\ \text{万元}$$

3. 等额分付序列复利现值公式（已知 A 求 P）

等额分付序列复利现值公式其含义是在利率为 i 的情况下，连续在每个计息期的期末收入（支出）一笔等额的资金 A，求 0 时点与其等值的现值 P。即已知 A、i、n，求 P。其现金流量图如图 3-8 所示。

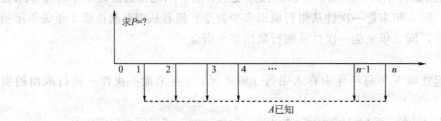

图 3-8 等额分付序列复利现值现金流量图

各期期末的年金 A，相对于 0 时点的现值可用表 3-7 表示。

表 3-7 普通年金复利现值计算表

期数	1	2	3	…	$n-1$	n
每期末年金	A	A	A	…	A	A
0 时点的现值	$A(1+i)^{-1}$	$A(1+i)^{-2}$	$A(1+i)^{-3}$	…	$A(1+i)^{-(n-1)}$	$A(1+i)^{-n}$

$$P=A(1+i)^{-1}+A(1+i)^{-2}+A(1+i)^{-3}+\cdots+A(1+i)^{-(n-1)}+A(1+i)^{-n}$$

$$P=A\dfrac{(1+i)^n-1}{i(1+i)^n} \tag{3-15}$$

式中 $\dfrac{(1+i)^n-1}{i(1+i)^n}$ 称之为等额分付序列复利现值系数，可用 $(P/A,i,n)$ 表示，故式(3-15)又可写成：

$$P=A(P/A,i,n) \tag{3-16}$$

规则：已知 A 求 P，所求 P 发生在第一个 A 的前一个计息期。

[例 3-9] 某设备经济寿命为 8 年，预计年净收益为 20 万元，残值为 0，若投资者要求的收益率为 10%，问投资者最多愿意出多少的价格购买该设备？

解：这一问题等同于在银行利率为 10% 的条件下，若存款者连续 8 年每年从银行取出 20 万元，若采用复利计息，则现在应该存入银行多少资金？

$$P = A(P/A, i, n) = 20(P/A, 10\%, 8) = 20 \times 5.335 = 106.7 \text{ 万元}$$

所以投资者最多愿意出 106.7 万元购买此设备。

4. 等额分付序列资本回收公式（已知 P 求 A）

等额分付序列资本回收公式是等额分付复利现值公式的逆运算，其含义是在收益率为 i，复利计息的情况下，在 0 时点投资现值 P，要求在 n 年内等额分期回收全部资金，问每年末应回收的资金额是多少？即已知 P、i、n，求 A。其现金流量图如图 3-9 所示。

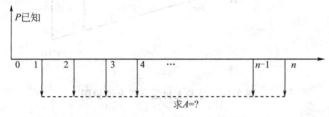

图 3-9 等额分付资本回收现金流量图

由式(3-15)可推知等额分付序列资本回收公式：

$$A = P \frac{i(1+i)^n}{(1+i)^n - 1} \tag{3-17}$$

式中 $\dfrac{i(1+i)^n}{(1+i)^n - 1}$ 称之为等额分付序列资本回收系数，可用 $(A/P, i, n)$ 表示，故式(3-17)又可写成：

$$A = P(A/P, i, n) \tag{3-18}$$

[例 3-10] 若某企业现在投资 1000 万元，年回报率为 8%，每年年末等额获得收益，10 年内收回全部本利，则每年应收回多少万元？

解：

$$A = P(A/P, i, n) = 1000(A/P, 8\%, 10) = 1000 \times 0.149 = 1490 \text{ 万元}$$

(三) 等差支付序列复利公式

在许多工程经济问题中，现金流量每年均有一定数量的增加或减少，如维修费用的逐年增加。当逐年增加或减少的数额是等额的，则称该现金流量为等差支付序列现金流量。其现金流量如图 3-10 所示。

图 3-10(a)为一等差支付递增序列现金流量，该图可简化为两个支付序列，一个是等额支付序列图 3-10(b)，一个是由 G 组成的等额递增序列图 3-10(c)。

在计算与图 3-10(a) 现金流量等值的终值（现值）时，可直接使用与图 3-10(b) 现金流量等值的终值（现值）加上与图 3-10(c) 现金流量等值的终值（现值）。

1. 等差支付序列复利终值公式（已知 G 求 F）

根据图 3-10(c) 现金流量，求与其等值的终值 F_G。

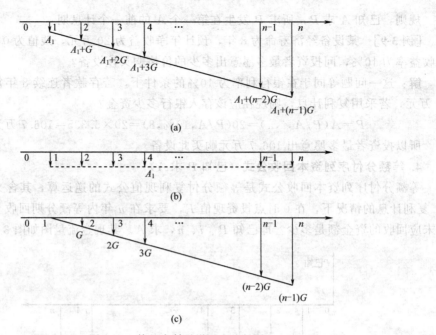

图 3-10 等差支付递增现金流量图

$$F_G = G(1+i)^{n-2} + 2G(1+i)^{n-3} + \cdots + (n-2)G(1+i) + (n-1)G \qquad (3\text{-}19)$$

在式(3-19)两边同时乘以$(1+i)$得：

$$F_G(1+i) = G(1+i)^{n-1} + 2G(1+i)^{n-2} + 3G(1+i)^{n-3} + \cdots + (n-2)G(1+i)^2 + (n-1)G(1+i) \qquad (3\text{-}20)$$

将式(3-20) 和式(3-19) 相减得：

$$F_G i = G(1+i)^{n-1} + G(1+i)^{n-2} + G(1+i)^{n-3} + \cdots + G(1+i)^2 + G(1+i) + G - nG \qquad (3\text{-}21)$$

整理式(3-21) 得：

$$F_G = \frac{G}{i}\left[\frac{(1+i)^n - 1}{i} - n\right] \qquad (3\text{-}22)$$

式中 $\frac{1}{i}\left[\frac{(1+i)^n - 1}{i} - n\right]$ 称为等差支付序列复利终值系数，用符号 $(F/G, i, n)$ 表示，则式(3-22) 可表示为：

$$F_G = G(F/G, i, n) \qquad (3\text{-}23)$$

则与图 3-10(a) 现金流量等值的终值 F 为：

$$F = A_1 \frac{(1+i)^n - 1}{i} + \frac{G}{i}\left[\frac{(1+i)^n - 1}{i} - n\right] \qquad (3\text{-}24)$$

2. 等差支付序列复利年金公式（已知 G 求 A）

根据图 3-10(c) 现金流量，求与其等值的年金 A_G。

根据等额分付序列偿债基金公式和等差支付序列复利终值公式即可推导出等差支付序列复利年金公式。

$$A_G = F_G(A/F, i, n) = \frac{G}{i}\left[\frac{(1+i)^n - 1}{i} - n\right]\frac{i}{(1+i)^n - 1} = G\left[\frac{1}{i} - \frac{n}{(1+i)^n - 1}\right] \qquad (3\text{-}25)$$

式中 $\left[\frac{1}{i} - \frac{n}{(1+i)^n - 1}\right]$ 称为等差支付序列复利年金系数，用符号 $(A/G, i, n)$ 表示，

则式(3-25)可表示为：
$$A_G = G(A/G, i, n) \tag{3-26}$$

则与图 3-10(a) 现金流量等值的年金 A 为：
$$A = A_1 + G\left[\frac{1}{i} - \frac{n}{(1+i)^n - 1}\right] \tag{3-27}$$

3. 等差支付序列复利现值公式（已知 G 求 P）

根据图 3-10(c) 现金流量，求与其等值的现值 P_G。

根据等差支付序列复利终值公式和一次性支付复利现值公式即可推导出等差支付序列复利现值公式。

$$P_G = F_G(P/F, i, n) = \frac{G}{i(1+i)^n}\left[\frac{(1+i)^n - 1}{i} - n\right] \tag{3-28}$$

式中 $\frac{1}{i(1+i)^n}\left[\frac{(1+i)^n - 1}{i} - n\right]$ 称为等差支付序列复利现值系数，用符号 $(P/G, i, n)$ 表示，则式(3-28)可表示为：

$$P_G = G(P/G, i, n) \tag{3-29}$$

则与图 3-10(a) 现金流量等值的现值 P 为：

$$P = A_1 \frac{(1+i)^n - 1}{i(1+i)^n} + \frac{G}{i(1+i)^n}\left[\frac{(1+i)^n - 1}{i} - n\right] \tag{3-30}$$

注意：等差是从第二个计息期开始的，而所计算的现值发生在期初。因此，等差现值发生在等差开始的两个计息期之前。但计算公式中计算期 n 应从等差开始的基年算起，即从 G 为 0 起开始计算。

[例 3-11] 若某项目的现金流量如图 3-11 所示，设 $i=10\%$，复利计息，试计算其现值、终值和年金。（单位：万元）

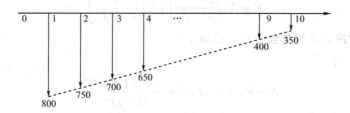

图 3-11 [例 3-11] 现金流量图

解：

(1) 与图 3-11 现金流量等值的现值
$$P = 800 \times \frac{(1+10\%)^{10} - 1}{10\%(1+10\%)^{10}} - \frac{50}{10\%(1+10\%)^{10}} \times \left[\frac{(1+10\%)^{10} - 1}{10\%} - 10\right]$$
$$= 3771.13 \text{ 万元}$$

(2) 与图 3-11 现金流量等值的终值
$$F = 800 \times \frac{(1+10\%)^{10} - 1}{10\%} - \frac{50}{10\%} \times \left[\frac{(1+10\%)^{10} - 1}{10\%} - 10\right] = 9781.34 \text{ 万元}$$

(3) 与图 3-11 现金流量等值的年金

$$A = 800 - 50 \times \left[\frac{1}{10\%} - \frac{10}{(1+10\%)^{10}-1} \right] = 613.74 \text{ 万元}$$

（四）等比支付序列复利公式

在某些工程经济问题中，现金流量每年以某一固定的百分比 q 逐年递增或递减，其现金流量图如图 3-12 所示。

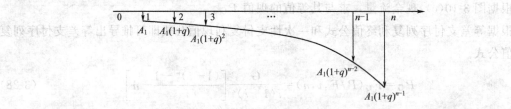

图 3-12 等比支付序列复利现金流量图

1. 等比支付序列复利终值公式（已知 q 求 F）

$$F = A_1(1+i)^{n-1} + A_1(1+q)(1+i)^{n-2} + \cdots + A_1(1+q)^{n-2}(1+i) + A_1(1+q)^{n-1} \tag{3-31}$$

在式(3-31) 两边同时除以 $(1+i)^{n-1}$ 得：

$$\frac{F}{(1+i)^{n-1}} = A_1 + A_1 \frac{(1+q)}{(1+i)} + \cdots + A_1 \frac{(1+q)^{n-2}}{(1+i)^{n-2}} + A_1 \frac{(1+q)^{n-1}}{(1+i)^{n-1}} \tag{3-32}$$

对式(3-32) 进行整理得：

(1) 当 $i = q$ 时

$$F = nA_1(1+i)^{n-1} \tag{3-33}$$

(2) 当 $i \neq q$ 时

$$F = A_1 \frac{(1+i)^n}{i-q} \left[1 - \left(\frac{1+q}{1+i} \right)^n \right] \tag{3-34}$$

2. 等比支付序列复利年金公式（已知 q 求 A）

(1) 当 $i = q$ 时

$$A = F(A/F, i, n) = \frac{nA_1(1+i)^{n-1}i}{(1+i)^n - 1} \tag{3-35}$$

(2) 当 $i \neq q$ 时

$$A = F(A/F, i, n) = A_1 \frac{1}{i-q} \left[1 - \left(\frac{1+q}{1+i} \right)^n \right] \frac{i(1+i)^n}{(1+i)^n - 1} \tag{3-36}$$

3. 等比支付序列复利现值公式（已知 q 求 P）

(1) 当 $i = q$ 时

$$P = \frac{F}{(1+i)^n} = nA_1(1+i)^{-1} \tag{3-37}$$

(2) 当 $i \neq q$ 时

$$P = \frac{F}{(1+i)^n} = \frac{A_1}{i-q} \left[1 - \left(\frac{1+q}{1+i} \right)^n \right] \tag{3-38}$$

[例 3-12] 若某项目的现金流量图如图 3-13 所示，设 $i = 10\%$，复利计息，试计算其现

值、终值和年金。（单位：万元）

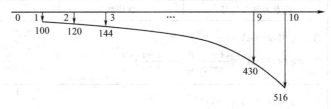

图 3-13 ［例 3-12］现金流量图

解：

（1）与图 3-13 现金流量等值的现值

$$P = \frac{100}{10\% - 20\%}\left[1 - \left(\frac{1+20\%}{1+10\%}\right)^{10}\right] = 1387 \text{ 万元}$$

（2）与图 3-13 现金流量等值的终值

$$F = 100 \times \frac{(1+10\%)^n}{10\% - 20\%}\left[1 - \left(\frac{1+20\%}{1+10\%}\right)^{10}\right] = 3598 \text{ 万元}$$

（3）与图 3-13 现金流量等值的年金

$$A = 100 \times \frac{1}{10\% - 20\%}\left[1 - \left(\frac{1+20\%}{1+10\%}\right)^{10}\right] \times \frac{10\%(1+10\%)^{10}}{(1+10\%)^{10} - 1} = 226 \text{ 万元}$$

将上述 12 个资金等值计算公式汇总，见表 3-8。

表 3-8　资金等值计算公式汇总表

类别	已知	求解	系数名称及符号	系数代数式	公式
一次性支付	P	F	一次性支付复利终值系数 $(F/P, i, n)$	$(1+i)^n$	$F = P(1+i)^n$ $F = P(F/P, i, n)$
	F	P	一次性支付复利现值系数 $(P/F, i, n)$	$\dfrac{1}{(1+i)^n}$	$P = F\dfrac{1}{(1+i)^n}$ $P = F(P/F, i, n)$
等额分付序列	A	F	等额分付序列复利终值系数 $(F/A, i, n)$	$\dfrac{(1+i)^n - 1}{i}$	$F = A\dfrac{(1+i)^n - 1}{i}$ $F = A(F/A, i, n)$
	F	A	等额分付序列偿债基金系数 $(A/F, i, n)$	$\dfrac{i}{(1+i)^n - 1}$	$A = F\dfrac{i}{(1+i)^n - 1}$ $A = F(A/F, i, n)$
	A	P	等额分付序列复利现值系数 $(P/A, i, n)$	$\dfrac{(1+i)^n - 1}{i(1+i)^n}$	$P = A\dfrac{(1+i)^n - 1}{i(1+i)^n}$ $P = A(P/A, i, n)$
	P	A	等额分付序列资金回收系数 $(A/P, i, n)$	$\dfrac{i(1+i)^n}{(1+i)^n - 1}$	$A = P\dfrac{i(1+i)^n}{(1+i)^n - 1}$ $A = P(A/P, i, n)$
等差支付序列	G	F_G	等差支付序列复利终值系数 $(F_G/G, i, n)$	$\dfrac{1}{i} \times \left[\dfrac{(1+i)^n - 1}{i} - n\right]$	$F_G = \dfrac{G}{i}\left[\dfrac{(1+i)^n - 1}{i} - n\right]$ $F_G = G(F/G, i, n)$
	G	P_G	等差支付序列复利现值系数 $(P_G/G, i, n)$	$\left[\dfrac{(1+i)^n - 1}{i^2(1+i)^n} - \dfrac{n}{i(1+i)^n}\right]$	$P_G = \dfrac{G}{i(1+i)^n}\left[\dfrac{(1+i)^n - 1}{i} - n\right]$ $P_G = G(P/G, i, n)$
	G	A_G	等差支付序列复利年金系数 $(A_G/G, i, n)$	$\left[\dfrac{1}{i} - \dfrac{n}{(1+i)^n - 1}\right]$	$A_G = G\left[\dfrac{1}{i} - \dfrac{n}{(1+i)^n - 1}\right]$ $A_G = G(A/G, i, n)$

续表

类别	已知	求解	系数名称及符号	系数代数式	公式
等比支付序列	q	F		当 $i=q$ 时,$F=nA_1(1+i)^{n-1}$ 当 $i \neq q$ 时,$F=A_1 \times \dfrac{(1+i)^n}{i-q}\left[1-\left(\dfrac{1+q}{1+i}\right)^n\right]$	
	q	P		当 $i=q$ 时,$P=nA_1(1+i)^{-1}$ 当 $i \neq q$ 时,$P=\dfrac{A_1}{i-q}\left[1-\left(\dfrac{1+q}{1+i}\right)^n\right]$	
	q	A		当 $i=q$ 时,$A=\dfrac{nA_1(1+i)^{n-1}i}{(1+i)^n-1}$ 当 $i \neq q$ 时,$A=A_1\dfrac{1}{i-q}\left[1-\left(\dfrac{1+q}{1+i}\right)^n\right]\dfrac{i(1+i)^n}{(1+i)^n-1}$	

三、资金等值计算的应用

资金时间价值原理和等值计算公式广泛应用于工程建设领域。通过以下几个例题,可以加深对资金时间价值和资金等值计算的理解。

[例 3-13] 若某企业拟建一个工业项目,第 1、2、3 年初的投资分别是 100 万元,150 万元和 180 万元;第 3 年至第 10 年获得收益,其中每年的营业收入为 200 万元,经营成本为 80 万元,不考虑税收缴交,投资者希望的收益率为 20%,试问企业投资该项目是否合算?

解:绘制项目现金流量图,如图 3-14 所示。

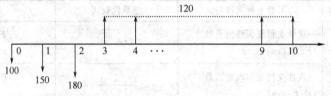

图 3-14 [例 3-13] 现金流量图

方法一:将投资和收益换算成现值之后进行比较
① 该项目投资的现值是:

$$P_1 = 100 + \frac{150}{(1+20\%)} + \frac{180}{(1+20\%)^2} = 350 \text{ 万元}$$

② 该项目收益的现值是:

$$P_2 = 120 \times \frac{(1+20\%)^8-1}{20\%(1+20\%)^8} \times \frac{1}{(1+20\%)^2} = 320 \text{ 万元}$$

上述计算结果表明,若按照 20% 的收益进行计算,获得这样的收益只需要 320 万元,而实际投资 350 万元,因此表明此项投资不合算,企业不应投资该项目。

方法二:将投资和收益换算成终值之后进行比较
① 该项目投资的终值是:

$$F_1 = 100(1+20\%)^{10} + 150(1+20\%)^9 + 180(1+20\%)^8 = 2167 \text{ 万元}$$

② 该项目收益的终值是:

$$F_2 = 120 \times \frac{(1+20\%)^8-1}{20\%} = 1980 \text{ 万元}$$

上述计算结果表明,收益的终值小于投资的终值,表明此项目的投资没有达到20%的年收益率,故企业投资该项目是不合算的。

[**例3-14**] 若某建筑企业拟购买一大型建筑设备,预计该设备的使用年限为5年,在寿命期内每年能产生净收益50万元,若该企业要求的最低收益率为15%,问该企业能接受的设备价格是多少?

解:

建筑企业能接受的设备价格实际上就是投资额,该项投资在5年内每年产生的净收益是50万元。绘制现金流量图,见图3-15。

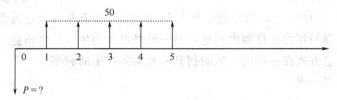

图3-15 [例3-14] 现金流量图

为保证获得15%的投资收益率,则企业能够接受的最高价格是:

$$P=50\times\frac{(1+15\%)^5-1}{15\%(1+15\%)^5}=168 \text{ 万元}$$

[**例3-15**] 若某企业拟投资某一项目,预计项目的建设期为3年,其中第1年年初投资200万元,第2年年初投资300万元,第3年年初投资200万元,第4年起开始获得收益,每年获取的净收益均相同,项目的收益年限为6年,若该企业要求的最低收益率为12%,问企业每年应至少收益多少万元?

解: 绘制项目现金流量图,见图3-16。

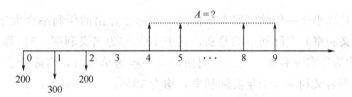

图3-16 [例3-15] 现金流量图

① 该项目投资的现值是:

$$P_1=200+\frac{300}{(1+12\%)}+\frac{200}{(1+12\%)^2}=627 \text{ 万元}$$

② 该项目收益的现值是:

$$P_2=A\times\frac{(1+12\%)^6-1}{12\%(1+12\%)^6}\times\frac{1}{(1+12\%)^3}$$

③ 在12%的收益率下,项目投资的现值等于收益的现值

$$A\times\frac{(1+12\%)^6-1}{12\%(1+12\%)^6}\times\frac{1}{(1+12\%)^3}=627 \text{ 万元}$$

$$A=214 \text{ 万元}$$

则企业每年的净收益至少为214万元,才能保证企业获得12%的收益率。

第三节 名义利率与实际利率

一、名义利率与实际利率的概念

在实际应用中,并不一定以一年为一个计息周期,可以按半年计息一次,也可以是每季度计息一次,或每月计息一次,在伦敦、纽约、巴黎的金融市场上,短期利率通常以日计算。因此相同的年利率,因计息周期的不同,相同的本金将产生不同的利息,从而产生了名义利率和实际利率的区别。

如现有本金 P 为 1000 元,给定的年利率为 10%,假设有两种计息周期:一种是以半年为单位计算利息,即一年内计算两次利息;另一种是以年为单位计算利息,即一年内计息一次。试计算两种计息方式在一年内产生的利息额及实际产生的利率。

(1) 每半年计息一次

其中半年的利率为 $\frac{10\%}{2}=5\%$

$$I=1000\times(1+5\%)^2-1000=102.5 \text{ 元}$$

根据利率定义,实际计算出的利率为:

$$\frac{102.5}{1000}\times100\%=10.25\%$$

(2) 每年计息一次

$$I=1000\times10\%=100 \text{ 元}$$

根据利率定义,实际计算出的利率为:

$$\frac{100}{1000}\times100\%=10\%$$

当计息周期是以小于一年的时间为单位时,实际计算出的年利率会大于给定的年利率,这时就会产生名义利率和实际利率的差别,其中 10% 称为名义利率,5% 称为计息周期实际利率,10.25% 称为年实际利率。当计息周期是以一年为单位时,实际计息的周期和给定利率的周期相同,则名义利率等于年实际利率,均为 10%。

名义利率,就是挂名的利率,非有效利率,时间单位为"年"。实际利率,即有效利率,通常是以"年"为时间单位。当一年内的计息次数 m 超过 1 次($m>1$)时,此时的年利率即为名义利率。周期利率,是指以计息期为时间单位的实际利率。

二、名义利率与实际利率的换算关系

设名义利率为 r,一年中计息的周期数为 m,周期利率为 c,年实际利率为 i。

则周期利率:

$$c=r/m \tag{3-39}$$

年实际利率:

$$i=\frac{P(1+r/m)^m-P}{P}=(1+r/m)^m-1$$

则名义利率与实际利率之间的关系式为:

$$i = \left(1 + \frac{r}{m}\right)^m - 1 \tag{3-40}$$

名义利率和实际利率两者对资金时间价值的反映程度不同，实际利率较全面地反映了资金的时间价值；当计息周期为一年，即计息周期以"年"为单位，且一年内的计息次数为1时，名义利率、实际利率和周期利率三者相等；计息周期短于1年时，名义利率＜实际利率；名义利率越大，计息周期越短，名义利率与实际利率的差值越大。

[例 3-16] 现设名义利率为10%，试计算计息周期为年、半年、季、月和日的年实际利率。

解：年实际利率计算如表3-9所示。

表3-9 年实际利率计算表

名义利率	计息周期	年计息次数/m	计息周期利率($i=r/m$)	年实际利率 i
10%	年	1	10%	10%
	半年	2	5%	10.25%
	季	4	2.5%	10.38%
	月	12	0.833%	10.46%
	日	365	0.0274%	10.51%

可以看出，每年计息周期数 m 越多，i 与 r 相差越大；另一方面，名义利率为10%，按季度计息时，按季度利率2.5%计息与按年利率10.38%计息，二者是等价的。所以，在工程经济分析中，如果各方案的计息期不同，就不能简单地使用名义利率来评价，而必须换算成有效利率进行评价，否则会得出不正确的结论。

三、名义利率与实际利率的等值计算

根据名义利率和实际利率的关系式，分析其一次性支付的终值和现值公式。

其中一次性支付的终值公式为：

$$F = P(1+i)^n = P\left[1 + \left(1 + \frac{r}{m}\right)^m - 1\right]^n = P\left(1 + \frac{r}{m}\right)^{mn} \tag{3-41}$$

一次性支付的现值公式为：

$$P = F\frac{1}{(1+i)^n} = F\frac{1}{\left[1 + \left(1 + \frac{r}{m}\right)^m - 1\right]^n} = F\frac{1}{\left(1 + \frac{r}{m}\right)^{mn}} \tag{3-42}$$

[例 3-17] 某企业拟向银行借款1500万元，5年后一次还清，甲银行贷款利率为17%，按年计息；乙银行贷款年利率为16%，按月计息，企业向哪家银行贷款较为经济？

解：

方法一：比较两家银行的年实际利率

① 甲银行按年计息，每年计息一次，因此名义利率等于实际利率，则其年实际利率为17%；

② 乙银行按月计息，每年复利计息12次，故其年实际利率为：

$$i = \left(1 + \frac{16\%}{12}\right)^{12} - 1 = 17.23\%$$

甲银行的年实际利率低于银行的年实际利率，因此企业应向甲银行贷款。

方法二：比较到期还本付息的数值大小

① 向甲银行贷款，到期还本付息的数值为：
$$F = 1500 \times (1+17\%)^5 = 3289 \text{ 万元}$$

② 向乙银行贷款，到期还本付息的数值为：
$$F = P\left(1+\frac{r}{m}\right)^{mn} = 1500\left(1+\frac{16\%}{12}\right)^{12\times 5} = 3321 \text{ 万元}$$

由于向甲银行借款最终偿还的资金数额小于向乙银行贷款还款的资金数额，因此向甲银行贷款更为合适。

四、间断计息与连续计息

当 $m=1$ 和 $m>1$ 时，其计息周期都有一定的时间间隔，称此为间断计息。当复利计息的时间间隔趋于 0 时，或者对无穷短的时间间隔进行复利计息，即 $m\to\infty$ 时，称此为连续计息。

当 $m=1$ 时，$i=r$；

当 $m>1$ 时，$i>r$；

当 $m\to\infty$ 时，其实际利率为：

$$i = \lim_{m\to\infty}\left[\left(1+\frac{r}{m}\right)^m - 1\right] = \lim_{m\to\infty}\left[\left(1+\frac{r}{m}\right)^{\frac{m}{r}}\right]^r - 1 = e^r - 1 \tag{3-43}$$

其中 e 为常数，约等于 2.71828。

[例 3-18] 若名义利率为 8%，在以连续复利计息方式下，实际年利率为：
$$i = e^r - 1 = e^{0.08} - 1 = 0.083 = 8.3\%$$

五、应用分析

资金时间价值是工程经济分析的基本原理，等值计算是这个原理的具体应用。在运用基本计算公式进行等值计算时，要遵循"死套活用"的原则，所谓"死套"是指严格按照基本计算公式中 P、F、A、i、n 的含义、相互关系、公式应用条件进行套用；而"活用"则是指应灵活运用公式，不能直接套用时，应根据具体情况，作适当变换，使其符合基本公式的套用条件。在变换过程中，区分名义利率与实际利率的差别，明确它们之间的相互转换关系，是解决实际问题的重要条件。

1. 计息期和支付期相同

[例 3-19] 年利率为 12%，每半年计息一次，从现在开始连续 3 年，每半年等额支付 100 元，求现值。

解： 周期利率（半年利率）= 12%/2 = 6%
$$P = A(P/A, i, n) = 100(P/A, 6\%, 6) = 100 \times 4.9173 = 491.73 \text{ 元}$$

2. 计息期短于支付期

[例 3-20] 年利率为 12%，按季计息，从现在开始连续 3 年，每年年末等额借款 1000 元，求第 3 年年末本利和。

解： 对这类问题，通常有三种解决方法。

第一种解法，先求年实际利率，再进行计算。

$$i = \left(1+\frac{r}{m}\right)^m - 1 = 12.55\%$$

$$F = A(F/A, i, n) = 1000(F/A, 12.55\%, 3) = 3392 \text{ 元}$$

第二种解法，按季利率求终值。季利率为3%，

$$F = P(1+i)^n = 1000(1+3\%)^8 + 1000(1+3\%)^4 + 1000 = 3392 \text{ 元}$$

第三种解法，取一年为一个循环周期，使这个周期的年末支付转变成等值的计息期期末的等额支付系列，即先将每年年末的现金流量，按季利率，等额分摊到该年的4个季度，

$$A = F(A/F, i, n) = 1000(A/F, 3\%, 4) = 239 \text{ 元}$$

再将每季的现金流量看成等额年金，按季利率，求终值。

$$F = A(F/A, i, n) = 239(F/A, 3\%, 12) = 3392 \text{ 元}$$

这三种方法各有其特点，第一种方法原理简单，但计算的实际利率通常是一个小数，在复利系数表中查不到对应系数，计算比较麻烦。第二种方法，原理也很简单，但当现金流量个数较多时，计算就很烦琐。而第三种方法，先对每个循环周期的现金流量进行处理，使之转换为每个计息期都有的等额现金流，看起来比较复杂，但却是解决这类问题的最好方法。

[例 3-21] 某部门欲建立一项奖励基金，计划每5年颁发一次，每次奖励金额为10万元。若利率为8%，问现在应存入多少资金才能满足要求？

解：取5年为一个循环周期，先将每周期期末的现金流量，按年利率，等额分摊到该周期的5个年度：

$$A = F(A/F, i, n) = 10(A/F, 8\%, 5) = 10 \times 0.17046 = 1.7046 \text{ 万元}$$

再将每年的现金流量看成等额年金，按年利率，求现值：

$$P = A/i = 1.7046/8\% = 21.31 \text{ 万元}$$

3. 计息期长于支付期

由于计息期内有不同时刻的支付，通常规定存款必须存满一个计息期才计利息，即在计息周期间存入的款项，在该期内不计利息，要在下一期才计算利息。因此，原财务活动的现金流量应按以下原则进行整理：相对于投资方来说，计息期内的存款（支出）放在期末，提款（收入）放在期初，分界点处的支付保持不变。

[例 3-22] 根据图3-17求年末终值，年利率为12%，按季计息。

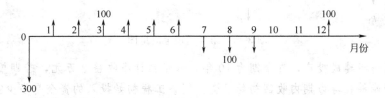

图 3-17 [例 3-22] 现金流量图

解：以季度为计息期，按上述原则整理，将整理结果绘成图3-18。

再进行计算，季度利率为3%，

$$F = -100(1+3\%)^4 + 300(1+3\%)^3 + 100(1+3\%)^2 - 300(1+3\%)^1 + 100 = 112.36 \text{ 元}$$

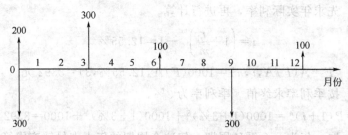

图 3-18 整理后的现金流量图

思考题与练习题

1. 证明：
(1) $(P/A,i,n)=(P/A,i,n-1)+(P/F,i,n)$
(2) $P(A/P,i,n)-i=(A/F,i,n)$
(3) $(F/A,i,n)+(F/P,i,n)=(F/A,i,n+1)$

2. 已知年利率为 10%，某企业向金融机构贷款 100 万元。
(1) 5 年后一次性还本付息，则 5 年末应偿还的资金总额是多少？
(2) 若 5 年内每年年末偿还当年产生的利息，第 5 年末偿还所欠本金及当年产生的利息，则 5 年内偿还的本金和利息的总额是多少？
(3) 若 5 年内每年年末等额偿还本金以及当年产生的利息，则 5 年内偿还的本金和利息的总额是多少？
(4) 若 5 年内每年年末以相等的金额偿还贷款，则 5 年内偿还的本金和利息的总额是多少？

3. 考虑资金时间价值后，总的现金流出等于总的现金流入，试根据图 3-19 所示现金流量，用各种资金等值计算公式，用已知项表示未知项。
(1) 已知 A_1, A_2, P_1, i，求 P_2；
(2) 已知 A_1, P_1, P_2, i，求 A_2；
(3) 已知 P_1, P_2, A_2, i，求 A_1。

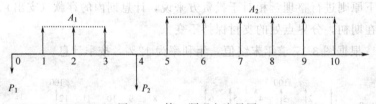

图 3-19 第 3 题现金流量图

4. 某工程一年建成投产，寿命期为 10 年，每年预计净收益 2 万元，若期望投资收益率为 10%，恰好能够在寿命期内收回初始投资。问该工程初始投入的资金是多少？

5. 某项目贷款 200 万元，银行 4 年内等额收回全部贷款，已知贷款利率为 10%，那么项目每年的净收益不应少于多少万元？

6. 某学生在大学 4 年学习期间，每年年初从银行借款 2000 元以支付学费，若按年利率 6% 计复利，第 4 年末一次归还全部本息需要多少钱？

7. 某企业欲积累一笔福利基金，用于 3 年后建造职工俱乐部。此项投资总额为 200 万元，银行利率为12%，问每年末至少要存款多少？

8. 每年年末等额存入10000元，连续5年，准备在第3年，第6年，第9年末支取3次，每次支取的金额相等，若年利率为12%，复利计息，求每次支取金额为多少？

9. 某人从50岁起至59岁，每年存入养老金10000元，若年利率为12%，复利计息，则他在60~69岁间每年可以等额取出多少钱？

10. 某项目第1年年初贷入500万元，第2年年初贷入800万元，从第3年起分4年等额偿还银行贷款，已知贷款年利率为10%，每年复利计息一次，那么每年应偿还多少资金额？

11. 某项目现金流量见图3-20，在考虑资金时间价值的基础上，现金流入等于现金流出。已知折现率为10%，每年复利计息一次，求 X 的数值的大小？

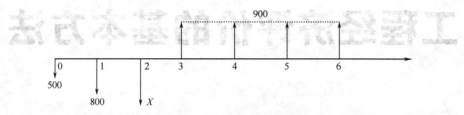

图3-20 第11题现金流量图

12. 某企业向银行贷款200万元，年利率为12%，每半年计息一次，求计息周期利率、年实际利率和5年末应偿还的本利和？

第四章

工程经济评价的基本方法

本章介绍工程经济评价的基本指标，多方案比较与选择的主要方法。主要内容包括：工程经济评价的基本指标及其分类；工程经济评价指标的计算、应用规则及其适用范围；多方案比较与选择的常用方法。

第一节 经济评价指标

评价指标是投资项目经济效益或投资效果的定量化及其直观的表现形式，它通常是通过对投资项目所涉及的费用和效益的量化和比较来确定的。只有正确地理解和适当地应用各个评价指标的含义及其评价准则，才能对投资项目进行有效的经济分析，才能做出正确的投资决策。

在建设项目财务评价中，为了从不同角度和方面刻画和表征出项目复杂的经济效果，人们设计了多种评价指标。建设项目财务评价基本指标从不同的角度可以进行不同的分类。按是否考虑资金的时间价值，可以分为静态评价指标和动态评价指标（如图 4-1 所示）；按指标的性质，可以分为时间性评价指标、价值性评价指标和比率性评价指标等（如图 4-2 所示）；按评价的目的，可以分为盈利能力评价指标、偿债能力评价指标、外汇平衡能力评价指标等。

经济评价指标
- 静态评价指标
  - 投资回收期与追加投资回收期
  - 投资效果系数与追加投资效果系数
- 动态评价指标
  - 动态投资回收期与追加投资回收期
  - 费用现值与净现值、费用年值与净年值
  - 内部收益率与差额内部收益率

图 4-1 项目经济评价指标分类之一

图 4-2 项目经济评价指标分类之二

第二节 静态评价指标

在进行工程经济分析时,如果不考虑资金的时间因素,则称为静态评价。所采用的指标称为静态评价指标。其特点是简单易算。主要包括静态投资回收期、投资收益率指标。

一、静态投资回收期

(一) 静态投资回收期的定义

静态投资回收期 (Static Payback Period on Investment),又称为返本期,是指在不计利息的条件下,用方案每年的净收益补偿全部投资所需的时间。这里所说的全部投资包括固定资产投资和流动资金投资。

静态投资回收期是考察项目财务上投资回收能力的重要指标。其表达式为

$$\sum_{t=1}^{P_t} (CI - CO)_t = 0 \tag{4-1}$$

式中 P_t——静态投资回收期;
CI——现金流入量;
CO——现金流出量;
$(CI-CO)_t$——第 t 年的净现金流量。

静态投资回收期一般以"年"为单位,自项目建设开始年算起。当然也可以计算项目建成投产年算起的静态投资回收期,但对于这种情况,需要加以说明,以防止两种情况的混淆。

(二) 静态投资回收期的计算

式 (4-1) 是一个一般表达式,在具体计算静态投资回收期时又分以下两种情况。

1. 直接计算法

项目建成投产后各年的净收益(现金流量)均相同,则静态投资回收期的计算公式

如下：

$$P_t = \frac{K}{R} \tag{4-2}$$

式中　K——全部投资；

　　　R——每年的净收益。

根据式(4-2)计算出的投资回收期是从投产年开始算起的，若要求从项目建设开始计算的回收期应再加上建设期。

[例4-1]　某技术方案建设期2年，第一年年初投资10万元，第二年年初投资6万元，从第二年年末开始产生收益，每年净收益均为4万元。求该方案的静态投资回收期。

解： 该方案的年净收益是等额的，其全部投资为 $K=10+6=16$ 万元，根据式(4-2)可得：

$$P_t = \frac{K}{R} = \frac{16}{4} = 4(年)$$

自投产年算起项目的投资回收期为4年，自项目建设开始的投资回收期为4+1=5年。

[例4-2]　某投资方案一次性投资500万元，当年即可投产，且投产后其各年的平均净收益为80万元，求该方案的静态投资回收期。

解： 根据式(4-2)可得：

$$P_t = \frac{K}{R} = \frac{500}{80} = 6.25(年)$$

2. 累计法

当方案每年的净收益为不等额值时，必须采用累计法计算投资回收期 P_t。

$$P_t = 累计净现金流量开始出现正值的年份数 - 1 + \frac{上年累计净现金流量的绝对值}{当年的净现金流量} \tag{4-3}$$

[例4-3]　根据表4-1方案现金流量表，计算投资回收期。

表4-1　方案现金流量表　　　　　　　　　　　单位：万元

年　份	0	1	2	3	4	5
现金流出	2000					
现金流入		500	600	400	300	500
净现金流量	-2000	500	600	400	300	500
累计净现金流量	-2000	-1500	-900	-500	-200	300

解： 投资回收期

$$P_t = 5 - 1 + \frac{200}{500} = 4.4(年)$$

（三）静态投资回收期的判别

项目的投资回收期越短，表明项目的盈利能力和抗风险能力越好。静态投资回收期的判别基准是基准投资回收期 P_c，其取值可根据行业水平或投资者的要求确定。

行业基准投资回收期是国家根据国民经济各部门、各地区的具体经济条件，按照行业和部门的特点，结合财务会计上的有关制度及规定而颁布，同时进行不定期修订的建设项目经济评价参数，是对投资方案进行经济评价的重要标准。

评价规则：

若 $P_t \leqslant P_c$，则项目可以考虑接受；

若 $P_t > P_c$，则项目是不可行的。

[例 4-4] 某项目现金流量如表 4-2 所示，基准投资回收期为 9 年，评价方案。

表 4-2　方案现金流量表　　　　　　　　　　　　单位：万元

年　份	0	1	2	3	4	5	6	7	8~N
净现金流量	-6000	0	0	800	1200	1600	2000	2000	2000
累计净现金流量	-6000	-6000	-6000	-5200	-4000	-2400	-400	1600	

解：

$$P_t = 7 - 1 + \frac{400}{2000} = 6.2(年) < 9(年)$$

项目投资回收期小于基准投资回收期，因此方案可行。

（四）静态投资回收期（P_t）指标的优缺点与适用范围

P_t 指标的优点：经济意义明确、直观，计算简便；在一定程度上反映了投资方案风险大小；可适用于各种投资规模。

P_t 指标的不足：只考虑投资回收之前的效果，不能反映回收投资之后的情况，也就无法准确衡量项目投资收益的大小；没有考虑资金的时间价值，因此无法正确地辨识项目的优劣。P_t 指标一般仅用于方案评价，而不能直接用于方案比较。

二、投资收益率

（一）定义

投资收益率（Rate of Return on Investment），又称投资效果系数，是指在项目达到设计能力后的正常生产年份的年净收益与项目投资总额的比率，它表明投资项目正常生产年份中，单位投资每年所创造的年净收益额；对生产期内各年的净收益额变化幅度较大的方案，可计算生产期年平均净收益额与投资总额的比率。

其表达式为

$$投资收益率 R = \frac{年净收益或年平均净收益}{项目全部投资} \times 100\% \tag{4-4}$$

（二）评价规则

在采用投资收益率对项目进行经济评价时，其基本做法与采用静态投资回收期的做法相似，也即主要是将计算出的项目的投资收益率与所确定的基准收益率 R_c 进行比较。

若 $R \geqslant R_c$，则方案可以考虑接受；

若 $R < R_c$，则方案不可行。

[例 4-5] 拟建某厂，所需总投资为 2000 万元，预计投产后每年销售收入为 1000 万元，年经营成本和销售税金为 500 万元，试求该项目的投资收益率。

解：根据题意得：

$$投资收益率 R = \frac{1000-500}{2000} \times 100\% = 25\%$$

三、静态评价指标的综合分析

1) 静态评价方法是一种在世界范围内被广泛采用的方法，其最大优点是简便、直观，主要用于方案的粗略评价；

2) 在进行方案评价时，需要将静态投资回收期、投资收益率等指标与相应的基准值相比较，由此形成评价方案的约束条件；

3) 静态投资回收期、投资收益率可以独立对单一方案进行评价；

4) 静态评价方法的缺点：不能直观反映项目的总体盈利能力；未考虑方案在寿命期内费用、收益的变化情况，未考虑各方案经济寿命的差异对经济效果的影响；未考虑资金的时间因素，当项目运行时间较长时，不宜采用静态评价方法。

第三节 动态评价指标

一般将考虑了资金时间价值的经济效益评价指标称为动态评价指标。与静态评价指标相比，动态评价指标更加注重考察项目在其计算期内各年现金流量的具体情况。因而也就能够更加直观地反映项目的盈利能力，所以它的应用能力也就比静态评价指标更加广泛。在项目的可行性研究阶段，进行项目经济评价时一般是以动态评价指标作为主要指标，以静态评价指标作为辅助指标。

常用的动态评价指标有：净现值、净现值率、净年值、内部收益率、动态投资回收期等。

一、净现值（NPV）

（一）净现值的定义及计算

净现值（Net Present Value），是指把项目计算期内各年的净现金流量，按照一个给定的标准折现率（基准收益率）折算到建设期初（项目计算期第一年年初）的现值之和。

净现值是考察项目在其计算期内盈利能力的主要动态评价指标。其表达式为

$$NPV = \sum_{t=0}^{n}(CI-CO)_t(1+i_0)^{-t} \tag{4-5}$$

式中　NPV——净现值；

$(CI-CO)_t$——第 t 年的净现金流量；

n——项目计算期；

i_0——基准收益率。

在实际过程中，也可根据方案现金流量的分布情况，列计算式计算。

设方案初期投资为 P，每年净现金流量为 A，折现率为 i，寿命期为 n，残值为 S_v。

则 $$NPV=-P+A(P/A,i,n)+S_v(P/F,i,n) \tag{4-6}$$

[**例 4-6**] 某项目的各年现金流量见表 4-3，试用净现值指标判断项目的经济性（$i_0=15\%$）。

表 4-3 某项目现金流量表   单位：万元

年　序	0	1	2	3	4～19	20
投资支出	50					
收　入		25	25	25	30	50
经营成本		17	17	17	17	17
净现金流量	-50	8	8	8	13	33

解：利用式(4-6)，将表中各年净现金流量代入，得：

$$NPV=-50+8\times(P/A,15\%,3)+13\times(P/A,15\%,16)(P/F,15\%,3)$$
$$+33(P/F,15\%,20)$$
$$=-50+8\times2.2832+13\times5.954\times0.6575+33\times0.0611$$
$$=21.17(万元)>0$$

由于 $NPV>0$，故此项目在经济效果上是可以接受的。

[**例 4-7**] 某项工程总投资为 5000 万元，投产后每年生产性支出 600 万元，每年的收益额为 1400 万元，产品经济寿命期为 10 年，在 10 年末还能回收资金 200 万元，基准收益率为 12%，试用净现值法计算投资方案是否可取。

解：根据题意，投产后各年净收益为等额值 800 万元，残值为 200 万元，据此，可绘制方案现金流量图，如图 4-3 所示。

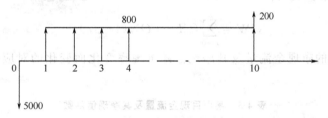

图 4-3 [例 4-7]方案现金流量图

计算 NPV：

$$NPV=-P+A(P/A,i,n)+S_v(P/F,i,n)$$
$$=-5000+800\ (P/A,12\%,10)+200\ (P/F,12\%,10)$$
$$=-5000+800\times5.650+200\times0.3220$$
$$=-415.6（万元）$$

由于 $NPV<0$，故此项投资方案不可行。

评价规则：$NPV\geqslant0$，方案可取；

$NPV<0$，否决方案。

（二）净现值的经济含义

NPV 表示达到预期收益率标准后，所能获取的追加现值收益。

$NPV=0$，表示方案刚好能达到预期的收益率目标；

$NPV>0$，表示方案在达到预期收益率标准后，尚有追加收益；
$NPV<0$，并不意味着项目亏损，而是表示达不到预期收益率标准。

(三) 净现值函数

[例 4-8] 某项目资金收支情况如表 4-4 所示。

表 4-4 方案现金流量表   单位：元

年份	0	1	2	3	4	5
投资额	1990					
年净收益		550	550	550	550	550
净现金流量	−1990	550	550	550	550	550

(1) 若折现率为 5%，评价方案；(2) 折现率为 15%，评价方案。

解：(1) 折现率为 5%，$NPV=-P+A(P/A,i,n)$
$$=-1990+550(P/A,5\%,5)=-1990+550\times4.3295$$
$$=391.2 \text{ 元}>0，\text{方案可取}。$$

(2) 折现率为 15%，$NPV=-P+A(P/A,i,n)$
$$=-1990+550(P/A,15\%,5)$$
$$=-1990+550\times3.3522$$
$$=-146.3 \text{ 元}<0，\text{否决方案}。$$

NPV 是根据基准收益率计算的，如果把收益率看作未知数，且设为 i，则 NPV 为折现率 i 的函数，其表达式为：

$$NPV=\sum_{t=0}^{n}(CI-CO)_t(1+i_0)^{-t} \tag{4-7}$$

上例中，项目的净现金流量及其净现值随折现率变化而变化的对应关系如表 4-5(a)、(b) 所示。

表 4-5 某项目现金流量及其净现值函数

(a)净现金流量		(b)净现值随折现率的变化	
年份	净现金流量/元	折现率/%	$NPV=-1990+550(P/A,i,5)$/元
0	−1990	5	391.2
1	550	8	206
2	550	10	94.9
3	550	11	42.7
4	550	11.85	0
5	550	12	−7.4
		15	−146.3
		20	−345.2
		25	−510.9

如果以 NPV 为纵坐标，以 i 为横坐标，可以将两者关系描绘于图中，得到净现值与折现率的关系曲线，如图 4-4 所示。

从表 4-5、图 4-4 中，可以看出净现值函数的特点如下。

① 同一方案的净现值随 i 的增大而减少；

② NPV 函数与横轴必然有一个交点，即随着 i 的变化（增大或减小），NPV 会越来越趋近于零。或者说，必然存在有一个 i，使得净现值 $NPV=0$，如上例，当 $i=11.85\%$ 时，$NPV=0$。这个使方案 $NPV=0$ 的 i，是一个具有重要经济意义的折现率临界值，称为方案的内部收益率，后面还要对它作详细分析。

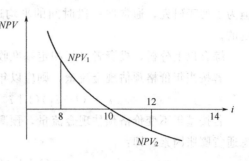

图 4-4　净现值函数曲线

因此，NPV 法的关键问题之一，是首先必须选定一个收益率标准，此标准称为基准收益率，或最低期望收益率，记为 i_0。

（四）基准收益率的确定

基准收益率，又称为最低期望收益率 MARR（Minimum Attractive Rate of Return），是地区或部门所确定的投资项目应该达到的收益率标准，在本质上是投资决策者对建设工程项目或技术方案资金时间价值的判断和对风险程度的估计，是投资资金应当获取的最低盈利率水平。它是技术经济分析评价中重要的决策参数，部门和行业不同，其数值通常是不同的，只有当价格真正反映价值时，该值才趋于相同，并且该值也不是一成不变的，随着客观条件的变化，其值也应适当调整。通常该值不能定得太高或太低，太高，则可能使某些经济效益好的方案遭淘汰；太低，则又可能使某些经济效益差的方案被采纳。

① 在政府投资项目以及按政府要求进行财务评价的建设项目中采用的行业财务基准收益率，应根据政府的政策导向进行确定。

② 在企业各类技术方案或投资建设项目的经济效果评价中参考选用的行业财务基准收益率，应在分析一定时期内国家和行业发展战略、发展规划、产业政策、资源供给、市场需求、资金时间价值、方案目标等情况的基础上，结合行业特点、行业资本构成情况等因素综合测定。

③ 在中国境外投资技术方案财务基准收益率的测定，应首先考虑国家风险因素。

④ 投资者自行测定的最低可接受财务收益率，除了应考虑上述第②条中涉及的因素外，还应根据自身的发展战略和经营策略、建设项目或技术方案的特点、资金成本、机会成本、投资风险、通货膨胀等因素综合测定。

显然，基准收益率应不低于单位资金成本和单位投资的机会成本，这样才能使资金得到最有效的利用，这一要求可用下式表达：

$$i_0 \geqslant i_1 = \max\{\text{单位资金成本}, \text{单位投资机会成本}\} \tag{4-8}$$

在整个建设项目或技术方案计算期内，存在着一些不利的环境变化，给项目带来风险，为此，投资者自然要求获得更高的利润，才会愿意承担投资风险，所以，在确定基准收益率时，还应考虑风险因素。通常以一个适当的风险贴补率 i_2 来提高 i_c 值，也就是说，以一个较高的收益水平补偿投资者所承担的风险，风险越大，贴补率越高。

而通货膨胀是指由于货币（这里指纸币）的发行量超过商品流通所需要的货币量而引起的货币贬值和物价上涨的现象。通货膨胀以通货膨胀率 i_3 表示，主要表现为物价指数的变化，即通货膨胀率约等于物价指数变化率。由于通货膨胀年年存在，其影响具有复利性质，但为了便于研究，通常取一段时间的平均通货膨胀率，即假定研究期内，通货膨胀率是固定的。

综合以上分析，投资者自行测定基准收益率可用以下方法确定。

若按当年价格预估现金流量，则应以年通货膨胀率 i_3 修正基准收益率 i_0 值，即：

$$i_0=(1+i_1)(1+i_2)(1+i_3)-1 \approx i_1+i_2+i_3 \tag{4-9}$$

若按基年不变价格预估现金流量，预测结果已排除通货膨胀因素的影响，就不再重复考虑通货膨胀因素，即：

$$i_0=(1+i_1)(1+i_2)-1 \approx i_1+i_2 \tag{4-10}$$

总之，合理确定基准收益率，对于投资决策极为重要，确定基准收益率的基础是资金成本和投资机会成本，而投资风险的通货膨胀则是必须考虑的影响因素。

NPV 法就是根据既定的收益率标准，计算项目所能获取的追加收益，追加收益>0，则可行，否则不可行。

据此，可以对上例做出正确的分析：$i_0=5\%$时，净现值 $NPV(5\%) \geqslant 0$，表示方案除保证5%的收益外，还可多收益391.2元，也就是在 $i_0=5\%$时，方案可取；而 $NPV(15\%)<0$，只是表明该方案的收益率小于15%，也就是达不到15%的收益标准，所以在 $i_0=15\%$时，方案不可取。同一个方案，由于所定目标有高有低，从而得出了两个相反的结论，有了对 MARR 的正确理解，这其中的道理也就非常清楚了。

（五）净现值（NPV）指标的优点与不足

NPV 指标的优点如下。

① 考虑了资金的时间价值并全面考虑了项目在整个寿命期内的经济情况；

② 经济意义明确直观，能够直接以货币额表示项目的净收益；

③ 能直接说明项目投资额与资金成本之间的关系。

NPV 指标的不足如下。

① 必须首先确定一个符合经济现实的基准收益率，而基准收益率的确定往往比较困难；

② 不能直接说明项目运营期间各年的经营成果；

③ 不能真正反映项目投资中单位投资的使用效率。

二、净现值率（NPVR）

在运用 NPV 法对多个方案进行比选时，若各方案寿命期相同，则以 NPV 大者为优。但 NPV 只能反映方案带来的盈利总额，而没有说明方案的盈利水平，也就是没有反映投资资金的利用效率。NPV 只是一个绝对指标，没有反映方案的相对经济效益。在对比方案的投资额相差很大时，NPV 大的方案就不一定是经济效益好的方案。因此，如果单纯以 NPV 最大作为方案优选的标准，就可能选择盈利多但投资也大的方案，而忽略了盈利不是最多，但投资较少的方案，因为剩余资金还有其他的盈利机会。为此，在应用净现值法评价方案，尤其是选择方案时，还应同时计算净现值率作为辅助评价指标。

净现值率（Net Present Value Ratio）是指项目的净现值与投资现值总额的比值，其经济含义是单位投资现值所能带来的超额净收益现值，是一个考察项目单位投资的盈利能力的指标。其表达式：

$$NPVR = \frac{NPV}{K_P} \tag{4-11}$$

式中 K_P——全部投资的现值之和。

在进行方案比较时,以净现值率大者为优。

[**例 4-9**] 根据[例 4-8]中的数据,试计算折现率为 5% 时,该方案的净现值率。

解:根据式(4-11)可求出其净现值率为

$$NPVR = \frac{NPV}{K_P} = \frac{391.2}{1990} = 0.1966$$

说明该方案除确保基准收益率外,每元投资现值还可获得 0.1966 元的现值额外收益。

三、净将来值(NFV)

净现值是将所有的净现金流量折算到计算期的第一年年初的值,实际上,在工程经济分析中,可以根据需要将净现金流量折算到任一时点。净将来值(Net Future Value)就是把净现金流量折算到方案计算期末的代数和。其表达式为:

$$NFV = \sum_{t=0}^{n}(CI-CO)_t(1+i_0)^{n-t} \tag{4-12}$$

或者根据现值与终值的关系计算,其表达式为:

$$NFV = NPV(F/P, i_0, n)$$

NFV 是 NPV 的等价指标,也即对于单个投资方案来讲,其评价准则如下。

若 $NFV \geqslant 0$,则方案可以考虑接受;

若 $NFV < 0$,则方案不可行。

四、净年值(NAV)

净年值(Net Annual Value)是指将方案寿命期内各年的净现金流量,按照给定的折现率,等额分摊到寿命期内各年的价值。

净年值也是考察项目在其计算期内盈利能力的动态评价指标,其表达式为:

$$NAV = \left[\sum_{t=0}^{n}(CI-CO)_t(1+i_0)^{-t}\right](A/P, i_0, n) \tag{4-13}$$

式中 NAV——净年值;

$(CI-CO)_t$——第 t 年的净现金流量;

n——项目计算期;

i_0——基准收益率。

在实际过程中,也可根据方案现金流量的分布情况,列计算式计算。

设方案初期投资为 P,每年净现金流量为 A,折现率为 i,寿命期为 n,残值为 S_v。

则 $$NAV = -P(A/P, i, n) + A + S_v(A/F, i, n)$$

NAV 是 NPV 的等价指标,也即对于单个投资方案来讲,其评价准则如下。

$NAV \geqslant 0$,方案可取;

$NAV < 0$,否决方案。

[**例 4-10**] 某企业拟购买一台设备,其购置费用为 35000 元,使用寿命为 4 年,第 4 年末的残值为 3000 元,在使用期内,每年的收入为 19000 元,经营成本为 6500 元,若给出基

准折现率为10%，试用净将来值指标和净年值指标分析该设备购置方案的可行性。

解：根据题意，可计算出方案在运营期间的等额年净收益 A：
$$A = 19000 - 6500 = 12500 \text{ 元}$$

根据式(4-12)可求得：
$$\begin{aligned} NFV &= -35000 \times (F/P, 10\%, 4) + 12500 \times (F/A, 10\%, 4) + 3000 \\ &= -35000 \times 1.4641 + 12500 \times 4.641 + 3000 \\ &= -51243.5 + 58012.5 + 3000 \\ &= 9769 \text{(元)} \end{aligned}$$

由于 $NFV = 9769$ 元 >0，所以该项投资是可行的。

根据式(4-13)可求得：
$$\begin{aligned} NAV &= -35000 \times (A/P, 10\%, 4) + 12500 + 3000 \times (A/F, 10\%, 4) \\ &= -35000 \times 0.3155 + 12500 + 3000 \times 0.2155 \\ &= -11042.5 + 12500 + 646.5 \\ &= 2104 \text{(元)} \end{aligned}$$

由于 $NAV = 2104$ 元 >0，所以该项投资是可行的。

五、内部收益率（IRR）

（一）内部收益率的含义

净现值法是根据 i_0 求 NPV，而内部收益率（Internal Rate of Return）法是求得一个收益率 i，使方案的净现值等于0。这个收益率就是内部收益率（简称 IRR）。其表达式为：

$$\sum_{t=0}^{n}(CI - CO)_t (1 + IRR)^{-t} = 0 \qquad (4\text{-}14)$$

式中 IRR——内部收益率。

在实际过程中，也可根据方案现金流量分布情况，列方程计算：

设方案初期投资为 P，每年净现金流量为 A，寿命期为 n，残值为 S_v。

则
$$NPV = -P + A(P/A, i, n) + S_v(P/F, i, n)$$

令 $NPV = 0$，所求 i 即为内部收益率 IRR。

根据净现值与折现率关系，以及净现值指标在方案评价时的评价规则，可以很容易地导出用内部收益率指标评价投资方案是否可行的判别准则，即：

$IRR \geq i_0$，方案可取；

$IRR < i_0$，否决方案。

（二）内部收益率的计算

由式(4-14)可以看出，内部收益率的计算是求解一个一元多次方程的过程，要想精确地求出方程的解，也即内部收益率，是一件非常困难的事情，因此在实际应用中，一般是采用试算法求内部收益率的近似解。它的基本步骤如下。

① 首先根据经验，选定一个适当的折现率 i。

② 根据投资方案的现金流量情况，利用选定的折现率 i，求出方案的净现值 NPV。

③ 若 $NPV>0$，则适当使 i 继续增大；若 $NPV<0$，则适当使 i 继续减小。

④ 重复步骤③，直到找到这样的两个折现率 i_1 和 i_2，求出其所对应的净现值 $NPV_1>0$，$NPV_2<0$，其中 i 每次变化的幅度（i_2-i_1）一般不超过 2%～5%。

⑤ 采用线性插值公式求出内部收益率的近似解，其公式为：

$$IRR=i_1+\frac{NPV_1}{NPV_1+|NPV_2|}(i_2-i_1) \qquad (4-15)$$

[例 4-11] 某方案初期投资 5000 万元，预计今后 10 年内每年可获利 800 万，并在第 10 年末可获得 1000 万元。计算其内部收益率。

解：列计算式：$NPV=-P+A(P/A,i,n)+S_v(P/F,i,n)$
$$=-5000+800(P/A,i,10)+1000(P/F,i,10)$$

令 $NPV=0$

求解步骤：

第一步，确定试算的起点收益率：

① 将基准收益率作为试算起点收益率；

② 取任意折现率作为试算起点收益率；

③ 求方案收入与支出的静态合计数，再按复利公式求 i 的近似值，以此作为试算起点收益率。

本例中，总收入 $F=800\times10+1000=9000$

总支出 $P=5000$

列复利公式 $F=P(F/P,i,n)$，可得 $(F/P,i,10)=1.8$，查表，$i\approx6\%$，即为试算起点收益率。

第二步，试算：

取 $i=6\%$，求净现值，$NPV(6\%)=-5000+800(P/A,6\%,10)+1000(P/F,6\%,10)=1446.4>0$

取 $i=10\%$，$NPV(10\%)=-5000+800(P/A,10\%,10)+1000(P/F,10\%,10)=301.2>0$

取 $i=12\%$，$NPV(12\%)=-5000+800(P/A,12\%,10)+1000(P/F,12\%,10)=-157.8<0$

试算结束。

第三步，用插值法，求得 $i=11.3\%$，即为方案内部收益率 IRR。

[例 4-12] 某项目净现金流量见表 4-6。当基准收益率 $i_0=12\%$ 时，试用内部收益率指标判断该项目的经济性。

表 4-6 某项目现金流量表　　　　　　　　　　　　单位：万元

年　序	0	1	2	3	4	5
净现金流量	-100	20	30	20	40	40

解：此项目净现值的计算公式为

$NPV=-100+20(P/F,i,1)+30(P/F,i,2)+20(P/F,i,3)+40(P/F,i,4)+40(P/F,i,5)$

现分别设 $i_1=12\%$，$i_2=15\%$，计算相应的 NPV_1 和 NPV_2。

$$NPV_1(i_1) = -100 + 20(P/F, 12\%, 1) + 30(P/F, 12\%, 2) + 20(P/F, 12\%, 3)$$
$$+ 40(P/F, 12\%, 4) + 40(P/F, 12\%, 5)$$
$$= -100 + 20 \times 0.8929 + 30 \times 0.7972 + 20 \times 0.7118 + 40 \times 0.6355 + 40 \times 0.5674$$
$$= 4.126 \text{（万元）}$$
$$NPV_2(i_2) = -100 + 20(P/F, 15\%, 1) + 30(P/F, 15\%, 2) + 20(P/F, 15\%, 3) +$$
$$40(P/F, 15\%, 4) + 40(P/F, 15\%, 5)$$
$$= -100 + 20 \times 0.8696 + 30 \times 0.7561 + 20 \times 0.6575 + 40 \times 0.5718 + 40 \times 0.4972$$
$$= -4.015 \text{（万元）}$$

运用计算公式(4-14)可计算出 IRR 的近似解：
$$IRR = i_1 + \frac{NPV_1}{NPV_1 + |NPV_2|}(i_2 - i_1) = 12\% + \frac{4.126}{4.126 + |-4.015|}(15\% - 12\%)$$
$$= 13.5\%$$

因为 $IRR = 13.5\% > 12\%$，故该项目在经济上可以接受。

从这里不难看出，内部收益率法是根据净现值法的计算公式 $NPV = -P + A(P/A, i, n)$，令 $NPV = 0$，求 i。但必须注意，这只是在实际运用 IRR 法时对其计算方法的理解，实质上，内部收益率法是投资经济效果评价的最基本的方法，其他许多方法如 NPV 法等，都是内部收益率法的派生或引申。为了便于记忆和掌握它的方法特征，习惯上理解为是运用了 NPV 的计算公式来求 i。

净现值法，不但考虑了资金的时间价值，而且给出了在一定投资目标下的盈利绝对值，即 NPV 值，其经济观点鲜明；其次，NPV 法比较现实，一方面考虑了风险的影响，另一方面它是以可以收回其资本成本作为投资假设，而这一点是可以做到的。NPV 法的缺点是只表明了投资方案经济效果的"量"的方面，而没有表明"质"的方面，即没有表明单位投资的经济效益，容易使投资者倾向于采用投资额大盈利多的方案。还有一点不容忽视的是，在有限资源条件下，投资所剩资金，若按 i_0 获取收益，则其 $NPV = 0$（即剩余资金在最低期望收益率下，所得收益的 $NPV = 0$）。NPV 法没有说明资金的利用程度，因此，在进行方案比较时，对于寿命期不同，或投资额相差较大的方案，不宜采用此法，NPV 法最适宜于投资规模大致相同的方案间的比较。

内部收益率法，也考虑了资金的时间价值，它所计算的收益率指标，为主管部门提供了一个控制经济效果的统一衡量标准。当净收益一定时，投资额大的方案，其 IRR 值必定会小，所以，IRR 法在一定程度上起着控制投资的作用，且不受方案寿命期长短不同的限制。它的最大的缺点是只适宜于投资方案的评价，而不能直接用于方案的比较，因为 IRR 大的方案，不一定优于 IRR 小的方案。

（三）内部收益率的经济含义

内部收益率实际上是投资方案占用的尚未收回的资金的获利能力，是项目到计算期末正好将未收回的资金全部收回来的折现率，它只与项目本身的现金流量有关，即它取决于项目内部。可以理解为方案占用资金的恢复能力，反映了项目对贷款利率的最大承担能力，是项目借入资金利率的临界值。假设一个项目的全部投资均来自借入资金。从理论上讲，若借入资金的利率 i 小于项目的内部收益率 IRR，则项目会有盈利。如若 $i > IRR$，则项目就会亏损，若 $i = IRR$，则由项目全部投资所获得的净收益刚好用于偿还借入资金的本金和利息。

（四）内部收益率（IRR）指标的优点与不足

IRR 指标的优点如下。

考虑了资金的时间价值以及项目在整个寿命期内的经济状况；

能够直观地反映项目的最大可能盈利能力；

不需要事先确定一个基准收益率，而只需要知道基准收益率的大致范围即可。

IRR 指标的不足如下。

需要大量的投资项目有关的数据，计算比较麻烦；

对具有非常规现金流量的项目来讲，其内部收益率往往不是唯一的，在某些情况下甚至不存在。

六、动态投资回收期（P_D）

动态投资回收期（Dynamic Investment Pay-back Period），是指在考虑了资金时间价值的情况下，以项目每年的净收益的现值来回收项目全部投资的现值所需要的时间。这个指标的提出主要是为了克服静态投资回收期指标没有考虑资金的时间价值，因而不适合用于计算期较长的项目经济评价的弊病。

动态投资回收期的表达式如下

$$\sum_{t=0}^{P_D}(CI-CO)_t(1+i_0)^{-t}=0 \qquad (4-16)$$

式中　P_D——动态投资回收期。

当方案每年的净收益相等时，可直接采用复利公式，相当于已知 P、A、i、求 n。

当方案每年的净收益不完全相等时，一般采用累计法。

$$P_D = 累计净现金流量现值开始出现正值的年份数 - 1 + \frac{上一年累计现金流量现值的绝对值}{当年净现金流量现值}$$

(4-17)

[例 4-13]　某项目有关数据见表 4-7，计算该项目的动态投资回收期：

表 4-7　某项目有关数据表

年　序	0	1	2	3	4	5	6	7
投资	20	500	100					
经营成本				300	450	450	450	450
销售收入				450	700	700	700	700
净现金流量	−20	−500	−100	150	250	250	250	250
净现金流量现值	−20	−455	−82.6	112.7	170.8	155.2	141.1	128.3
累计净现金流量现值	−20	−475	−557	−444	−274	−118.5	22.61	150.9

解： 根据式(4-17)，有：

$$P_D = 6 - 1 + \frac{118.5}{141.1} = 5.84 \text{ 年}$$

该项目的动态投资回收期为 5.84 年。

用动态投资回收期评价投资方案的可行性,需要与基准动态投资回收期 P_c 进行比较。

评价规则:

若 $P_D \leqslant P_c$,则项目可以考虑接受;

若 $P_D > P_c$,则项目是不可行的。

动态投资回收期是考察项目财务上投资实际回收能力的动态指标。它反映了等值回收,而不是等额回收项目全部投资所需要的时间,因而更具有实际意义。

在一般情况下,NPV、IRR 和 P_D 三者之间的评价结论是一致的、等价的,但值得注意的是,这三个指标并不可以互相替代,它们有各自的特点和适用情况,从不同角度对项目的盈利能力进行描述,为投资者提供决策依据。

内部收益率指标是一个相对效果指标,它反映了项目未收回投资的获利能力,易于理解和接受,不需要事先准确确定基准投资收益率;同时它在某种程度上体现了项目所能够承受的最大资金成本。当然该指标只能用于判断方案的可行性,不能用于多方案的比选。

净现值是一个绝对效果指标,它是方案所能取得的超过基准收益率部分的超额收益的现值,反映了方案超过投资者最低期望盈利水平的超额的绝对数额,这是一个应用极为方便而且广泛的指标,它不仅可以判断方案的可行性,而且可以用于多方案的比选。但是应用该指标需要事先确定基准收益率。

动态投资回收期是一个时间性指标,反映了投资回收速度的快慢,它与 NPV 有着相近的经济含义,一般很少用它来做方案的优劣比选,但对于项目后期现金流量的准确性把握不大的情况下,用该指标来筛选项目还是比较有参考价值的。

第四节 多方案的经济比较与选择

对工程项目方案进行经济评价,一般常遇到两种情况:一种是单方案评价,即投资项目只有一种技术方案或独立的项目方案可供评价;另一种是多方案评价,即投资项目有几种可供选择的技术方案。对单方案的评价。采用前述的经济指标就可以决定项目的取舍。但是,在实践中,由于决策结构的复杂性,往往只有对多方案进行比较评价,才能决策出技术上先进适用,经济上合理有利,社会效益大的最优方案。

情况一:某甲有 3 万元借款给 A,有三个方案,借款方案与收益见表 4-8。

表 4-8 借款情况之一收益表

方案	借款额	利率	一年后利息
A	10000	10%	1000
B	20000	8%	1600
C	30000	6%	1800

如何选择借款方案?(假设不借,钱只能放在家里)

情况二:某甲有 3 万元,借款给 A、B、C 三个人,同样有三个方案,借款方案与收益见表 4-9。

表 4-9　借款情况之二收益表

方案	借款额	利率	一年后利息
借给 A	10000	10%	1000
借给 B	20000	8%	1600
借给 C	30000	6%	1800

又如何选择借款方案？（假设不借，钱只能放在家里）。这两种情况有何区别？

回答问题的关键：一是方案选择的目的；二是方案间的关系。

方案选择的目的是获取最大收益，故情况一最优方案是 C；情况二最优方案是 {A, B}。

两者的区别在于方案间的关系：情况一，各方案之间是互斥的，即选择了其中任何一个方案，其他方案就必然会被排斥。而情况二，各方案间是相互独立的，即选择了其中任何一个方案，都不会影响其他方案的入选，只是受资源限制，所有方案不能全部入选。

根据方案间的关系，可以将其分为互斥方案、独立方案和混合方案。

1) 互斥方案　就是选择其中任何一个方案，则其他方案就必然会被排斥的一组方案。互斥方案的选择具有排它性，选择其中一个，则其余方案必须放弃而不能同时存在。互斥方案的效果不具有可加性。

2) 独立方案　是指方案间互不干扰，即一个方案的选择，并不影响其他方案的选择，在选择方案时可以任意组合，直到资源得到充分利用为止的一组方案。

3) 混合方案　是指在若干独立方案中，每个独立方案又存在若干个互斥方案。

在方案选择前，分清楚这些方案属于哪种类型是至关重要的，因为方案类型不同，其选择、判断的尺度不同，选择的结果也就不同。

一、互斥方案比较的方法

在对互斥方案进行评价时，经济效果评价包含了两部分的内容：一是考察各个方案自身的经济效果，即进行绝对效果检验，用经济效果评价标准（如 $NPV \geqslant 0$，$NAV \geqslant 0$，$IRR \geqslant i_0$）检验方案自身的经济性，叫"绝对（经济）效果检验"。凡通过绝对效果检验的方案，就认为它在经济效果上是可以接受的，否则就应予以拒绝。二是考察哪个方案相对最优，称"相对（经济）效果检验"。一般先以绝对经济效果方法筛选方案，然后以相对经济效果方法优选方案。其步骤如下。

① 按项目方案投资额从小到大将方案排序。

② 以投资额最低的方案为临时最优方案，计算此方案的绝对经济效果指标，并与判别标准比较，直至找到一个可行方案。

③ 依次计算各方案的相对经济效益，并与判别标准如基准收益率比较，优胜劣败，最终取胜者，即为最优方案。

互斥型方案进行比较时，必须具备以下的可比性条件。

① 被比较方案的费用及效益计算口径一致；

② 被比较方案具有相同的计算期；

③ 被比较方案现金流量具有相同的时间单位。

如果以上条件不能满足，各个方案之间不能进行直接比较，必须经过一定转化后方能进行比较。

互斥方案的选择方法主要有以下几种。

1. 净现值法

净现值指标不仅可用于方案评价，还可用于寿命期相同的方案间的比较。

决策规则：以 NPV 值大者为优。

[**例 4-14**]　现有 A、B 两种可供选择的机械，经济寿命均为 10 年，A 机械价值 2.5 万元，前 5 年每年可收入 9000 元，后 5 年每年可收入 12000 元，年运行费及维修费需 6000 元，残值 4000 元；B 机械价值 2.2 万元，每年可收入 10000 元，前 5 年年运行费及维修费需 5000 元，后 5 年年运行费及维修费需 8000 元，残值为零，若基准收益率为 8%，试用净现值法确定购买哪种机械？

解：计算两方案净现值：

$$NPV(A) = -25000 + 3000(P/A, 8\%, 5) + 6000(P/A, 8\%, 5)(P/F, 8\%, 5) + 4000(P/F, 8\%, 10)$$
$$= -25000 + 3000 \times 3.99271 + 6000 \times 3.99271 \times 0.68058 + 4000 \times 0.46319$$
$$= 5135 \text{ 元}$$

$$NPV(B) = -22000 - 5000(P/A, 8\%, 5) - 8000(P/A, 8\%, 5)(P/F, 8\%, 5) + 10000(P/A, 8\%, 10)$$
$$= -22000 - 5000 \times 3.99271 - 8000 \times 3.99271 \times 0.68058 + 10000 \times 6.71008$$
$$= 3398 \text{ 元}$$

故应选 NPV 大的 A 机械。

从上例可以看出，净现值指标不仅适用于方案评价，还可用于寿命期相同的方案比较。

2. 费用现值（PC）法

计算净现值指标，必须掌握方案比较详尽的数据资料，不仅需要有方案的投资、成本资料，还必须有方案的经常性收益资料，这是运用净现值指标的前提基础。但在某些情况下，对比方案间的收益基本相同，只需对比其费用指标时，无法计算净现值，此时，就必须采用费用现值指标进行方案的比较与选择。

费用现值：是指将方案整个寿命期内各时间点上的现金流量（费用）按给定的折现率，折算到现在时刻的价值。其表达式为：

$$PC = \sum_{t=0}^{n}(CO - CI)_t (1 + i_0)^{-t} \tag{4-18}$$

在实际过程中，也可根据方案现金流量的分布情况，列计算式计算。

设方案初期投资为 P，每年营运成本为 A，折现率为 i，寿命期为 n，残值为 S_v。

则
$$PC = P + A(P/A, i, n) - S_v(P/F, i, n) \tag{4-19}$$

决策规则：以 PC 小者为优。

适用范围：① 只能用于寿命期相同的方案的比较，而不能用于方案的评价。
② 在只有方案的投资、成本、费用数据时，选择方案，宜采用此法。

[**例 4-15**]　现有两个方案，方案一：期初投资为 120 万元，年作业成本 30 万元，10 年后产量成倍增长时，需再增加一台同样的设备，投资 120 万元，年作业成本将是 60 万元；方案二：期初投资为 200 万元，年作业成本 32 万元，10 年后产量成倍增长时，不需

再增加设备，年作业成本将是58万元。若设备经济寿命均为40年，折现率为8%，试选择方案。

解：绘制方案现金流量图，见图4-5，图4-6。

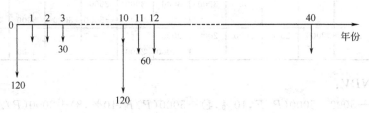

图4-5 方案一现金流量图

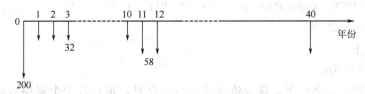

图4-6 方案二现金流量图

计算方案费用现值：

$$PC_1 = P + A(P/A, i, n)$$
$$= 120 + 30(P/A, 8\%, 10) + [120 + 60(P/A, 8\%, 30)](P/F, 8\%, 10)$$
$$= 690 \text{ 万元}$$

$$PC_2 = P + A(P/A, i, n)$$
$$= 200 + 32(P/A, 8\%, 10) + 58(P/A, 8\%, 30)(P/F, 8\%, 10)$$
$$= 717 \text{ 万元}$$

故方案一优。

3. 净年值法

和NPV指标一样，NAV法不仅可用于方案评价，也可用于方案的比较与选择。

决策规则：以NAV值大者为优。

适应范围：适用于方案评价、方案选择；尤其适用于寿命期不同的方案比较。

[**例4-16**] 有A、B两个方案，A方案的寿命期是4年，B方案为6年，其现金流量如表4-10所示，$i_0 = 10\%$，试比较方案。

表4-10 方案现金流量表　　　　　　　　　　　　单位：元

年份	0	1	2	3	4	5	6
A方案	−5000	3000	3000	3000	3000		
B方案	−4000	2000	2000	2000	2000	2000	2000

解：方法一，最小公倍数法，即用NPV法进行比较：

取两方案寿命同期的最小公倍数为计算期，即取12年为分析期，在这12年间，方案A重复实施3次，方案B重复实施2次，见表4-11。

表 4-11 方案重复实施后的现金流量表　　　　　　　　　单位：元

年份	0	1	2	3	4	5	6	7	8	9	10	11	12
A方案	−5000	3000	3000	3000	3000 −5000	3000	3000	3000	3000 −5000	3000	3000	3000	3000
B方案	−4000	2000	2000	2000	2000	2000	2000 −4000	2000	2000	2000	2000	2000	2000

计算方案 NPV：

$$NPV(A) = -5000 - 5000(P/F, 10\%, 4) - 5000(P/F, 10\%, 8) + 3000(P/A, 10\%, 12)$$
$$= 9693.15 \text{ 元}$$

$$NPV(B) = -4000 - 4000(P/F, 10\%, 6) + 2000(P/A, 10\%, 12)$$
$$= 7369.28 \text{ 元}$$

故：方案 A 优。

方法二，NAV 法：

在重复实施的假定条件下，现金流量呈周期变化时，延长若干个周期后的方案的年值，与一个周期的年值是相等的。

对于 A 方案，有 $NAV^{(12)} = NAV^{(4)} = 1421.73$ 元

对于 B 方案，有 $NAV^{(12)} = NAV^{(6)} = 1081.55$ 元

故：方案 A 优。

由此可以看出，年值（净年值）法最适宜于寿命期不同的方案间的比较，因为，一个方案无论重复实施多少次，其年值（净年值）是不变的。

方法三，研究期法

最小公倍数法是一种常用的比较寿命期不等的方案的方法，但是，在一些情况下重复实施的假设是不太适宜的，比如，那些产品和技术更新较快的方案，由于旧的技术迅速地为新技术所替代，若仍以原方案重复实施，显然不合理；又比如，当社会对某种产品的需求期限有较为明确的估计时，则重复实施就成为多余的，原方案的重复实施将是不经济的，甚至有时是不可能实现的。因此，用最小公倍数法，显然不能保证能选择到最优的方案。

而年值法，用方案等值的净年值作为比较的依据，计算较最小公倍数法简单，常用于寿命期不等的方案间的比较，但它最大的缺陷，是没有说明方案总体的经济效益，在对比分析方案间的整体效益时，就无法用净年值法。

处理这类问题的可行办法是研究期法。就是选择一个合理的研究期，作为方案共同的分析期，建立可比的基础。

研究期的选择视具体情况而定，主要有以下几种类型。

① 以寿命期最短方案的寿命期为各方案共同的服务年限，寿命期长的方案在共同服务年限末保留一定残值；

② 以寿命期最长方案的寿命期为各方案共同的服务年限，寿命期短的方案在共同服务年限内重复实施，直到达到共同的服务年限为止，期末可能尚存一定残值；

③ 统一规定方案的计划服务年限，计划服务年限不一定等同于各方案的寿命期。故在达到服务年限时，有的方案需重复实施，在服务期满时，有的方案可能存在残值。

对于寿命期不等的方案，通过这些处理方式解决了寿命期不等的问题之后，就可采用各

种方法进行比较了。

研究期法的优点是考虑了方案实施过程中的具体情况，弥补了最小公倍数法和净年值法单一的局限性，但它最大的问题是如何确定方案可能存在的残值，通常有以下几种处理方法。

① 完全承认未使用的价值，即将方案的未使用价值全部折算到研究期末；但是，将方案分析期之后的所有收入和支出，全部折算成分析期末的价值，并以此作为方案分析期末的残值，显然是不合理的；

② 完全不承认未使用价值，即研究期后方案未使用价值，均忽略不计；这显然也有它的不合理性；

③ 对研究期末方案的未使用价值进行客观地估计，以估计值作为研究期末的残值。尽管有一定道理，但如何估计未使用价值，却没有统一的方法。

4. 费用年值（年成本）AC 法

费用年值（年成本）由投资成本与作业成本组成，投资成本是将投资的价值分摊到方案寿命期内各年的价值，作业成本即各年操作成本。其表达式为：

$$AC = \sum_{t=0}^{n}(CO-CI)_t(1+i_0)^{-t}(A/P,i_0,n) \tag{4-20}$$

在实际过程中，也可根据方案现金流量的分布情况，列计算式计算。

设方案初期投资为 P，每年作业成本为 A，折现率为 i，寿命期为 n，残值为 S_v。

$$AC = P(A/P,i,n) + A - S_v(A/F,i,n)$$

决策规则：以 AC 小者为优。

适用范围：① 用于方案的比较，但不能用于方案的评价。

② 在只有方案的投资、成本、费用数据，尤其是各备选方案寿命期不等时，选择方案，宜采用此法。

[例 4-17] 利用 [例 4-15] 资料，用费用年值法进行方案比较。

解：计算方案费用年值：

$AC_1 = PC_1(A/P,i,n)$
　　$= 690(A/P,8\%,40) = 690 \times 0.08386 = 57.86$ 万元

$AC_2 = PC_2(A/P,i,n)$
　　$= 717(A/P,8\%,40) = 717 \times 0.08386 = 60.13$ 万元

按决策规则，以 AC 小者为优，故方案一优，与费用现值法的结论一致。

[例 4-18] 某地区欲建收费高速公路，所需资金：现时点为 4 亿元，此后第 1、2、3 年末各需 2 亿元（3 年投资合计 10 亿元），修成后每隔 5 年修理一次，修理费为 1 千万元。假定折现率为 8%。回答下列问题。

(1) 该道路自开通起维持 40 年所需总投资额的现值是多少？

(2) 使道路永久开通所需总投资额是多少？

(3) 为使道路永久开通，每年的道路净收益应该在多少以上，这项投资才合算？

(4) 若计划在开通后的 40 年内将维持道路运行所需总投资全部回收，此后改为免费道路，则每年的道路净收益应该为多少？

解：(1) 道路自开通起维持 40 年，现金流量图如图 4-7 所示。

计算费用现值：

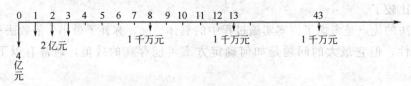

图 4-7 道路自开通起维持 40 年的现金流量图

$$PC = 40 + 20(P/A, 8\%, 3) + 1(A/F, 8\%, 5)(P/A, 8\%, 40)(P/F, 8\%, 3)$$
$$= 93.15 \text{ 千万元} = 9.315 \text{ 亿元}$$

（2）道路永久开通，现金流量图如图 4-8 所示。

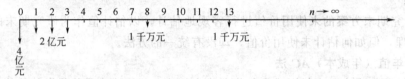

图 4-8 道路永久开通的现金流量图

计算费用现值：
$$PC = 40 + 20(P/A, 8\%, 3) + 1(A/F, 8\%, 5)(P/F, 8\%, 3)/8\%$$
$$= 93.23 \text{ 千万元} = 9.323 \text{ 亿元}$$

（3）为使道路永久开通，每年的道路净收益为：
$$A = 93.23(F/P, 8\%, 3) \times 8\% = 9.4 \text{ 千万元}$$

（4）欲在开通后的 40 年内回收完全部投资，则每年的道路净收益为：
$$A = 93.23(F/P, 8\%, 3)(A/P, 8\%, 40) = 9.85 \text{ 千万元}$$

净现值法、费用现值法、净年值法、费用年值法，是工程经济分析中进行方案比较时常用的方法，这类方法的特点，是利用反映工程项目绝对效果的指标（现值指标整体效果、年值指标反映年均效果），进行对比分析，选择绝对效果好的方案。

由于不同的指标有不同的特点和适用范围，所以，进行方案的选择，首先必须选择合适的对比方法。当对比方案的寿命期相同时，方法的选择比较灵活，可根据掌握的资料选择净值法、费用法；但对比方案寿命期不等时，则必须遵循工程经济分析的可比原则，考虑寿命期的差别。

二、寿命周期相同的互斥方案的选择

对于寿命周期相同的互斥方案，计算期通常设定为其寿命周期，这样能满足在时间上的可比性。这类方案的选择，除能采用前面已经介绍的净现值、费用现值、净年值、费用年值等比较法外，还能通过方案间的两两对比，进行差额分析。

[例 4-19] 方案 A、方案 B 是互斥方案，其各年的现金流量如表 4-12 所示，试对方案进行评价选择（$i_0 = 10\%$）。

表 4-12 互斥方案 A、方案 B 的净现金流量及经济效果指标　　　　单位：万元

年　份	0	1~10	NPV	IRR
A 的净现金流量	-2300	650	1693.6	25.34%
B 的净现金流量	-1500	500	1572	31.22%
差额净现金流（A-B）	-800	150	121.6	12.30%

解：首先计算两个方案的绝对经济效果指标 NPV 和 IRR，计算结果示于表 4-12 中

$$NPV_A = -2300 + 650(P/A,10\%,10) = 1693.6(万元)$$
$$NPV_B = -1500 + 500(P/A,10\%,10) = 1572(万元)$$

由方程式
$$-2300 + 650(P/A,IRR_A,10) = 0$$
$$-1500 + 500(P/A,IRR_B,10) = 0$$

可得：
$$IRR_A = 25.34\%, \quad IRR_B = 31.22\%$$

NPV_A、NPV_B 均大于零，IRR_A、IRR_B 均大于基准折现率，所以方案 A 和方案 B 都能通过绝对经济效果检验，且使用 NPV 指标和使用 IRR 指标进行绝对经济效果检验结论是一致的。

由于 $NPV_A > NPV_B$，故按净现值最大准则方案 A 优于方案 B。但计算结果还表明 $IRR_A < IRR_B$，若以内部收益率最大为比选准则，方案 B 优于方案 A，这与按净现值最大准则比选的结论相矛盾。到底按哪种准则进行互斥方案比选更合理呢，解决这个问题需要分析投资方案比选的实质。投资额不等的互斥方案比选的实质是判断差额投资（或追加投资）的经济合理性，即投资大的方案相对于投资小的方案多投入的资金能否带来满意的差额收益。显然，若差额投资能够带来满意的差额收益，则投资额大的方案优于投资额小的方案，若差额投资不能带来满意的差额收益，则投资额小的方案优于投资额大的方案。

以上分析中采用的通过计算差额净现金流评价差额投资经济效果，对投资额不等的互斥方案进行比选的方法称为差额分析法或追加分析法。这是互斥方案比选的基本方法。

在实际过程中，净现值、净年值、投资回收期、内部收益率等评价指标都可用于差额分析，计算两方案间的差额效果。

1. 差额净现值

对于互斥方案，利用不同方案的差额现金流量来计算分析的方法，称为差额净现值法。设 A、B 为投资额不等的互斥方案，A 方案比 B 方案投资大，两方案的差额净现值可由下式求出

$$\begin{aligned}\Delta NPV &= \sum_{t=0}^{n}[(CI_A - CO_A)_t - (CI_B - CO_B)_t](1+i_0)^{-t}\\ &= \sum_{t=0}^{n}(CI_A - CO_A)_t(1+i_0)^{-t} - \sum_{t=0}^{n}(CI_B - CO_B)_t(1+i_0)^{-t} \quad (4-21)\\ &= NPV_A - NPV_B\end{aligned}$$

其分析过程是：首先计算两个方案的净现金流量之差，然后分析投资大的方案相对投资小的方案所增加的投资在经济上是否合理，即差额净现值是否大于零。若 $\Delta NPV \geq 0$，表明增加的投资在经济上是合理的，投资大的方案优于投资小的方案；反之，则说明投资小的方案是更经济的。

当有多个互斥方案进行比较时，为了选出最优方案，需要各个方案之间进行两两比较。当方案很多时，这种比较就显得很频琐。在实际分析中，可采用简化方法来减少不必要的比较过程。对于需要比较的多个互斥方案。首先将它们按投资额的大小顺序排列，然后从小到大进行比较。每比较一次就淘汰一个方案，从而可大大减少比较次数。

必须注意的是，差额净现值只能用来检验差额投资的效果，或者说是相对效果。差额净

现值大于零只表明增加的投资是合理的,并不表明全部投资是合理的。因此,在采用差额净现值法对方案进行比较时,首先必须保证比选的方案都是可行方案。

[**例 4-20**] 有三个互斥的投资方案,寿命周期均为 10 年,各方案的初始投资和年净收益如表 4-13 所示。试在折现率为 10% 的条件下选择最佳方案。

表 4-13 互斥方案 A、B、C 的净现金流量表　　　　　单位:万元

方案	初始投资	年净收益
A	170	44
B	260	59
C	300	68
B−A	90	15
C−B	40	9

解: 投资方案按投资额从小到大排列顺序是 A、B、C。首先检验 A 方案的绝对效果,可看作是 A 方案与不投资进行比较。

$$NPV_{A-0} = -170 + 44(P/A, 10\%, 10) = 100.34(万元)$$

由于 NPV_{A-0} 大于零,说明 A 方案的绝对效果是好的,方案可行。

计算差额净现值:

$$NPV_{B-A} = -90 + 15(P/A, 10\%, 10) = 2.17(万元)$$

NPV_{B-A} 大于零,即方案 B 优于方案 A,淘汰方案 A。

$$NPV_{C-B} = -40 + 9(P/A, 10\%, 10) = 15.30(万元)$$

NPV_{C-B} 大于零,表明投资大的 C 方案优于投资小的 B 方案。

如果用净现值法来计算该题可以得到同样的结论。

$$NPV_A = -170 + 44(P/A, 10\%, 10) = 100.34(万元)$$
$$NPV_B = -260 + 59(P/A, 10\%, 10) = 102.51(万元)$$
$$NPV_C = -300 + 68(P/A, 10\%, 10) = 117.81(万元)$$

因为 $NPV_C > NPV_B > NPV_A > 0$,所以 C 方案最好,B 次之,A 最差。

因此,实际工作中应根据具体情况选择比较方便的比选方法。当有多个互斥方案时,直接用净现值最大准则选择最优方案比两两比较的差额分析更为简便。分别计算各备选方案的净现值,根据净现值最大准则选择最优方案可以将方案的绝对经济效果检验和相对经济效果检验结合起来,判别准则可表述为:净现值最大且非负的方案为最优方案。

2. 差额投资内部收益率

所谓差额投资内部收益率就是用复利法计算的两方案效益相同时的折现率,或者是差额投资所获取的收益净现值为零时的折现率。

其求解方程为:

$$\sum_{t=0}^{n}(\Delta CI - \Delta CO)_t(1 + \Delta IRR)^{-t} = 0$$

$$\Delta NPV = \Delta P + \Delta A(P/A, i, n) = 0 \tag{4-22}$$

式中,ΔCI 为互斥方案 A、B 的差额现金流入,$\Delta CI = CI_A - CI_B$;ΔCO 为互斥方案 A、B 的差额现金流出,$\Delta CO = CO_A - CO_B$;ΔIRR 为互斥方案 A、B 的差额投资内部收益率。

差额投资内部收益率定义的另一种表述方式是：两互斥方案净现值（或净年值）相等时的折现率。其计算方程也可以写成：

$$\sum_{t=0}^{n}(CI_A-CO_A)_t(1+\Delta IRR)^{-t} - \sum_{t=0}^{n}(CI_B-CO_B)_t(1+\Delta IRR)^{-t}=0$$
$$NPV(A)=NPV(B) \tag{4-23}$$

用差额投资内部收益率比选方案的判别准则是：若 $\Delta IRR \geqslant i_0$，则投资大的方案为优；若 $\Delta IRR < i_0$，则投资小的方案为优。

与差额净现值法类似，差额投资内部收益率只能说明增加投资部分的经济性，并不能说明全部投资的绝对效果。因此，采用差额投资内部收益率法进行方案评选时，首先必须要判断被比选方案的绝对效果，只有在某一方案的绝对效果较好的情况下，才能作为比较对象。

[例 4-21] 有两个方案，甲方案：$P_1=1515$ 万元，$A_1=203$ 万元；乙方案：$P_2=350$ 万元，$A_2=56$ 万元；n 均为 20 年，i_0 为 10%。试评价并选择方案。

解： 先计算两方案内部收效率：
IRR（甲）$=12\%$，IRR（乙）$=15\%$，都大于 10%，二者均可行。

若利用内部收益率指标直接进行方案比较，IRR（甲）$<IRR$（乙），似乎应该选取乙方案。

但若用 NPV 法，NPV（甲）$=213$ 万元，NPV（乙）$=127$ 万元，也都大于 0，二者均可行。而 NPV（甲）$>NPV$（乙），应选取甲方案，结论矛盾。

在进行方案选择时，NPV 法和 IRR 法可能会得出矛盾结论，其原因就在于 IRR 法不宜用于方案的比较，因 IRR（甲）$<IRR$（乙）而选择乙方案，就很可能是一个错误的结论。对于这种情况，应采用差额投资内部收益率，或直接以 NPV 值的大小作为标准进行选择。

列求解差额投资内部收益率的方程：
$$\Delta NPV=\Delta P+\Delta A(P/A,i,n)=-1165+147(P/A,i,20)=0$$

可求得 $i=11.1\%$，即 $\Delta IRR=11.1\%>10\%$，故投资额大的甲方案优，与净现值指标的结论一致。

[例 4-22] 两个互斥方案，寿命相同，资料见表 4-14，基准折现率为 15%，试用差额投资内部收益率法比较和选择最优方案。

表 4-14 方案数据表

方案 \ 项目	投资/万元	年收入/万元	年支出/万元	净残值/万元	使用寿命/年
A	5000	1600	400	200	10
B	6000	2000	600	0	10

解： 第一步，计算 NPV 值，判别可行性。

$$NPV_A=-5000+(1600-400)(P/A,15\%,10)+200(P/F,15\%,10)$$
$$=-5000+1200\times 5.019+200\times 0.2472=1072(万元)$$
$$NPV_B=-6000+(2000-600)(P/A,15\%,10)$$
$$=-6000+1400\times 5.019=1027(万元)$$

NPV_A、NPV_B 均大于零，所以方案 A、B 均可行，按净现值最大判断，方案 A 最优。

第二步，计算差额投资内部收益率，比较、选择最优可行方案。

令 $NPV_A = NPV_B$

$$-5000 + 1200(P/A, i, 10) + 200(P/F, i, 10) = -6000 + 1400(P/A, i, 10)$$

或求差额净现值 ΔNPV，且令 $\Delta NPV = 0$

$$\Delta NPV = -1000 + 200(P/A, i, 10) - 200(P/F, i, 10) = 0$$

可求得 $\Delta IRR = 13.7\%$。

因为 $\Delta IRR < 15\%$，所以投资小的方案 A 为优。

3. 差额投资回收期

差额投资回收期是指用差额净收益（或成本节约额）补偿差额投资所需的时间。

$$P_a = \frac{K_2 - K_1}{R_2 - R_1} \quad 或 \quad P_a = \frac{K_2 - K_1}{C_1 - C_2} \tag{4-24}$$

式中，P_a 为差额投资回收期；K_1、K_2 为两方案投资额；C_1、C_2 为两方案年经营成本差额。

在实际工作中，往往是投资大的方案经营成本较低，投资小的经营成本较高。此时，计算差额投资回收期 P_a，当 P_a 小于基准投资回收期 P_c，说明追加的投资经济效益是好的，选择投资大的方案；$P_a > P_c$，说明追加的投资不经济，应选择投资小的方案。

当两个方案的年产量不同时，即 $Q_1 \neq Q_2$，若 $\frac{K_2}{Q_2} > \frac{K_1}{Q_1}$，$\frac{C_2}{Q_2} < \frac{C_1}{Q_1}$，其差额投资回收期 P_a 为：

$$P_a = \frac{\frac{K_2}{Q_2} - \frac{K_1}{Q_1}}{\frac{R_2}{Q_2} - \frac{R_1}{Q_1}} \quad 或 \quad P_a = \frac{\frac{K_2}{Q_2} - \frac{K_1}{Q_1}}{\frac{C_1}{Q_1} - \frac{C_2}{Q_2}} \tag{4-25}$$

当 $P_a \leqslant P_c$，投资大的方案为优；当 $P_a > P_c$ 投资小的方案为优。

[例 4-23] 已知两建厂方案，方案 A 投资 1500 万元，年经营成本 400 万元，年产量为 1000 件；方案 B 投资为 1000 万元，年经营成本 360 万元，年产量为 800 件，基准投资回收期 P_c 为 6 年，试问何方案较优？

解：第一步，计算各方案单位产量费用。

$$\frac{K_A}{Q_A} = \frac{1500}{1000} = 1.5(万元/件) \quad \frac{K_B}{Q_B} = \frac{1000}{800} = 1.25(万元/件)$$

$$\frac{C_A}{Q_A} = \frac{400}{1000} = 0.40(万元/件) \quad \frac{C_B}{Q_B} = \frac{360}{800} = 0.45(万元/件)$$

第二步，计算差额投资回收期 P_a。

$$P_a = \frac{1.5 - 1.25}{0.45 - 0.40} = 5 \text{ 年}$$

第三步，评价。

因为 $P_a < P_c$，所以方案 A 较优。

差额投资回收期适用于两个方案的比较。对多个方案进行比较优选时，应首先将所有备选方案按投资额大小排列次序，以投资额最小的方案为基础，采取替代式淘汰法，依次追加，计算差额投资回收期，最后留下的方案，便是最优方案。

若不按投资大小排序，而任意作两两比较，可能会得出错误的结论。

差额投资回收期，只能用以衡量方案的相对经济效果，故只用于方案比较，而不能用于方案评价。

三、寿命期不同的互斥方案的选择

对于寿命期相等的互斥方案,通常将方案的寿命期设定为共同的分析期(或称计算期),这样,在利用资金等值原理进行经济效果评价时,方案间在时间上就具有可比性。

对于寿命期不等的互斥方案进行比选,同样要求方案间具有可比性。满足这一要求需要解决两个方面的问题:一是设定一个合理的共同分析期;二是给寿命期不等于分析期的方案选择合理的方案接续假定或者残值回收假定。

1. 年值法

是指投资方案在计算期的收入及支出,按一定的折现率换算为等额年值,用以评价或选择方案的一种方法。在对寿命期不同的互斥方案进行评选时,特别是参加比选的方案数目众多时,年值法是最为简便的方法。年值法使用的指标有净年值与费用年值。

设 m 个互斥方案,其寿命期分别为 $n_1, n_2, n_3, \cdots, n_m$,方案 j ($j=1, 2\cdots, m$)在其寿命期内的净年值为

$$NAV_j = NPV_j(A/P, i_0, n_j)$$
$$= \sum_{t=0}^{n_j}(CI_j - CO_j)_t(P/F, i_0, t)(A/P, i, n_j) \quad (4-26)$$

净年值最大且非负的方案为最优可行方案。

[**例 4-24**] 现有互斥方案 A、B、C,各方案的现金流量见表 4-15,试在基准折现率为 12% 的条件下选择最优方案。

表 4-15 互斥方案 A、B、C 的现金流量

方案	投资额/万元	年净收益/万元	寿命期/年
A	204	72	5
B	292	84	6
C	380	112	8

解:计算各方案的净年值

$$NAV_A = -204(A/P, 12\%, 5) + 72 = 15.41(万元)$$
$$NAV_B = -292(A/P, 12\%, 6) + 84 = 12.98(万元)$$
$$NAV_C = -380(A/P, 12\%, 8) + 112 = 35.51(万元)$$

由于 $NAV_C > NAV_A > NAV_B$,故以方案 C 为最优方案。

用年值法进行寿命期不等的互斥方案比选,实际上隐含着这样一种假定:各备选方案在其寿命结束时均可按原方案重复实施或以与原方案经济效果水平相同的方案接续。因为一个方案无论重复实施多少次,其年值是不变的,所以年值法实际上假定了各方案可以无限多次重复实施。在这一假定前提下,年值法以"年"为时间单位比较各方案的经济效果,从而使寿命不等的互斥方案具有可比性。

2. 现值法

当互斥方案寿命不等时,一般情况下,各方案的现金流在各自寿命期内的现值不具有可比性。如果要使用现值指标进行方案比选,必须设定一个共同的分析期。分析期的设定通常

有以下几种方法。

① 最小公倍数法。此法是以不同方案使用寿命的最小公倍数作为研究周期，在此期间各方案分别考虑以同样规模重复投资多次，据此算出各方案的净现值，然后进行比较选优。

[例 4-25] 某企业技术改造有两个方案可供选择，各方案的有关数据见表 4-16，试在基准折现率 12% 的条件下选择最优方案。

表 4-16 方案 A、B 的现金流量

方案	投资额/万元	年净收益/万元	寿命期/年
A	800	360	6
B	1200	480	8

解：由于方案的寿命期不同，须先求出两个方案寿命期的最小公倍数，其值为 24 年。两个方案重复后的现金流量图如图 4-9(a)、(b) 所示。

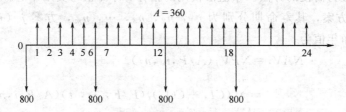

（a）A 方案重复后的现金流量图

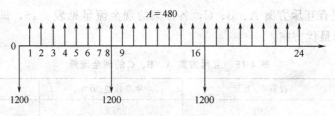

（b）B 方案重复后的现金流量图

图 4-9 现金流量图

从现金流量图中可以看出，方案 A 重复 4 次，方案 B 重复 3 次。

$NPV_A = -800 - 800(P/F, 12\%, 6) - 800(P/F, 12\%, 12) - 800(P/F, 12\%, 18)$
$\qquad + 360(P/A, 12\%, 24)$
$\qquad = 1287.7 \text{(万元)}$

$NPV_B = -1200 - 1200(P/F, 12\%, 8) - 1200(P/F, 12\%, 16)$
$\qquad + 480(P/A, 12\%, 24)$
$\qquad = 1856.1 \text{(万元)}$

由于 $NPV_B > NPV_A$，故方案 B 优于方案 A。

② 年值折现法。按某一共同的分析期将各备选方案的年值折现得到用于方案比选的现值。这种方法实际上是年值折现法的一种变形，隐含着与年值法相同的接续方案假定。设方案 j ($j=1,2,3,\cdots,n$) 寿命期为 n，共同分析期为 N，按年值折现法，方案净现值的计算公式为

$$NPV_j = \left[\sum_{t=0}^{n_j}(CI_j - CO_j)_t (P/F, i_0, t)\right](A/P, i_0, n)(P/A, i_0, N) \qquad (4-27)$$

用年值折现法求净现值时，共同分析期 N 取值的大小不会影响方案比选结论，但通常 N 的取值不大于最长的方案寿命期，不小于最短的方案寿命期。

用上述方法计算出的净现值用于寿命不等互斥方案评价的判别准则是：净现值最大且非负的方案是最优方案。对于仅有或仅需计算费用现金流的互斥方案，可比照上述方法计算费用现值进行比选，判断准则是：费用现值最小的方案为最优方案。

[例 4-26] 用 [例 4-25] 的数据，用年值折现法来比选方案。

解：取最短的寿命期 6 年作为共同的分析期，用年值折现法来求各方案的净现值。

$$NPV_A = -800 + 360(P/A, 12\%, 6) = 679.96(万元)$$

$$NPV_B = [-1200(A/P, 12\%, 8) - 480](P/A, 12\%, 6)$$
$$= (-1200 \times 0.2013 + 480) \times 4.111$$
$$= 980.23(万元)$$

由于 $NPV_A < NPV_B$，所以选 B 方案。

对于某些不可再生资源开发型项目（如石油开采），在进行寿命不等的互斥方案比选时，方案可重复实施的假定不成立。在这种情况下，不能用含有方案重复假定的年值法和前面介绍的现值法，也不能用含有同一假定的后面将介绍的内部收益率法。对于这类方案，可以直接按方案各自寿命期计算的净现值进行比选。这种处理方法所隐含的假定是：用最长的方案寿命期作为共同分析期，寿命期短的方案在其寿命期结束后，其再投资按基准折现率取得收益。

3. 差额投资内部收益率法

用内部收益率法进行寿命期不等的互斥方案经济效果评价，需要首先对各备选方案进行绝对效果检验，然后再对通过绝对效果检验（净现值大于或等于零，内部收益率大于或等于基准折现率）的方案用计算差额投资内部收益率的方法进行比选。

求解寿命期不等互斥方案间差额投资内部收益率的方程可用令两方案净年值相等的方式建立，其中隐含了方案可重复实施的假定。设互斥方案 A、B 的寿命期分别为 n_A, n_B，求解差额投资内部收益率 ΔIRR 的方程如下。

$$\sum_{t=0}^{n_A}(CI_A - CO_A)_t (P/F, \Delta IRR, t)(A/P, \Delta IRR, n_A)$$
$$= \sum_{t=0}^{n_B}(CI_B - CO_B)_t (P/F, \Delta IRR, t)(A/P, \Delta IRR, n_B) \quad (4-28)$$

就一般情况而言，用差额投资内部收益率进行寿命不等的互斥方案比选，应满足下列条件之一。

① 初始投资额大的方案年均净现金流大，且寿命期长；
② 初始投资额小的方案年均净现金流小，且寿命期短。

$$方案的年均净现金流 = \sum_{t=0}^{n_t}(CI_j - CO_j)_t / n_j \quad (4-29)$$

方案比选的判别准则为：在 ΔIRR 存在的情况下，若 $\Delta IRR \geqslant i_0$，则年均净现金流大的方案为优；若 $\Delta IRR < i_0$，则年均净现金流小的方案为优。

[例 4-27] 设互斥方案 A、B 的寿命分别为 5 年和 3 年，各自寿命期内的净现金流量如表 4-17 所示。试用差额投资内部收益率法比选方案。

表 4-17　互斥方案 A、B 的净现金流量表　　　　　　　　　　　　单位：万元

年份 方案	0	1	2	3	4	5
A	-300	96	96	96	96	96
B	-100	42	42	42		

解：首先进行绝对效果检验，计算每个方案在各自寿命期内现金流的内部收益率。根据方程

$$-300+96(P/A,IRR_A,5)=0$$
$$-100+42(P/A,IRR_B,3)=0$$

可求得 $IRR_A=18.14\%$，$IRR_B=12.53\%$。

由于 IRR_A、IRR_B 均大于基准折现率，故方案 A、B 均能通过绝对效果检验。

方案比选应采用差额投资内部收益率指标。初始投资大的方案 A 的年均净现金流（$-300/5+96=36$）大于初始投资小的方案 B 的年均净现金流（$-100/3+42=8.7$），且方案 A 的寿命 5 年长于方案 B 寿命 3 年，差额投资内部收益率可以使用。从方程

$$[-300+96(P/A,\Delta IRR,5)](A/P,\Delta IRR,5)-$$
$$[-100+42(P/A,\Delta IRR,3)](A/P,\Delta IRR,3)=0$$

利用线性插值法，可求得 $\Delta IRR=20.77\%>i_0$，由判断准则可知，应选择年均净现金流大的方案 A。

前面已经将工程经济分析常用的动态分析指标作了介绍，通过实例分析了指标间的差别，由于这些差别的存在，在进行方案比较时，有可能会得出不同的结论。为此，必须正确理解这些差别，避免决策失误。

如 [例 4-21]，采用 NAV 法，NAV（甲）$=25$ 万元，NAV（乙）$=15$ 万元，也都大于 0，二者均可行。而 NAV（甲）$>NAV$（乙），应选取甲方案，结论和 NPV 法一样。

但若采用 $NPVR$ 法，$NPVR$（甲）$=0.14$，$NPVR$（乙）$=0.36$，也都大于 0，二者均可行。

而 $NPVR$（甲）$<NPVR$（乙），应选取乙方案，结论和 NPV 法不一样。

将计算分析结果汇总，见表 4-18。

表 4-18　动态指标对比分析表

方案	方法及结论				
	NPV 法	$NPVR$ 法	NAV 法	IRR 法	ΔIRR 法
方案甲	优		优		优
方案乙		优		优	

为什么方法不同，结论不一样？这是因为下面原因。

① 互斥方案选择时，均未考虑未利用资金的价值；
② 假定未利用资金只能按最低期望收益率获取收益；
③ 对于投资方案，未被利用的资金，在最低期望收益率下，所得收益的 $NPV=0$；
④ 不同的指标，或者说不同的方法，有不同的特点，NPV 法、NAV 法，考察的是方案的绝对效果，在进行方案比较时，选择的是整体效益好的方案；而 $NPVR$ 法和 IRR 法，

与 NPV 法、NAV 法的立足点不同，体现的是方案的投资效率，通常用于独立方案选择时确定方案的优选顺序；

⑤ 如果要考察全部资金的利用效果，则在分析方案本身的效益之外，还必须考虑剩余资金的利用情况。

除此之外，经济分析还必须满足下列基本假定条件。

① 存在一个理想的资本市场，资金来源不受限制；这里有两个基本要点：一是在这个理想的资本市场中，每一个买者和每一个卖者都只进行小量交易，这种交易不会对市场利率产生影响；二是没有涉及交易成本问题。

② 投资项目是不可分割的，也就是说，必须把它的整体当作一个功能单位，或是实现，或是根本不实现。这是项目投资分析与证券投资分析的根本区别。

③ 投资后果是确定的，投资者掌握了全部有关当前和未来的情报信息，不仅包括目前的项目和投资机会，还包括所有可能的投资项目或投资机会，并且这种确定性还适用于项目选择中的所有因素和变量，包括现金流量、折现率、经济寿命等。

四、独立方案的选择

独立方案选择的最终结果，往往是一个方案组合，这一特点决定了独立方案的投资额以及现金流量、投资效果具有可加性。组合方案的选择标准是总的投资效果。

（一）方案组合法（枚举法）

基本思想是把各个独立方案进行组合，列出所有的可能组合方案，组合方案之间的关系是互斥的，这样就可以利用互斥方案的评选方法，选择最佳的方案组合。

[例 4-28] 有 3 个独立方案的投资方案有 A、B，C，各方案的有关数据如表 4-19 所示，已知总投资限额是 800 万元，基准收益率为 10%，试选择最佳投资方案组合。

表 4-19　A、B、C 三种方案的有关数据表

方案	投资额/万元	年净收益/万元	寿命期/年
A	350	62	10
B	200	39	10
C	420	76	10

由于 3 个方案的总投资合计为 970 万元，超过了投资限额，因而不能同时入选。

组合法的基本步骤如下。

① 列出全部相互排斥的组合方案。如果有 m 个独立方案，那么组合方案数 $N=2^m-1$（不投资除外）。这 N 个组合方案相互排斥。本例中有 3 个独立方案，互斥组合方案共有 7 个，这 7 个组合方案互不相容，互相排斥。组合结果见表 4-21。

② 在所有组合方案中，除去不满足约束条件的 A、B、C 组合。并且按投资额大小顺序排列。

③ 采用净现值、差额投资内部收益率法选择最佳方案组合。本例采用净现值法现值最大的组合方案为最佳组合方案，结果见表 4-20。

表 4-20 用净现值法选最佳组合方案

序号	方案	投资额	净现值	决策
1	B	200	39.6	
2	A	350	30.9	
3	C	420	46.9	
4	B,A	550	70.5	
5	B,C	620	86.5	最佳
6	A,C	770	77.8	
7	A,B,C	970		超出投资额

由上表可知，按最佳投资决策确定选择方案 B 和 C。

当方案的个数增加时，其组合数将成倍增加。所以这种方法比较适用于方案个数比较少的情况。当方案数目较多时，可采用效率法则，即效率指标排序法。

（二）独立方案选择的效率法则

效率法则适用于资源限额下独立方案的选择，其基本思想是追求单位投资获取最大的收益，即最大效率。

$$效率 = \frac{利润或净收益}{受制约的资源数量} \tag{4-30}$$

对于投资方案，动态效率指标就是其内部收益率，或者是净现值率。

独立方案选择的步骤如下。

① 计算各方案的效率，并按大小排序，绘制独立方案选择图：横轴代表资源数量，纵轴代表效率，用直方形代表各独立方案的效率；

② 标明方案选择的效率标准；

③ 若无资源限额，则达到效率标准的方案，构成最佳组合方案；

④ 若存在资源约束，则对所有达到效率标准的方案，按其效率大小，在资源限额范围内，依次进行组合，选择最佳组合方案。

[例 4-29] 某厂使用大型机械生产 A、B、C、D 四类产品，产品方案是独立的。各类产品的售价、材料变动费、生产所需时间、销售量上限等见表 4-21。设生产固定费每月为 8 万元，该机械每月有效加工时间为 500 小时。问应如何组织生产最有利？

表 4-21 A、B、C、D 四类产品相关资料表

项 目	单位	A	B	C	D
销售价格	元/个	8.60	11.40	12.00	18.00
材料变动费	元/个	4.00	6.00	8.50	11.00
生产所需时间	小时/个	0.02	0.06	0.01	0.05
月销售量上限	个	10000	4000	20000	5000
效 率	元/小时	230	90	350	140
按上限生产所需时间	小时	200	240	200	250

此例中，受制约的资源是有效的生产时间，故效率应该是单位时间的利润。而由于固定

成本与产量增减无直接关系,此时的利润就是增加单位产品所增加的利润——贡献利润。

解:计算各产品效率:

$$A 产品的效率 = \frac{8.6-4}{0.02} = 230 \quad B 产品的效率 = \frac{11.4-6}{0.06} = 90$$

$$C 产品的效率 = \frac{12-8.5}{0.01} = 350 \quad D 产品的效率 = \frac{18-11}{0.05} = 140$$

将结果列入上表。

绘制独立方案选择图,如图 4-10 所示。

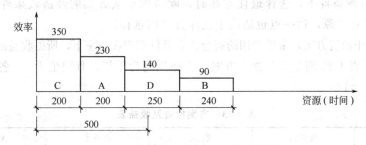

图 4-10 [例 4-29] 独立方案选择图

根据资源约束,选择最佳产品生产方案:

生产 C 产品 20000 个,A 产品 10000 个,D 产品 2000 个。

每月利润 = 20000×(12−8.5) + 10000×(8.6−4) + 2000×(18−11) − 80000
= 50000 元

[**例 4-30**] 某公司有 400 万元资金,$i_0 = 5\%$。现有六个投资方案,寿命期都为 1 年,且残值为 0,各方案投资及收益见表 4-22,试选择最佳的投资方案。

表 4-22 方案投资及收益表 单位:万元

方案	投资额	收益	收益率	NPV
1	100	130	30%	23.81
2	100	128	28%	21.90
3	400	484	21%	60.95
4	300	360	20%	42.86
5	200	236	18%	24.76
6	200	230	15%	19.05

解:计算各方案效率,即内部收益率,列入上表,绘制独立方案选择图,如图 4-11 所示。

根据资源约束,可选择最佳组合方案:{1,2,5}。

根据上述实例,可以看出,独立方案的选择,一般具有以下特点。

① 待选方案彼此是独立的,即一个方案的入选,并不排斥其他方案的选择;

② 一般都存在有资源约束,即由于资源有限,所有可行方案不能全部入选;

③ 确定最佳组合方案的目标是使投资的效率最大,即获取最大投资价值;

④ 最佳组合方案的 NPV 合计数一定是最大的,可以此作为检验组合方案是否为最优的标准;

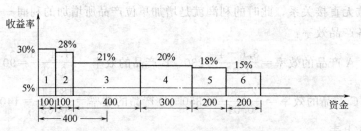

图 4-11 [例 4-30] 独立方案选择图

⑤ 在有限资源条件下,选择最佳方案时,除考虑单项方案的经济效果外,还应考虑最大限度地利用现有资源,这一点也适用于互斥方案的选择。

应注意:对于投资方案,未被利用的资金,在最低期望收益率下,所得收益的 $NPV=0$。

[**例 4-31**] 表 4-23 列出 7 个独立方案,寿命期均为 1 年,且残值为 0,各方案投资及收益见表 4-23,$i_0=12\%$。

表 4-23　方案投资及收益表　　　　　　　　　　　单位:元

方案	投资额	收益	收益率	$NPV(12\%)$
1	12000	13920	16.00%	428
2	18000	21780	21.00%	1446
3	9000	10170	13.00%	80
4	3000	3240	8.00%	−108
5	25000	30750	23.00%	2455
6	11000	13090	19.00%	687
7	18000	20520	14.00%	321
Σ	96000			

在下列资金条件下,选择投资方案。

① 总投资限额为 60000 元;

② 总投资限额为 80000 元。

解:计算各方案效率(内部收益率)填入表 4-23,绘制独立方案选择图,如图 4-12 所示。

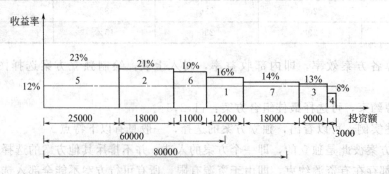

图 4-12 [例 4-31] 独立方案选择图

则:① 总投资限额为 60000 元时,最优方案为 {2,5,6},$\sum P=54000$ 元

② 总投资限额为 80000 元时,可能最优方案有:{1,2,3,5,6},$\sum P=75000$ 元;{2,5,

6,7}，$\sum P=72000$ 元。

计算两方案的净现值合计数：$NPV\{1,2,3,5,6\}=5096$ 元；
$$NPV\{2,5,6,7\}=4909 \text{ 元}。$$

故最优方案为：{1,2,3,5,6}，$\sum P=75000$ 元。

[**例 4-32**] 现有 7 个独立方案，各方案投资与 1 年后的收益见表 4-24。

表 4-24 方案投资及收益表　　　　　　　　　　　　单位：万元

方案	投资额	收益	收益率
A	200	230	15.00%
B	300	390	30.00%
C	400	540	35.00%
D	450	540	20.00%
E	500	550	10.00%
F	700	870	24.30%
G	800	900	12.50%
$\sum$	3350		

试在下列情形下，选择最佳投资方案。

① $i_0=10\%$，总投资限额为 1600 万元；

② 资金筹措额在 1000 万以内时，$i=10\%$，此后每增加 1000 万，$\Delta i=2\%$，最多筹措 4000 万元。

解：计算各方案内部收益率，填入上表，绘制独立方案选择图，见图 4-13（a）、（b）。

则：① $i_0=10\%$，总投资限额为 1600 万元时，最优投资方案为：
$$\{C,B,F,A\},\sum P=1600 \text{ 万元}。$$

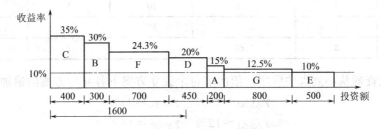

图 4-13（a） 折现率固定时独立方案选择图

② 折现率变化时：

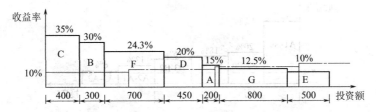

图 4-13（b） 折现率变化时独立方案选择图

最优投资方案为：{C,B,F,D,A}，贷款额为 $\sum P=2050$ 万元。

五、混合方案的比较与选择

当方案组合中既包含有互斥方案,也包含有独立方案时,就构成了混合方案。独立方案或互斥方案的选择,属于单项决策。但在实际情况下,需要考虑各个决策之间的相互关系。混合型方案的特点,就是在分别决策基础上,研究系统内诸方案的相互关系,从中选择最优的方案组合。

混合方案可以划分为先独立后互斥和先互斥后独立两种类型,由于这两种类型在同一层为单一的经济关系类型,两层之间为不同的经济关系类型,因此混合方案又称为层混方案。正是由于层混方案的这一特点,所以层混方案的比选一般按层次进行最下层的比选,然后进行上一层的比选。

(一) 先独立后互斥混合方案的比选

对于先独立后互斥的混合方案,可利用追加投资收益率法进行选择,具体做法是,对每个独立方案下的互斥方案计算追加投资收益率,将每个追加投资方案看作是独立方案,运用独立方案选择方法,绘制方案选择图,在资源限额下进行方案组合,即可得到最佳投资方案。

[例 4-33] 某厂欲对 A、B 两车间进行投资改造,可实施方案如表 4-25 所示,若投资方案寿命期为无限,$i_0=7\%$,资金限额为 4 万元,试选择最佳投资方案。

表 4-25 A、B 两车间投资及收益表　　　　　　　　　　单位：万元

向 A 车间投资			向 B 车间投资		
方案	投资额	年净收益	方案	投资额	年净收益
A0	0	0	B0	0	0
A1	1	0.4	B1	1	0.2
A2	2	0.52	B2	2	0.38
A3	3	0.60	B3	3	0.54

解：按投资额从小到大的顺序,依次求每个独立方案下各互斥方案的追加收益率。

$$\gamma_{A1-A0}=40\% \quad \gamma_{B1-B0}=20\%$$
$$\gamma_{A2-A1}=12\% \quad \gamma_{B2-B1}=18\%$$
$$\gamma_{A3-A2}=8\% \quad \gamma_{B3-B2}=16\%$$

将每个追加投资方案看作是独立方案,绘制独立方案选择图,见图 4-14。

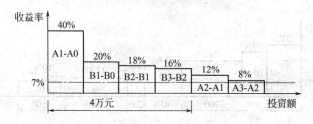

图 4-14 [例 4-33] 混合方案选择图

从图中可以得出,最佳投资方案为：{A1,B3}。

[例 4-34] 某企业下属三个分厂提出了如表 4-26 所列投资方案，方案寿命期均为 8 年。$i_0=15\%$，资金限额为 600 万元，试选择最佳投资方案。

表 4-26 某企业各分厂投资及收益表　　　　　　　　　单位：万元

A 厂			B 厂			C 厂		
方案	投资额	年净收益	方案	投资额	年净收益	方案	投资额	年净收益
A0	0	0	B0	0	0	C0	0	0
A1	100	40	B1	100	20	C1	200	85
A2	200	70	B2	200	55	C2	300	110
A3	300	90	B3	300	75	C3	400	150
			B4	400	95			

解：求每个独立方案下各互斥方案的追加收益率。

$\gamma_{A1-A0}=36.8\%$　　$\gamma_{B1-B0}=12\%<15\%$　　$\gamma_{C1-C0}=39.5\%$

$\gamma_{A2-A1}=25\%$　　$\gamma_{B2-B0}=22\%$　　$\gamma_{C2-C1}=18.6\%$

$\gamma_{A3-A2}=12\%<15\%$　　$\gamma_{B3-B2}=12\%<15\%$　　$\gamma_{C3-C2}=36.8\%$

　　　　　　　　$\gamma_{B4-B2}=12\%<15\%$

将每个可行的追加投资方案看作是独立方案，绘制独立方案选择图，见图 4-15。

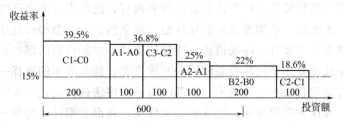

图 4-15 [例 4-34] 混合方案选择图

则最佳投资方案为：{A2，C3}。$\sum P=600$ 万元。

可以看出，先独立后互斥层混方案的比选，是通过计算追加投资收益率，将互斥方案独立化，然后按照独立方案的选择方法进行比选。

（二）先互斥后独立混合方案的比选

先互斥后独立混合方案的比选是先在独立层根据独立方案的比选原则选择组合方案，然后根据互斥方案的比选原则对组合方案进行比选。

[例 4-35] 某大型企业集团面临两个投资机会，一个是房地产开发项目，一个是生物制药项目。由于资金限制，同时为防止专业过于分散，该集团仅打算选择其中之一。房地产开发项目是某市一个大型的城市改造项目，其中有居住物业 C1、商业物业 C2，还有一处大型的体育设施项目（包括游泳馆、体育馆和室外健身场地等）C3，该企业可以选择全部进行投资，也可选择其中的一个或两个项目进行投资；生物制药项目有 D1 和 D2 两个相距遥远的地区都急需投资以充分利用当地资源，该企业的资金也可以同时支持 D1 和 D2 两个项目的选择。

在以上案例中假设企业集团能够筹集到的资金为 10000 万元，各方案所需投资额和 NPV 见表 4-27。

表 4-27 [例 4-35] 基础数据表　　　　　　　　　　　　　　单位：万元

项目	房地产开发			生物制药	
方案	C1	C2	C3	D1	D2
投资额	4300	5500	4800	3800	4900
NPV	1100	1650	900	950	1250
NPVR/%	25.58	30.00	18.75	25.00	25.51

解：所有方案的净现值都大于零，因此都是可行的。

在第一组方案 C 中，由于所需总投资 = 4300 + 5500 + 4800 = 14600 万元 > 10000 万元。根据净现值率排序法，选择 C1 和 C2 方案——C1 + C2。

在第二组方案 D 中，所需总投资 3800 + 4900 = 8700 万元 < 10000 万元，因此两个方案都可选择——D1 + D2。

两个组合方案为互斥的，根据净现值法进行比选。

组合方案 C1 + C2 的 NPV = 1100 + 1650 = 2750（万元）；

组合方案 D1 + D2 的 NPV = 950 + 1250 = 2200（万元）。

根据净现值最大的原则，选择方案 C1 + C2。

方案评价与多方案比选是工程经济分析的重要内容，进行多方案比选的前提条件是方案之间具有可比性；方案的关系类型主要有互斥型、独立型、混合型等；互斥型是最常见的关系类型，方案比选方法主要有：净现值法、净现值率法、差额投资内部收益率法和最小费用法，其中最小费用法主要用来比较收益相同的互斥方案；独立方案的选择一般都存在有资源约束，可以采用方案组合法或净现值率、内部收益率排序法进行比选；而混合方案的选择通常采用两种方式，互斥方案独立化、独立方案互斥化，将混合型转化为单一的独立型或互斥型，然后再进行比选。

思考题与练习题

1. 静态评价和动态评价的区别是什么？
2. 净现值的经济含义是什么？净现值函数特点是什么？
3. 费用现值和费用年值的使用条件是什么？
4. 方案间的关系类型有哪几种？
5. 独立方案选择的特点有哪些，如何选择？
6. 用差额比选方法进行方案比选时要注意什么？
7. 某项目建设期一年，第二年达产。预计方案投产后每年的收益如下表所示。若基准投资收益率为 10%，要求：

① 画出现金流量图；
② 计算净现金流量与累计净现金流量，填入表中；
③ 计算静态投资回收期与动态投资回收期；
④ 计算财务净现值。

	建设期		生 产 期						
年份	0	1	2	3	4	5	6	7	8
投资/万元	2500								
年收益/万元			500	1000	1500	1500	1500	1500	1500
净现金流量									
累计净现金流量									

8. 某项目初期投资200万元，每年净收益为30万元，问：
① 该项目的回收期和投资收益率是多少？
② 若折现率为10%，求动态投资回收期。

9. 某项目初始投资10000元，第1年年末现金流入2000元，第2年年末现金流入3000元，此后每年的现金流入均为4000元，寿命期为8年。要求：
① 若基准投资回收期为5年，该项目是否可行？
② 若基准折现率为10%，计算该项目的净现值、净年值和净现值率，并评价其可行性。

10. 某投资方案初始投资为120万元，年销售收入为100万元，寿命期为6年，残值为10万元，年经营成本为50万元。试计算该方案内部收益率。

11. 有Ⅰ、Ⅱ两方案，净现金流量如下表，基准折现率为8%，试比较两方案优劣。

单位：万元

方案 \ 年份	0	1	2	3	4	5	6	7	8	9	10
Ⅰ	−1000	−500	−500	600	600	600	600	600	600		
Ⅱ	−1500	−700	−700	700	700	700	700	700	700	700	700

12. 用下表数据（单位：万元）计算净现值和内部收益率，基准折现率为10%，并判断项目是否可行？

年份	0	1	2	3	4	5	6
净现金流量	−50	−80	40	60	60	60	60

13. 购买一台机床，已知该机床的制造成本为6000元，售价为8000元，预计运输费需200元，安装费用为200元。该机床运行投产后，每年可加工工件2万件，每件净收入为0.2元，该机床的初始投资几年可回收？如基准投资回收期为4年，则购买此机床是否合理？

14. 方案A、B在项目计算期内的现金流量如下表所示（单位：万元），试分别用静态和动态评价指标比较其经济性（$i_0=10\%$）。

方案 \ 年份	0	1	2	3	4	5
A	−500	−500	500	400	300	200
B	−800	−200	200	300	400	500

15. 为完成某一项任务提出3种方案。寿命期均为5年，最低期望收益率为15%。每个方案所需总的投资、年净收益及期末残值见下表（单位：万元）。

项目 \ 方案	1	2	3
投资	60	80	100
年净收益	18	25	28
残值	12	18	20

试用净现值法、差额投资内部收益率法选择方案。

16. 有A、B两个方案，其费用和计算期如下表所示（单位：万元），基准折现率为10%。试用最小公倍数法和年成本法比选方案。

方案	A方案	B方案
投资	150	100
年经营成本	15	20
计算期	15	10

17. 某工程项目建设期2年，第一年投资1800万元，生产期14年，若投产后预计年均收益270万元，无残值，基准投资收益率10%，试用IRR来判断项目是否可行。

18. 某建设工程有两个可行方案，每个方案均按两期进行建设。

第Ⅰ个方案：第一期工程初始投资100万元，年经营费用5万元，服务期10年，期末残值5万元；第二期工程自第6年开始生产，第6年初二期工程投资30万元，年经营费用2万元，服务期5年，期末残值为0。

第Ⅱ个方案：第一期工程初始投资80万元，年经营费用6万元，服务期10年，期末残值3万元；第二期工程自第5年开始生产，第5年初二期工程投资40万元，年经营费用3万元，服务期6年，期末残值为0。

设两个方案完成的功能是相同的（收益相同），基准收益率为10%，请选择方案。

19. 有6个可供选择的独立方案，各方案初始投资及每年净收益如下表所示，当资金预算为2700万元时按净现值指数排序法，对方案做出选择（$i_0=12\%$，单位：万元）。

指标 \ 方案	A	B	C	D	E	F
投资	600	640	700	750	720	680
1~10年净收益	250	280	310	285	245	210

20. 某部门欲对下属三个工厂进行投资，方案寿命期均为1年，各厂投资方案及收益如下表。$i_0=10\%$，资金限额为40万元，试选择最佳投资方案（单位：万元）。

向A厂投资			向B厂投资			向C厂投资		
方案	投资额	收益	方案	投资额	收益	方案	投资额	收益
A0	0	0	B0	0	0	C0	0	0
A1	10	13.0	B1	10	14.8	C1	10	11.5
A2	20	24.5	B2	20	26.0	C2	20	24.0
A3	30	35.4				C3	30	34.6

21. 某公司欲充分利用自有资金，现正在研究下表所示各投资方案选择问题。A、B，C

为投资对象，彼此间相互独立。各投资对象分别有3个，4个，2个互斥的方案，计算期均为8年，如下表所示，$i_0=10\%$。当投资限额为500万元，700万元时，该如何选择方案？

向 A 投资			向 B 投资			向 C 投资		
方案	投资额	年净收益	方案	投资额	年净收益	方案	投资额	年净收益
A1	300	90	B1	100	10	C1	200	43
A2	400	95	B2	200	44	C2	300	61
A3	500	112	B3	300	60			
			B4	400	68			

第五章

工程项目的不确定性分析与风险分析

本章介绍工程项目不确定性分析的基本理论和方法。主要内容包括：不确定性与风险的概念；不确定性分析的步骤，盈亏平衡分析法，敏感性分析法和风险概率分析法。

第一节 不确定性与风险概述

一、不确定性与风险产生的原因

在工程建设中，工程经济分析最关心的是项目未来的经济效益问题，工程决策人员进行投资决策和工程经济分析，都是建立在对项目未来经济状况所做的预测和估计的基础之上的，前面介绍过工程经济分析的基本假定条件：投资后果是确定的。而这种假定实际上是不成立的，投资项目技术经济效果的计算与评价，所涉及的投资、利率、建设年限、项目经济寿命、产量、价格、成本等，在很大程度上是不确定的，预测的结果可能与实际情况有较大差异，甚至有时不可能预测出各种变量的变化情况，这就产生了未来情况的不确定性问题，不确定性分析，也就构成了工程经济分析的重要内容。

在现实社会里，一个拟建项目的所有未来结果都是未知的，因为影响方案经济效果的各种因素（比如市场需求和各种价格）的未来变化都带有不确定性，而且由于测算方案现金流量时各种数据（比如投资额和产量）缺乏足够的信息或测算方法上的误差，使得方案经济效果评价指标值都带有不确定性。因此可以说，不确定性是所有项目固有的内在特性，只是对不同的项目，这种不确定性的程度有大有小。一般情况下，产生不确定性或风险的主要原因有如下几种。

1) 项目数据的统计偏差。这是指由于原始统计上的误差、统计样本点的不足、公式或模型的实用不合理等所造成的误差。比如说项目固定资产投资和流动资金是项目经济评价中重要的基础数据，但在实际中，往往由于各种原因高估或低估其数额，从而影响项目评价的结果。

2) 通货膨胀。由于通货膨胀的存在，会产生物价的浮动，从而会影响项目评价中所用的价格，进而导致年销售收入、年经营成本等数据与实际发生偏差。

3) 技术进步。技术进步会引起新老产品和工艺的替代，这样，根据原有技术条件和生产水平所估计的年销售收入等指标就会与实际值发生偏差。

4) 市场供求结构的变化。这种变化会影响到产品的市场供求状况，进而对某些指标值产生影响。

5) 建设条件和生产条件的变化。

6) 其他外部影响因素。如政府政策的变化，新的法律、法规的颁布，国际政治经济形势的变化等，均会对项目的经济效果产生一定的甚至是难以预料的影响。

当然，还有其他的一些影响因素。在项目经济评价中，要全面分析这些因素的变化对项目经济效果的影响是十分困难的，因此在实际工作中，往往需要着重分析和把握那些对项目影响较大的关键因素，以期取得较好的效果。

二、不确定性分析的概念

对拟议中的工程项目或方案进行经济分析和评价，是在投资前进行的。分析所用的数据，如投资、寿命、销售收入、成本、固定资产残值等，是通过测算和估计取得的。在进行投资方案财务评价和国民经济评价时，通常事先假定数据是确定不变的，以此得出方案的经济评价结论。而由于项目的内部条件、外部环境的变化，项目在实施过程中的实际值与分析所用的估计值不可能完全一致，甚至有较大的偏差，因此就有影响方案经济性评价结论的不确定性因素，这些因素会对项目决策产生不利影响，使投资潜伏风险，所以在进行工程经济分析时，进行不确定性分析是十分必要的。

不确定性分析通常是在对投资方案进行了财务评价和国民经济评价的基础上进行的，旨在用一定的方法考察不确定性因素对方案实施效果的影响程度，分析项目运行风险，以完善投资方案的主要结论，提高投资决策的可靠性和科学性。

所谓不确定性分析，就是分析项目在经济运行中存在的不确定性因素对项目经济效果的影响，预测项目承担和抵抗风险的能力，考察项目在经济上的可取性，以避免项目实施后造成不必要的损失。

这里所说的不确定性分析包含了不确定性分析与风险分析两项内容，严格来讲，两者是有差异的。不确定性是指知道未来的可能状态，以及各种可能状态下所有可能结果，但不知道未来状态出现的可能性，也就是概率；而风险是指不仅知道未来的可能状态，以及各种可能状态下所有可能结果，还能够估计未来状态发生的概率，由此产生的问题称为风险问题。但是从投资项目经济评价的实践角度来看，将两者严格区分开来的实际意义不大。因此，在一般情况下，人们习惯于将以上两种分析方法统称为不确定性分析。

三、不确定性分析的作用

不确定性分析是项目经济评价中的一个重要内容。因为前述项目评价都是以一些确定的数据为基础的，如项目总投资、建设期、年销售收入、年经营成本、年利率、设备残值等指标值，认为它们都是已知的、确定的，即使对某个指标值所做的估计或预测，也认为它们是可靠、有效的。但实际上，由于前述各种影响因素的存在，这些指标值与实际值之间往往存在着差异，这样就对项目评价的结果产生了影响，如果仅凭一些基础数据所做的确定性分析为依据来取舍项目，就可能会导致投资决策失误。例如，某项目的基准折现率 i_0 为 8%，根据项目基础数据求出的项目内部收益率为 10%，由于内部收益率大于基准折现率，根据方案评价准则自然会认为项目是可行的。但如果凭此就作出投资决策则是欠周到的，因为还没有考虑到不确定性问题。如果在项目实施的过程中存在通货膨胀，且通货膨胀率高于 2%。则项目将会面临较大的风险，甚至会变成不可行方案。因此，为了有效减少不确定性因素对项目经济效果的影响，提高项目的风险防范能力，提高项目投资决策的科学性和可靠性，除对项目进行确定性分析以外，还很有必要对项目进行不确定性分析。不确定性分析的作用主要有以下几方面。

① 明确不确定性因素对投资效益指标的影响范围。不确定性因素多种多样，各自对投资效益指标的影响也不一样。通过不确定性分析，可以确定各种因素及其作用力度的大小，以及对投资效益指标影响的范围，从而了解项目总体效益变动的大小。

② 确定项目评价结论的有效范围。在明确不确定性因素的变动及其作用力度大小对投资效益指标的影响及项目总体效益变动的大小以后，就可以确定按典型情况（如最有利、最不利等）测定的项目评价结论的有效范围，以便项目决策者和执行者充分了解不确定性因素变动的作用界限，尽量避免不利因素的出现。

③ 提高项目评价结论的可靠性。通过不确定性分析，依据不确定性因素对投资效益影响的大小和指标变动范围，可以进一步调整项目评价结论，以提高结论的可靠性。

④ 寻找在项目效益指标达到临界点时，变量因素允许变化的极限值。由于不确定性因素的影响，导致项目经济效益指标在某一范围内变动。当这些指标的变动使项目由可行变为不可行时，效益指标达到了临界点，与该临界点对应的不确定性因素的变化值为变量因素允许变化的极限值。确定这一极限值，有利于投资者在项目执行和经营过程中，尽量把握影响因素的变化幅度，避免项目经济效益的下降。

四、不确定性分析的方法

常用的不确定性分析方法有盈亏平衡分析法、敏感性分析法、概率分析法等。在具体应用时，要在综合考虑项目的类型、特点，决策者的要求，相应的人力、财力，以及项目对国民经济的影响程度等条件后来选择。一般来讲，盈亏平衡分析只适用于项目的财务评价，而敏感性分析和概率分析则可同时用于财务评价和国民经济评价。

五、不确定性分析的步骤

1. 鉴别不确定性因素

尽管项目运行中涉及的所有因素都具有不确定性，但它们在不同条件下的不确定性程度是不同的。没有必要对项目所有的不确定性因素进行分析,而应找出不确定性程度较大的因素作为分析的重点。

2. 界定不确定性的性质

不确定性包括不可测定的不确定性与可测定的风险。对不可测定的不确定性因素,应界定其变化的幅度和范围,确定其边界值,对可测定的风险因素应确定其概率分布状况。

3. 选择不确定性分析的方法

根据不确定性因素的性质,选择不确定性分析的方法。一般情况下,盈亏平衡分析与敏感性分析适用于不可测定的不确定性分析,概率分析适用于可测定的风险分析。

4. 明确不确定性分析的结果

不确定性分析,根据分析的需要和依据的指标不同,其分析的结果可以为平衡点的确定、不同区间的方案选择、不同方案的比选、敏感度与敏感因素的界定、风险预测等。

第二节 盈亏平衡分析

20世纪初,盈亏平衡分析在财务管理中得以运用,随后的半个世纪中,由于企业规模的扩大,固定成本在生产中比重日益增大,该方法得到了经营者的高度重视。因此,盈亏平衡分析作为工程经济分析中常用的基本方法,广泛应用于不确定性分析中。

各种不确定性因素(如投资、成本、销售量、销售价格等)的变化会影响方案的经济效果,当这些因素的变化达到某一临界值时,就会使方案的经济效果发生质的变化,影响方案的取舍。盈亏平衡分析目的就是寻找这种临界值,以确定方案对不确定因素变化的承受能力,为决策提供依据。

一、盈亏平衡分析的概念

盈亏平衡分析又称"量—本—利"分析,是在一定市场、生产能力及经营管理条件下,通过对产品产量、成本、利润三者之间相互关系的分析,判断企业对市场需求变化的适应能力的一种不确定性分析方法。故亦称为成本利分析,在工程经济评价中,这种方法的作用是找出投资项目的盈亏临界点,以判断不确定性因素对方案经济效果的影响程度,说明方案实施的风险大小及投资项目承担风险的能力,为投资决策提供科学依据。

企业的经营活动,通常以生产数量为起点,而以利润为目标。盈亏平衡分析方法粗略地对高度敏感的产量、售价、成本、利润等因素进行分析,有助于了解项目可能承担的风险程度。此方法计算简单,可直接对项目的关键因素进行分析,因此,至今仍作为项目不确定分析的方法之一而被广泛地采用。

二、基本的损益方程式

量、本、利相互关系的研究以成本和产品数量的关系为基础,这种研究通常称为成本性态研究。所谓成本性态,是指成本总额对产量的依存关系。在这里,产量是指企业的生产经营活动水平的标志量。当产量变化以后,各项成本有不同的性态,大体上可分为两种:固定成本和变动成本。固定成本是不受产量影响的成本，如企业的固定资产折旧等。变动成本是随产量增长而成正比例增长的成本，如材料消耗等。

在一定期间把成本分解成固定成本和变动成本两部分后，再考虑收入和利润，成本、产量和利润的关系就可以统一于一个数学模型：

$$利润＝销售收入－总成本－销售税金 \tag{5-1}$$

假设产量等于销售量，并且项目的销售收入与总成本均是产量的线性函数，则：

$$销售收入＝单位售价\times销售量 \tag{5-2}$$

$$总成本＝变动成本＋固定成本＝单位变动成本\times产量＋固定成本 \tag{5-3}$$

$$销售税金＝单位产品销售税金\times销售量 \tag{5-4}$$

将式(5-2)、式(5-3)和式(5-4)代入式(5-1)，并用字母表示，有：

$$B = pQ - C_v Q - C_F - tQ \tag{5-5}$$

式中　B ——利润；

　　　p ——单位产品售价；

　　　Q ——销量或生产量；

　　　t ——单位产品销售税金或单位产品增值税；

　　　C_v ——单位产品变动成本；

　　　C_F ——固定成本。

公式(5-5)明确表达了量、本、利之间的数量关系，是基本的损益方程式。它含有相互联系的6个变量，给定其中5个，便可求出另一个变量的值。将销量、成本、利润的关系反映在直角坐标系中，即成为基本的盈亏平衡图，见图5-1。

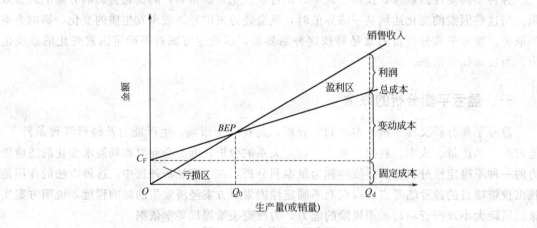

图5-1　基本的盈亏平衡图

三、线性盈亏平衡分析

由图5-1可知，销售收入线与总成本线的交点是盈亏平衡点（Break Even Point，BEP），表明企业在此销售量时总收入扣除销售税金后与总成本相等，既没有利润，不发生亏损。在此基础上，增加销售量，销售收入超过总成本，收入线与成本线之间的距离为利润值，形成盈利区；反之，为亏损区。

图5-1能清晰地显示企业不盈利也不亏损时应达到的产销量，故又称为盈亏平衡图。用图表达量、本、利之间的相互关系，不仅形象直观，一目了然，而且容易理解。

所谓盈亏平衡分析,就是将产量或销售量作为不确定因素,通过计算企业或项目盈亏平衡点的产量(或销售量),分析观察项目可以承受多少风险而不致发生亏损。

根据生产成本及销售收入与产量(或销售量)之间是否呈线性关系,盈亏平衡分析又可进一步分为线性盈亏平衡分析和非线性盈亏平衡分析。财务评价中通常只要求线性盈亏平衡分析。

1. 线性盈亏平衡分析的前提条件

① 生产量等于销售量;
② 生产量变化,单位可变成本不变,从而使总生产成本成为生产量的线性函数;
③ 生产量变化,销售单价不变,从而使销售收入成为销售量的线性函数;
④ 只生产单一产品,或者生产多种产品,但可以换算为单一产品进行计算。

2. 盈亏平衡点的多种表达

项目盈亏平衡点 BEP(Break Even Point)的表达形式有多种,可以用实物产量、单位产品售价、单位产品的可变成本,以及年总固定成本的绝对量表示,也可以用某些相对值表示,例如生产能力利用率。其中,以产量和生产能力利用率表示的盈亏平衡点的应用最为广泛。

(1)用产量表示的盈亏平衡点 Q_0

由图5-1可知,企业在小于 Q_0 的产量下组织生产,则项目亏损;在大于 Q_0 的产量下组织生产,则项目盈利。显然,产量 Q_0 是盈亏平衡点的一个重要表达形式。就单一产品企业来说,盈亏临界点的计算并不困难,一般是从销售收入等于总成本费用即盈亏平衡方程式中导出。由公式(5-5)可知,令基本损益方程式中的利润 $B=0$,此时的生产量(或销售量)Q_0 即为盈亏临界点生产量,即:

$$Q_0 = \frac{C_F}{p - C_v - t} \tag{5-6}$$

(2)用生产能力利用率表示的盈亏平衡 E^*

用生产能力利用率表示的盈亏平衡点,是指盈亏平衡点销售量占企业设计生产能力(正常销售量)Q_d 的比重。即:

$$E^* = \frac{Q_0}{Q_d} \times 100\% \tag{5-7}$$

进行项目评价时,生产能力利用率表示的盈亏平衡点常常根据正常年份的产品产量或销售量、变动成本、固定成本、产品价格和销售税金等数据来计算,即:

$$E^* = \frac{C_F}{pQ_d - C_v Q_d - tQ_d} \times 100\% \tag{5-8}$$

(3)用销售额表示的盈亏平衡点 S^*

产销单一产品的企业在现代经济中只占少数,大部分企业产销多种产品。产销多品种的企业可以使用销售额来表示盈亏平衡点,即:

$$S^* = \frac{pC_F}{p - C_v - t} \tag{5-9}$$

公式(5-9)既可用于单品种企业,也可用于多品种企业。

(4)用销售单价表示的盈亏平衡点 P^*

如果按设计生产能力进行生产和销售,BEP 还可以由盈亏平衡点价格 P^* 来表达。由公式(5-5)

令 $$B = pQ_d - C_v Q_d - C_F - tQ_d = 0$$

可得:
$$p^* = \frac{C_F}{Q_d} + C_v + t \tag{5-10}$$

盈亏平衡点反映了项目对市场变化的适应能力和抗风险能力。从图5-1中可以看出盈亏平衡点越低,达到此点的盈亏平衡产量和收益或成本也就越少,项目投产后盈利的可能性越大,适应市场变化的能力越强,抗风险能力也越强。

可以进一步计算经营安全评价指标,经营安全率:

$$\eta^* = \frac{Q_d - Q_0}{Q_d} = 1 - E^* \tag{5-11}$$

通常 $E^* < 70\%$,或者 $\eta^* > 25\%$ 时,认为项目抗风险能力强。

[例 5-1] 某项目年设计生产能力15万件,每件产品价格为600元,单位变动成本为200元,单位产品税金为150元,年固定成本为1800万元。求:

(1) 达到设计生产能力时的盈利(即最大利润)是多少?
(2) 以产量表示的盈亏平衡点和用生产能力利用率表示的盈亏平衡点为多少?
(3) 年利润为1500万元时要求的年产量是多少?
(4) 当市场需求为8万件时,企业可接受的最低销售单价为多少?如保持销售单价不变,则此时可接受的最高单位变动成本为多少?

解:(1)最大利润

$$\begin{aligned} B &= pQ - C_v Q - C_F - tQ \\ &= 600 \times 15 - 200 \times 15 - 1800 - 150 \times 15 \\ &= 1950 \text{(万元)} \end{aligned}$$

(2) 产量表示的盈亏平衡点

$$Q_0 = \frac{C_F}{P - C_v - t} = \frac{1800}{600 - 200 - 150} = 7.2 \text{ 万件}$$

生产能力利用率表示的盈亏平衡点:

$$E^* = \frac{C_F}{pQ_d - C_v Q_d - tQ_d} \times 100\% = \frac{Q_0}{Q_d} = \frac{7.2}{15} \times 100\% = 48\%$$

(3) 年利润为1500万元是的年产量

$$Q = \frac{B + C_F}{p - C_v - t} = \frac{1500 + 1800}{600 - 200 - 150} = 13.2 \text{ 万件}$$

(4) 企业可接受的最低销售单价

$$p^* = \frac{C_F}{Q_d} + C_v + t = \frac{18000000}{80000} + 500 + 150 = 575 \text{ 元}$$

企业可接受的最高单位变动成本

$$C_0 = p - t - \frac{C_F}{Q_d} = 600 - 150 - \frac{18000000}{80000} = 225 \text{ 元}$$

(5) 经营安全率

$$\eta^* = \frac{Q_d - Q_0}{Q_d} = 1 - E^* = 1 - 48\% = 52\%$$

$\eta^* > 25\%$ 时,项目有较强的抗风险能力。

四、多方案的优劣平衡分析

运用盈亏平衡分析的原理,可以根据互斥方案的优劣平衡点(无差异点),对互斥方案的优劣进行比较,这种方法称为方案的优劣分析法。运用盈亏平衡原理进行多方案比较时,必须满足一个前提条件,进行方案比较所采用的指标,均取决于同一变量。也就是说,当两个(或以上)可以相互替代的方案,其分析指标取决于同一变量时,可能存在有这个变量的一个值,可使两个(或以上)方案的指标值相等。两个(或以上)方案的指标值相等时的变量值,称为方案的优劣平衡点,它是共同变量的特定值,使两个(或以上)对比方案具有同等价值。

设两个方案的成本函数分别为 C_1 和 C_2,而且受到同一变量 x 的影响,每一方案的成本都可以表示为该共同变量的函数:

$$C_1 = f_1(x) \text{和} C_2 = f_2(x)$$

当 $C_1 = C_2$ 时,有 $f_1(x) = f_2(x)$

由上式解出的 x 值,就是两个对比方案的优劣平衡——等成本平衡点。在优劣平衡点的计算过程中,是否考虑资金时间价值,因需要而定。

设定方案参数如下:方案一:固定成本为 a_1,单位变动成本为 b_1;
方案二:固定成本为 a_2,单位变动成本为 b_2(假定 $a_2 > a_1$)

产量为 Q 时,两方案的费用方程为:

方案一:$Y_1 = a_1 + b_1 Q$

方案二:$Y_2 = a_2 + b_2 Q$

令 $Y_1 = Y_2$,可得临界产量:

$$Q_0 = \frac{a_2 - a_1}{b_1 - b_2}$$

绘制两方案优劣分析图,如图 5-2 所示。

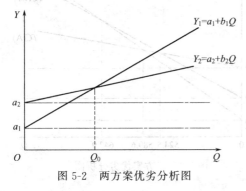

图 5-2 两方案优劣分析图

根据方案优劣分析图,可以得出分析结论如下。

当 $Q > Q_0$ 时,选择固定费用大的方案;

$Q < Q_0$ 时,选择固定费用小的方案。

[例 5-2] 某产品有两种生产方案,方案 A 初始投资为 70 万元,预期年净收益 15 万元;方案 B 初始投资为 170 万元,预期年净收益 35 万元。该项目产品的市场寿命具有较大的不确定性,如果给定基准收益率为 15%,不考虑期末资产残值,试就项目寿命期分析两方案的临界点。

解:设项目寿命期为 n

$$NPV_A = -70 + 15(P/A, 15\%, n)$$
$$NPV_B = -170 + 35(P/A, 15\%, n)$$

当 $NVP_A = NVP_B$,有

$$-70 + 15(P/A, 15\%, n) = -170 + 35(P/A, 15\%, n)$$

查复利系数表得两方案寿命期的临界点 $n \approx 10$ 年。

这就是以项目寿命期为共有变量时方案 A 与方案 B 的盈亏平衡点。由于方案 B 年净收益比较高,项目寿命期延长对方案 B 有利。故可知:如果根据市场预测项目寿命期小于 10 年,则应采用方案 A;如果项目寿命期在 10 年以上,则应采用方案 B;当方案实际寿命期为 10 年，A 方案与 B 方案无差异。

[例 5-3] 某单位修建面积为 $500m^2$ 到 $1000m^2$ 的住宅，拟定三种建设方案，寿命期均为 20 年，其费用资料见表 5-1。$i=10\%$，试确定各方案的适用范围。

表 5-1 建设方案费用资料表　　　　　　　　　　　　　　　单位：元

方案	造价/(元/m²)	年维修费	年取暖费	残值
A	600	28000	12000	0
B	725	25000	7500	3.2%造价
C	875	15000	6250	1%造价

解：设住宅总面积为 Q，则各方案年度总成本为：

$TC(A)=600Q(A/P,10\%,20)+28000+12000=70.5Q+40000$

$TC(B)=725Q(A/P,10\%,20)-725Q\times 3.2\%(A/F,10\%,20)+25000+7500$
$\qquad =84.8Q+32500$

$TC(C)=875Q(A/P,10\%,20)-875Q\times 3.2\%(A/F,10\%,20)+15000+6250$
$\qquad =102.3Q+21250$

令 $TC(A)=TC(B)$　得 $Q_{AB}=524.5m^2$

令 $TC(A)=TC(C)$　得 $Q_{AC}=589.6m^2$

令 $TC(B)=TC(C)$　得 $Q_{BC}=642.9m^2$。绘制优劣分析图，如图 5-3 所示。

从图中可以看出：当实际住宅面积小于 589.6 时，选 C 方案，当实际住宅面积大于 589.6 时，选 A 方案。

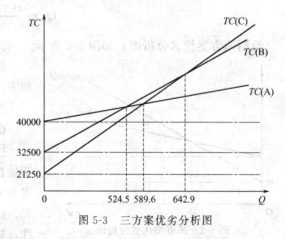

图 5-3 三方案优劣分析图

五、非线性盈亏平衡分析

线性盈亏平衡分析方法简单明了，有助于尽快全面把握决策的目的。但这种方法在应用中有一定的局限性，主要表现在实际的生产经营过程中，收益和支出与产品产量之间往往成非线性关系，而非所假设的线性关系。例如，在竞争状态下，随着项目产销量的增加，市场上产品的销售价就要下降，使得销售收入与产销量之间呈非线性关系；同时材料价格、人工费等各种因素的影响，也可以使得产品的总成本与产销量之间为非线性，使得产品存在有一个以上的盈亏平衡点。

[例 5-4] 某项目年固定成本为 80000 元，单位变动成本为 40 元（已含税金）。每多生产一件产品，单位变动成本可降低 0.01 元；单位销售价格为 100 元，销售每增加一件产品，销售价格下降 0.02 元。试求盈亏平衡点。

解：根据题意有：

单位产品的售价　　　　　　　$p=100-0.02Q$

单位产品的变动成本　　　　　$C_v=40-0.01Q$

盈亏平衡点时，　　$(100-0.02Q)Q=80000+(40-0.01Q)Q$

即 $100Q - 0.02Q^2 = 80000 + 40Q - 0.01Q^2$

$0.01Q^2 - 60Q + 80000 = 0$

解得：

$$Q_1 = \frac{60 - \sqrt{60^2 - 4 \times 0.01 \times 80000}}{2 \times 0.01} = 2000 \text{（件）}$$

$$Q_2 = \frac{60 + \sqrt{60^2 - 4 \times 0.01 \times 80000}}{2 \times 0.01} = 4000 \text{（件）}$$

绘制盈亏平衡分析图，如图 5-4 所示。

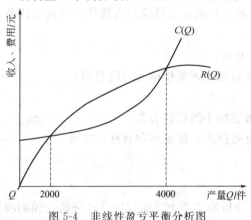

图 5-4 非线性盈亏平衡分析图

由图 5-4 可以看出，当产量小于盈亏平衡点 Q_1（2000 件）和大于盈亏平衡点 Q_2（4000 件）时，销售收入均小于成本，即项目亏损。所以，项目产量应安排在 Q_1 和 Q_2 之间。

盈亏平衡分析虽然能够度量项目风险的大小，但并不能揭示产生项目风险的根源。虽然降低盈亏平衡点就可以降低项目的风险，提高项目的安全性，通过盈亏平衡分析，可以为拟定降低盈亏平衡点的措施或建议提供方向可线索，如可采取降低固定成本、降低单位变动成本等，但是如何降低成本，应该采取哪些可行的方法或通过哪些有效的途径来达到这个目的，盈亏平衡分析并没有给出答案。因此，在应用盈亏平衡分析时，应注意使用的场合及欲达到的目的，以便能够正确地运用这种方法。

第三节 敏感性分析

一、敏感性分析的概念和作用

当对一个项目进行评价和决策时，掌握的信息情报越多，对未来结果的预测就会越准确，因此，应尽量取得适当的情报，并慎重使用这些情报，以便对未来作出尽量可靠的估计。但工程经济分析与决策的特点是预测未来，而未来的事物是千变万化的，要受多种因素的错综复杂的影响，在对某一投资项目进行分析时，各参数的估计值不可避免地总会有一定的误差。因此，在进行决策分析时，应考虑以下两个问题。

① 如果所采用的估计数（如成本、收益等）不够准确时，应该怎么办？估计数的允许误差可以有多大？即估计数在多大范围内变化，原决策结论仍有效。

② 各项输入参数估计数的准确性对决策工作是否同等重要？有无必要投入同样的精力？

围绕这两个问题所进行的分析工作，就是敏感性分析。

敏感性分析，是指通过研究某些不确定性因素的变动对经济评价指标的影响程度，从中找出敏感性因素，为决策提供依据的一种分析方法。

敏感性分析是工程经济评价中一个很实用的技术方法，经济分析所使用的各种参数，其数值并不是一个固定的值，而总是在（甚至超出）一定范围内变动，敏感性分析可以说明对评价方案来说，预期参数在一定范围内变动，将对方案的有关评价指标影响到什么程度，也就是说，通过敏感性分析，可以预见到预期参数在多大范围内变动，还不会影响原决策结论的有效性，超过一定范围，原来的选择就不得不进行修正了。即原来认为可行的方案会变成不可行的，原来确定的最优方案，会变成不是最优的。这样就可避免对分析评价结论作绝对化的理解，而于事先考虑好较为灵活的应变对策和措施，以利于在工作中争取主动，防止决策上的失误。

一般来说，预期参数在越小的范围内变动，就会影响原来结论的有效性，就说明该参数的敏感性越强；反之，就意味敏感性越弱。

归结起来，敏感性分析的作用包括以下几个方面。

① 确定影响因素在一定范围变动时，引起项目经济评价指标变动的范围；
② 找出影响评价指标的最敏感的因素；
③ 进行多方案敏感性比较，选取效益好、敏感性小的最佳方案；
④ 分析项目实施后可能出现的情况，采取有效措施，保证预期目标的实现。

二、敏感性分析的步骤

投资项目评价中的敏感性分析，是在确定性分析的基础上，通过进一步分析、预测项目主要不确定因素的变化对项目评价指标（如内部收益率、净现值等）的影响，从中找出敏感因素，确定评价指标对该因素的敏感程度和项目对其变化的承受能力。敏感性分析的基本步骤为：

① 确定分析指标；如：NPV、NAV、IRR、P_t 等；
② 计算目标值：一般以该项目在正常状态下的经济效益指标为目标值，或以预期指标值作为目标值；
③ 选择需要分析的不确定性因素，如：投资、价格、产量、成本、折现率等。并设定这些因素的变化范围和变化幅度；

变化范围：是指以各因素的原始估计值为基点，沿正、负两方向发生变动的最大幅度。
变化幅度：是各因素每次变化的大小，以变化率表示，通常取±5%、±10%、±15%等。

④ 计算因素变动对经济指标的影响程度；
⑤ 确定敏感性因素。

敏感性因素是指能引起经济指标产生相应较大变化的因素，测定因素的敏感性，可采用两种方法：一是假定因素均从基点值开始变动，且每次变动的幅度相同，通过计算并比较每次应运对经济指标的影响程度，就可判别出各因素的敏感性程度；二是假定因素向降低投资效果的方向变动，估算方案的最低界限，即确定该因素变动的最大允许范围，超过这个范围，方案已是不可行方案；或计算因素的"破坏值"所对应的经济指标值，评价方案是否可行。

敏感性分析的目的在于寻求敏感因素。根据分析问题的目的不同，一般可通过以下几种方法来确定敏感因素。

① 相对测定法。设定要分析的因素均从确定性经济分析中所采用的数值开始变动，且各因素每次变动的幅度（增减的百分数）相同，比较在同一变动幅度下各因素的变动对经济

评价指标的影响，据此判断方案经济评价指标对各因素变动的敏感程度。这种确定敏感因素的方法叫作相对测定法。反映敏感程度的指标是敏感度系数（S_{AF}），是衡量变量因素敏感程度的一个指标。其数学表达式为

$$S_{AF}=\frac{\Delta A/A}{\Delta F/F} \tag{5-12}$$

式中 $\Delta F/F$——不确定性因素 F 的变化率；

$\Delta A/A$——评价指标 A 的变化率。

根据不同因素相对变化对经济指标影响的大小，可以得到各个因素的敏感程度排序，据此可以找出哪些是最关键的因素。

② 绝对测定法，假定要分析的因素均只对经济评价指标产生不利影响的方向变动，并设该因素达到可能的最差值，然后计算在此条件下的经济评价指标。这种确定敏感因素的方法叫作绝对测定法。如果计算出的经济评价指标已超过了项目可行的临界值，改变了项目的可行性，则表明该因素是敏感因素。

在确定敏感性因素时，还可以借助敏感性分析图，将因素变化对经济指标的影响程度绘制成敏感性曲线，根据曲线的变化进行敏感性分析。

一般情况下，因素每次变化能引起指标值较大变化，表明因素越敏感，在曲线图中，表现为曲线越陡；反之，曲线越平滑，表明因素敏感性程度越弱。

三、单因素敏感性分析

敏感性分析有单因素敏感性分析和多因素敏感性分析两种。单因素敏感性分析是对单一不确定因素变化的影响进行分析，即假设各不确定性因素之间相互独立，其他因素保持不变，每次只考察一个因素的变化，分析该因素对经济评价指标的影响程度和敏感程度。

单因素敏感性分析的内容包括如下几个方面。

1. 测定各因素变化的极限范围

测定因素变化的极限范围，就是测定在不影响原决策结论有效性的前提下，预期参数的最大变化范围。

即假定其余因素均保持不变，取值为既定参数值，而选取某因素取值为变数，计算方案净现值，令 $NPV=0$，计算所对应的参数值，就是该因素变化的极限值。

2. 测定各因素的敏感性程度

测定因素的敏感性程度，就是在假定其他因素不变的前提下，计算某因素变动对评价指标的影响，并将该因素变动值及对应的评价指标结果绘成图表，通过图表，显示因素的敏感性程度。

[例 5-5] 某投资商拟建新项目，生产某产品。通过市场调查，拟定项目规模 Q 为年产 10 万公斤，预计销售价格 W 为 60 元/公斤，年经营成本 C 为 200 万元，寿命期 n 为 10 年，残值 S_V 为 100 万元，并估算投资额 P 为 2000 万元，最低期望收益率 i 为 10%。

要求：以投资额、产量、价格、年经营成本为不确定性因素，进行敏感性分析。

解：以项目净现值（NPV）为分析指标，计算目标值 NPV。

$$NPV=-P+(WQ-C)(P/A,i,n)+S_V(P/F,i,n)$$
$$=-2000+(60\times10-200)(P/A,10\%,10)+100(P/F,10\%,10)$$
$$=496.55 \text{ 万元}>0\text{，方案可行。}$$

以投资额、产量、价格、年经营成本为不确定性因素，进行敏感性分析如下。

1. 确定投资额的上限临界值

假定其余因素均保持不变，取值为既定参数值，而选取投资额 P 为变数，令 $NPV=0$，可计算出投资额 P 的对应参数值为 2496.55 万元。即在其他因素不变的情况下，投资额最高不能超过 2496.55 万元，否则，方案会变为不可行。

同样，可测定其他因素的极值范围：
年产量的下限临界值为 8.7 万公斤；
价格的下限临界值为 51.9 元/公斤；
年经营成本的上限临界值为 281 万元。

2. 确定各因素的敏感性程度

仍以净现值 NPV 为评价指标，对本案例中选定的因素进行敏感性程度分析。取 $\pm 10\%$、$\pm 15\%$、$\pm 20\%$ 为各因素变化率，计算所对应的方案净现值的变化结果，见表 5-2。

表 5-2 单因素敏感性分析计算表　　　　　　　　　单位：万元

因素＼变化率	-20%	-15%	-10%	0%	10%	15%	20%
投资额	896.55	796.55	696.55	496.55	296.55	196.55	96.55
产量	-240.85	-56.50	127.85	496.55	865.25	1049.60	1233.95
价格	-240.85	-56.50	127.85	496.55	865.25	1049.60	1233.95
年经营成本	742.35	680.90	619.45	496.55	373.65	312.20	250.75

据此可作敏感性分析图，见图 5-5。

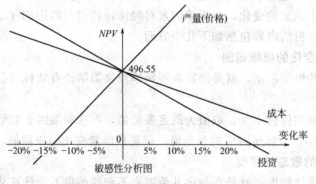

图 5-5 单因素敏感性分析图（一）

从计算表和敏感性分析图，可看出：产量、价格、敏感性程度较高，投资额次之，年经营成本的敏感性程度相对较弱。

[例 5-6] 某投资方案设计年生产能力为 10 万台，计划总投资为 1200 万元，期初一次性投入。预计产品价格为 35 元/台，年经营成本为 140 万元，方案寿命期为 10 年，到期时预计设备残值收入为 80 万元，基准折现率为 10%。试就投资额、单位产品价格、经营成本等影响因素对该投资方案进行敏感性分析。

解： 选择净现值为敏感性分析的对象，根据净现值的计算公式，可计算出项目在初始条件下的净现值。其计算公式如下：

$$NPV_0 = -1200 + (35 \times 10 - 140) \times (P/A, 10\%, 10) + 80(P/F, 10\%, 10)$$

=121.21（万元）

由于 $NPV_0 > 0$ 该项目是可行的。

对项目进行敏感性分析。

取定三个因素，即投资额、产品价格和经营成本，然后令其逐一在初始值的基础上按 ±10%、±20% 的幅度变化。分别计算相对应的净现值的变化情况，得出如表 5-3 及图 5-6 所示的结果。

表 5-3 单因素敏感性分析表   单位：万元

项目	变动百分比						
	−20%	−10%	0	10%	20%	平均+1%	平均−1%
投资额	361.21	241.21	121.21	1.21	−118.79	−9.90%	9.90%
产品价格	−308.91	−93.85	121.21	336.28	551.34	17.75%	−17.75%
经营成本	293.26	207.24	121.21	35.19	−50.83	−7.10%	7.10%

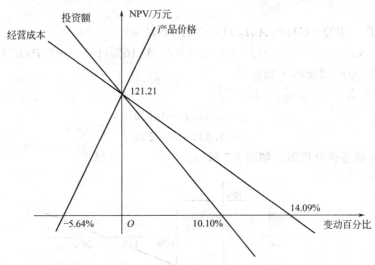

图 5-6 单因素敏感性分析图（二）

由表 5-3 和图 5-6 可以看出，在各个变量因素变化率相同的情况下，产品价格的变动对净现值的影响程度最大。当其他因素均不发生变化时，产品价格每下降 1%，净现值下降 17.75%；当产品价格下降幅度超过 5.64% 时，净现值将由正变负，项目由可行变为不可行。对净现值影响较大的因素是投资额，当其他因素均不发生变化时，投资额每增加 1%，净现值将下降 9.9%，当投资额增加的幅度超过 10.10% 时，净现值由正变负，项目变为不可行。对净现值影响最小的因素是经营成本，在其他因素均不发生变化的情况下，经营成本每上升 1%，净现值下降 7.10%，当经营成本上升幅度超过 14.09% 时，净现值由正变负，项目变为不可行。由此可见，按净现值对各个因素的敏感程度来排序，依次是产品价格、投资额、经营成本，其中最敏感的因素是产品价格。从方案决策的角度来讲，应该对产品价格进行进一步的更准确地测算，因为从项目风险的角度来讲，如果未来产品价格发生变化的可能性较大，则意味着这一投资项目的风险性亦较大。

四、多因素敏感性分析

单因素敏感性分析的方法比较简单，但忽略了因素之间的相关性。实际上，一个因素的变动往往也伴随着其他因素的变动,多因素敏感性分析则考虑了这种相关性,因而能够反映多因素变动对项目经济效果产生的综合影响,弥补单因素敏感性分析的缺陷,更全面地揭示事物的实质。因此,在对一些有特殊要求的项目进行敏感性分析时,除了进行单因素敏感性分析外,还应进行多因素敏感性分析。多因素敏感性分析是指同时考察两个或两个以上相互独立的不确定因素的变化,分析这些因素变化对经济评价指标的影响程度和敏感程度。

多因素敏感性分析要考虑可能发生的多种因素不同变化情况的多种组合,计算时要比单因素敏感性分析复杂。一般可以采用将解析法与作图法相结合进行。

同时变动的因素很多,因素敏感性分析越接近实际,但构成的状态组合数就越多,计算就越复杂,如进行四因素分析,假定每个因素有三种可能状态,则可能的组合状态有 $3^4=81$ 种。故通常只进行两因素敏感性分析,即双因素敏感性分析。

如 [例 5-5] 选取投资额和价格,进行双因素敏感性分析。

解:设投资额变化率为 x,价格变化率为 y。据预测分析,投资额和价格的变化范围不会超过 $\pm 10\%$。

$$NPV = -P + (WQ-C)(P/A, i, n) + S_v(P/F, i, n)$$
$$= -2000(1+Q) + [600(1+y) - 200](P/A, 10\%, 10) + 100(P/F, 10\%, 10)$$
$$= -2000x + 3687y + 496.55$$

令 $NPV = 0$,有:

$$y = 0.542x - 0.135$$

或:

$$x = 1.845y + 0.248$$

绘制双因素敏感性分析图,如图 5-7 所示。

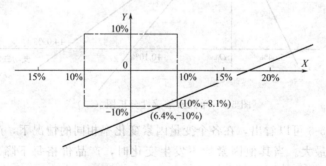

图 5-7 双因素敏感性分析图

根据分析图,可计算出,在预计参数值变化范围内,投资项目不可行的概率为:

$$\frac{3.6 \times 1.9 \times \frac{1}{2}}{20 \times 20} \times 100\% = 0.86\%$$

若设定项目风险尺度为 15%,则有 0.86% ≪ 15%,说明此投资项目有极强的抗风险能力。

敏感性分析虽然分析了不确定性因素的变化对方案的经济效益的影响,以及风险程度,但它并不能说明不确定性因素发生变动的可能性大小,即发生变动的概率,而这种概率与项目的风险大小直接相关。实际上,有些因素变动尽管对项目经济效果影响很大,属敏感因素,但由于其发生的可能性很小,所以给项目带来的风险并不大;而另外一些因素虽然它们的变动对项目的经济效益影响不大,不是敏感性因素,但因其发生的可能性很大,就可能给项目带来很大的风险。对这类问题的分析，敏感性分析将无法解决，应借助于概率分析。

第四节 风险分析

一、风险的概念

1. 风险的概念

风险，是相对于预期目标而言，经济主体遭受损失的不确定性。

理解风险的概念应该把握以下三要素。

① 不确定性是风险存在的必要条件。风险和不确定性是两个不完全相同但又密切相关的概念。如果某种损失必定要发生或必定不会发生，人们可以以提前计划或通过成本费用的方式予以明确，风险是不存在的。只有当人们对行为产生的未来结果无法事先准确预料时，风险才有可能存在。

② 潜在损失是风险存在的充分条件。不确定性的存在并不一定意味着风险，因为风险是与潜在损失联系在一起的，即实际结果与目标发生的负偏离，包括没有达到预期目标的损失。例如，如果投资者的目标是基准收益率15%，而实际的内部收益率在20%~30%之间，虽然具体数值无法确定，但最低的收益率都高于目标基准收益率，绝无风险可言。如果这项投资的内部收益率估计可能在12%~18%之间，则它是一个有风险的投资，因为实际收益率有小于目标水平15%的可能。

③ 经济主体是风险成立的基础。风险成立的基础是存在承担行为后果的经济主体（个人或组织），即风险行为人必须是行为后果的实际承担人。如果有某位投资者对其投资后果不承担任何责任，或者只负盈不负亏，那么投资风险对他就没有任何意义，他也不可能花费精力进行风险管理。

2. 风险的分类

按照风险与不确定性的关系、风险与时间的关系和风险与行为人的关系，可以对风险进行以下分类。

(1) 纯风险和理论风险

这是根据风险与不确定性的关系进行分类的一种方法。纯风险是指不确定性中仅存在损失的可能性，即纯风险没有任何收益的可能，只有损失的可能。例如由于火灾或洪水造成对财产的破坏以及由于事故或疾病造成的意外伤亡。理论风险是指不确定性中既存在收益的不确定性也存在损失的不确定性。高新技术开发活动和证券投资活动往往包含理论风险。

(2) 静态风险和动态风险

这是根据风险与时间的关系划分风险类型的一种方法。静态风险，是社会经济处于稳定状态时的风险。例如，由于诸如飓风、暴雨、地震等随机事件而造成的不确定性。动态风险则是由于社会经济的变化而产生的风险。例如经济体制的改革、城市规划的改变、日新月异的科技创新、人们思想观念的转变等带来的风险。

静态和动态风险并不是各自独立的，较大的动态风险可能会提高某些类型的静态风险。例如，与天气状况有关的损失导致的不确定性，这种风险通常被认为是静态的。然而，越来越多的证据显示，日益加速的工业化造成的环境污染，正在影响全球的天气状况，提高静态风险发生的可能性。

（3）主观风险和客观风险

按照风险与行为人的关系可以将风险划分为主观风险和客观风险。主观风险本质上是心理上的不确定性，这种不确定性来源于行为人的思维状态和对行为后果的看法。客观风险与主观风险的最大区别在于它从感官上可更精确的观察和测量。

主观风险提供了一种方法去解释人们面临相同的客观风险却得出不同的结论这一行为。因此，仅知道客观风险的程度是远远不够的，还必须了解一个人对风险的态度。

3. 工程项目风险的主要来源

① 市场风险，指由于市场价格的不确定性导致损失的可能性，具体讲，就是由于市场需求量、需求偏好以及市场竞争格局、政治经济等方面的变化导致市场价格有可能发生不利的变化而使工程项目经济效果或企业发展目标达不到预期的水平，比如销售收入、利润或市场占有率等低于期望水平。对于大多数工程项目，市场风险是最直接也是最主要的风险。

② 技术风险，指高新技术的应用和技术进步使建设项目目标发生损失的可能性。在项目建设和运营阶段，一般都涉及各种高新技术的应用，由于种种原因，实际的应用效果可能达不到原先预期的水平，也就可能使项目的目标无法实现，形成高新技术应用风险。此外，建设项目以外的技术进步会使项目的技术水平相对降低，从而影响项目的竞争力和经济效果。这就构成了技术进步风险。

③ 财产风险，指与项目建设有关的企业和个人所拥有、租赁或使用财产，面临可能被破坏、被损毁以及被盗窃的风险。财产风险的来源包括火灾、闪电、洪水、地震、飓风、暴雨、偷窃、爆炸、暴乱、冲突等。此外，与财产损失相关的可能损失还包括停产停业的损失、采取补救措施的费用和不能履行合同对他人造成的损失。

④ 责任风险，指承担法律责任后对受损一方进行补偿而使自己蒙受损失的可能性。随着法律的建立健全和执法力度的加强，工程建设过程中，个人和组织越来越多地通过诉诸法律补偿自己受到的损失。司法裁决可能对受害一方进行经济补偿，同时惩罚与责任有关的个人或组织。即使被告最终免除了责任，诉讼费用也是必不可少的。因此，经济主体必须谨慎识别那些可能对自己造成影响的责任风险。

⑤ 信用风险，这是指由于有关行为主体不能做到重合同、守信用而导致目标损失的可能性。在工程项目的建设过程中和生产营运过程中，合同行为作为市场经济运行的基本单元具有普遍性和经常性，如工程承发包合同、分包合同、设备材料采购合同、贷款合同、租赁合同、销售合同等等。这些合同规范了合作方的诸多行为，是使工程顺利进行的保障。但如果有行为主体钻合同的空子损害另一方当事人的利益或者单方面无故违反承诺，则毫无疑问，建设项目将受到损失，这就是信用风险。

4. 风险管理的步骤

风险管理的步骤包括：风险识别、风险估计、风险评价、风险决策和风险控制。

二、风险识别

风险识别是风险分析和管理的一项基础性工作，其主要任务是明确风险存在的可能性，为风险测度和风险决策奠定基础。

风险识别是一项极富艺术性的工作，要求风险分析人员拥有较强的洞察能力、分析能力以及丰富的实际经验。

风险识别的一般步骤如下。
① 明确所要实现的目标。
② 找出影响目标值的全部因素。
③ 分析各因素对目标的相对影响程度。
④ 分析、判断各因素向不利方向变化的可能性，确定主要风险因素。

例如，某工程项目经济评价指标为内部收益率（IRR），识别项目风险的基本过程如下。
① 找出各种可能的影响因素，如图5-8所示。

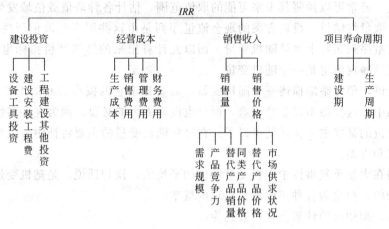

图 5-8　工程项目风险识别图

② 对各种因素逐层分解，直至可直接判断其变动可能性为止。
③ 根据知识和经验，分析、判断发生不利变化的主要因素及其可能性大小。

工程项目投资规模大、建设周期长、涉及因素多。因此，也可以按项目的不同阶段进行风险识别，而且随着建设项目寿命周期的推移，一种风险的重要性会下降，而另一种风险的重要性则会上升。如图5-9所示。这样，可以从不同的角度对项目风险进行更深入的认识。

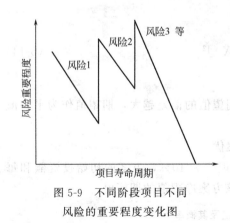

图 5-9　不同阶段项目不同风险的重要程度变化图

三、风险估计

估计风险大小不仅要考虑损失或负偏离发生的大小范围，更要综合考虑各种损失或负偏离发生的可能性大小，即概率。估计工程建设项目的风险可用项目某一经济效益指标的负偏离（如 $NPV \leqslant 0$，$IRR \leqslant i_0$）发生的概率来度量。

风险估计，就是指采用主观概率和客观概率分析方法，确定风险因素的概率分布，运用数理统计分析方法，计算项目评价指标相应的概率分布或累计概率、期望值、标准差。

概率分为客观概率和主观概率。客观概率是指用科学的数理统计方法，推断、计算随机事件发生的可能性大小，是对大量历史资料进行统计分析得到的。主观概率是当某些事件缺乏历史统计资料时，由决策人自己或借助于咨询机构或专家经验进行估计得出的。实际上，主观概率也是人们在长期实践基础上得出的，并非纯主观的随意猜想。

1. 离散概率分布

当变量可能数值为有限个，这种随机变量称为离散随机变量，其概率密度为间断函数。

所谓随机变量就是这样一类变量，通常能够知道其所有可能的取值范围，也知道其取各种值的可能性，但却不能肯定其最后确切的取值。比如说有一个变量 X，知道它的取值范围是 0、1、2，也知道 X 取值 0、1、2 的概率分别是 0.3、0.5 和 0.2，但是究竟 X 取什么值却不知道，那么 X 就称为随机变量。从随机变量的概念上来理解，可以说在投资项目经济评价中所遇到的大多数变量因素，如投资额、成本、销售量、产品价格、项目寿命期等，都是随机变量。通常可以预测其未来可能的取值范围，估计各种取值或值域发生的概率，但不可能肯定其取最终结果。投资方案的现金流量序列是由这些因素的取值所决定的，所以，方案的现金流量序列实际上也是随机变量。而以此计算出来的经济评价指标也是随机变量，由此可见，项目净现值也是一个随机变量。

从理论上讲，要完整地描述一个随机变量，需要知道它的概率分布的类型和主要参数。但在实际应用中，这样做不仅非常困难，而且也没有太大的必要，因为在许多情况下，只需要知道随机变量的某些主要特征就可以了。在这些随机变量的主要特征中，最重要也最常用的就是期望值和方差。

期望值是在大量重复事件中随机变量取值的平均值，换句话说，是随机变量所有可能取值的加权平均值，权重为各种可能取值出现的概率。

一般来讲，期望值的计算公式可表达为：

$$E(X) = \sum_{i=1}^{n} X_i P_i \tag{5-13}$$

式中　$E(X)$——随机变量 X 的期望值；
　　　X_i——随机变量 X 的取值；
　　　P_i——X 取值为 X_i 时所对应的概率值。

方差 D 为：

$$D = \sum_{i=1}^{n} P_i [X_i - E(X)]^2 \tag{5-14}$$

均方差（或标准差）$\sigma = \sqrt{D}$。

一般情况下，σ 越大，说明随机变量的实际值与期望值的偏差越大，期望值作为平均值的代表性越差，方案风险越大。

故方案间收益相等时，σ 小的方案，风险小，方案优。

[例 5-7] 某投资方案的寿命期为 10 年，基准折现率为 10%，方案的初始投资额和每年年末净收益的可能情况及概率如表 5-4 所示。试求该方案净现值的期望值。

表 5-4 方案的不确定性因素值及其概率

投资额		年净收益	
数值/万元	概率	数值/万元	概率
120	0.30	20	0.25
150	0.50	28	0.40
175	0.20	33	0.35

解：组合投资额和年收益两个不确定性因素的可能情况，该方案共有 9 种不同的投资状

态。例如，初始投资额 120 万元、年净收入 20 万元的概率是 $0.30 \times 0.25 = 0.075$，此时，方案的净现值为：

$$NPV = -120 + 20(P/A, 10\%, 10) = 2.89（万元）$$

同理计算各种状态的净现值及其对应的概率（见表 5-5）。

表 5-5 方案所有组合状态的概率及净现值

投资额	120			150			175		
年净收益	20	28	33	20	28	33	20	28	33
组合概率	0.075	0.12	0.105	0.125	0.2	0.175	0.05	0.08	0.07
NPV	2.89	52.05	82.77	-27.11	22.05	52.77	-52.11	-2.95	27.77

根据公式(5-13)，可求出净现值的期望值为：

$$\begin{aligned}E(NPV) =& 2.89 \times 0.075 + 52.05 \times 0.12 + 82.77 \times 0.105 + (-27.11 \times 0.125) \\ &+ 22.05 \times 0.2 + 52.77 \times 0.175 + (-52.11) \times 0.05 + (-2.95) \\ &\times 0.08 + 27.77 \times 0.07 \\ =& 24.51（万元）\end{aligned}$$

净现值的期望值在概率分析中是一个非常重要的指标，在对项目进行概率分析时，一般除了计算项目净现值的期望值之外，还可以计算净现值大于等于零时的累计概率，累计概率越大，表明项目的风险越小。根据［例 5-7］中表 5-5 计算结果，按净现值从小到大排序，计算累计概率，结果如表 5-6 所示。

表 5-6 方案净现值的排序及累计概率

序号	NPV	概率	累计概率
1	-52.11	0.05	0.05
2	-27.11	0.125	0.175
3	-2.95	0.08	0.255
4	2.89	0.075	0.330
5	22.05	0.2	0.530
6	27.77	0.07	0.600
7	52.05	0.12	0.720
8	52.77	0.175	0.895
9	82.77	0.105	1.000

再依据线性内插法的思路，计算 $NPV \geq 0$ 的累计概率

$$1 - \left(0.255 + \frac{2.95}{2.95 + 2.89} \times 0.075\right) = 1 - 0.293 = 0.707$$

$NPV \geq 0$ 的累计概率越大，表明项目的风险越小。

［例 5-8］ 已知某方案的净现值及概率如表 5-7 所示，计算方案净现值期望值。

表 5-7 方案基本数据表

净现值/万元	48	45	42	38	35	30	20	15	-10	合计
概率	0.05	0.06	0.08	0.12	0.21	0.25	0.11	0.07	0.05	
期望值	2.4	2.7	3.36	4.56	7.35	7.5	2.2	1.05	-0.5	30.62

解：$E(NPV) = \sum X_i P_i = 30.62$ 万元。
$$\sigma^2 = \sum [X_i - E(X)]^2 P_i = (48-30.62)^2 \times 0.05 + (45-30.62)^2 \times 0.06 + \cdots$$
$$+ (-10-30.62)^2 \times 0.05 = 160.5156$$
$$\sigma = 12.67$$

2. 决策树分析

决策树是直观运用概率分析的一种图解方法，也称为决策树图。因其运用树状图形来做多方案的分析和择优而得名。决策树是将各种可供选择的方案以及影响各备选方案的有关因素（如自然状态、概率、损益值等）绘成一个树状图（见图 5-10），这个树状网络图从左向右展开，一般根据期望值法计算每一个方案的期望损益值并进行决策。决策树法特别适用于多阶段决策分析。

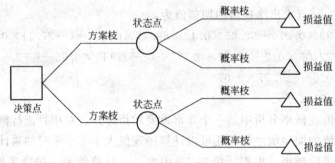

图 5-10　决策树结构图

决策树一般由三种点、两类枝组成。三种点即决策点、自然状态点、结果点，两类枝即方案枝和概率枝。决策点用"□"表示，是对多种可能方案择优的结果；从决策点引出若干条分枝，每条分枝代表一个备选方案，即方案枝，在方案枝末端连接自然状态点，以"○"表示，代表备选方案的期望损益值；从自然状态点引出的各条分枝即为概率枝，每一分枝代表一种自然状态可能出现的概率；在每条概率枝的末端以结果点"△"结束，并标注各方案在相应自然状态下的损益值。

决策树分析的一般步骤如下。

① 列出要考虑的各种风险因素，如投资、经营成本、销售价格等；
② 估计各种风险因素可能的未来状态，即确定其数值发生变化的个数；
③ 确定各种未来状态发生的概率；
④ 计算各种风险因素发生变化时，方案净现金流量各状态发生的概率和相应状态下的净现值 $NPV(j)$；
⑤ 求方案净现值的期望值（均值）$E(NPV)$；

$$E(NPV) = \sum_{j=1}^{k} NPV(j) \times P_j \tag{5-15}$$

式中　P_j——第 j 种状态出现的概率；
　　　k——可能出现的状态数。

⑥ 求出方案净现值非负的累计概率；
⑦ 对概率分析结果作说明。

[**例 5-9**] 某房地产开发项目的现金流量见表 5-8，根据预测和经验判断，开发成本、租售收入（两者相互独立）可能发生的变化及其概率见表 5-9。试对此项目进行概率分析并求净现值大于或等于 0 的概率，取基准折现率为 12%。

表 5-8 现金流量表　　　　　　　　　　　　　　　　　　　　　　　　　　单位：万元

年　　份	1	2	3	4	5
销售收入	1600	6400	8800	8800	8200
开发成本	4500	5900	6900	1800	200
其他支出				2500	3000
净现金流量	−2900	500	1900	4500	5000

表 5-9 因素变化及概率　　　　　　　　　　　　　　　　　　　　　　　　单位：万元

因素 \ 变幅 概率	−20%	0	+20%
销售收入	0.3	0.6	0.1
开发成本	0.1	0.4	0.5

解：（1）项目净现金流量未来可能发生的 9 种状态如下图图 5-11 概率树图所示。

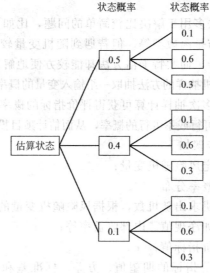

图 5-11　概率树图

（2）分别计算项目净现金流量各种状态的概率 $P_j(j=1,2,\cdots,9)$

$$P_1 = 0.5 \times 0.1 = 0.05$$
$$P_2 = 0.5 \times 0.6 = 0.30$$
$$P_3 = 0.5 \times 0.3 = 0.15$$

其余类推，结果见表 5-10。

表 5-10　方案可能未来状态的概率及净现值计算表

可能状态(j)	状态概率(P_j)	$NPV^{(j)}$	$P_j \cdot NPV^{(j)}$
1	0.05	6488.6	324.4
2	0.30	1880.7	564.2
3	0.15	−2727.3	−409.1
4	0.04	9466.6	378.7
5	0.24	4858.7	1166.1
6	0.12	250.7	30.1
7	0.01	12444.6	124.4
8	0.06	7836.7	470.2
9	0.03	3228.7	96.9
合计	1.00	43727.9	2745.9

(3) 分别计算项目各种状态下的净现值 $NPV^{(j)}(j=1,2,\cdots,9)$

$$NPV^{(1)} = \sum_{t=1}^{5}(CI-CO)_t^{(1)}(1+12\%)^{-t} = 6488.6（万元）$$

其余类推，结果见表 5-10。

(4) 计算项目净现值的期望值

净现值的期望值 $=0.05\times6488.6+0.30\times1880.7+0.15\times(-2727.3)+0.04\times9466.6$
$+0.24\times4858.7+0.12\times250.7+0.01\times12444.6+0.06\times7836.7$
$+0.03\times3228.7=2745.9$（万元）

(5) 计算净现值大于等于零的概率

$$P(NPV\geq0)=1-P(NPV<0)=1-0.15=0.85$$

结论：该项目净现值的期望值大于零，是可行的；又 $P(NPV\geq0)=0.85$，说明项目具有较高的可靠性。

3. 蒙特卡洛法

在风险估计中，概率树法多用于解决比较简单的问题，比如只有一个或两个参数是随机变量，且随机变量的概率分布是离散型等。但若遇到随机变量较多且概率分布是连续型的，采用概率树法将变得十分复杂，而蒙特卡洛方法却能较方便地解决此类问题。

蒙特卡洛模拟法，是用随机抽样的方法抽取一组输入变量的概率分布特征的数值，输入这组变量计算项目评价指标，通过多次抽样计算可获得评价指标的概率分布及累计概率分布、期望值、方差、标准差，计算项目可行或不可行的概率，从而估计项目投资所承担的风险。

蒙特卡洛法实施的一般步骤如下。

① 通过敏感性分析，确定风险随机变量；
② 确定风险随机变量的概率分布；
③ 通过随机数表或计算机求出随机数，根据风险随机变量的概率分布模拟输入变量；
④ 选取经济评价指标，如净现值、内部收益率等；
⑤ 根据基础数据计算评价指标值；
⑥ 整理模拟结果所得评价指标的期望值、方差、标准差和它的概率分布及累积概率，绘制累计概率图，计算项目可行或不可行的概率。

(1) 离散型随机变量的蒙特卡洛模拟

[例 5-10] 根据专家调查获得的某种产品的年销售收入服从如表 5-11 所示的离散型概率分布，根据表 5-11 绘制累计概率如图 5-12 所示。

表 5-11 离散型随机变量的概率分布表

年营业收入/万元	1000	1200	1500	2000
概率	0.1	0.5	0.25	0.15
累计概率	0.1	0.6	0.85	1.00

若抽取的随机数为 48867，从累计概率图纵坐标上找到累计概率为 0.48867，划一水平线与累计概率折线相交的交点的横坐标值为 1200 万元/年，即是年销售收入的抽样值。

随机数、累计概率与抽样结果的关系如表 5-12 所示。

表 5-12 随机数、累计概率与抽样结果的关系

年营业收入/万元	1000	1200	1500	2000
概率	00000~09999	10000~59999	60000~84999	85000~99999
累计概率	0.1	0.6	0.85	1.00

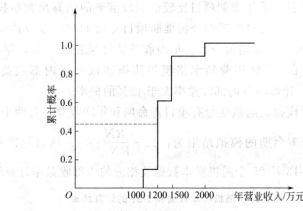

图 5-12 年营业收入累计概率图

（2）正态分布随机变量的蒙特卡洛模拟

根据正态分布概率密度分布函数可以绘出它的累计概率分布图，如图 5-13 所示。

用随机数作为累计概率的随机值，每个随机数都可在图 5-13 中对应一个随机正态偏差值。也可直接查随机正态偏差表查取随机正态偏差值。对应的随机变量的抽样结果可通过下式求得：

$$抽样结果 = 均值 + 随机正态偏差 \times 均方差 \qquad (5-16)$$

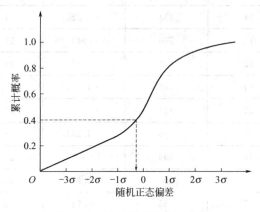

图 5-13 正态分布累计概率图

4. 均匀分布随机变量的蒙特卡洛模拟

具有最小值 a 和最大值 b 的连续均匀分布随机变量，其累计概率分布如图 5-14 所示。令 RN 表示随机数，RN_m 表示最大随机数，根据相似三角形对应成比例的原理，有：

$$抽样结果 = a + \frac{RN}{RN_m}(b-a)$$

$$= \frac{a+b}{2} - \frac{b-a}{2} + \frac{RN}{RN_m}(b-a)$$

$$(5-17)$$

如果某均匀分布随机变量的均值为 8，变化范围为 6，则

$$抽样结果 = \left(8 - \frac{6}{2}\right) + \frac{RN}{RN_m} \times 6$$

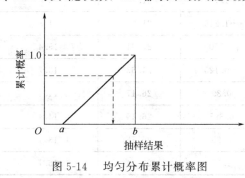

图 5-14 均匀分布累计概率图

[例 5-11] 某工程项目，采用类似项目比较法能较准确的估算出初始投资为 150 万元，投资当年即可获得正常收益。通过敏感性分析推断项目寿命期和年净收益为风险随机变量。项目寿命期估计为 12～16 年，呈均匀分布。年净收益估计呈正态分布，年净收益的均值为 25 万元，标准差为 3 万元。①试用蒙特卡洛模拟法描述该项目内部收益率的概率分布；②设基准收益率为 12%，计算项目内部收益率大于 12% 的概率。

解：①本例中，需要模拟的随机变量有项目寿命期和年净收益，且两个随机变量相互独立。根据已知条件，项目寿命期的模拟结果为：$12+\dfrac{RN}{RN_m}\times 4$；项目年净收益的模拟结果为：$25+RND\times 3$。表 5-13 是 25 个随机样本数据及相应的内部收益率计算结果。

表 5-13 随机样本数据和 IRR 的计算结果

序号	项目寿命随机数	项目寿命/年	年净收益随机数	年净收益随机正态偏差	年净收益/万元	内部收益率/%
1	303	13	623	0.325	25.98	14.3
2	871	16	046	−1.685	19.95	10.7
3	274	13	318	−0.475	23.58	12.2
4	752	15	318	−0.475	23.58	13.2
5	346	13	980	2.055	31.15	18.5
6	365	13	413	−0.220	24.34	12.9
7	466	14	740	0.640	27.22	15.8
8	021	12	502	0.005	25.02	12.7
9	524	14	069	−1.485	20.55	10.2
10	748	15	221	−0.770	22.69	12.6
11	439	14	106	−1.245	21.27	10.8
12	984	16	636	0.345	26.04	15.7
13	234	13	394	−0.270	24.19	12.7
14	531	15	235	−0.725	22.83	12.7
15	149	12	427	−0.185	24.45	12.2
16	225	13	190	−0.880	22.36	11.1
17	873	16	085	−1.370	20.89	11.5
18	135	12	826	−1.145	21.57	9.6
19	961	16	106	−1.245	21.27	11.8
20	381	13	780	0.770	27.31	15.4
21	439	14	450	−0.125	24.63	13.7
22	289	13	651	0.39	26.17	14.4
23	245	13	654	0.395	26.19	14.4
24	069	12	599	0.25	25.75	13.4
25	040	12	942	1.57	29.71	16.7

② 蒙特卡洛模拟法累计概率计算表如表 5-14 所示。

表 5-14　蒙特卡洛模拟法累计概率计算表

模拟顺序	模拟结果（内部收益率/%）	概率	累计概率
18	9.6	4%	4%
9	10.2	4%	8%
2	10.7	4%	12%
11	10.8	4%	16%
16	11.1	4%	20%
17	11.5	4%	24%
19	11.8	4%	28%
3	12.2	4%	32%
15	12.2	4%	36%
10	12.6	4%	40%
8	12.7	4%	44%
13	12.7	4%	48%
14	12.7	4%	52%
6	12.9	4%	56%
4	13.2	4%	60%
24	13.4	4%	64%
21	13.7	4%	68%
1	14.3	4%	72%
22	14.4	4%	76%
23	14.4	4%	80%
20	15.4	4%	84%
12	15.7	4%	88%
7	15.8	4%	92%
25	16.7	4%	96%
5	18.5	4%	100%

注：每次模拟结果的概率＝1/模拟次数。

通过表 5-14 的累计概率计算，可得该项目内部收益率大于 12% 的概率为 72%。

四、风险评价

风险评价，是指根据风险识别和风险估计的结果，依据项目风险判别标准，找出影响项目成败的关键风险因素。项目风险大小的评价标准应根据风险因素发生的可能性及其造成的损失来确定，一般采用评价指标的概率分布或累计概率、期望值、标准差作为判别标准，也可采用综合风险等级作为判别标准。

1. 以评价指标作为判别标准

① 财务（经济）内部收益率大于基准收益率（社会折现率）的累计概率值越大，风险

越小；标准差越小，风险越小。

② 财务（经济）净现值大于等于零的累计概率值越大，风险越小；标准差越小，风险越小。

2. 以综合风险等级作为判别标准

根据风险因素发生的可能性及其造成损失的程度，建立综合风险等级的矩阵，将综合风险分为风险很强的 K（Kill）级、风险强的 M（Modify）级、风险较强的 T（Trigger）级、风险适度的 R（Review and reconsider）级和风险弱的 I（Ignore）级。综合风险等级分类表如表 5-15 所示。

表 5-15 综合风险等级分类表

综合风险等级		风险影响的程度			
		严重	较大	适度	低
风险的可能性	高	K	M	R	R
	较高	M	M	R	R
	适度	T	T	R	I
	低	T	T	R	I

五、风险决策

1. 风险态度与风险决策准则

人是决策的主体，在风险条件下决策行为取决于决策者的风险态度。对同一风险决策问题，风险态度不同的人决策的结果通常有较大的差异。典型的风险态度有三种表现形式：风险厌恶、风险中性和风险偏爱。与风险态度相对应，风险决策人可有以下决策准则：满意度准则、最小方差准则、期望值准则和期望方差准则。

2. 风险决策方法

（1）满意度准则

在工程实践中由于决策人的理性有限性和时空的限制，既不能找到一切方案、也不能比较一切方案，并非人们不喜欢"最优"，而是"最优"的代价太高。因此，最优准则只存在于纯粹的逻辑推理中。在实践中只能遵循满意度准则，就可以进行决策。

满意度准则既可以是决策人想要达到的收益水平，也可以是决策人想要避免的损失水平，因此它对风险厌恶和风险偏爱决策人都适用。

当选择最优方案花费过高，或在没有得到其他方案的有关资料之前就必须决策的情况下，应采用满意度准则决策。

（2）期望值准则

期望值准则是根据各备选方案指标损益值的期望值大小进行决策，如果指标为越大越好的损益值，则应选择期望值最大的方案；如果指标为越小越好的损益值，则选择期望值最小的方案。由于不考虑方案的风险，实际上隐含了风险中性的假设。因此，只有当决策者风险态度为中性时，此原则才能适用。

（3）最小方差准则

一般而言，方案指标值的方差越大则方案的风险就越大。所以，风险厌恶型的决策人有时倾向于用这一原则选择风险较小的方案。这是一种避免最大损失而不是追求最大收益的准则，具有过于保守的特点。

(4) 期望值方差准则

期望值方差准则是将期望值和方差通过风险厌恶系数 A 化为一个标准 Q 来决策的准则。

$$Q = \overline{x} - A\sqrt{D} \tag{5-18}$$

式中风险厌恶系数 A 的取值范围从 0 到 1，越厌恶风险，取值越大。通过 A 取值范围的调整，使 Q 值适合于任何风险偏好的决策者。

六、风险控制

风险控制的四种基本方法是：风险回避、损失控制、风险转移和风险保留。

1. 风险回避

风险回避是投资主体有意识地放弃风险行为，完全避免特定的损失风险。在这个意义上，风险规避也可以说是投资主体将损失机会降低到 0。例如，货物采购合同中业主可以推迟承担货物的责任，即让供货商承担货物进入业主仓库之前的所有损失风险。这样，在货物运输时业主可避免货物入库前的损失风险。

简单的风险回避是一种最消极的风险处理办法，因为投资者在放弃风险行为的同时，往往也放弃了潜在的目标收益。所以一般只有在以下情况下才会采用这种方法。

① 投资主体对风险极端厌恶。
② 存在可实现同样目标的其他方案，其风险更低。
③ 投资主体无能力消除或转移风险。
④ 投资主体无能力承担该风险，或承担风险得不到足够的补偿。

2. 损失控制

当特定的风险不能避免时，可以采取行动降低与风险有关的损失，这种处理风险的方法就是损失控制。显然损失控制不是放弃风险行为，而是制定计划和采取措施降低损失的可能性或者是减少实际损失。损失控制在安全生产过程中很常用，控制的阶段包括事前、事中和事后三个阶段。事前控制的目的主要是为了降低损失的概率，事中和事后的控制主要是为了减少实际发生的损失。为了减少管理的费用，在每个阶段又应把握控制重点，如事故高发区和安全隐患集中的区域。

3. 风险转移

风险转移，是指通过契约，将让渡人的风险转移给受让人承担的行为。通过风险转移，可大大降低经济主体的风险程度，因为风险转移可使更多的人共同承担风险，或者受让人预测和控制损失的能力比风险让渡人强得多。风险转移的主要形式是合同和保险。

① 合同转移。通过签订合同，经济主体可以将一部分或全部风险转移给一个或多个其他参与者。例如，在建设工程发包阶段，业主可以与设计、采购、施工联合体签订交钥匙工程合同，并在合同中规定相应的违约条款，从中将一部分风险转移给了设计、采购和施工承包商。

② 保险转移。保险是使用最为广泛的风险转移方式，凡是属于保险公司可保的险种，都可以通过投保把风险全部或部分转移给保险公司。

4. 风险保留

风险管理的第四种方法是风险保留，即风险承担。也就是说，如果损失发生，经济主体将以当时可利用的任何资金进行支付。风险保留包括无计划自留、有计划自我保险。

① 无计划自留：指风险损失发生后从收入中支付，即不是在损失前做出资金安排。当经济主体没有意识到风险并认为损失不会发生时，或将意识到的与风险有关的最大可能损失显著低估时，就会采用无计划保留方式承担风险。一般来说，无资金保留应当谨慎使用，因为如果实际总损失远远大于预计损失，将引起资金周转困难；

② 有计划自我保险。指可能的损失发生前，通过做出各种资金安排以确保损失出现后能及时获得资金以补偿损失。有计划自我保险主要是通过建立风险预留基金的方式来实现。

思考题与练习题

1. 线性盈亏平衡分析的前提条件假设是什么？
2. 敏感性分析的作用有哪些？要经过哪些步骤？敏感性分析有什么不足之处？
3. 风险分析和不确定分析有何区别和联系？风险估计的基本方法有哪些？
4. 某企业生产某种产品，设计年产量为6000件，每件产品的出厂价格估算为50元，企业每年固定性开支为66000元，每件产品成本为28元，求企业的最大可能盈利，企业不盈不亏时最低产量，企业年利润为5万元时的产量。
5. 某投资项目其主要经济参数的估计值为：初始投资15000元，寿命为10年，残值为零，年收入为3500元，年支出为1000元，投资收益为15%，①当年收入变化时，试对内部收益率的影响进行敏感性分析；②试分析初始投资、年收入与寿命三个参数同时变化时对净现值的敏感性。
6. 某方案需投资25000元，预期寿命为5年，残值为0，每年净现金流量为随机变量，其可能发生的三种状态的概率及变量值如下：5000元（$P=0.3$）；10000元（$P=0.5$）；12000元（$P=0.2$）；若利率为12%，试计算净现值的期望值与标准差。

工程项目的经济评价

工程项目经济评价是在完成市场调查与预测、拟建规模、营销策划、资源优化、技术方案论证、投资估算与资金筹措等可行性分析的基础上，对拟建项目投入与产出的基础数据进行推测、估算，进行评价的过程。经济评价的工作成果融汇了可行性研究的结论性意见和建议，是投资主体决策的重要依据。

工程项目经济评价主要分为财务评价和国民经济评价。本章主要介绍财务评价的主要内容及其理论和方法。

第一节 资金筹集与资金规划

一、资金的来源渠道

在估算出项目所需要的资金量后，应根据资金筹集的可能性、供应的充足性、融资成本的高低等选择资金来源渠道。资金的来源渠道主要有以下几个方面。

① 政府投资资金。
② 国内外银行等金融机构的贷款。
③ 国内外证券市场发行的股票或债券。
④ 国内外非银行金融机构的资金。如信托投资公司、投资基金公司、风险投资公司、投资基金公司、风险投资公司、保险公司、租赁公司等机构的资金。
⑤ 外国政府的资金。
⑥ 国内外企业、团体、个人的资金。

二、资金的筹集方式

(一) 资本金筹措

资本金,是指在投资项目总投资中,由投资者认缴的出资额,对投资项目来说是非债务性资金,投资者可按其出资的比例依法享有所有者权益,也可转让其出资,但不得以任何方式抽回。

2015年,为了扩大有效投资需求、促进投资结构调整、保持经济平稳健康发展,国务院发布了《国务院关于调整和完善固定资产投资项目资本金制度的通知》(国发〔2015〕51号),再次调整了固定资产投资项目的最低资本金比例,投资项目必须首先落实资本金才能进行建设(详见表6-1)。对于城市地下综合管廊、城市停车场项目,以及经国务院批准的核电站等重大建设项目,可以在规定的最低资本金比例基础上适当降低。

表 6-1 项目资本金占项目总投资最低比例

序号	投资项目		项目资本金占项目总投资最低比例
1	城市和交通基础设施项目	城市轨道交通项目	20%
		港口、沿海及内河航、机场项目	25%
		铁路、公路项目	20%
2	房地产开发项目	保障性住房和普通商品住房项目	20%
		其他项目	25%
3	产能过剩行业项目	钢铁、电解铝项目	40%
		水泥项目	35%
		煤炭、电石、铁合金、烧碱、焦炭、黄磷、多晶硅项目	30%
4	其他工业项目	玉米深加工项目	20%
		化肥(钾肥除外)项目	25%
		电力等其他项目	20%

作为计算项目资本金基数的总投资,是指投资项目的固定资产投资与铺底流动资金之和,具体核定时以经批准的动态概算为依据。

铺底流动资金是指生产性建设项目为保证生产和经营正常进行,按规定应列入建设工程项目总投资的铺底流动资金,一般按项目运营期正常年份所需流动资金的30%计算。

投资项目资本金的具体比例,由项目审批单位根据投资项目的经济效益以及银行贷款意愿和评估意见等情况,在审批可行性研究报告时核定。经国务院批准,对个别情况特殊的国家重点建设项目,可以适当降低资本金比例。

根据项目资本金筹措的主体不同,可分为既有法人项目资本金筹措和新设法人项目资本金筹措。

(二) 既有法人项目资本金筹措

既有法人作为项目法人进行项目资本金筹措,不组建新的独立法人,筹资方案应与既有法人公司(包括企业、事业单位等)的总体财务安排相协调。既有法人可用于项目资本金的资金来源分为内、外两个方面。

1. 内部资金来源

① 企业的现金。企业库存现金和银行存款中可用于项目投资的资金。

② 未来生产经营中获得的可用于项目的资金。

③ 企业资产变现。

④ 企业产权转让。企业将原有的产权部分或全部转让给他人，换取资金用于新项目的投资。

2. 外部资金来源

包括既有法人通过在资本市场发行股票和企业增资扩股，以及一些准资本金手段，如发行优先股获取外部投资人的权益资金投入，同时也包括接受国家预算内资金为来源的融资方式。

① 企业增资扩股。企业可通过原有股东增资和吸收新股东增资扩股。

② 优先股。优先股是一种介于股本资金与负债之间的融资方式，优先股股东不参与公司的经营管理，没有公司的控制权。优先股相对于其他借款融资通常处于较后的受偿顺序。

③ 国家预算内投资。简称"国家投资"，是指以国家预算资金为来源并列入国家计划的固定资产投资。目前包括：国家预算、地方财政、主管部门和国家专业投资拨给或委托银行贷给建设单位的基本建设拨款及中央基本建设基金，拨给企业单位的更新改造拨款，以及中央财政安排的专项拨款中用于基本建设的资金。国家预算内投资的资金一般来源于国家税收，也有一部分来自于国债收入。

（三）新设法人项目资本金筹措

新设法人项目的资本金由新设法人筹措。新设法人项目的资本金的形成分为两种形式：一种是在新法人设立时由发起人和投资人按项目资本金额度要求提供足额资金；另一种是由新设法人在资本市场上进行融资来形成项目资本金。

由初期设立的项目法人进行的资本金筹措形式主要如下。

（1）在资本市场募集股本资金

① 私募。是指将股票直接出售给少数特定的投资者，不通过公开市场销售。私募程度相对简单，但在信息披露方面仍需满足投资者的要求。

② 公开募集。是指在证券市场上公开向社会发行销售。

（2）合资合作

通过在资本市场上寻求新的投资者，由初期设立的项目法人与新的投资者以合资合作等多种形式，重新组建新的法人，或由初期设立的项目法人的发起人和投资人与新的投资者进行资本整合，重新设立新的法人，使重新设立的新法人拥有的资本金达到或满足项目资本金投资的额度要求。采用这一方式，新法人往往需要重新进行公式注册或变更登记。

（四）债务资金筹措

债务资金是指项目投资中除项目资本金外，以负债方式取得的资金。债务资金是建设项目的重要资金来源，其优点是速度快、成本较低，缺点是融资风险大，有还本付息的压力。

筹措债务资金应考虑债务期限、债务偿还、债务序列、债权保证、违约风险、利率结构、货币结构与国家风险等主要因素。债务资金主要通过信贷、债券、租赁等方式筹措。

（1）信贷方式融资

信贷方式融资主要有商业银行和政策性银行贷款、出口信贷、外国政府贷款及世界银行、亚洲开发银行等国际金融机构贷款、股东借款，对于融资金额巨大的建设项目，还有银团贷款。

(2) 债券方式融资

债券融资是指项目法人以自身的财务状况和信用条件为基础，通过发行企业债券筹集资金，用于项目建设的融资方式。除了一般债券融资外，还有可转换债券融资。

1) 企业债券。企业债券代表着发债企业和债券投资者之间的一种债权债务关系。债务投资者是企业的债权人，不是所有者，无权参与或干涉企业经营管理，但有权按期收回本息。

企业债券融资的特点是：筹资对象广、市场大，但发债条件严格、手续复杂；其利率虽低于银行贷款利率但发行费用较高，需要支付承销费、发行手续费、兑付手续费及担保费等费用。适用于资金需求大，偿债能力较强的建设项目。

目前，我国企业债券的发行总量需纳入国家信贷计划，申请发行企业债券必须经过严格的审核，只有实力强、资信好的企业才有可能被批准发行企业债券，还必须有实力很强的第三方提供担保。

2) 可转换债券。可转换债券是一种可以在特定时间、按特定条件转换为普通股股票的特殊企业债券，兼有债权和股票的特性。

可转换债券有以下三个特点：债券性，与其他债券一样，可转换债券也有规定的利率和期限，债券持有人可以选择持有债券到期，收取本金和利息；股权性，可转换债券在转换成股票之前是纯粹的债券，但在转换成股票之后，原债券持有人就由债权人变成了公司的股东，可参与企业的经营决策和红利分配；可转换性，债券持有人有权按照约定的条件将债券转换成股票。转股权是投资者享有的、普通企业债券所没有的选择权。可转换债券在发行时就明确约定，债券持有人可按照发行时约定的价格将债券转换成公司的普通股股票。如果债券持有人不想转换，则可继续持有债券，直到偿还期满时收取本金和利息，或者在流通市场出售变现。

由于可转换债券附有普通企业债券所没有的转股权，因此可转换债券利率一般低于普通企业债券利率，企业发行可转换债券有助于降低资金成本。但可转换债券在一定条件下可转换为公司股票，因而可能会造成股权的分散。

(3) 租赁方式融资

租赁有融资租赁、经营租赁等多种方式。

1) 融资租赁　融资租赁是资产拥有者在一定期限内将资产租给承租人使用，由承租人分期付给一定的租赁费的融资方式。融资租赁是一种以租赁物品的所有权与使用权相分离为特征的信贷方式。

融资租赁，一般由出租人按承租人选定的设备，购置后出租给承租人长期使用。在租赁期内，出租人以收取租金的形式收回投资，并取得收益；承租人支付租金租用设备进行生产经营活动。租赁期满后，出租人一般将设备作价转让给承租人。

融资租赁的优点是企业可不必预先筹集一笔相当于资产买价的资金就可以获得需要资产的使用权。这种融资方式适用于以购买设备为主的建设项目。

2) 经营租赁　经营租赁是出资方以自己经营的设备租给承租方使用并收取租金。经营租赁有别于融资租赁，不能认为是债务资金的一种筹措方式。

三、资金结构与财务杠杆效应

项目融资方案的设计及优化中，资金结构分析是一项重要内容。资金结构包括项目资本金与项目债务资金的比例、项目资本金内部的比例和项目资金内部结构的比例。

1. 项目资本金与债务资金的比例。

项目资本金与项目债务资金的比例是项目资金结构中最重要的比例关系。项目投资者希望投入较少的资本金，获得较多的债务资金，尽可能降低债权人对股东的追索。而提供债务资金的债权人则希望项目能够有较高的资本金比例，以降低债权的风险。当资本金比例降低到银行不能接受的水平时，银行将会拒绝贷款。资本金与债务资金的合理比例需要由各个参与方的利益平衡来决定。

借入资金要求定期付息、到期还本，债权人承担的风险较小，一般只要求较低的报酬，对项目来说，资金成本较低；但因为要还本付息，项目的融资风险（财务风险）较高。

而自有资金，不需还本付息，融资风险（财务风险）较小，但因收益的不确定性，投资人的风险较大，一般要求项目有较高的报酬，因而资金成本较高。

[例 6-1] 某投资项目需要资金 100 万元，预计年销售收入为 100 万元，经营成本为 54 万元，年折旧费为 10 万元，税金及附加为 6 万元。所得税税率为 25%。现有两个融资方案：方案 A 全部运用自有资金；方案 B 则贷款 50 万元，贷款利率为 15%。试比较两方案应交的所得税、税后利润和净资本收益率。

解：根据给定的条件，计算两方案有关指标，编制方案净资本收益率计算表，见表 6-2。

表 6-2 方案净资本收益率计算表　　　　　　　　　　　　单位：万元

项　目	方案 A	方案 B	项　目	方案 A	方案 B
自有资金	100	50	应付利息	0	7.5
贷款金额	0	50	税前利润	30	22.5
销售收入	100	100	所得税	7.5	5.625
经营成本	54	54	税后利润	22.5	16.875
折旧费	10	10	净收益	32.5	26.875
税金及附加	6	6	净资本利润率/%	22.5	33.75
销售利润	30	30	净资本收益率/%	32.5	53.75

从表 6-2 中可以看出，方案 A 的利润较 B 的高，但千万不能就此下结论，方案 A 优于方案 B。原因就在于，方案 A 运用的资金全部自有，而方案 B 只有自有资金 50 万元，除开剩余资金还有其他收益机会外，自有资金的成本较方案 A 要低许多。

一般地，企业在经营中总会发生借入资金。借贷资金与资本金的数量比例称为债务比。一般情况下，在有负债资金的情况下，全部投资的效果与自有资金投资效果是不相同的。也就是说，资金结构不同，项目的经济效果也会不同。企业负债经营，不论利润多少，债务利息是不变的。于是，当利润增大时，每单位货币利润所负担的利息就会相对地减少，从而使投资者收益有更大幅度的提高。这种债务对投资者收益的影响称作财务杠杆。

设全部投资为 K，自有资金为 K_0，贷款为 K_L，有 $K=K_0+K_L$，全部投资收益率为 R，自有资金收益率为 R_0，贷款利率为 R_L，则有：

$$R_0 = \frac{(KR - K_L R_L)}{K_0} = R + \frac{K_L}{K_0}(R - R_L) \tag{6-1}$$

当 $R > R_L$ 时，$R_0 > R$；当 $R < R_L$ 时，$R_0 < R$，且自有资金收益率与全部投资收益率的差别被资金构成比 $\frac{K_L}{K_0}$ 所放大，这种放大效应，称为财务杠杆效应。$\frac{K_L}{K_0}$ 称为债务比。

[例 6-2] 某工程有三种方案，全部投资收益率分别为 6%、10%、15%。贷款利率为 10%。试比较贷款额占全部投资的比为 0、0.5 和 0.8 时的自有资金收益率。

解：利用公式 [6-1] 进行计算，编制自有资金收益率计算表，见表 6-3。

表 6-3 自有资金收益率计算表

债务比	$K_L/K = 0$	$K_L/K = 0.5$	$K_L/K = 0.8$
方案 A：$R = 6\%$	$R_0 = 6\%$	$R_0 = 2\%$	$R_0 = -10\%$
方案 B：$R = 10\%$	$R_0 = 10\%$	$R_0 = 10\%$	$R_0 = 10\%$
方案 C：$R = 15\%$	$R_0 = 15\%$	$R_0 = 20\%$	$R_0 = 35\%$

根据计算结果，可以看出，A 方案不宜采用借入资金，因为其整体收益水平低于贷款利率；B 方案的整体收益率与贷款利率相等，故采用借入资金对自有资金收益水平没有影响；C 方案整体收益水平高于贷款利率，增大借入资金的比例，会提高自有资金的收益水平，故可以考虑采用借入资金。

资本金所占比例越高，企业的财务风险和债权人的风险越小，可能获得较低利率的债务资金。债务资金的利息是所得税前列支的，可以起到合理减税的效果。在项目的受益不变、项目投资财务内部收益率高于负债利率的条件下，由于财务杠杆的作用，资本金所占比例越低，资本金财务内部收益率越高，同时企业的财务风险和债权人的风险也越大。

企业和项目的出资人关心的是其投资所获得的收益。企业用借贷资金和用权益资本筹集项目所需资金，其投资效果是不同的。借款筹资必须固定支付利息，会影响项目的利润水平。但是，若项目的盈利能力很强，其全部投资收益率高于贷款利率，则项目在支付利息外还存在的较大的盈余空间，可提高权益资本（即自有资金）的收益率水平，这就是"负债经营"的好处。若项目盈利低，贷款利率又高，其收益还不足以偿付债务利息，那么，贷款就会变成企业沉重的财务负担，它会使权益资本收益率变得更低，严重时还会导致项目和企业资不抵债，发生财务危机或破产，这就是财务风险。

因此，一般认为，在符合国家有关资本金（注册资本）比例规定、符合金融机构信贷法规及债权人有关资产负债比例的要求的前提下，既能满足权益投资者获得期望投资回报的要求，又能较好的防范财务风险的比例是较理想的资本金与债务资金的比例。

2. 项目资本金内部结构比例

项目资本金内部结构比例指项目投资各方的比例。不同的出资比例决定各投资方对项目建设和经营的决策权和承担额责任，以及项目收益的分配。

3. 项目债务资金结构比例

项目债务资金结构比例反映债权各方为项目提供债务资金的数额比例、债务期限比例、内债和外债的比例，以及外债中各币种债务的比例等。合理的债务资金结构需要考虑融资成本、融资风险，合理设计融资方式、币种、期限、偿还顺序及保证方式。

四、债务偿还

1. 借款偿还的资金来源

根据现行有关财务制度，企业偿还贷款的资金来源有未分配利润、折旧费、摊销费和其他资金来源。国家和地方部门往往对企业用于偿还贷款的资金来源有一些限制性的规定。这就要求企业必须在弄清相关规定的基础上，根据企业逐年还款资金来源，估算每年可用于还款的资金数额。

对于国外借款，通常要用外汇来偿还。

2. 借款利息计算

项目在建设期内如能按期支付利息，应单利计息；在建设期内如不支付利息，应按复利计息。对借款额在建设期各年年内按月、按季均衡发生的项目，为了简化计算，通常假设借款发生当年均在年中使用，按半年计息，其后年份按全年计息。对借款额在建设期各年年初发生的项目，则应按全年计息。即：

$$建设期年利息额 = (年初借款本息累计 + 本年借款额/2) \times 年利率 \qquad (6-2)$$

$$运营期年利息额 = 年初借款累计 \times 年利率 \qquad (6-3)$$

第二节 工程项目财务评价

工程项目财务评价，是项目决策分析与评价中为判定项目财务可行性所进行的一项重要工作，是项目经济评价的重要组成部分，是投融资决策的重要依据。

一、财务评价的概念

财务评价是在现行会计准则、会计制度、税收法规和价格体系下，通过财务效益与费用的预测，编制财务报表，计算评价指标，进行财务盈利能力分析、偿债能力分析和财务生存能力分析，据以评价项目的财务可行性。

二、财务评价的主要内容及步骤

1. 财务评价的内容

① 在明确项目评价范围的基础上，根据项目性质和融资方式选取适宜的方法。

② 选取必要的基础数据进行财务效益与费用的估算，编制相关辅助报表，为财务分析进行准备，也称财务分析基础数据与参数的确定、估算与分析。

③ 编制财务分析报表和计算财务分析指标进行财务分析：包括盈利能力分析、偿债能力分析和财务生存能力分析。

④ 在对初步设定的建设方案（称为基本方案）进行财务分析后，还应进行不确定性分析，包括盈亏平衡分析和敏感性分析。

2. 财务评价的步骤

工程项目财务评价是一项系统的、综合性的分析评价工作，是对工程项目在建设、生产全过程中的经济活动进行的经济分析与评价。其基本步骤如下。

① 搜集、测算财务分析的基础数据；
② 编制财务评价基本报表；
③ 计算评价指标；
④ 进行不确定性分析；
⑤ 评价方案优劣，得出评价结论。详见图 6-1。

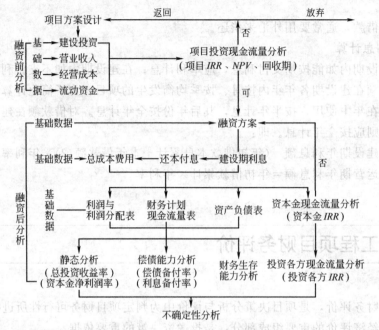

图 6-1　财务评价步骤示意图

投资估算和融资方案是财务评价的基础。在实际操作过程中，三者互有交叉，在财务分析的方法和指标体系设置上体现了这种交叉。

首先要做的是融资前的项目投资现金流量分析，其结果体现项目方案本身设计是否合理，用于投资决策以及方案或项目的比选。也就是考察项目是否基本可行，并值得为之融资。

如果第一步分析的结论是"可"，那么才有必要考虑融资方案，进行项目的融资后分析，包括项目资本金现金流量分析、偿债能力分析和财务生存能力分析等。

融资后分析是比选融资方案，进行融资决策和投资者最终出资的依据。

如果融资前分析结果不能满足要求，可返回对项目建设方案进行修改；若多次修改后分析结果仍不能满足要求，甚至可以做出放弃或暂时放弃项目的建议。

三、财务评价报表

财务报表主要有财务现金流量表、利润和利润分配表、财务计划现金流量表、资产负债表和借款还本付息估算表等。

1. 财务现金流量表

现金流量表是指反映项目在计算期内各年的现金流入、现金流出和净现金流量的计算表格。现金流量表的基本结构是现金流入、现金流出和净现金流量三个部分。为了分析的需要增设了如调整所得税等栏目。具体的格式因分析的层次不同而不同。

项目现金流量分析分为三个层次：第一层次为项目投资现金流量分析；第二层次为项目资本金现金流量分析；第三层次为投资各方的现金流量分析。因此，现金流量表也可分为项目投资现金流量表、项目资本金现金流量表和投资各方现金流量表。

编制现金流量表的主要作用是计算不同层次的财务内部收益率、财务净现值和投资回收期等分析指标。现金流量表只反映项目在计算期内各年实际发生的现金收支，不反映非现金收支（如折旧费、摊销费、应收及应付款等）。

（1）项目投资现金流量表

项目投资现金流量表也称全部投资现金流量表，如表6-4所示。该表用以计算投资项目所得税前及所得税后的财务内部收益率、财务净现值及投资回收期等财务分析指标。

由于项目的建设性质和建设内容不同，项目的所得税率和享受的国家优惠政策也不相同，因此，在编制项目投资现金流量表时，一般要计算所得税前和所得税后的财务内部收益率、财务净现值和投资回收期等指标。计算息税前的指标，目的是考察项目方案设计本身的财务盈利能力，反映项目的可行性，以供决策者对项目的可行性做出基本判断。由于不考虑资金来源和所得税的高低，从而也为各个投资方案的比较建立了共同基础。

表6-4 项目投资现金流量表　　　　　　　　　　　单位：万元

序号	项目	合计	计算期					
			1	2	3	4	…	n
1	现金流入							
1.1	营业收入							
1.2	补贴收入							
1.3	回收固定资产余值							
1.4	回收流动资金							
2	现金流出							
2.1	建设投资							
2.2	流动资金							
2.3	经营成本							
2.4	税金及附加							
2.5	维持运营投资							
3	所得税前净现金流量(1－2)							
4	累计所得税前净现金流量							
5	调整所得税							
6	所得税后净现金流量(3－5)							
7	累计所得税后净现金流量							

（2）项目资本金现金流量表

项目资本金现金流量表也称自有资金现金流量表，如表6-5所示。该表从直接投资者角度出发，以投资者的出资额作为计算基础，把借款本金偿还和利息支出作为现金流出，用以计算资本金内部收益率、净现值和投资回收期等评价指标，考察项目资本金的赢利能力。

表 6-5 项目资本金现金流量表　　　　　　　　　　　　　　单位：万元

序号	项目	合计	计算期					
			1	2	3	4	…	n
1	现金流入							
1.1	营业收入							
1.2	补贴收入							
1.3	回收固定资产余值							
1.4	回收流动资金							
2	现金流出							
2.1	项目资本金							
2.2	借款本金偿还							
2.3	借款利息支付							
2.4	经营成本							
2.5	税金及附加							
2.6	所得税							
2.7	维持运营投资							
3	净现金流量(1−2)							

(3) 投资各方财务现金流量表

对于某些项目，为了考察投资各方的具体收益情况，还需要编制从投资各方角度出发的现金流量表，即投资各方现金流量表，见表 6-6。

投资各方现金流量表可按不同投资方分别编制。表中现金流入是指出资方因该项目的实施将实际获得的各种收入；现金流出是指出资方因该项目的实施将实际投入的各种支出。

通过投资各方现金流量表可以计算投资各方的投资收益率，考察投资各方的盈利情况。从而可以看出投资各方收益的不均衡性是否在合理水平上，有助于促成投资各方达成平等互利的投资方案，从而确定是否值得投资。

表 6-6 投资各方现金流量表　　　　　　　　　　　　　　单位：万元

序号	项目	合计	计算期					
			1	2	3	4	…	n
1	现金流入							
1.1	实分利润							
1.2	资产处置收益分配							
1.3	租赁费收入							
1.4	技术转让或使用收入							
1.5	其他现金流入							
2	现金流出							
2.1	实缴资本							
2.2	租赁资产支出							
2.3	其他现金流出							
3	净现金流量(1−2)							

2. 利润及利润分配表

利润及利润分配表是反映项目计算期内各年的利润总额、所得税及税后利润的分配情况，用以计算投资盈利情况的报表，见表6-7。

表6-7 利润及利润分配表　　　　　　　　　　　　　单位：万元

序号	项目	合计	计算期					
			1	2	3	4	…	n
1	营业收入							
2	税金及附加							
3	总成本费用							
4	补贴收入							
5	利润总额（1－2－3＋4）							
6	弥补以前年份亏损							
7	应纳税所得额（5－6）							
8	所得税							
9	净利润（5－8）							
10	期初未分配利润							
11	可供分配利润（9＋10）							
12	提取法定盈余公积金							
13	可供投资者分配的利润（11－12）							
14	应付优先股股利							
15	提取任意盈余公积金							
16	应付普通股股利（13－14－15）							
17	各投资方利润分配							
	其中：××方							
	××方							
18	未分配利润（13－14－15－17）							
19	息税前利润（利润总额＋利息支出）							
20	息税折旧摊销前利润（息税前利润＋折旧＋摊销）							

3. 财务计划现金流量表

财务计划现金流量表是反映项目计算期内各年的投资、融资及经营活动的现金流入和流出，用于计算累计盈余资金，考察资金平衡和余缺情况，分析项目财务生存能力的报表，见表6-8。

表6-8 财务计划现金流量表　　　　　　　　　　　　单位：万元

序号	项目	合计	计算期					
			1	2	3	4	…	n
1	经营活动净现金流量（1.1－1.2）							
1.1	现金流入							
1.1.1	营业收入							
1.1.2	增值税销项税额							

续表

序号	项目	合计	计算期					
			1	2	3	4	…	n
1.1.3	补贴收入							
1.1.4	其他流入							
1.2	现金流出							
1.2.1	经营成本							
1.2.2	增值税进项税额							
1.2.3	税金及附加							
1.2.4	增值税							
1.2.5	所得税							
1.2.6	其他流出							
2	投资流动净现金流量(2.1−2.2)							
2.1	现金流入							
2.2	现金流出							
2.2.1	建设投资							
2.2.3	维持运营投资							
2.2.3	流动资金							
2.2.4	其他流出							
3	筹资活动净现金流量(3.1−3.2)							
3.1	现金流入							
3.1.1	项目资本金投入							
3.1.2	建设投资借款							
3.1.3	流动资金借款							
3.1.4	债券							
3.1.5	短期借款							
3.1.6	其他流入							
3.2	现金流出							
3.2.1	各种利息支出							
3.2.2	偿还债务本金							
3.2.3	应付利润(股利分配)							
3.2.4	其他流出							
4	净现金流量(1+2+3)							
5	累计盈余资金							

4. 资产负债表

资产负债表是反映计算期内各年末资产、负债和所有者权益的增减变化及对应关系，以考察项目资产、负债和所有者权益的结构是否合理，用以计算资产负债率，进行偿债能力分析的报表，见表6-9。

表 6-9 资产负债表　　　　　　　　　　单位：万元

序号	项目	合计	计算期					
			1	2	3	4	…	n
1	资产							
1.1	流动资产总额							
1.1.1	货币资金							
1.1.2	应收账款							
1.1.3	预付账款							
1.1.4	存货							
1.1.5	其他							
1.2	在建工程							
1.3	固定资产净值							
1.4	无形及其他资产净值							
2	负债及所有者权益(2.4+2.5)							
2.1	流动负债总额							
2.1.1	短期借款							
2.1.2	应付账款							
2.1.3	预收账款							
2.1.4	其他							
2.2	建设投资借款							
2.3	流动资金借款							
2.4	负债小计(2.1+2.2+2.3)							
2.5	所有者权益							
2.5.1	资本金							
2.5.2	资本公积							
2.5.3	累计盈余公积金							
2.5.4	累计未分配利润							

5. 借款还本付息计划表

借款还本付息计划表是反映项目借款偿还期内借款本金偿还和利息支付情况，用于计算偿债备付率和利息备付率指标，进行偿债能力分析的报表，见表 6-10。

按现行财务制度规定，归还建设投资借款的资金来源主要是当年可用于还本的折旧费和摊销费、当年可用于还本的未分配利润、以前年度结余可用于还本资金和可用于还本的其他资金等。由于流动资金借款本金在项目计算期末一次性回收，因此不必考虑流动资金的偿还问题。

四、财务评价指标

1. 财务评价指标体系

投资项目财务评价的结果，一方面取决于基础数据的完整性和可靠性，另一方面取决于所选取的评价指标体系的合理性。只有选取正确的指标体系，项目的财务分析结果才能与客观实际情况相吻合，才具有实际意义。一般来讲，投资人的投资目标不止一个，因此，项目

表 6-10 借款还本付息计划表

序号	项目	合计	计算期					
			1	2	3	4	…	n
1	借款 1							
1.1	期初借款余额							
1.2	当期还本付息							
	其中:还本							
	付息							
1.3	期末借款余额							
2	借款 2							
2.1	期初借款余额							
2.2	当期还本付息							
	其中:还本							
	付息							
2.3	期末借款余额							
3	债券							
3.1	期初债务余额							
3.2	当期还本付息							
	其中:还本							
	付息							
3.3	期末债务余额							
4	借款和债券合计							
4.1	期初余额							
4.2	当期还本付息							
	其中:还本							
	付息							
4.3	期末余额							

财务指标体系也不是唯一的。根据不同的评价深度要求和可获得资料的多少，以及项目本身所处条件与性质的不同，可选用不同指标。财务评价指标体系根据不同的分类标准，可有不同的分类。

(1) 按是否考虑资金时间价值因素进行分类

按是否考虑资金时间价值因素进行分类，财务评价指标可分为静态指标和动态指标，如表 6-11 所示。

表 6-11 静态指标和动态指标体系表

财务评价指标	静态指标	总投资收益率、投资利润率、资本金净利润率、资产负债率、流动比率、速动比率、静态投资回收期、借款偿还期、利息备付率、偿债备付率
	动态指标	财务内部收益率、资本金内部收益率、财务净现值、财务净年值、动态投资回收期

(2) 按指标的性质进行分类

按指标的性质进行分类，财务分析指标可分为时间性指标、价值性指标和比率性指标。见表 6-12 所示。

表 6-12 按性质分类的指标体系表

财务评价指标	比率性指标	财务内部收益率、资本金内部收益率、总投资收益率、资本金净利润率、利息备付率、偿债备付率、流动比率、速动比率
	价值性指标	财务净现值、财务净年值
	时间性指标	静态投资回收期、借款偿还期、动态投资回收期

（3）按财务评价的目标进行分类

按财务评价的目标进行分类，财务评价指标可分为反应盈利能力的指标、反应偿债能力和财务生存能力的指标。如表 6-13 所示。

表 6-13 按财务指标评价目标分类表

财务评价指标	盈利能力指标	总投资收益率、资本金净利润率、财务净现值、财务内部收益率、静态投资回收期、动态投资回收期
	偿债能力指标	利息备付率、偿债备付率、资产负债率、借款偿还期、流动比率、速动比率
	财务生存能力指标	累计盈余资金

（4）按融资与否，指标可分为融资前财务分析指标和融资后财务分析指标，如表 6-14 所示。

表 6-14 融资前后财务分析指标

财务评价指标	融资前分析指标	所得税前项目财务内部收益率、所得税后项目财务内部收益率、所得税前项目财务净现值、所得税后项目财务净现值、所得税前投资回收期、所得税后投资回收期
	融资后分析指标	资本金财务内部收益率、投资各方财务内部收益率、总投资收益率、项目资本金净利润率

上述指标可通过相应的财务报表直接或间接求得，这些财务评价指标同财务报表的关系如表 6-15 所示。

表 6-15 财务分析指标与基本报表的关系

评价内容		基本报表	财务评价指标	
			静态指标	动态指标
融资前分析	盈利能力分析	项目投资现金流量表	项目投资静态投资回收期	项目投资财务内部收益率 项目投资财务净现值 项目投资动态回收期
融资后分析	盈利能力分析	资本金现金流量表		资本金财务内部收益率
		投资各方现金流量表		投资各方财务内部收益率
		利润及利润分配表	总投资收益率、资本金净利润率	
	清偿能力分析	资产负债表	资产负债率、流动比率、速动比	
		借款还本付息计划表	利息备付率、偿债备付率、借款偿还期	
	生存能力分析	财务计划现金流量表	净现金流量、累计盈余资金	
不确定性分析	盈亏平衡分析	总成本费用表	盈亏平衡点产量、单价、固定成本、可变成本、平衡点生产能力利用率	
	敏感性分析	现金流量表	总投资收益率、资本金净利润率、敏感度系数、临界点	财务内部收益率 财务净现值

2. 财务评价指标计算与分析

（1）反映盈利能力的评价指标计算与分析

盈利能力是反映项目财务效益的主要标志，在财务分析中，应当考察拟建项目建成投资后是否盈利，盈利能力是否足以使项目可行。根据项目融资与否，财务分析分为融资前分析和融资后分析，一般宜先进行融资前分析，在融资前分析结论满足要求的情况下，初步设定融资方案，再进行融资后分析。在项目建议书阶段，可只进行融资前分析。

融资前分析应以动态分析为主，静态分析为辅。融资前动态分析应以营业收入、建设投资、经营成本和流动资金的估算为基础，考察整个计算期内现金流入和现金流出，编制项目投资现金流量表，计算项目投资内部收益率和净现值等指标。融资前分析排除了融资方案变化的影响，从项目投资总获利能力的角度，考察项目方案设计的合理性。融资前分析计算的相关指标，应作为初步投资决策与融资方案研究的依据和基础。

根据分析角度的不同，融资前分析可选择计算所得税前指标和（或）所得税后指标。

融资前分析也可计算静态投资回收期（P_t）指标，用以反映收回项目投资所需要的时间。

融资后分析应以融资前分析和初步的融资方案为基础，考察项目在拟定融资条件下的盈利能力、偿债能力和财务生存能力，判断项目方案在融资条件下的可行性。融资后分析用于比选融资方案，帮助投资者做出融资决策。

融资后的盈利能力分析应包括动态分析和静态分析两种：动态分析包括下列两个层次：一是项目资本金现金流量分析，应在拟定的融资方案下，从项目资本金出资者整体的角度，确定其现金流入和现金流出，编制项目资本金现金流量表，计算项目资本金财务内部收益率指标，考察项目资本金可获得的收益水平。二是投资各方现金流量分析，应从投资各方实际收入和支出的角度，确定其现金流入和现金流出，分别编制投资各方现金流量表，计算投资各方的财务内部收益率指标，考察投资各方可能获得的收益水平。具体指标计算如下：

1）项目投资财务净现值（FNPV）。项目投资财务净现值是指按设定的折现率 i_0 计算的项目计算期内各年净现金流量的现值之和。计算公式为：

$$FNPV = \sum_{t=0}^{n}(CI-CO)_t(1+i_0)^{-t} \tag{6-4}$$

式中　　CI——现金流入；

　　　　CO——现金流出；

$(CI-CO)_t$——第 t 年的净现金流量；

　　　　n——计算期年数；

　　　　i_0——设定的折现率。

项目投资财务净现值是考察项目盈利能力的绝对指标，它反映项目在满足按设定折现率要求的盈利之外所能获得的超额盈利现值。所以，从财务净现值指标判断项目可行与不可行的标准是：$FNPV \geqslant 0$。表明项目的盈利能力达到或超过了设定折现率所要求的盈利水平，项目在财务上是可行的，否则不可行。

2）项目投资财务内部收益率。项目投资财务内部收益率（FIRR）是指能使项目在整个计算期内各年净现金流量现值累计等于零时的折现率。它是考察项目盈利能力的相对指标。其表达式为：

$$\sum_{t=0}^{n}(CI-CO)_t(1+FIRR)^{-t}=0 \tag{6-5}$$

式中，$FIRR$——项目内部收益率，其他同上式。

采用项目投资财务内部收益率指标判断项目可行与否的标准通常是：$FIRR \geqslant i_0$，一般情况下，项目投资财务内部收益率大于等于基准折现率或设定折现率，项目则是可行的。如水泥制造业融资前税前财务基准收益率为11%，房地产开发项目融资前税前财务基准收益率12%（见《参数与方法》第三版）。

3) 项目投资回收期（P_t）。项目投资回收期是指以项目的净收益回收项目投资所需要的时间，一般以年为单位，并从项目建设开始年算起，若从项目投产开始年算起的，应予以特别注明。投资回收期有动态和静态两个，静态回收期的计算方法与动态相同，只是每年的净现金流量不需要贴现。其表达式为：

动态投资回收期计算公式：

$$\sum_{t=0}^{P_D}(CI-CO)_t(1+i_0)^{-t}=0 \tag{6-6}$$

静态投资回收期计算公式：

$$\sum_{t=1}^{P_t}(CI-CO)_t=0 \tag{6-7}$$

投资回收期越短，表明项目的盈利能力和抗风险能力越好。投资回收期的判别标准是基准投资回收期，其取值可根据行业水平或者投资者的要求设定。

有几点必须注意：①以上财务净现值指标（$FNPV$）、财务内部收益率（$FIRR$）和投资回收期指标（P_t）在计算时，如果净现金流量不扣除所得税，即为税前财务净现值指标、税前财务内部收益率指标和税前投资回收期；如果净现金流量扣除所得税，即为税后财务净现值指标、税后财务内部收益率指标和税后投资回收期，要与对应的税前基准收益率、税后基准收益率和税后的标准投资回收期进行比较判别。②以上项目财务净现值、项目财务内部收益率、项目投资回收期属于融资前的项目盈利能力分析，反映项目设计本身的盈利性和可行性，这一分析不受融资因素的影响，以便为投资决策提供可靠的信息。③由于不考虑融资的影响，投资机会研究、初步可行性研究和项目建议书阶段，多使用这些指标。

4) 资本金财务内部收益率。为了全面考察盈利能力，除进行投资项目现金流量分析，考核项目融资前的盈利能力之外，还要考核项目融资后的盈利能力，即进行项目资本金现金流量分析，分析资本金的盈利能力，为融资决策提供依据。

在市场经济条件下，项目资本金盈利能力指标是投资者最终决策的最重要的指标，是比较和取舍融资方案的重要依据。

项目资本金现金流量分析是在编制项目资本金现金流量表的基础上进行的，该表净现金流量包括了项目在缴纳所得税和还本付息之后所剩余的收益，也即企业的净收益（不是利润，因为没扣除折旧、摊销项目），又是投资者权益性收益。根据这种净现金流量计算得到的资本金内部收益率指标，反映从投资者整体角度考察盈利能力的要求，即从企业角度对盈利能力进行判断的要求。因为企业只是一个经营实体，而所有权是属于全部投资者的。

依据该表要求计算的指标只有资本金内部收益率，其表达式和计算方法同项目投资财务内部收益率，只是所依据的表格和净现金流量的内涵不同。

资本金财务内部收益率的判别基准应体现项目发起人（代表项目所有投资者）对投资获

利的最低期望值。当资本金内部收益率大于或等于该最低可接受收益率时，说明资本金获利水平大于或达到了要求，是可以接受的。如《方法与参数》第三版测算的项目资本金税后财务基准收益率水泥制造业为12%，房地产开发项目为13%。

5）投资各方财务内部收益率。对于某些项目，为了考察投资各方的具体收益，根据编制的从投资各方角度出发的现金流量表，计算投资各方的内部收益率指标，该指标为融资后税后盈利能力分析指标。

依据投资各方现金流量表计算的投资各方财务内部收益率指标，其表达式和计算方法同项目投资财务内部收益率，只是所依据的表格和净现金流量内涵不同。

投资各方财务内部收益率，实际上是一个相对次要的指标。在普遍按股本比例分配利润、分担亏损和风险的原则下，投资各方的利益一般是均等的。只有投资者中的各方有股权之外的不对等的利益分配时，投资各方的收益率才会有差异，比如其中一方有技术转让方面的收益，或一方有租赁设施的收益，或一方有土地使用权收益的情况。另外，不按比例出资和进行分配的合作经营项目，投资各方的收益率也可能会有差异。计算投资各方的内部收益率可以看出各方收益的非均衡性是否在一个合理的水平上，有助于促成投资各方在合作谈判中达成平等互利的协议。

以上指标多为动态指标，还可以根据项目具体情况进行静态分析，有选择地计算一些静态指标。

6）总投资收益率（ROI）。总投资收益率（ROI）是指建设项目达到设计生产能力后的一个正常生产年份的年息税前利润总额或运营期内年平均息税前利润（EBIT）与项目总投资额（TI）的比率，它是考察项目融资前单位投资盈利能力的静态指标。

对于生产期内各年的利润总额变化幅度较大的项目应计算生产期年平均息税前利润总额，并通过年平均息税前利润总额与总投资额比来求得总投资收益率。计算公式为：

$$总投资收益率(ROI) = \frac{年息税前利润总额或年平均息税前利润总额(EBIT)}{项目总投资(TI)} \times 100\%$$

(6-8)

式中，年息税前利润总额（EBIT）＝年营业收入－年总成本费用－年营业税金及附加
　　　　　　　　　　　　　　＝利润总额＋计入总成本费用的利息费用
　　　项目投资总额＝建设投资＋流动资金

总投资收益率可根据利润与利润分配表和投资估算表中的有关数据计算求得。在财务评价中，将总投资收益率与同行业的基准投资收益率对比，以判别项目单位投资盈利能力是否达到本行业的平均水平，只有大于等于行业的基准投资收益率，项目才是可以接受的，而且越大越好。

7）项目资本金净利润率（ROE）。项目资本金净利润率是指项目达到设计生产能力后的一个正常生产年份的年净利润或项目运营期内年平均净利润（NP）与项目资本金（EC）的比率，它反映投入项目的资本金的盈利能力。该指标反映的是融资后资本金的盈利情况。其计算公式为：

$$资本金净利润率(ROE) = \frac{年净利润或年平均净利润(NP)}{项目资本金(EC)} \times 100\%$$

(6-9)

式中，项目资本金指投入项目的全部注册资本金。

总投资收益率、资本金净利润率两个静态指标主要是根据利润与利润分配表，借助现金

流量表相关数据计算，其计算方法比较简单，经济意义比较直观，但它们没有考虑资金的时间价值，取值比较粗糙；只考虑了年总收益、年净利润和投资的影响，忽视了其他经济因素，而且正常生产年份的选择比较困难，其确定带有一定的不确定性和人为因素。因此，在项目盈利能力分析中，它们只作为辅助指标，主要用在工程建设方案制定的早期阶段或研究过程，且计算期较短、不具备综合分析所需详细资料的方案，尤其适用于工艺简单而生产情况变化不大的工程建设方案的选择和投资经济效果的评价。

[例 6-3] 已知某拟建项目资金投入和利润如表 6-16，计算该项目总投资利润率和资本金利润率。

表 6-16 某拟建项目资金投入和利润表　　　　　　　单位：万元

序号	项目 \ 年份	1	2	3	4	5	6	7~10
1	建设投资							
1.1	自有资金部分	1200	340					
1.2	贷款本金		2000					
1.3	贷款利息(年利率6%，投产后前4年等本偿还，利息照付)		60	123.6	92.7	61.8	30.9	
2	流动资金							
2.1	自有资金部分			300				
2.2	贷款			100	400			
2.3	贷款利息(年利率4%)			4	20	20	20	20
3	所得税前利润			-50	550	590	620	650
4	所得税后利润(所得税率为25%)			-50	412.5	442.5	465.0	487.5

解：计算总投资收益率（ROI）：

$$项目总投资(TI) = 建设投资 + 建设期贷款利息 + 全部流动资金$$
$$= 1200 + 340 + 2000 + 60 + 300 + 100 + 400 = 4400（万元）$$

$$年平均息税前利润(EBIT) = [(123.6 + 92.7 + 61.8 + 30.9 + 4 + 20 \times 7)$$
$$+ (-50 + 550 + 590 + 620 + 650 \times 4)] \div 8$$
$$= (453 + 4310) \div 8 = 595.4（万元）$$

总投资收益率（ROI）

$$ROI = \frac{EBIT}{TI} \times 100\% = \frac{595.4}{4400} \times 100\% = 13.53\%$$

计算资本金净利润率（ROE）：

$$项目资本金(EC) = 1200 + 340 + 300 = 1840（万元）$$
$$年平均利润(NP) = (-50 + 412.5 + 442.5 + 465 + 487.5 \times 4) \div 8$$
$$= 3220 \div 8 = 402.5（万元）$$

资本金净利润率（ROE）

$$ROE = \frac{NP}{EC} = \frac{402.5}{1840} \times 100\% = 21.88\%$$

（2）偿债能力分析

偿债能力分析主要是通过编制借款还本付息计划表，计算相关指标，考察项目的偿还能力。反映项目偿债能力的指标包括借款偿还期、利息备付率和偿债备付率等。

1) 利息备付率（ICR） 利息备付率是指项目在借款偿还期内，各年可用于支付利息的息税前利润（EBIT）与当期应付利息费用（PI）的比值，即：

$$利息备付率(ICR) = \frac{息税前利润(EBIT)}{当前应付利息(PI)} \times 100\% \qquad (6-10)$$

当期应付利息指计入总成本费用的全部利息费用。

利息备付率应分年计算，也可以按整个借款期计算。利息备付率表示项目的息税前利润偿付利息的保证倍率，利息备付率应大于1，并结合债权人的要求确定。利息备付率高，说明利息偿付的保证度大，偿债风险小；利息备付率小于1，表示付息能力保障程度不足，没有足够资金支付利息，偿债风险大。对于正常运营的企业，一般要求利息备付率不宜低于2。

2) 偿债备付率（DSCR） 偿债备付率是指项目在借款偿还期内，各年可用于还本付息资金（$EBITDA - T_{AX}$）与当期应还本付息金额（PD）的比值，即：

$$偿债备付率(DSCR) = \frac{可用于还本付息资金(EBITDA - T_{AX})}{当前应还本付息额(PD)} \times 100\% \qquad (6-11)$$

可用于还本付息的资金（EBITDA），息税前利润加折旧和摊销，包括可用于还款的折旧和摊销、在成本中列支的利息费用、可用于还款的利润等，要扣除所得税（T_{AX}）。当期应还本付息金额（PD）包括当期应还贷款本金及计入成本的利息。融资租赁费用可视同借款偿还。运营期内的短期借款本息也应纳入计算。如果项目运行期内有维持运营的投资，可用于还本付息的资金应扣除维持运营的投资。

偿债备付率分年计算。偿债备付率表示可用于还本付息的资金偿还借款本息的保证倍率。偿债备付率在正常情况应当大于1，且越高越好，但应结合债权人的要求确定。根据我国历史数据统计分析，不宜低于1.3。当指标小于1时，表示当年资金来源不足以偿付当期债务，需要通过短期借款偿付已到期债务。

根据借款还本付息计划表计算利息备付率、偿债备付率或借款偿还期指标。实践中可以根据具体情况在备付率指标和借款偿还期指标中两者择其一。偿债备付率和利息备付率指标适用于预先设定借款偿还期，按等额还本付息或等额还本利息照付方计算借款还本付息的项目；对那些要求按最大偿还能力计算借款偿还期的项目，再计算备付率指标就失去了意义。这时要计算借款偿还期指标。

[例6-4] 已知某企业借款偿还期为10年，其前4年各年有关数据见表6-17，计算该项目前4年的利息备付率和偿债备付率。

表6-17 某企业相关数据表　　　　　　　　单位：万元

序号	项目	1	2	3	4
1	息税前利润（EBIT）	3440	19850	34690	40210
2	付息（PI）	24740	21640	18330	14600
3	税前利润（1-2）	-21300	-1790	18160	25610
4	所得税 T_{AX}（税率25%）	0	0	0	5170
5	税后利润（3-4）	-21300	-1790	18160	20440
6	折旧	34100	34100	34100	34100

续表

序号	项 目	1	2	3	4
7	摊销	14180	14180	14180	14180
8	还本	47460	50710	54200	57920
9	还本付息总额($PD=2+8$)	72200	72350	72530	72520
10	还本付息资金来源($EBITDA=1+6+7$)	51720	68130	82970	88490
11	利息备付率	0.14	0.92	1.89	2.75
12	偿债备付率$(10-4)/9$	0.72	0.94	1.14	1.15

从计算可知，前两年的利息备付率均低于1，偿债备付率低于1，企业在前两年具有很大的还本付息压力，但到第3年后这种状况将得到好转。

3) 借款偿还期 借款偿还期是指在有关财税规定及项目具体财务条件下，项目投产后以可用作还款的利润、折旧、摊销及其他收益偿还建设投资借款本金（含未付建设期利息）所需要的时间，一般以年为单位为表示。该指标可由借款还本付息计划表推算。不足整年的部分可用线性插值法计算。计算出的借款偿还期指标越短，说明偿债能力越强。

借款偿还期的计算需要与各年借款还本付息的计算相结合，通过借款还本付息计划表、总成本费用以及利润和利润分配表三表的循环计算完成。

借款偿还期的计算公式如下：

$$借款偿还期 = \left[\begin{array}{c}借款偿还后开始\\出现盈余的年份数\end{array}\right] - 1 + \frac{开始盈余年份应还本付息额}{该年份偿还能力} \quad (6-12)$$

借款偿还期指标适用于那些不预先给定借款偿还期限，而是按项目的最大偿还能力和尽快还款原则还款的项目。对于可能预先设定还款期限的项目，应采用利息备付率和偿债备付率指标评价项目的偿债能力。

4) 资产负债率（LOAR） 资产负债率是指各期末负债总额（TL）同资产总额（TA）的比率，应按下式计算：

$$资产负债率(LOAR) = \frac{期末负债总额(TL)}{期末资产总额(TA)} \times 100\% \quad (6-13)$$

适度的资产负债率，表明企业经营安全、稳健，具有较强的筹资能力，也表明企业和债权人的风险较小。对该指标的分析，应结合国家宏观经济状况、行业发展趋势、企业所处竞争环境等具体条件判定。项目财务分析中，在长期债务还清后，可不再计算资产负债率。

一般认为，资产负债率的适宜水平在40%～60%。对于经营风险较高的企业，为减少财务风险应选择比较低的资产负债率；对于经营风险低的企业，资产负债率可以较高。我国交通、电力、运输等基础行业，资产负债率平均为50%，加工业为65%，商贸业为80%。而英国、美国资产负债率很少超过50%，亚洲和欧盟则明显高于50%，有的企业达70%。

5) 流动比率 流动比率是流动资产总额与流动负债总额的比，反映项目各年偿付流动负债能力的评价指标。计算公式为：

$$流动比率 = \frac{流动资产总额}{流动负债总额} \times 100\% \quad (6-14)$$

流动比率表明项目每一元钱流动负债有多少流动资产作为支付的保障。项目的流动资产在偿还流动负债后应该还有余力去应付日常经营活动中其他资金需要。对债权人来说，此项比率越高，债权越有保障。根据经验判定，一般这项指标要求在200%以上。理由是变现能力差的存货通常占流动资产总额的一半左右。但到20世纪90年代以后，由于采用新的经营方式，平均值已降为1.5:1左右。如美国平均为1.4左右，日本为1.2左右，达到或超过2的企业较少。

6) 速动比率　速动比率是速动资产总额与流动负债总额的比，反映企业快速偿付流动负债能力的指标。计算公式为：

$$速动比率 = \frac{速动资产总额}{流动负债总额} \times 100\% = \frac{流动资产总额 - 存货}{流动负债总额} \times 100\% \qquad (6-15)$$

式中，流动资产减存货叫速动资产，它包括流动资产中的现金、短期投资（有价证券）、应收票据及应收账款等项目，它们的流动性较好，变现时间短。速动比率是对流动比率的补充，如果流动资产比率高，而流动资产的流动性低，则企业的偿债能力仍然不高。一般要求速动比率在100%以上，但是不同的行业应该有所差别。20世纪90年代以来已降为0.8:1。

在项目评价中，通过资产负债表可逐年计算项目的资产负债率、流动比率和速动比率。一般情况下，生产期的资产负债率将逐年下降、流动比率和速动比率将逐年上升，根据这三率达到基本要求所需要的时间来综合判定项目的贷款偿还风险程度。

(3) 财务生存能力分析

在项目运营期间，确保从各项经济活动中得到足够的净现金流量是项目能够持续生存的条件。财务分析中应根据财务计划现金流量表，综合考察项目计算期内各年的投资活动、融资活动和经营活动所产生的各项现金流入和流出，计算净现金流量和累计盈余资金，分析项目是否有足够的净现金流量维持正常运营。为此，财务生存能力分析亦可称为资金平衡分析。

财务生存能力分析应结合偿债能力分析进行，如果拟安排的还款期过短，致使还本付息负担过重，导致为维持资金平衡必须筹借的短期借款过多，可以调整还款期，减轻各年还款负担。

通常因运营期前期的还本付息负担较重，故应特别注重运营期前期的财务生存能力分析。

财务生存能力可通过以下相辅相成的两个方面具体判断。

1) 拥有足够的经营净现金流量是财务可持续的基本条件，特别是在运营初期。一个项目具有较大的经营净现金流量，说明项目方案比较合理，实现自身资金平衡的可能性大，不会过分依赖短期融资来维持运营；反之，一个项目不能产生足够的经营净现金流量，或经营净现金流量为负值，说明维持项目正常运行会遇到财务上的困难，项目方案缺乏合理性，实现自身资金平衡的可能性小，有可能要靠短期融资来维持运营；或者是此经营项目本身无能力实现自身资金平衡，提示要靠政府补贴。

2) 各年累计盈余资金不出现负值是财务生存的必要条件，即各年的累计盈余资金≥0。在整个运营期间，允许个别年份的净现金流量出现负值，但不能容许任一年份的累计盈余资金出现负值。一旦出现负值时应适时进行短期融资，该短期融资应体现在财务计划现金流量表中，同时短期融资的利息也应纳入成本费用和其后的计算。较大的或较频繁的短期融资，有可能导致以后的累计盈余无法实现正值，致使项目难以持续运营。为维持项目正常运营，还应分析短期借款的可靠性。

第三节 国民经济评价

一、国民经济评价的概念

1. 国民经济评价的概念

国民经济评价指是按合理配置资源的原则，采用社会折现率、影子汇率、影子工资和货物影子价格等经济分析参数，从项目对社会经济所做贡献以及社会为项目付出代价的角度，考察项目的经济合理性。

2. 国民经济评价的作用

（1）正确反映项目对国民经济净贡献，评价项目的经济合理性

项目的财务评价是站在企业投资者的角度来考察项目的经济效益，而企业与国家的利益并不总是完全一致。项目的财务盈利性并不一定能够全面正确的反映项目对于国民经济的贡献和代价。至少在三个方面，项目对于社会的影响可能没有被正确地反映：国家对于项目实施的征税及财务补贴、市场价格的扭曲及项目的外部费用和效益。

（2）为政府合理配置有限资源提供依据

对于一个国家来说，用于发展的资源（资金、劳动力、土地及其他自然资源）都是有限的，资源的稀缺与需要的增长存在着较大的矛盾。只有通过优化资源配置，使资源得到最佳利用，才能有效促进国民经济发展。而仅仅通过财务评价，是无法正确反映资源的有效利用，只有通过国民经济评价，才能从宏观上引导国家有限的资源进行合理配置，鼓励和促进那些对国民经济有正面影响的项目的发展，抑制和淘汰那些对国民经济有负面影响的项目。

3. 国民经济评价的内容

（1）费用与效益的识别与处理

国民经济评价中的费用与效益，与财务评价中的划分范围是不同的。国民经济评价以工程项目耗费资源的多少，以及项目给国民经济带来的收益来界定项目的费用与效益，无论最终由谁支付和获取，都视为该项目的费用与效益，而不仅仅是考察项目账面上直接显现的收支。因此，在国民经济评价中，需要对这些直接或间接的费用与效益，逐一加以识别、归类和处理。

（2）影子价格的确定和基础数据的调整

在绝大多数发展中国家，现行价格体系一般都存在着较为严重的扭曲和失真现象，使用现行市场价格无法进行国民经济评价。只有采用那些通过现行市场价格调整计算而获得的，并能够反映资源真实价值和市场供求关系的价格，称之为影子价格，来进行国民经济评价，才能保证评价的科学性。这是因为与项目有关的各项基础数据，都必须以影子价格为基础进行调整，才能正确计算出项目的各项国民经济费用与效益。

（3）国民经济效果分析

根据所确定的各项国民经济费用与效益，结合相关经济参数，计算建设项目的国民经济评价指标并进行方案比选，编制国民经济评价报表，对建设项目的国民经济效果进行分析，做出建设项目经济上是否合理的结论。

4. 国民经济评价与财务评价的关系

(1) 国民经济评价与财务评价的相同之处

1) 评价目的相同，都是寻求以最小的投入获得最大的产出；
2) 评价基础相同，都是在完成了产品需求预测、工程技术方案论证、资金筹措等可行性研究工作的基础上进行的；
3) 两者都使用效益与费用比较的理论方法；
4) 遵循效益和费用识别的有无对比原则；
5) 基本分析方法和主要指标的计算方法类同，都采用现金流量分析方法，通过基本报表计算评价指标，如净现值、内部收益率等。

(2) 国民经济评价与财务评价的不同之处

1) 角度和基本出发点不同　财务评价是站在项目的层次上，从项目的财务主体、投资者、未来的债权人角度，分析项目的财务效益和财务可持续性，分析投资各方的实际收益或损失，分析投资或贷款的风险及收益。国民经济评价则是站在国家的层次上，从全社会的角度分析评价比较项目对社会经济的效益和费用。

2) 项目效益和费用的含义和范围划分不同　财务评价是根据项目直接发生的实际收支确定项目的效益和费用，凡是货币收入都视为收益，如补贴等，凡是项目的货币支出都视为费用，如税金、利息等。国民经济评价则着眼于项目所耗费的全社会有用资源来考察项目的费用，而根据项目对社会提供的有用产品（包括服务）来考察项目的收益，财政补贴、税金、国内借款利息等，一般并不发生资源的实际增加和耗用，多是国民经济内部的"转移支付"，因此，不列为项目的效益和费用。另外，财务评价一般只计算项目直接发生的效益和费用，国民经济评价还需考虑间接效益与间接费用。

3) 价格体系不同　财务评价要确定投资项目财务上的现实可行性，对投入物和产出物均采用财务价格，即现行的市场价格。国民经济评价则采用反映货物的真实经济价值、反映机会成本、供求关系以及资源稀缺程度的影子价格。

4) 内容不同　财务评价主要包括：盈利能力分析，偿债能力分析，财务生存能力分析。而国民经济评价只做盈利性的分析，即经济效益分析。

5) 采用的主要参数不同　财务评价采用的汇率一般是当时的官方汇率，折现率是因行业而异的基准收益率或最低期望收益率。国民经济评价则采用国家统一测定和颁布的影子汇率和社会折现率。

由于上述区别，两种评价可能导致相反的结论。如煤炭等原料工业国内价格偏低，企业利润很少，企业财务评价的结果可能是不可行，但若用影子价格对这些国计民生不可缺少的物资生产项目进行国民经济评价，该项目对国民经济的贡献就可能很大，国民经济评价的结果就可能是可行。

对于一些国民经济评价认为可行，而财务评价认为不可行的有关国计民生的项目，应向国家主管部门提出采取一定的经济优惠政策的措施建议，通过调整，使项目在财务上也成为可行。

二、国民经济评价中费用与效益识别

1. 经济效益与费用识别的基本要求

(1) 对经济效益与费用进行全面识别

考虑关联效果，对项目涉及的所有社会成员的有关效益和费用进行全面识别。

(2) 遵循有无对比的原则

(3) 合理确定经济效益与费用识别的时间跨度

足以包含项目所产生的全部重要效益和费用，不完全受财务分析计算期的限制。

(4) 正确处理"转移支付"

将不新增加社会资源和不增加社会资源消耗的财务收入与支出视作社会成员之间的"转移支付"，在经济分析中不作为经济效益与费用。

(5) 遵循以本国社会成员作为分析对象的原则

对于跨越国界的项目，对本国之外的其他社会成员也产生影响的项目，应重点分析项目给本国社会成员带来的效益和费用，项目对国外社会成员所产生的效果应予以单独陈述。

2. 直接效益与直接费用

(1) 直接效益

直接效益是由项目产出物直接产生，并在项目范围内计算的经济效益。一般包括以下内容。

1) 增加项目产出物（或服务）的数量，以增加国内市场的供应量，其效益就是满足国内需求；

2) 项目产出物（或服务）代替相同或类似企业的产出物（或服务），使被替代企业减产，从而减少国家有用资源的耗用（或损失），其效益就是被替代企业释放出来的资源；

3) 项目产出物（或服务）减少了进口量，即替代了进口货物，其效益为所节约的外汇支出。

(2) 直接费用

直接费用是指项目使用投入物所产生的，并在项目范围内计算的经济费用。一般包括以下内容。

1) 国内其他部门为本部门项目提供投入物，而扩大了该部门的生产规模，其费用为该部门增加生产所消耗的资源；

2) 项目投入物本来用于其他项目，由于用于该拟建项目而减少了对其他项目（或最终消费）投入物的供应，其费用为其他项目（或最终消费）因此而放弃的消费；

3) 项目的投入物来自国外，即增加进口，其费用为增加的外汇支出；

4) 项目的投入物本来首先用于出口，为了满足项目需求而减少了出口，其费用为减少出口所减少的外汇收入。

3. 间接效益与间接费用

(1) 间接效益与间接费用的概念

1) 间接效益 间接效益是指由项目引起而在直接效益中没有得到反映的效益。

2) 间接费用 间接费用是指由项目引起而在直接费用中没有得到反映的费用。

(2) 间接效益与间接费用应具备的条件

在进行项目评价时，只有同时具备以下两个条件的效益或费用，才能被称作间接效益或间接费用。

1) 项目将对其无直接关联的其他项目或消费者产生影响；

2) 该效益或费用在财务报表中并没有得到反映，或者没有将其量化。

(3) 间接效益与间接费用所涉及的内容

1) 环境影响效果 项目对自然环境造成的污染和对生态平衡产生的破坏，是一种间接费用，这种费用一般较难定量计算，可按同类项目所造成的损失或按恢复环境质量所需的费用来近似估算，无法定量计算应作定性说明；某些建设项目属于环境治理项目，或含有环境治理工程，对环境会产生好的影响，在国民经济评价中应估算其间接效益。

2) 价格影响效果 若项目的产出物品是增加了国内市场的供应量，导致产品的市场价格下跌，使消费者受益，这种益处只是将生产商减少的收益转移给了产品的消费者，对整个国民经济而言，效益并未改变，因此消费者得到的收益不能计为该项目的间接效益；若项目的产出物大量出口，导致国内同类产品出口价格下跌，由此造成的外汇收入减少，应计为该项目的间接费用。

3) 技术扩散效果 一个技术先进项目的实施，会培养和造就大量的工程技术人员、管理人员或技术较强的操作人员，也会产生或发明一些先进技术，由于人员的流动和技术外流，使整个社会经济的发展受益，这种效益通常是隐蔽的、滞后的，难以识别和计量，一般只作定性描述。

4) 产业关联效果 这一效果包括纵向的相邻效果和横向的相乘效果（也叫乘数效果）。

① 相邻效果 项目的相邻效果是指由于项目的实施而给"上游"企业和"下游"企业带来的辐射效果。

上游企业是指为该项目提供原材料或半成品的企业。项目的实施可能会刺激这些上游企业得到发展，使新增加的生产能力或原有的生产能力得到充分的利用。

下游企业是指使用项目的产出物作为原材料或半成品的企业。项目的产品可能对下游企业的经济效益产生影响，使其闲置的生产能力得到充分利用，或使其在生产上节约成本。

在大多数情况下，项目的相邻效果可以在项目的投入物和产出物的影子价格中得到体现，不应再计算间接效果。在某些特殊情况下，间接影响难于在影子价格中反映时，需要作为项目的外部效果计算。

② 乘数效果 乘数效果是指由于项目的实施而使与该项目相关的产业部门的闲置资源得到有效利用，进而产生一系列的连锁反应，带动某一行业、地区或全国的经济发展，所带来的外部效果。一般情况下乘数效果不能连续扩展计算，只需计算一次相关效果。

4. 转移支付

在项目效益与费用的识别过程中，经常会遇到项目与各种社会实体之间的货币转移，如税金、补贴、利息、折旧等。这些都是财务评价中的实际支出，从国民经济角度来看，它们并不影响社会最终产品的增减，都未造成资源的实际耗用和增加，仅仅是资源的使用权在不同的社会实体之间的一种转移。这种并不伴随着资源增减的纯粹货币性质的转移称为转移支付。在国民经济评价中，转移支付不能计入项目的效益或费用，但关键是对转移支付的识别和处理。如果以项目的财务评价为基础进行国民经济评价，应从财务效益与费用中剔除在国民经济评价中计作转移支付的部分。常见的转移支付有以下内容。

(1) 税金

税金在财务评价中显然是建设项目的一种费用。但在国民经济评价中，从国民经济整体来看，税金作为国家财政收入的主要来源，是国家进入国民收入二次分配的重要手段，交税只不过表明税收代表的那部分资源的使用权从纳税人那里转移到了国家手里。也就是说，税金只是一种转移支付，不能计为国民经济评价中的效益或费用。

（2）补贴

补贴是一种货币流动方向与税收相反的转移支付，包括价格补贴和出口补贴等。补贴虽然使工程项目的财务收益增加，但同时也是国家财政收入减少，实质上仍然是国民经济中不同实体之间的货币转移，整个国民经济并没有因此发生变化。因此，国家给予的各种形式的补贴都不能计入国民经济评价中的效益或费用。

（3）国内贷款利息

国内贷款利息在企业财务评价中的资本金财务现金流量表中是一项费用。对国民经济评价来说，它表示项目对国民经济的贡献有一部分转移到了政府或国内贷款机构。项目对国民经济所作贡献的大小，与所支付的国内贷款利息的多少无关。因此，它也不是国民经济评价中的效益或费用。

（4）国外贷款与还本付息

在国民经济评价中，国外贷款和还本付息，根据分析角度不同，有两种处理原则。

1）在全部投资国民经济评价中的处理　全部投资国民经济评价，把国外贷款也看作国内投资，以项目的全部投资作为计算基础，对拟建设项目使用的全部资源的使用效果进行评价。由于随着国外贷款的发放，国外相应的实际资源的支配权利也同时转移到了国内。因此，国外贷款资源与国内资源一样，也存在着合理配置的问题。在全部投资国民经济评价中，国外贷款和还本付息与国内贷款和还本付息一样，不能作为效益或费用。

2）在国内投资国民经济评价中的处理　全部投资国民经济评价效果好的项目，并不一定是国内受益。为考察项目对本国国民经济的实际贡献，应以国内投资作为计算基础，进行国内投资国民经济评价，把国外贷款还本付息视为费用。

（5）折旧

折旧是会计意义上的生产费用要素，是从收益中提取的部分资金，与实际资源的耗用无关。因为在经济分析时，已将固定资产投资所耗用的资源视为项目的投资费用，而折旧无非是投资形成的固定资产在再生产过程中价值转移的一种方式而已。因此，不能将折旧视为国民经济评价中的效益或费用，否则就是重复计算。

三、国民经济评价的价格与参数

1. 影子价格的确定

影子价格最早来源于数学规划，它是20世纪30年代末40年代初由荷兰数理经济学家、计量经济学创始人之一詹恩·丁伯根，及苏联数学家、经济学家、诺贝尔经济学奖获得者列·维·康托罗维奇分别提出来的。在西方最初称为预测价格或计算价格，在前苏联称为最优计划价格。后来，美籍荷兰经济学家库普曼主张统一称为影子价格，这一提法为理论界所普遍接受。影子价格是目标函数对某一约束条件的一阶偏导数，表现为线性规划中的对偶解，非线性规划中的拉格朗日乘数，以及最优控制问题中的哈密尔顿乘数。在不同的经济问题中，由于目标函数不一致，而显现出多变的状况；在以最少费用为目标时，它表现为增加单位产品所耗费的边际成本；在以最大收益为目标时，它表现为增加单位资源投入所获得的边际收益；在以消费者最大效用为目标时，它表现为增加单位物品供应所需增加的边际效用，或者表现为消费者为获取效用所愿意支付的价格。

在实际工作中，由于各种条件的限制，往往不能及时准确地获得建立数学模型所需要的各类数据，影子价格难以用数学模型来计算，而需要采用一些实用的方法来确定。国际上通常采用的方法主要有：由利特尔（I·M·D·Little）和米尔里斯（J·Mirrless）提出的，并被经济合作发展组织和世界银行采用的利特尔—米尔里斯法（简称 L—M 法）；联合国工业发展组织推荐的 UNIDO 法等。

在国外，以 L—M 法或 UNIDO 法确定影子价格时，首先把货物区分为贸易货物和非贸易货物两大类，然后根据项目的各种投入和产出对国民经济的影响分别进行处理；在我国考虑到我们仍然是发展中国家，整个经济体系还没有完成工业化过程，国内市场和国际市场的完全融合仍需要一定时间等具体情况，将投入物和产出物区分为外贸货物、非外贸货物和特殊投入物，分别进行处理，采用不同的思路确定其影子价格。2006 年 7 月国家发改委和建设部联合发布的《建设项目经济评价方法与参数》（第三版），对不同情况影子价格的确定作了规定。

(1) 项目的产出效果具有市场价格的影子价格计算

1) 可外贸货物的影子价格　可外贸货物通常称外贸货物，是指其生产和使用将对国家进出口产生直接或间接影响的货物，它分为投入物和产出物两大类，其影子价格的确定是以口岸价格为基础，按项目各项产出和投入对国民经济的影响，根据口岸、项目所在地、投入物的国内产地、产出物的主要市场所在地以及交通运输条件等方面的差异对流通领域的费用支出进行调整而分别确定的。对于项目产出物，确定的是出厂影子价格；对于项目投入物，确定的是到厂影子价格。

① 产出物影子价格的确定

a. 直接出口产品的影子价格　直接出口产品影子价格的计算公式为：

$$SP = FOB \cdot SER - (T_1 + T_{R1}) \qquad (6\text{-}16)$$

式中　　SP（Shadow Price）——影子价格；
　　　　FOB（Free on Board）——离岸价，以外汇计价；
　　　　SER（Shadow Exchange Rate）——影子汇率；
　　　　T_1——出口产品出厂到口岸的运费；
　　　　T_{R1}——出口产品的贸易费用。

b. 间接出口产品的影子价格　所谓间接出口是指项目的产品在国内销售，顶替其他同类货物，使其他的货物增加出口。间接出口产品影子价格的计算公式为：

$$SP = FOB \cdot SER - (T_2 + T_{R2}) + (T_3 + T_{R3}) - (T_4 + T_{R4}) \qquad (6\text{-}17)$$

式中　　SP（Shadow Price）——影子价格；
　　　　FOB（Free on Board）——离岸价，以外汇计价；
　　　　SER（Shadow Exchange Rate）——影子汇率；
　　　　T_2，T_{R2}——原供应厂到口岸的运费及贸易费用；
　　　　T_3，T_{R3}——原供应厂到用户的运费及贸易费用；
　　　　T_4，T_{R4}——项目产出厂到用户的运费及贸易费用。

c. 替代进口产品的影子价格　所谓替代进口是指项目的产品在国内销售，以产顶进，减少进口。替代进口产品影子价格的计算公式为：

$$SP = CIF \cdot SER - (T_4 + T_{R4}) + (T_5 + T_{R5}) \qquad (6\text{-}18)$$

式中　　SP（Shadow Price）——影子价格；
　　　　CIF（Cost, Insurance and Freight）——到岸价；
　　　　SER（Shadow Exchange Rate）——影子汇率；

T_4,T_{R4}——项目产出厂到用户的运费及贸易费用;

T_5,T_{R5}——被替代进口货物从口岸到用户的运费及贸易费用。

② 投入物影子价格的确定

a. 直接进口投入物的影子价格

$$SP = CIF \cdot SER + (T_1 + T_{R1}) \tag{6-19}$$

式中　　SP(Shadow Price)——影子价格;

CIF(Cost, Insurance and Freight)——到岸价;

SER(Shadow Exchange Rate)——影子汇率;

T_1,T_{R1}——直接进口投入物从我国口岸到项目地点的运费及贸易费用。

b. 间接进口投入物的影子价格　所谓间接进口是指项目使用国内产品,但挤占其他用户需求,使得国家的进口增加,间接进口投入物影子价格的计算公式为:

$$SP = CIF \cdot SER + (T_5 + T_{R5}) - (T_3 + T_{R3}) + (T_6 + T_{R6}) \tag{6-20}$$

式中　　SP(Shadow Price)——影子价格;

CIF(Cost, Insurance and Freight)——到岸价;

SER(Shadow Exchange Rate)——影子汇率;

T_5,T_{R5}——间接进口投入物从口岸到原用户的运费及贸易费用;

T_3,T_{R3}——国内生产供应厂到原用户的运费及贸易费用;

T_6,T_{R6}——国内生产供应厂到项目地点的运费及贸易费用。

c. 减少出口投入物的影子价格　所谓减少出口是指项目的投入物是国内生产的,但用于项目的使用而使国家减少了该种产品的出口。减少出口投入物影子价格的计算公式为:

$$SP = FOB \cdot SER - (T_2 + T_{R2}) + (T_6 + T_{R6}) \tag{6-21}$$

式中　　SP(Shadow Price)——影子价格;

FOB(Free on Board)——离岸价,以外汇计价;

SER(Shadow Exchange Rate)——影子汇率;

T_2,T_{R2}——投入物原来出口由生产厂到口岸的运费及贸易费用;

T_6,T_{R6}——投入物由生产厂到项目地点的运费及贸易费用。

如果可贸易货物以财务成本或价格为基础调整计算经济费用和效益,应注意以下两点。

一是如果不存在关税、增值税、消费税、补贴等转移支付因素,则项目的投入物或产出物价值直接采用口岸价格进行调整计算。

二是如果在货物的进出口环节存在转移支付因素,应区分不同情况处理。

2) 非贸易货物的影子价格　非贸易货物是指其生产和使用对国家进出口不产生影响的货物。它包括:所谓天然非贸易货物,如国内建筑物、国内运输等基础设施产品和服务;所谓非天然非贸易货物,如受到国内外政策限制及经济上不合理等因素约束而不能进行外贸的货物。

非贸易货物影子价格确定的原则和方法如下。

① 确定原则

a. 若具有市场价格的货物或服务,处于竞争性市场环境中,市场价格能够反映支付意愿或机会成本,应采用市场价格作为计算项目投入物或产出物影子价格的依据。

b. 若项目的投入物或产出物的规模很大,项目的实施将足以影响其市场价格,导致

"有项目"和"无项目"两种情况下市场价格不一致，在项目评价实践中，取二者的平均值作为测算影子价格的依据。

② 确定方法

a. 产出物影子价格

（a）增加供应量，满足国内消费的项目产出物的影子价格　若国内市场供求均衡，应采用市场价格定价；若国内市场供不应求，应参照国内市场价格并考虑价格变化的趋势定价，但不应高于质量相同的同类产品的进口价格；对于无法判断供求情况的，应按稳妥原则取上述价格较低者。

（b）不增加国内市场供应数量，只是替代其他生产企业的产品，使被替代产品的企业减产或停产的产出物的影子价格。

若产品质量与被替代产品相同，应按被替代产品的可变分解成本定价，其中可变分解成本是指某种产品已有一定的富余生产能力，要增加产量，只需要增加投入物和少量的辅助费用，不需要增加固定资产、流动资金、人工费和管理费等固定成本。

若产品质量较被替代产品有所提高，应按被替代产品的可变成本再加上因产品质量提高而带来的国民经济效益定价，其中因提高质量而带来的国民经济效益，可近似地按国际市场价格与被替代产品的国内市场价格之差确定。

（c）占国内市场份额较大，项目建成后会导致市场价格下跌的项目产出物的影子价格这类产出物可按照项目建成前的市场价格和项目建成后的市场价格的平均值定价。

b. 投入物影子价格

（a）项目所需的某种投入物能通过原有企业生产能力挖潜即可满足供应，不必增加新的投资。这说明此种货物原有生产能力过剩属于长线物资。确定其影子价格时，对其可变成本进行分解，得到货物的出厂影子价格，加上运输费用和贸易费用，就得到该项目投入物的影子价格。

（b）项目所需的某种投入物必须通过投资，扩大生产规模，才能满足拟建项目的需要，说明此种货物的生产能力已充分利用，不属于长线物资。确定其影子价格时，需对其全部成本进行分解，得到货物的出厂影子价格，加上运输费用和贸易费用，就得到该项目投入物的影子价格。

（c）项目所需的某种投入物，在项目计算期内，其原有生产能力无法得到满足，又不可能新增生产能力，只有通过减少对原有用户的供应量才能得到。确定其影子价格时，应参照国内市场价格、国家统一价格加补贴（若有补贴）和协议价格这三者之中的最高者，再加上运输费用和贸易费用，即得到该项目投入物的影子价格。

3）影子价格中流转税的处理　影子价格中流转税（如消费税、增值税、营业税等）宜根据产品在整个市场中发挥的作用，分别记入或不记入影子价格。具体原则如下。

① 对于产出品，增加供给满足国内市场供应的，影子价格按支付意愿确定，含流转税；顶替原有市场供应的，影子价格按机会成本确定，不含流转税。

② 对于投入品，有新增供应来满足项目的，影子价格按机会成本确定，不含流转税；挤占原有用户需求来满足项目的，影子价格按支付意愿确定，含流转税。

③ 在不能判断产出或投入是增加供给还是挤占（替代）原有供给的情况下，可以简化处理。处理的原则是：产出的影子价格一般包含实际缴纳流转税；投入的影子价格一般不包含实际缴纳流转税。

(2) 项目的产出效果不具有市场价格的影子价格计算

项目的产出效果不具有市场价格,应遵循消费者支付意愿和(或)接受补偿意愿的原则,按下列方法测算其影子价格。

采用"显示偏好"的方法,通过其他相关市场价格信号,寻求揭示这些影响的隐含价值,间接估算产出效果的影子价格。

利用"陈述偏好"的意愿调查方法,分析调查对象的支付意愿或接受补偿的意愿,推断出项目影响效果的影子价格。调查评估中应注意以下可能出现的偏差。

1) 调查对象相信他们的回答能影响决策,从而使他们实际支付的私人成本低于正常条件下的预期值时,调查结果可能产生策略性偏倚。

2) 调查者对各种备选方案介绍得不完全或使人误解时,调查结果可能产生的资料性偏倚。

3) 问卷假设的收款或付款方式不当,调查结果可能产生的手段性偏倚。

4) 调查对象长期免费享受环境和生态资源等所形成的"免费搭车"心理,导致调查对象将这种享受看作是天赋的权利而反对为此付款,从而导致调查结果的假想性偏倚。

(3) 特殊投入物的影子价格

这里所提及的特殊投入物是指项目在建设和生产经营中所使用的特殊资源。在社会资源方面主要是人力资源;在自然资源方面主要是土地、矿产、森林、水等资源,由于土地资源在建设项目中的重要性、特殊性和复杂性,本教材单独介绍。

1) 人力资源影子价格的确定 项目要占用人力资源,因使用劳动力要支付工资,这就是项目实施所付出的代价。如果财务工资与人力资源的影子价格之间存在差异,应对财务工资进行调整计算,以反映其真实经济价值。人力资源的影子价格就是影子工资。

2) 土地影子价格的确定 土地是一种重要的经济资源,项目占用的土地无论是否需要实际支付财务成本,均应根据土地用途的机会成本原则或消费者支付意愿的原则计算其影子价格。土地的影子价格是指建设项目使用土地资源而使得社会付出的代价。在建设项目国民经济评价中以土地影子价格计算土地费用。项目所占用的农业、林业、牧业、渔业及其他生产性用地,其影子价格应按照其未来对社会可提供的消费产品的支付意愿及因改变土地用途而发生的新增资源消耗进行计算。项目所占用的住宅、休闲等非生产性用地,市场完善的,应根据市场交易价格估算其影子价格;无市场交易价格或市场机制不完善的,应根据支付意愿价格估算其影子价格。土地影子价格的确定方法主要有以下几种。

① 城市土地影子价格的确定 国家实行土地出让制度,建设项目从国家取得出让土地使用权。出让土地采取协议出让、公开招标和拍卖三种方式,这三种方式相应地形成了三种土地价格,即协议价格、招标价格和拍卖价格。依法取得的出让土地使用权,在法律许可的范围内,可以在市场上转让。以土地转让方式取得的土地使用权,其影子价格可能等于转让价格,也可能不等于其转让价格。

国家在城镇土地出让中,逐步引入市场机制,逐步建立由市场机制决定土地价格。土地影子价格应根据项目占用土地所处地理位置、项目情况以及取得方式的不同分别确定。土地影子价格确定应符合如下规定。

a. 通过招标、拍卖和挂牌出让方式取得使用权的国有土地,其影子价格应按财务价格计算;

b. 通过划拨或双方协议方式取得使用权的土地,应分析价格优惠或扭曲情况,参照公开市场交易价格，对价格进行调整；

　　c. 经济开发区优惠出让使用权的国有土地，其影子价格应参照当地土地市场交易价格类比确定；

　　d. 当难以用市场交易价格类比方法确定土地影子价格时，可采用收益现值法确定，或以开发投资应得收益加土地开发成本确定；

　　e. 当采用收益现值法确定土地影子价格时，应以社会折现率对土地的未来收益及费用进行折现。

　　② 农村土地影子价格的确定　项目使用的农村土地，一般是来自政府征用的农村农民集体所有的土地。政府征用农民的土地，被征用土地的农民失去了土地，需要由政府重新安置，安置新的居住房屋，安排新的就业，使农民获得新的生活资料来源。政府征用农民土地，要向农民支付征地补偿费用，包括：耕地补偿费、青苗补偿费、地上建筑物补偿费、安置补助费等。这些征地补偿费，通常全部或者部分由项目建设方来向政府交付。除此之外，项目建设方还要向政府缴纳征地管理费、耕地占用税、耕地开垦费、土地管理费、土地开发费等其他费用。

　　建设项目占用农村土地，以土地征用费调整计算土地影子价格。具体规定如下。

　　a. 项目征用农村土地，土地征用费中的耕地补偿费及青苗补偿费应视为土地机会成本；地上建筑物补偿费及安置补助费应视为新增资源消耗；征地管理费、耕地占用税、耕地开垦费、土地管理费、土地开发费等其他费用应视为转移支付，不列为费用。

　　b. 项目所支付的征地费中，耕地补偿费、青苗补偿费、安置补助费等的确定，如果与农民进行了充分的协商，能够充分保证农民的应得利益，则土地影子价格可按土地征地费中的相关费用确定；如果没有与农民进行充分协商，导致相应的补偿和安置补助费低于市场定价，不能充分保证农民利益，则土地影子价格应参照当地正常征地补助标准进行调整；如果项目建设方支付给政府的耕地补偿费、青苗补偿费、安置补助费等没有全部覆盖政府实际支付的补偿费用，政府另外以货币或非货币形式对农民进行补偿，则相应的土地影子价格应当根据政府的额外补偿进行调整。

2. 建设项目国民经济评价参数

　　建设项目决策需要经过技术、经济、环境、社会等方面的分析论证，需要大量数据的支持，科学、合理、可用的参数是建设项目经济评价过程中不可缺少的工具之一。

　　为适应社会主义市场经济发展，加强和规范建设项目经济评价工作，满足政府和其他各投资主体投资决策的需要，保证经济评价的质量，引导和促进各类资源的合理有效配置，发挥投资效益，提高项目决策的科学化水平，应制定取值合理的参数。

　　经济评价参数由国家有关部门统一组织测定，并实行阶段性调整。1987年，原国家计委发布《建设项目经济评价方法与参数》（第一版），对我国建设项目的科学决策起了巨大的推动作用，举世瞩目的长江三峡工程就是照此进行了详细的经济评价；1993年，原国家计委和建设部联合批准发布了《建设项目经济评价方法与参数》（第二版），推动了我国投资决策科学化进程；2005年5月，由国家发改委和建设部组织建设部标准定额研究所等单位和专家编制的《建设项目经济评价方法与参数》（第三版），通过了国家发改委投资司和建设部标准定额司共同组织的审查；2006年7月3日，国家发改委和建设部发布了《建设项目经济评价方法与参数》（第三版），包括《建设项目经济评价工作的若干规定》、《建设项目经济评价方法》和《建设项目经济评价参数》三个部分，要求在开展投资项目经济评价工作时借鉴和使用。这对于加强固定资产投资宏观调控，提高投资决策的科学化水平，引导和促进各类资源合理配置，优化投资结构，减少和规避投资风险，充分发挥投资效益，具有重要作用。

国家有关行政主管部门根据国家与行业的发展战略与发展规划、国家的经济状况、资源供给状况、市场需求状况、各行业投资经济效益、投资风险、资金成本及项目投资者的实际需要，组织测定和发布的建设项目评价参数有利于促进社会资源的合理配置，有利于实现政府利用信息引导经济，有利于社会信息资源的共享，有利于充分利用各行业专家资源，有利于避免参数测算中的盲目、主观、片面、局部、狭隘、短视、静止等弊端。

建设项目经济评价参数，按照使用范围分为财务评价参数和国民经济评价参数。国民经济评价参数包括计算、衡量项目的经济费用效益的各类计算参数和判定项目经济合理性的判据参数。常用的建设项目国民经济评价参数有社会折现率、影子汇率、影子工资等。

(1) 社会折现率

1) 社会折现率的概念　建设项目的国民经济评价，采用费用效益分析方法或者费用效果分析方法。在费用效益分析方法中，主要采用动态计算方法，计算经济净现值或者经济内部收益率指标。计算经济净现值指标时，需要使用一个事先确定的折现率。在使用经济内部收益率指标时，需要一个用事先确定的基准收益率作对比，以判定项目的经济效益是否达到了标准。通常将经济净现值计算中的折现率和作为经济内部收益率判别依据的基准收益率统一起来，规定为社会折现率。社会折现率也叫影子利率或计算利率，它是建设项目国民经济评价中衡量经济内部收益率的基准值，也是从社会经济整体出发评价项目经济合理性用之计算经济净现值的折现率。社会折现率表示从国家角度对资金机会成本和资金时间价值的估量。社会折现率在项目国民经济评价中具有双重职能。

① 作为项目费用效益不同时间价值之间的折算率　社会折现率作为项目费用效益不同时间价值之间的折算率，它反映了对于社会费用效益价值的时间偏好。社会费用或效益的时间偏好，代表人们对于现在的社会价值与未来价值之间的权衡。社会费用效益的时间偏好在一定程度上受到社会经济增长的影响，但并非完全由经济增长所决定，而经济增长也并不是完全由社会投资所带来的。

② 作为项目经济效益要求的最低经济收益率　社会折现率作为项目经济效益要求的最低经济收益率，它代表着社会投资所要求的最低收益率水平。项目投资产生的社会收益率如果还不到这一最低水平，项目不应当被接受。社会投资所要求的最低收益率，理论上认为应当由社会投资的机会成本决定，也就是社会投资的边际收益率决定。

在上述两种职能中，由社会资本投资的机会成本所决定的社会折现率，并不一定会等于由社会时间偏好所决定的社会折现率。一般认为，社会时间偏好率应当低于社会资本投资的机会成本。由于这种偏差的存在，以及由于社会折现率在项目国民经济评价中的双重职能，使得评价结果不可避免地存在一定的偏差。

2) 社会折现率的作用

① 社会折现率是项目经济可行性的主要判别依据　社会折现率作为基准收益率，其取值高低直接影响项目经济可行性的判断结果。社会折现率的取值，实质上反映的是国家希望投资项目获得的最低期望收益率，一个项目是否可行，首先要看其是否能达到或超过这一期望收益水平。社会折现率如果取值过低，将会使得一些经济效益不好的项目投资得以通过，

经济评价起不到应有的作用。社会折现率取值提高，会使一部分本来可以通过评价的项目因达不到判别标准而被舍弃，从而间接起到调控投资规模的作用。

② 社会折现率是项目方案比选的重要判别依据

社会折现率在项目方案比选中，其取值高低会影响比选的结果。取值较高会使远期收益在折算为现值时发生较高的折减，因此有利于社会效益产生在近期并有比较高的社会成本产生在远期的方案和项目入选，而社会效益产生在远期的项目被淘汰。这可能会导致对评价结果的误导。

国家根据宏观调控意图和现实经济状况，制定发布统一的社会折现率，有利于统一评价标准，避免参数选择的随意性。采用适当的社会折现率进行项目评价，有利于正确引导投资，控制建设规模，调节资金供求平衡，促进资金在短期与长期项目之间的合理配置。

3) 社会折现率的测定 社会折现率是根据国家的社会经济发展目标、发展战略、发展优先顺序、发展水平、宏观调控意图，社会成员的费用效益时间偏好、社会投资收益水平、资金供给状况、资金机会成本等因素进行综合分析，由国家相关部门统一测定和发布。2006年7月3日，国家发改委和建设部公布的社会折现率取值是以资金的机会成本与费用效益的时间偏好率为基础进行测算的结果。在项目评价中，社会折现率既代表了资金的机会成本，也是不同年份之间费用效益的折算率。在理论上，如果社会资源供求在最优状态平衡，资金的机会成本应当等于不同年份之间的折算率；在实际中，社会投资资金总是表现出一定的短缺，资金的机会成本总是高于不同年份之间的费用效益折算率。同时，由于投资风险的存在，资本投资所要求的收益率总是要高于不同年份折算率。因此，按照资金机会成本原则确定的社会折现率总是高于按照费用效益的时间偏好率原则确定的数值。

4) 社会折现率的取值 我国相关部门根据数量经济学原理，依据经济发展统计数据，在不同时期确定了不同的社会折现率数值。1987年原国家计委发布的《建设项目经济评价方案与参数》（第一版）规定，社会折现率为10%；1993年原国家计委和建设部联合批准发布的《建设项目经济评价方法与参数》（第二版）中规定，社会折现率为12%；2006年国家发改委和建设部联合批准和发布的《建设项目经济评价方法与参数》（第三版）对社会折现率又作了新的规定。

《建设项目经济评价方法与参数》（第三版）根据影响社会折现率的各主要因素，结合当前经济发展的实际情况规定社会折现率为8%，并对一些具体情况做出了相应规定和说明。对于一些特殊的项目，主要是水利工程、环境改良工程、某些稀缺资源的开发利用项目，采取较低的社会折现率，可能会有利于项目的优选和方案的优化。对于受益期长的建设项目，如果远期效益较大，效益实现的风险较小，社会折现率可适当降低，但不应低于6%。对于永久性工程或者受益期超长的项目，如水利设施等大型基础设施和具有长远环境保护效益的工程项目，宜采用低于8%的社会折现率。对于超长期项目，社会折现率可按时间分段递减的方法取值。

(2) 影子汇率

1) 影子汇率的概念 一般发展中国家都存在着外汇短缺的问题，政府在不同程度上实行外汇管制和外贸管制，外汇不允许自由兑换，在这种情况下，官方汇率往往不能真实地反映外汇的价值。因此，在建设项目的国民经济评价中，为了消除用官方汇率度量外汇价值所导致的误差，有必要采用一种更合理的汇率，即影子汇率，来使外贸品和非外贸品之间建立一种合理的价格转换关系，使二者具有统一的度量标准。

影子汇率是指能正确反映国家外汇经济价值的汇率。影子汇率是项目国民经济评价的重要参数，它体现了从国民经济角度对外汇价值的估量，在项目国民经济评价中使用影子汇率，是为了正确计算外汇的真实经济价值。影子汇率在项目的国民经济评价中，除了用于外汇与本国货币之间的换算外，还是经济换汇和经济节汇成本的判别依据。国家可以利用影子汇率作为经济杠杆来影响项目方案得选择和项目的取舍。比如某项目的投入物既可以使用国产设备也可以使用进口设备，当影子汇率较高时，就有利于前一种方案。

2) 影子汇率的测定　影子汇率由国家统一测定发布，并定期调整，其发布的形式有两种。一种是直接发布影子汇率；另一种则是将影子汇率与国家外汇牌价挂钩，发布影子汇率换算系数。

世界上对影子汇率的研究很多，存在着多种理论上和实践中产生的影子汇率测定方法，这里仅介绍几种最常用的方法。

① 基于外汇影子价格理论的计算方法

$$SER = \sum_{i=1}^{n} f_i \frac{PD_i}{PC_i} + \sum_{i=1}^{m} X_i \frac{PD_i}{PF_i} \tag{6-22}$$

式中　SER (Shadow Exchange Rate)——影子汇率；

　　　　f_i——边际上增加单位外汇是将用于进口 i 货物的那部分外汇；

　　　　X_i——边际上增加单位外汇是将导致减少出口 i 货物的那部分外汇；

　　　　PD_i—— i 货物的国内市场价格（人民币计价）；

　　　　PC_i—— i 货物的进口到岸价格（人民币计价）；

　　　　PF_i—— i 货物的出口离岸价格（人民币计价）。

f_i 与 X_i 代表边际上单位外汇适用于各种进出口货物的分配权重，其总和为1。

② 基于均衡汇率理论的计算方法

$$SER = W_s \cdot BER \cdot (1+T_o) + W_d \cdot BER \cdot (1+T_i) \tag{6-23}$$

$$W_s + W_d = 1 \tag{6-24}$$

外汇需求权重：

$$W_s = \frac{-U_i(Q_i/Q_o)}{U_o - [U_i(Q_i/Q_o)]} \tag{6-25}$$

外汇供给权重：

$$W_s = \frac{U_o(Q_i/Q_o)}{U_o - [U_i(Q_i/Q_o)]} \tag{6-26}$$

式中　SER——影子汇率；

　　　　BER——均衡汇率；

　　　　T_o——出口补贴率；

　　　　T_i——进口税率；

　　　　U_i——进口价格弹性；

　　　　U_o——出口价格弹性；

　　　　Q_i——进口总额；

　　　　Q_o——出口总额。

③ 基于关税和补贴的计算方法（加权平均关税率法）

$$SER = \frac{\sum_i X_i(1+S_i) + \sum_i M_i(1+t_i)}{\sum_i X_i + \sum_i M_i} OER \qquad (6\text{-}27)$$

式中 SER——影子汇率；

OER——官方汇率；

X_i——第 i 种出口货物用外汇表示的离岸价格总额；

M_i——第 i 种进口货物用外汇表示的到岸价格总额；

S_i——第 i 种出口品的补贴率。如果对出口品征关税，则 S_i 为负数；

t_i——第 i 中进口货物的关税率。

3) 影子汇率换算系数的取值 影子汇率是项目国民经济评价的重要参数，它的取值对于项目决策有着重要的影响。影子汇率可以影响项目进出口的抉择，项目投资中使用进口设备或原材料，与国产设备或原材料比较时，如果影子汇率取值较高，进口设备或原材料的社会成本较高，国产设备或原材料的社会成本相对较低，有利于方案选择中选用国产设备或原材料。影子汇率转换系数取值较高，反映外汇的影子价格较高，表明项目使用外汇时的社会成本较高，而项目为国家创造外汇收入时的社会效益较高。对于那些主要产出物是外贸货物的项目，影子汇率较高，将使得项目收入的外汇经济价值较高。对于投入物中有较大进口货物的项目，外汇影子价格较高，使得项目投入外汇的社会成本较高。

影子汇率换算系数是国家相关部门根据国家现阶段的外汇收支、外汇供求、进出口结构、进出口关税、进出口增值税及出口退税补贴等综合因素统一测算和发布的。通过对我国近年的历史均衡汇率及进出口关税和补贴导致贸易扭曲对影子汇率造成的影响进行定量分析，考虑到我国进出口关税和补贴，影子汇率转换系数取值应当为 1.04，再考虑到进口增值税税率一般为 17%、出口产品通常免征增值税，还考虑到非贸易外汇收支不征收增值税，而非贸易外汇收支又占我国外汇收支一定比例，2006 年国家发改委和建设部发布的《建设项目经济评价参数》中的影子汇率换算系数取值确定为 1.08。

(3) 影子工资

1) 影子工资的概念 在大多数国家中，由于经济的、社会的和传统的原因，劳动者的货币工资常常偏离竞争性劳动市场所决定的工资水平，然而不能真实地反映单位劳动的边际产品价值，因而产生了劳动市场供求失衡问题。在这种情况下，对建设项目进行国民经济评价，就不能简单地把项目中的货币工资支付直接视为该项目的劳动成本，而是要通过所谓的影子工资来对此劳动成本进行必要的调整。影子工资是指建设项目使用劳动力资源而使社会付出的代价。建设项目国民经济评价中以影子工资计算劳动力费用。

在项目的财务评价中，职工工资作为成本的构成内容被看作财务费用。在项目的国民经济评价中，职工工资作为新创造的价值，而被看作经济效益，只是在考虑项目招收职工对国民经济其余部分带来的损失时，才使用影子工资这一费用概念。

2) 影子工资的构成 影子工资，即劳力的影子价格，是指由于建设项目使用劳动力而使国民经济所付出的真实代价。影子工资由劳动力机会成本和新增资源消耗两部分组成。可按下式计算：

$$影子工资 = 劳动力机会成本 + 新增资源消耗 \qquad (6\text{-}28)$$

① 劳动力机会成本 劳动力机会成本系指劳动力在本项目被使用，而不能在其他项目中使用而被迫放弃的劳动收益。或者说，是指劳动力如果不就业于该项目而从事于其他生产经营

活动所能创造的最大效益。劳动力的机会成本与劳动力的技术熟练程度和供求状况有关，技术越熟练，就会需求程度越高，其机会成本越高，反之越低。它是影子工资的主要组成部分。

② 新增资源消耗　新增资源消耗系指劳动力在本项目就业或由其他就业岗位转移来本项目而发生的社会资源消耗，这些资源消耗并没有提高劳动力的生活水平。在分析中应根据劳动力就业的转移成本测算。

3) 影子工资的测算　影子工资可通过影子工资换算系数得到，按下式计算：

$$影子工资 = 财务工资 \times 影子工资换算系数 \tag{6-29}$$

影子工资的确定，应符合下列规定。

① 影子工资应根据项目所在的劳动力就业状况，劳动力就业或转移成本测定，具体原则如下。

a. 过去受雇于别处，由于本项目的实施而转移过来的人员，其影子工资应是其放弃过去就业机会的工资（含工资性福利）及支付的税金之和。

b. 对于自愿失业人员，影子工资应等于本项目的使用所支付的税后净工资额，以反映边际工人投入到劳动力市场所必须支付的金额。

c. 非自愿失业劳动力的影子工资应反映他们为了工作而放弃休闲愿意接受的最低工资金额，其数值应低于本项目的使用所支付的税后净工资并大于支付的最低生活保障收入。当缺少信息，可以按非自愿失业人员接受的最低生活保障收入和税后净工资率的平均值近似测算。

② 技术劳动力的工资报酬一般可由市场供求决定，即影子工资一般可用财务实际支付工资计算。

③ 对于非技术劳动力，其影子工资根据我国非技术劳动力就业状况确定，具体可根据当地的非技术劳动力供求状况确定。

4) 影子工资换算系数的取值　1993年，原国家计委和建设部联合发布的《建设项目经济评价方法与参数》（第二版）中，规定对一般建设项目评价时，影子工资换算系数推荐取值为1。考虑到建设项目坐落地区的劳动力供求状况对影子工资换算系数的影响，一般情况下在那些劳动资源丰富、就业压力大的地区，对于占用大量熟练劳动力的项目，其影子工资换算系数可小于1；而在那些劳动力供给不足的地区，对于需要占用大量短缺的专业技术人员的项目，其影子工资换算系数可以大于1。

2006年，国家发改委和建设部联合发布的《建设项目经济评价方法与参数》（第三版），在对影子工资测算的分类方式上作了改动。采用了技术与非技术劳动力的分类方式，来分别测算劳动力影子价格的推荐取值。对于技术劳动力，采取影子工资等于财务工资，即影子换算系数为1。对于非技术劳动力，推荐在一般情况下采取财务工资的0.25～0.8倍作为影子工资，即其影子工资换算系数为0.25～0.8。考虑到我国现阶段各地经济发展不平衡，劳动的供求关系有一定差别，规定应按当地非劳动力资源供给的富余程度调整影子工资换算系数。对于非技术劳动较为富余地区的影子工资系数可取较低值，非技术劳动力不太富余的地区可取较高值，中间状况可取0.5。

四、国民经济评价的报表与指标

（一）报表

建设项目进行国民经济评价，需要编制国民经济评价报表，这是一项基础工作。国民经济评价报表包括基本报表和辅助报表。

1. 国民经济评价基本报表

国民经济评价基本报表包括国民经济效益费用流量表、经济外汇流量表、国内资源流量表等。

（1）国民经济效益费用流量表

国民经济效益费用流量表用于分析国民经济盈利能力，它是国民经济评价的主要基本报表，包括项目国民经济效益费用流量表和国内投资国民经济效益费用流量表两种。项目国民经济效益费用流量表以全部投资（包括国内投资和国外投资）作为分析对象，计算项目全部投资的经济内部收益率和经济净现值，考察项目全部投资的盈利能力，以此判别项目的经济合理性；国内投资国民经济效益费用流量表以国内投资作为分析对象，将国外借款本金和利息作为费用流出，计算国内投资的经济内部收益率和经济净现值，考察国内投资的盈利能力，以此作为利用外资项目经济评价和方案比较的依据。

① 项目国民经济效益费用流量表　项目国民经济效益费用流量表（表6-18）可在财务评价基础上进行调整编制，也可直接编制。

表 6-18　项目国民经济效益费用流量表　　　　　　　　单位：万元

序号	项　目	合计	计算期/年					
			1	2	3	4	…	n
1	效益流量							
1.1	产品销售（营业）收入							
1.2	回收固定资产余值							
1.3	回收流动资金							
1.4	项目间接效益							
2	费用流量							
2.1	建设投资（不含建设期利息）							
2.2	流动资金							
2.3	经营费用							
2.4	项目间接费用							
3	净效益流量(1－2)							

a. 在财务评价基础上编制国民经济费用流量表　以财务评价为基础编制国民经济效益费用流量表，应该依据项目的具体情况，合理调整项目的费用与效益的范围和数值。其调整内容如下。

Ⅰ 剔除转移支付　将财物现金流量表中列支的销售税金及附加、增值税、国内借款利息作为转移支付剔除。

Ⅱ 计算外部效益与外部费用　根据项目的具体情况，确定可以量化的项目外部效益和外部费用。分析确定哪些是项目重要的外部效果，需要采用什么方法估算，并保持效益费用的计算口径一致。

Ⅲ 调整建设投资　用影子价格、影子汇率逐项调整构成投资的各项费用，剔除涨价预备费、税金、国内借款建设期利息等转移支付项目。进口设备价格调整通常要剔除进口关税、增值税等转移支付。建筑工程费和安装工程费按材料费、劳动力的影子价格进行调整；土地费用按土地影子价格进行调整。

Ⅳ 调整流动资金　财务账目中的应收、应付款项及现金并没有实际耗用国民经济资源，在国民经济评价中应将其从流动资金中剔除。如果财务评价中的流动资金是采用扩大指标法进行估算的，国民经济评价仍应按扩大指标法，以调整后的销售收入、经营费用等乘以相应的流动资金指标系数进行估算；如果财务评价中的流动资金是采用分项详细估算法进行估算的，则应用影子价格重新分项估算。

Ⅴ 调整经营费用　用影子价格调整各项经营费用，对主要原材料、燃料及动力费用用影子价格进行调整；对劳动工资及福利费用用影子工资进行调整。

Ⅵ 调整销售收入　用影子价格调整计算项目产出物的销售收入。

Ⅶ 调整外汇价值　对于国民经济评价各项销售收入和费用支出中的外汇部分，应用影子汇率进行调整，计算外汇价值。从国外引入的资金和向国外支付的投资收益、贷款本息，也应用影子汇率进行调整。

b. 直接编制国民经济效益费用流量表　在有些行业中，其建设项目可能需要直接进行国民经济评价来判断该项目的经济合理性。在此情况下，可直接编制国民经济效益费用流量表。其编制步骤如下。

Ⅰ 国民经济效益费用的计算范围　包括直接效益与间接效益，直接费用与间接费用。

Ⅱ 估算国民经济效益费用　对各种主要投入物的影子价格和产出物的影子价格进行测算，并在此基础上对各项国民经济效益费用进行估算。

Ⅲ 编制国民经济效益费用流量表。

② 国内投资国民经济效益费用流量表　国内投资国民经济效益费用流量表（表 6-19），以国内投资作为分析对象，将国外借款本金和利息偿付作为费用流出，计算国内投资的经济内部收益率和经济净现值，以考察国内投资的盈利能力。

表 6-19　国内投资国民经济效益费用流量表　　　　　　　　　单位：万元

序号	项目　　年份	建设期		投产期		达到设计能力生产期			合计
		1	2	3	4	5	6	…	n	
	生产负荷/%									
1	效益流量									
1.1	产品销售（营业）收入									
1.2	回收固定资产余值									
1.3	回收流动资金									
1.4	项目间接效益									
2	费用流量									
2.1	建设投资中国内资金									
2.2	流动资金中国内资金									
2.3	经营费用									
2.4	流至国外的资金									
2.4.1	国外借款本金偿还									
2.4.2	国外借款利息支付									
2.4.3	其他									
2.5	项目间接费用									
3	净效益流量(1－2)									

(2) 经济外汇流量表

设计产品出口及替代进口的项目,需要编制经济外汇流量表(表6-20),用以计算外汇效果指标。

表6-20 经济外汇流量表　　　　　　　　　　　　　　　　单位:万美元

序号	年份 项目	建设期		投产期		达到设计能力生产期			合计
		1	2	3	4	5	6	… n	
	生产负荷/%								
1	外汇流入								
1.1	产品销售外汇收入								
1.2	外汇借款								
1.3	其他外汇收入								
2	外汇流出								
2.1	建设投资中外汇支出								
2.2	进口原材料								
2.3	进口零部件								
2.4	技术转让费								
2.5	偿付外汇借款本息								
2.6	其他外汇支出								
3	净外汇流量(1−2)								
4	产品替代进口收入								
5	净外汇效果(3+4)								

经济外汇流量表集中显示项目建设期内每年各项外汇收入和支出流量及产品替代进口使国家节汇的数量,显示项目对国民经济的净外汇效果,反映项目对国家外汇收支的直接和间接影响。

对于有产品替代进口的项目,产品替代进口在国内销售吸取外汇的收入或因国家减少进口而节约的外汇支出还应填入表中的产品替代进口收入项中,作为项目的一种外汇收入效果。

(3) 国内资源流量表

涉及产品出口创汇或替代进口节汇的项目,除了要编制经济外汇流量表之外,还要编制出口(进口替代)产品国内资源流量表(简称国内资源流量表,表6-21),供计算经济换汇成本和经济换汇成本指标时使用。

表6-21 出口(进口替代)产品国内资源流量表　　　　　　单位:万美元

序号	年份 项目	建设期		投产期		达到设计能力生产期			合计
		1	2	3	4	5	6	… n	
	生产负荷/%								
1	建设投资中国内资金								
2	流动资金中国内资金								
3	经营费用中国内资金								
4	其他国内投入								
5	国内资源流量合计								

2. 国民经济评价辅助报表

(1) 国民经济评价投资调整表

国民经济评价投资调整表（表 6-22）是在财务评价基础上，采用影子价格影子汇率等参数对项目投入总资金进行调整，以计算出国民经济评价项目投入的总资金。

表 6-22 国民经济评价投资调整计算表

序号	项目	财务评价			国民经济评价			国民经济评价比财务评价增减（±）
		外币/万美元	人民币/万元	合计	外币/万美元	人民币/万元	合计	
1	建设投资							
1.1	建筑工程费							
1.2	设备购置费							
1.2.1	进口设备费							
1.2.2	国内设备费							
1.3	安装工程费							
1.4	工器具购置费							
1.5	工程建设其他费用							
1.5.1	土地费用							
1.5.2	专利及专有技术							
1.6	基本预备费							
1.7	涨价预备费							
1.8	建设期利息							
2	流动资金							
3	项目投入总资金(1+2)							

(2) 国民经济评价经营费用调整表

国民经济评价经营费用调整表（表 6-23）是在财务评价基础上，采用影子价格等参数对经营费用进行调整，以计算出国民经济评价不同负荷下项目的经营费用。

表 6-23 国民经济评价经营费用调整计算表　　　　　　单位：万元

序号	项目	单位	年耗量	财务评价		国民经济评价	
				单价	年费用	单价(或调整系数)	年费用
1	外购原材料						
1.1	原材料 A						
1.2	原材料 B						
1.3	原材料 C						
2	外购燃料及动力						
2.1	煤						
2.2	水						
2.3	电						
2.4	汽						

续表

序号	项目	单位	年耗量	财务评价		国民经济评价	
				单价	年费用	单价(或调整系数)	年费用
2.5	重油						
2.6	…						
3	工资及福利费						
4	修理费						
5	其他费用						
6	合计						

(3) 国民经济评价销售收入调整表

国民经济评价销售收入调整表（表6-24）是在财务评价基础上，采用影子价格、影子汇率等参数对销售收入进行调整，以计算出国民经济评价不同负荷下项目的销售收入。

表 6-24 国民经济评价销售收入调整计算表

序号	产品名称	年销售量					财务评价					国民经济评价						
		单位	内销	替代进口	外销	合计	内销		外销		合计	内销		替代进口		外销		合计
							单价	销售收入	单价	销售收入		单价	销售收入	单价	销售收入	单价	销售收入	
1	投产第一年负荷/%（A产品 B产品小计）																	
2	投产第二年负荷/%（A产品 B产品小计）																	
3	正常生产年份/%（A产品 B产品小计）																	

注：单价单位：元、美元；销售收入单位：万元、万美元。

(二) 指标

国民经济评价和财务评价相似，也是通过评价指标的计算，编制相关报表来反映项目的国民经济效果。国民经济评价指标计算和财务评价指标的计算在形式上相同，为明确起见，在国民经济评价指标前冠以"经济"二字，如经济内部收益率、经济外汇净现值等。项目的国民经济评价包括国民经济盈利能力分析和外汇效果分析，因此其评价指标相应地包括国民经济盈利能力分析指标和外汇效果分析指标两大类。

(1) 国民经济盈利能力分析指标

项目国民经济盈利能力分析的主要指标有经济净现值、经济内部收益率、经济效益费用比等。《建设项目经济评价方法与参数》（第三版）删除了在理论上争议较大的经济净现值率这一指标。

1) **经济净现值** 经济净现值（Economic Net Present Value，ENPV）是指项目按照社会折现率将计算期内各年的经济净效益流量折现到建设初期的现值之和。其计算表达式为：

$$ENPV = \sum_{t=0}^{n}(B-C)_t(1+i_s)^{-t} \tag{6-30}$$

式中 B ——效益流量;
C ——费用流量;
$(B-C)_t$ ——第 t 年的净效益流量;
i_s ——社会折现率;
n ——项目计算期。

在项目国民经济评价中,如果经济净现值等于或大于 0,则表明项目可以达到符合社会折现率的效益水平,认为该项目从经济资源配置的角度可以被接受。

2) 经济内部收益率 经济内部收益率(Economic Internal Rate of Return,$EIRR$)是指项目在计算期内经济净效益流量的现值累计等于零时的折现率。其计算表达式为:

$$\sum_{t=0}^{n}(B-C)_t(1+EIRR)^{-t}=0 \tag{6-31}$$

式中 $EIRR$ ——经济内部收益率。

如果经济内部收益率等于或者大于社会折现率,则表明项目资源配置的经济效率达到了可以被接受的水平。

3) 经济效益费用比 经济效益费用比是指项目在计算期内效益流量的现值费用流量的现值之比。其计算表达式为:

$$R_{BC}=\frac{\sum_{t=0}^{n}B_t(1+i_s)^{-t}}{\sum_{t=0}^{n}C_t(1+i_s)^{-t}} \tag{6-32}$$

式中 R_{BC} ——效益费用比;
B_t ——第 t 期的效益流量;
C_t ——第 t 期的费用流量。

如果经济效益费用的比大于 1,则表明项目资源配置的经济效率达到可以被接受的水平。

(2) 外汇效果分析指标

外汇作为一种重要的经济资源,对国民经济的发展具有特殊的价值,外汇平衡对一个国家的经济形势有着特殊的影响。因此,对产品出口创汇及替代进口节汇的项目,应进行外汇效果分析。项目的外汇效果指标主要有经济外汇净现值、经济换汇成本和经济节汇成本。

1) 经济外汇净现值 经济外汇净现值是反映项目实施后对国家外汇收支直接或间接影响的重要指标,用来衡量项目对国家外汇的净贡献(创汇)或净消耗(用汇)。经济外汇净现值是项目计算期内各年的净外汇流量用社会折现率折算到建设期初的现值之和。其计算表达式为:

$$ENPV_F=\sum_{t=0}^{n}(FI-FO)_t(1+i_s)^{-t} \tag{6-33}$$

式中 $ENPV_F$ ——经济外汇净现值;
FI ——外汇流入量;
FO ——外汇流出量;
$(FI-FO)_t$ ——第 t 年的净外汇流量;
n ——项目的计算期,年;
i_s ——社会折现率。

经济外汇净现值一般应按项目的实际外汇收支来计算，但折现率应使用社会折现率，而不应使用外汇借款利率。当项目有较大产量的产品替代进口时，也可按净外汇效果来计算其经济外汇净现值。所谓外汇净效果，是指净外汇流量再加上产品替代进口所得到节汇额（国家节约的用于进口的外汇支出）。如果项目的经济外汇净现值等于0，则表明项目对国家的外汇收支没有消耗；如果项目的经济外汇净现值大于0，则表明项目对国家的外汇收支有净贡献。从外汇获取或节约的角度看，这两种情况的项目是可以接受的。

2) 经济换汇成本　当项目有产品直接出口时，应计算经济换汇成本，以分析这种产品出口对于国民经济是否真正有益。经济换汇成本是指用货物的影子价格、影子工资和社会折算率计算的为生产出口产品而投入的国内资源现值（以人民币表示）与生产出口产品的经济外汇净现值（通常以美元表示）的比值，即换取一美元外汇（现值）所要投入多少价值的国内资源（现值）。其计算表达式为：

$$经济换汇成本 = \frac{\sum_{t=0}^{n} DR_t (1+i_s)^{-t}}{\sum_{t=0}^{n} (FI-FO)_t (1+i_s)^{-t}} \quad (6-34)$$

式中　DR_t——项目在第 t 年生产出口产品投入的国内资源价值（以人民币计），包括应分摊的投资、原材料、劳动力影子工资及其他投入；

FI——生产出口产品的外汇流入（以美元计）；

FO——生产出口产品的外汇流出（以美元计），包括进口原材料、零部件以及应有出口产品分摊的建设投资及经营费用中的外汇流出；

$(FI-FO)_t$——第 t 年的净外汇流量；

n——项目的计算期，年；

i_s——社会折现率。

经济换汇成本是分析项目产品出口的国际竞争能力，判断项目产品是否应当出口的指标。当经济换汇成本小于或等于影子汇率时，表明项目生产出口品是有利的；当经济换汇成本大于影子汇率时，则是不利的。

当项目产出只有部分为外贸品时，应将生产外贸品部分所耗费的国内资源价值从国内资源总生产耗费中分离出来，然后采用式(6-35)来计算经济换汇成本。

3) 经济节汇成本　对于有产品替代进口的项目，应计算其经济节汇成本。所谓经济节汇成本，是指项目计算期内生产替代进口产品所投入的国内资源的现值与生产替代进口品的经济外汇净现值的比值，即节约1美元外汇所需投入的国内资源。其计算表达式为：

$$经济节汇成本 = \frac{\sum_{t=0}^{n} DR'_t (1+i_s)^{-t}}{\sum_{t=0}^{n} (FI'-FO')_t (1+i_s)^{-t}} \quad (6-35)$$

式中　DR'_t——项目在第 t 年生产替代进口产品投入的国内资源价值（以人民币计），包括应分摊的投资、原材料、劳动力影子工资及其他投入；

FI'——生产替代进口产品所节约的外汇（以美元计）；

FO'——生产替代进口产品的外汇流出（以美元计）；

$(FI'-FO')_t$——第 t 年的净外汇流量；

n——项目的计算期,年;
i_s——社会折现率。

经济节汇成本指标可以反映项目产品以产顶进时,经济上的合理性。如果经济节汇成本小于或等于影子汇率,则表明项目的产品替代进口是有利的。否则,替代进口是不利的。

第四节 改扩建和技术改造项目的经济评价

一、投资项目的分类

投资项目,是指为实现某种特定目的,投入资金和资源,在规定的期限内建造或购置固定资产的一整套活动。投资活动的复杂性,决定了投资项目类型的多样性。

① 按项目的性质,分为新建项目、扩建项目、改建项目、迁建项目。
② 按项目的用途,分为生产性项目、非生产性项目。
③ 按投资来源,分为政府投资项目、企业投资项目、利用外资项目及其他投资项目。
④ 按行业,分为工业项目、交通运输项目、农林水利项目、社会事业项目等。
⑤ 按经营收益,分为经营性项目和非经营性项目。
⑥ 按投资宏观调控意图,分为竞争性项目、基础设施项目和公益性项目。

二、改扩建和技术改造项目的特点

改扩建和技术改造项目是指现有企业为了生存与发展所进行的改建、扩建、恢复、迁建和技术改造项目。这类项目一般是在企业现有设施的基础上进行的。有以项目为依托设立子公司,新设立的子公司为项目法人;有仅设立分公司的,原有企业为项目法人。项目法人财务独立,并对项目的策划、资金筹措、建设实施、生产经营、债务偿还和资产的保值增值实行全过程负责。

与一般新建项目相比,改扩建和技术改造项目的财务评价牵扯面广,需要数据多,复杂程度高,涉及企业和项目两个层次、"有项目"和"无项目"两个方面,其特殊性主要表现如下。

① 不同程度地利用了原有资产、资源,以较小的新增投入获得较大的收益。
② 项目效益、费用识别与计算更复杂,因原来已在生产,若不改建,原有状况也会发生变化,故应着重差额分析与评价。
③ 建设期内项目建设与企业生产可能同步进行,出现"有项目"与"无项目"计算期是否一致的问题。
④ 项目运营同企业运营融为一体,二者既有联系,又有区别。既要分析项目给企业带来的效益,也要分析企业整体的财务状况,出现项目范围界定的问题。

三、改扩建和技术改造项目的财务评价

1. 改扩建项目经济评价的"有无对比"原理

在进行改扩建项目经济评价时,应采用"有无对比"原理,即进行改扩建(称"有项

目")和不进行改扩建(称"无项目")的效益对比分析,不能用"改扩建前"与"改扩建后"的"前后对比"原理。因为,改扩建前(即现状)只能说明改扩建前这一时点上企业的状况,而无项目反映的是不进行改扩建时企业状况随时间推移发生的变化。因而,"前后对比"不能说明投入产出方面随时间变化所发生的变化,有可能导致对项目投资所产生的净收益作出错误的判断。

如在以下三种情况下,就能出现下述错误。

① 企业自身和市场需求都有一定潜力,通过改善经营管理,企业的净收益可以逐年增长(比如增长2%),进行改扩建以后,可促使企业的净收益得到更大程度的增长(比如每年增长10%)。在这种情况下,如果只是简单地比较"项目前"和"项目后",就会错误地把项目投产后增加的净收益都归功于改扩建项目。实际上属于改扩建项目后的净收益只有8%(10%-2%=8%)。在这种情况下,用"前后对比"原理会高估改扩建项目的净收益。

② 如果原有企业不进行改扩建,企业净收益将会逐年下降,改扩建后,只是维持了原有的净收益水平。在这种情况下采用"前后对比"原理会低估改扩建项目的净收益。

③ 如果原有企业不进行改扩建,企业净收益将会逐年下降,而改扩建后,不但避免了净收益的下降,而且还比改扩建前有了增加。在这种情况下,若简单地采用"前后对比"原理,就无法识别这部分由避免净收益下降所获得的净收益,因而会低估改扩建项目的净收益。可以看出"有无对比"与"前后对比"的结果是不同的,"前后对比"其做法违背了资金的时间价值这一原则,因此会导致错误的结论。

2. 计算范围和计算期

为正确进行有无对比,应注意"有项目"与"无项目"两种情况下,将效益和费用的计算范围和计算期保持一致,使两种情况具有可比性。

(1) 计算范围

"项目范围"与"企业范围"可能一样,也可能不一样,在经济评价中要具体情况分析。例如:某工厂共有两条生产线,一条长期闲置不用。拟建项目就是对闲置装置进行局部改造,这就是说,技改的对象是闲置的生产线,与另一条生产线基本没有联系。计算范围若定在闲置生产线上,因该生产线"无项目"状况为零,所以经济评价方法和新建项目基本一样,可直接计算差额指标,数据搜集量和计算工作量大为减少;计算范围若定在两条生产线上,数据搜集量和计算工作量大为增加,而另一条生产线的数据在评价中却基本不起作用。所以,在经济评价中,为了减少数据搜集和计算工作量,在不影响评价结论的情况下,允许将计算范围尽可能缩小,亦即项目范围的界定应以能说明项目的效益和费用为准。但要注意"有项目"与"无项目"计算范围的一致性。

(2) 计算期

包括建设期和生产期。为保持计算期的一致,应以"有项目"的计算期为准,对"无项目"的计算期进行调整。在实际评价时,应根据具体情况确定调整方法。

一般情况下,可通过追加投资(局部更新或全部更新)来维持"无项目"时的生产经营,使其寿命期延长到与"有项目"的计算期相同,并在计算期末将固定资产折余价值回收。

在某些情况下(如主要设备过时、产品老化、资源枯竭等),通过追加投资延长"无项目"寿命期在技术上不可行或经济上明显不合理时,应使"无项目"的生产经营适时终止,其后各年的现金流量为零。

3. 效益和费用数据的选取

正确识别项目的效益和费用是正确评价项目经济效益的前提。与新建项目不同，改扩建项目范围并不完全等同于企业范围，因此其效益和费用的识别比新建项目就有一定的难度。在改扩建项目的财务经济评价中，项目的效益和费用应该理解为由项目引起的发生在企业内部的效益和费用，因此效益和费用的识别不应孤立地观察项目，而应把项目放在企业里再来考虑，只有能够引起企业投入增加的才能作为费用，只有能够引起企业产出增加的才能作为效益。

4. 改扩建项目中沉没成本的确定

沉没成本通常被认为是业已发生而且无法收回的成本支出，是企业过去投资决策的结果。一般来说，在设计项目改扩建方案时，会尽量考虑到利用企业以前闲置不用的设备或厂房。这部分资产是企业以前投资决策的结果，在会计上已停止计提折旧，是企业的沉没成本。对于"继续利用"部分应该怎么处理呢？改扩建项目的差额效益并不完全来源于新增投资，有一部分是来自企业原有固定资产潜力的发挥，这是改扩建项目的一个特殊优点——利用企业的原有资产。

例如，某企业计划进行技术改造，那些可利用的固定资产是"无项目"投资，也是"有项目"的"继续利用"部分，其差额投资为零；过去预留发展的准备用来新建生产线用的厂房或地皮，在没有新项目的情况下，可出租或发展其他项目，其变现收入可作为"无项目"效益，差额投资也为零。因此，"继续利用"部分虽然继续发挥作用，但它不会随着是上项目还是不上项目而改变，与"有无对比"最终的差额数据无关，在做差额盈利能力分析时可不予考虑，如果我们忽略对这一部分的考虑，就会大大减少经济评价的工作量，而不会影响到评价结果的准确性。

5. 改扩建项目经济评价方法

评价方法有两种：总量效果评价法和差额效果评价法。

(1) 总量效果评价法

也叫总量法，就是分别计算进行有项目和无项目两种情况下的企业总体效益，然后进行对比分析。有项目与无项目实际上是互相排斥的两个备选方案，对这类项目的评价，实际是对互斥方案的研究，因此在进行评价时要用价值型指标（如净现值）。用总量效果评价法进行经济评价应把原有资产作为现金流出。因为原有资产不仅有其实物形态，而且具有价值形态，若拥有者不使用这笔资产，可将其出售。如拥有者不出让，就意味着失去了获得这笔收入的机会，这是一种机会损失，因此在经济分析中将其视为支出。另外，还应注意企业部分原有资产转让出售的可能性。即如果由于改扩建而使部分原有资产不再有用，并能转让出售，这笔收入应视为现金流入。下面举例说明。

[例 6-5] 某企业现有固定资产 700 万元，流动资产 300 万元，若进行更新改造需要投入 500 万元资金，改造于当年完成。计算期设定为 10 年，基准收益率 $i_0=10\%$。改造与不改造每年收入及支出见表 6-25。

表 6-25 不改造与改造每年收入及支出预测表

	不改造		改造	
年份	1~9	10	1~9	10
年收入	700	700	800	800
资产回收	590	335	600	385
年支出	590	590	600	600

① 原有资产列入现金流出　不改造的净现值为 $NPV_无$，改造后的净现值为 $NPV_有$。不改造 $NPV_无$ 的计算见表 6-26。

表 6-26　不改造方案现金流量表　　　　　　　　　　　　　单位：万元

项目	0	1	2	3	4	5	6	7	8	9	10	合计
现金流入		700	700	700	700	700	700	700	700	700	1035	
现金流出	1000	590	590	590	590	590	590	590	590	590	590	
净现金流量	−1000	110	110	110	110	110	110	110	110	110	445	
累计净现金流量	−1000	−890	−780	−670	−560	−450	−340	−230	−120	−10	435	−194.9
现值(i_0=10%)	−1000	100	90.9	82.6	75.1	68.3	62	56.4	51.4	46.6	171.8	
累计现值	−1000	−900	−809.1	−727	−651.4	−583.1	−521.1	−464.7	−413.3	−366.7	−194.9	

$NPV_无 = -194.9$ 万元，同样方法可得 $NPV_有 = -122.6$ 万元。虽然 $NPV_有 > NPV_无$，但 $NPV_有$、$NPV_无$ 均小于零，所以不能轻易地作出应当改造的结论。

② 原有资产不列入现金流出　同样的计算方法可计算得到：不改造的净现值 $NPV'_无 = 805.1$ 万元。改造的净现值 $NPV'_有 = 877.4$ 万元。按此得到的结果是 $NPV'_有 > NPV'_无 > 0$，按这个结果可得出可以实施该改造项目结论。

从以上两种方法的计算和分析，可以看出忽略原有资产与考虑原有资产的评价结果是不同的。忽略原有资产，有可能将实际上不可行的项目判为可行。因此，采用总量法时必须将原有资产列入现金流出。总量法的优点也在于它不仅能够体现改扩建与否的相对效果，而且能够体现其绝对效果。

总量效果评价法虽然能同时体现相对效果和绝对效果。但是，单凭企业改扩建后的总量效益是不能说明改扩建投资的效果水平的。只有改扩建方案引起的费用和效益的增加额，才是该项目的真正费用和效益。另外，总量法需将原有资产视为投资。如果要使计算结果真实地反应时间价值，那就需要对原有资产进行评估，由于评估工作非常复杂，因此总量评价法，有时是不可取的。

（2）差额效果评价法

差额效果评价法也叫差额法，它是用改扩建与不改扩建的差额现金流量计算差额效果指标，然后作出判断。由于在计算现金流量的时候，改扩建与不改扩建具有相同原有资产，可相互抵消，因此评价方法可大大简化。

差额效果指标主要有差额净现值（ΔNPV）、差额投资内部收益率（ΔIRR）。通常，当 $\Delta NPV > 0$ 或 $\Delta IRR > i_0$ 时，则项目可行。但因为，差额法所体现的是相对效果，不能体现绝对效果，作为投资决策的依据是否可靠。将改扩建项目差额指标和总量指标可能出现的结果列于表 6-27。

表 6-27　差额指标和总量指标

差额指标	总量指标		按差额指标作出的决策
	不改扩建	改扩建	
$NPV>0$	$NPV_无>0$	$NPV>0$	改扩建
$NPV>0$	$NPV_无<0$	$NPV>0$	改扩建
$NPV>0$	$NPV_无<0$	$NPV<0$	改扩建/不改扩建
$NPV<0$	$NPV_无>0$	$NPV>0$	不改扩建
$NPV<0$	$NPV_无<0$	$NPV<0$	不改扩建
$NPV<0$	$NPV_无>0$	$NPV<0$	不改扩建

表中，从上至下第 1、2、5、6 四种情况，差额指标与改扩建后总量指标结果一致，根据差额指标进行决策不会发生错误。第 4 种情况，是越改越坏，不应进行改扩建。

第 3 种情况，不管进行或不进行改扩建，总量指标都达不到基准值，但差额指标大于零说明改扩建投资改善了企业的效益，差额效益是可行的。而改扩建后总量效益仍然不好是由于原企业的效益太差，这笔差额投资还不足以把全部存量带动起来。这种情况下企业有三种选择：①不进行改扩建，继续生产经营；②进行改扩建；③关闭企业，把现有资产拍卖。

由于差额指标大于零，改扩建投入的资金产生了效益，使企业整体效益得到了提高，故方案②优于方案①，可以进行改扩建。方案②和方案③的优化选择。如果只看差额指标，是可以进行改扩建的。如果只看总量指标，那就应该考虑关闭企业把现有资产拍卖。所以，这时如果只看一种指标，有可能作出错误的选择。这种情况下就需要同时看总量指标和差额指标。如果企业排除了关闭，把现有资产拍卖的选择，那么只进行差额指标的计算就可以了。

[例 6-6] 某公司焦化厂，为了提高经济效益，改变亏损面貌，提出了对该厂进行技术改造的设想，并进行焦化厂技术改造可行性研究经济评价的任务，主要指标列于表 6-28。

表 6-28 焦化厂技术改造经济评价指标

项 目	单位	数量
技改项目总投资	万元	2572
项目计算期	年	15
基准收益率	%	7
总量净现值（$NPV_无$）	万元	-5707.73
总量净现值（$NPV_有$）	万元	-63.78
差额净现值（ΔNPV）	万元	-5643.95

同时计算总量指标和差额指标。从上表可知：$\Delta NPV>0$，$NPV_无<0$，$NPV_有<0$，ΔNPV 远大于零，说明技改项目资金的投入产生了很大的效益，但从 $NPV_无<0$ 和 $NPV_有<0$ 来看，技术改造后总量效益仍没有达到规定值以上。是进行技术改造还是不进行技术改造？当时该厂可以肯定地排除关厂拍卖资产的可能，所以只从差额指标就可判定该技改项目是可行的。

思考题与练习题

1. 投资项目财务评价的内容、方法和基本财务报表是什么？
2. 项目财务盈利能力分析的内容是什么？运用哪些主要指标？如何运用这些指标进行投资决策？
3. 试分析项目财务评价税前与税后的评价指标在计算与评价标准上的差异？
4. 如何进行项目清偿能力的分析？
5. 如何进行项目财务生存能力的分析？
6. 建设项目国民经济评价的作用是什么？
7. 简述国民经济评价与财务评价的关系？
8. 什么是直接效益、间接效益、直接费用、间接费用？
9. 国民经济评价中费用与效益的识别原则是什么？
10. 国民经济评价为什么要采用影子价格来度量建设项目的费用与效益？
11. 国民经济评价主要参数的含义各是什么？

公益性项目的经济评价

本章介绍公益性项目经济评价的基本内容和方法。主要内容包括：公益性项目评价的特点、公益性项目收益与费用的识别、公益性项目经济评价的基本指标与评价方法等。

第一节 公益性项目评价概述

一、公益性项目的概念

1. 公益性项目

公益性项目是指那些非赢利性和具有社会效益性的项目，是以谋求社会效应为目的，具有规模大，投资多，受益面宽，服务年限长，影响深远等特点。现阶段关于公益性项目的解释有两种，分为广义和狭义，广义的公益性项目是指为社会大众或社会中某些人口群体的利益而实施的项目，即包括政府部门发起实施的农业、环保、水利、教育、交通等项目，也包括民间组织发起实施的扶贫、妇女儿童发展等项目。狭义的公益性项目是有民间组织发起的，利用民间资源为某些群体谋求利益，创造社会效应。

2. 公益性项目投资

公益性项目投资按是否有偿供社会公众消费可分为两类：一类免费供社会公众消费，如公共道路、城市美化等；一类有偿供社会公众消费，如公立学校、文化设施等。

与基础性投资项目相比，公益性项目投资具有以下特征。

（1）投资的政府主体性

公益性项目投资的结果，是为社会提供数量更多、质量更好的公共产品，而且大部分是纯公共产品，这一点决定了在提供公益性项目方面市场是"失灵"的，政府应该"有所为"，承担投资责任。当然，也不排除个人或企业以捐赠等形式投资的可能性。

(2) 投资领域的非生产经营性

尽管基础性项目的投资范围很广，不过，它们有一个共同点——都在生产经营领域，所形成的资产都用于生产经营活动。公益性项目的投资则不同，形成的资产大部分处于非生产经营领域，具有较强的非盈利性。

(3) 资金来源和使用的无偿性

公益性项目投资的资金绝大部分来自财政资金，具有无偿性的特点；同时，与资金来源的特征相对应，大部分公益性项目的使用也是无偿的，免费向全部社会成员提供服务。

(4) 投资循环的间接性

公益性项目所形成的资产，是用来向全体社会成员提供公共产品的基础条件，或者其本身就是公共产品，只有社会效益而没有经济效益，所以项目本身很难产生收入的现金流量；不过，该类项目的意义正在于提供经济、社会发展的软硬件设施，降低企业和居民的交易成本，通过扩大税基而增加未来财政能力的。所以，公益性项目的投资循环具有间接性的特征。

二、公益性项目的特点

公益性投资项目具有如下特点。

1. 项目投资额大、投资收益水平低且回收期长

公益性投资项目，如水利设施基准收益率小于10%，投资回收期超过20年；邮政业基准收益率只有2%，投资回收期19年；铜矿山基准收益率5%，投资回收期15年等。

2. 项目投资主体与收益主体分离

在竞争性项目中，企业是项目决策的主体，承担全部投资费用并获取项目全部收益；而在公益性项目中，投资者多为政府（或社会团体），收益者惠及所有有幸收益的单位和个人。

3. 项目的外部性

项目的外部性是项目外部收益和外部成本的统称。外部收益指落在项目投资经营主体之外的收益，此收益由投资经营主体之外的人免费获取。外部成本指落在项目投资经营主体之外的社会成本，但该成本却无法从投资经营主体得到补偿，而由外部团体和个人无偿地或不等价地承担。

4. 项目产出品的公共性

公共性指产品不具有使用权或收益方面的排他性，而具有多人可以同时受益于同一物品或服务的公共性，如多人可以同时享受市区公园带来的环境美化效用。

5. 项目目标的社会效益性

社会效益性指此类项目不以经济利益为第一目标而是以社会效益为第一目标，主要为社会提供使用价值和其他有用效果。因此，这类项目的效益不是体现在它的盈利性上，而是体现在其社会效果上。它反映资源消耗与社会需要的满足关系，即项目付出的代价与社会收益程度之间的对比关系。只要二者之间的对比关系是有效的（即以一定的代价获取最大的社会收益）、经济的（即在获取一定的社会收益下付出的代价最小），投资项目就值得投资建设，否则，就要予以否定。

公益性投资项目虽然不具有较高投资收益水平的特点，但它们是国民经济的重要组成部分。因为它们不仅是社会产品再生产的重要条件，而且还是社会劳动力再生产的重要条件。

三、公益性项目评价

公益性项目评价，是以不断改善投资环境、优化产业结构、实现宏观经济持续增长为目标，从纳税人的角度出发，采用效益费用等分析方法，考察公益性项目给社会公众带来的效益是否大于项目投入的费用，为公益性项目的选优决策提供依据。

公益性项目的经济评价包括反映微观经济效应的财务评价和宏观经济效应的国民经济评价。公益性项目经济评价以国民经济评价为主，财务评价为辅。

我国公益性项目社会评价方法以我国建设有中国特色的社会主义理论为理论基础，参照社会费用效益分析原理、社会影响评价与社会分析的理论方法，从实际出发，实事求是，在我国已有经验基础上吸取经验，建立适合中国特色的项目社会评价的理论方法。

公益性项目评价与财务评价有如下几点区别。

(1) 评价指标性质不同

政府及非营利组织兴建项目是为了保护国家及人民生命财产安全，为公众和企业提供满意便捷的服务，公众享受服务有时免费，有时仅按准成本或成本付费，政府及非营利组织兴建和维持公益性事业的经济来源主要是财政收入，即纳税人的上缴税金。在这种情况下，不可能采用盈利最大化指标来评价拟建项目的可行性和合理性。

(2) 评价指标计算方式不同

计算财务评价指标时，现金流入和流出针对的是一个投资主体。而在计算公益性项目评价指标 B/C 时，效益主要是社会公众享受到的好处，费用主要是投资主体对项目的投入。

(3) 评价指标数量不同

对竞争性项目进行财务评价时，采用可货币化的、单一的盈利能力指标就足够了。但公益性项目几乎都有多方面的无形效果，诸如收入分配、地区均衡发展、就业、教育、健康、生态平衡、社会安定、国家安全等。由于不存在相应的市场和价格，无形效果一般很难赋予货币价值，必须寻找其他方法对项目的无形效果进行评价。

(4) 评价指标之间协调的难易程度不同

对竞争性项目进行财务评价时，各盈利能力指标之间的关系是协调的，尽管各利益主体之间也会出现不一致，但协调起来比较容易，往往不影响大局。但不同的公民对公益性项目的多个指标关注的侧重点往往不同，这可能导致指标相互之间具有显著的冲突，而且协调矛盾的难度也较大，从而增加项目选优的复杂性。

第二节 公益性项目的费用和收益

一、公益性项目费用和收益的分类

在公益性投资项目中，费用指为拟建项目投入的社会劳动和资源消耗的真实价值；收益指项目产出的全部有益效果，它可以包括以价值形式表示的劳动成果或以使用价值衡量的效用。一般在评价工作中，将费用和收益划分为以下几类。

(1) 直接与间接的费用和收益

直接收益是指由投资项目直接提供的货物（产品）或劳务获得的利益，如水利灌溉工程直接提供灌溉用水，引起农业收入的增加。从理论上看，项目直接收益的真实价值体现的是消费者为此愿意付出的最大代价。

直接费用指为建造和经营投资项目（或方案）付出的代价（包括耗费的资源和劳务等）。如水利灌溉工程基础项目的直接费用包括项目的筹建费、征用土地费、工程费、原有设施拆迁费、建设期利息及财务费等，经营费用有提供灌溉用水生产经营周转需要的资金等经营费用。

间接收益指由拟建项目间接引起的收益，即由于其供应关系和投入产出关系而产生的对社会其他部门（行业）或其他项目的影响所带来的收益。如由于水利灌溉工程项目而新增的甜菜加工厂，该工厂的净收入列为灌溉项目的间接收益。

间接费用指产生间接效益时发生的费用。如上述的甜菜加工厂，该厂的建设和生产发生的费用就是灌溉项目的间接费用。

（2）内部与外部的费用和收益

项目内部收益是项目投资经营主体获得的收益，内部费用（成本）是项目投资经营主体承担的费用（成本）。例如，治理工厂生产车间噪音项目，其投资与运作成本由企业自身负担，减少噪音的收益由企业职工获得；校园环境绿化项目，项目投资与运作成本由学校负担，绿化效果由学校师生员工享用。

项目外部收益与外部费用（成本）指落在项目之外的收益与费用（成本）。外部效果受益者不需要付出任何代价，如同行者从免费大桥通行获得的收益是大桥项目的外部收益。外部效果受损者得不到任何补偿，如工厂排放废水污染的水灌溉农田带来农作物产量的损失就是工厂项目的外部费用（成本）。

（3）有形与无形的费用和收益

有形收益与费用（成本）指可以采用货币计量单位（价格）或实物计量单位予以计量的收益与成本，具有物质形态。如水电站的发电量、灌溉农田的水量、收费公路的车辆收费收入都是有形收入，使电站正常运行需要的经营费用、收费公路的经营费用都是有形费用（成本）。无形收益与费用（成本）是一些难以货币化计量又难以采用其他计量单位度量的收益与费用（成本），且缺乏物质形体的效果。如建筑物的美学价值，国防项目提高的国家威望等，都是难以用货币或其他计量单位加以度量的。

（4）可销售与不可销售的效果

可销售的效果指项目的产出物可在市场销售的商品和劳务，其价格可按供求关系直接由市场决定。这些可销售的商品和劳务，都可用货币来计价。不可销售的效果指项目的产出品不可在市场上进行销售，它们不可用货币来度量。如在公共场所的公共娱乐设施等项目，使旅客可能获得的娱乐、舒适以及闲暇时间等均属于非市场产品。

二、公益性项目费用与收益的识别和计量原则

1. 费用与收益的识别

在公益性项目的费用与收益分类中，直接、间接与内部、外部有时概念上容易混淆。因为它们之间有时可能重合，但直接收益（或费用）并不一定等同于内部收益（或费用），间接收益（或费用）也不一定等同于外部收益（或费用）。例如：一个公共消防项目，它提供减少或消除火灾损害的服务，由它所获得的减少财产损失和人员伤亡的收益是一种直接收益，但这种收益却不是项目的内部收益而是消防部门以外的外部收益。一般而言，间接收益

与费用包含在外部收益与费用之内，内部收益与费用包含在直接收益与费用之内。

因此，在对项目的费用与收益进行分类识别和计算时，或者按"直接"和"间接"的方式分类，或者按"内部"和"外部"的方式分类，不能交叉分类，避免收益与费用的遗漏或重复。

2. 费用与收益的计量原则

（1）根据项目目标识别费用与收益

费用与收益是相对于目标而言的。收益是对目标的贡献，费用是为实现目标所付出的代价。因此，应首先明确项目的基本目标，再识别项目的费用与收益。

一个大型水利工程，如设定目标为水力发电，则电力收入是内部收益，消费者剩余是外部收益；水电站投资与运行是内部费用，土地淹没损失是外部成本。如设定目标为水利灌溉，则水费收入是内部收益，农作物增产净收入是外部收益；水电站投资与运行是内部成本，水库周围土地盐碱化是外部成本。

（2）费用与收益的识别与计量范围的一致性

项目的费用与收益的发生具有时间性与空间性。在考察项目费用与收益时，须遵循费用与收益在空间分布和时间分布上的一致性原则，否则会多估或少估收益与费用。

例如，主要由中央财政拨款修建的三峡水利工程，如果出于地区利益考虑，在投资成本上只计入地区投资而将中央财政支出视作"免费"，就会造成低估项目成本的后果。这是空间上的不一致造成的不正确识别。又如由国家发行几期公债修建的大型公路工程，如果出于局部利益考虑，在投资成本上只计入当期公债而将前几期投资视作"免费"，也会造成低估项目成本的后果。这是时间上的不一致造成的不正确识别。

（3）费用、收益识别与计量的差额原则

项目的费用与收益指项目的差额成本和差额收益，即"有项目"情况下的收益与费用较之"无项目"情况下增加的收益和费用。如在前一部分"间接收益与费用"的计算中，计算新建水厂与不建水厂的比较，建造桥梁与不建桥梁的比较，拓宽城市道路与不拓宽道路的比较等。

第三节 公益性项目的经济评价方法

由于公共项目投资目的是谋求社会效益，效益面向社会大众，决定了其评价方法应以国民经济评价为主，并以收益和成本比较为基础。公益性项目的经济评价一般采用效益费用分析法，也称效益成本分析法。它以项目的效益与成本之比来衡量项目的效果。根据项目的收益表现形式，进一步分为"收益成本分析法"和"成本效能分析法"。凡是项目的收益可以用货币计量或计算的、能求出收益总额的，采用"收益成本分析法"；凡收益不能或无法用货币计量、不能求出收入收益、只能以效用收益来计量的，采用"成本效能分析法"。

一、收益-成本分析法

收益成本分析法用于收益和成本都可用货币计量的基础性与公益性项目，运用该方法，应满足以下三个基本条件。

① 目标相同。比较方案具有共同的目标或目的，这是方案比较的基础。

② 方案间的关系是互斥的，且每个可行方案的信息是可知的，包括项目投资、寿命、内外效果等。

③ 收益和成本可以用货币计量。对于非货币性收益或成本，可以通过一定方式，合理地转化为货币性收益或成本。

项目的收益成本分析法是用项目的净收益或收益成本比率评价项目经济效益的一种方法，可以像竞争性项目的经济评价那样，使用净现值、净年值或内部收益率等指标及评价准则。通常以项目的净现值或年值进行计算。

1. 收益-成本法的现值表示

收益-成本法的现值表示是用项目的收益现值（包括直接收益和间接收益）与成本现值（包括投资支出、经营费用）表示，可用两种数学方式表示：

(1) 净收益现值＝总收益现值－总成本现值

$$NPV = \sum_{t=0}^{n}(B_t - C_t)(P/F,i,n) \tag{7-1}$$

净收益现值是考虑项目计算期内的总收益现值与总成本现值之间的差额，是一个绝对投资经济效益指标。它的经济意义是项目投资经济效益的绝对值。

评价准则为：$NPV \geqslant 0$，意味着项目效益大于成本，可接受；否则，意味着项目效益小于成本，不可接受。

(2) 收益成本分析法最重要的评价指标是收益成本比，其计算公式如下：

$$(B/C) = \frac{总收益现值}{总成本现值} = \frac{\sum_{t=0}^{n}B_t(P/F,i,n)}{\sum_{t=0}^{n}(P/F,i,n)} \tag{7-2}$$

收益成本比率是项目计算期内的总收益现值与总成本现值之比，是一个相对投资经济效益指标。它的经济意义是单位费用产生的经济效益。

评价准则为：若 $(B/C) \geqslant 1$，则项目可接受，且越大越好；

若 $(B/C) < 1$，则项目不可接受。

就单一方案而言，上述两种评价是等效的。证明如下。

若项目不可接受，从净收益现值考虑，意味 $NPV<0$，即

$$\sum_{t=0}^{n}B_t(P/F,i,n) - \sum_{t=0}^{n}C_t(P/F,i,n) < 0$$

则有

$$\sum_{t=0}^{n}B_t(P/F,i,n) < \sum_{t=0}^{n}C_t(P/F,i,n)，故$$

$$\frac{\sum_{t=0}^{n}B_t(P/F,i,n)}{\sum_{t=0}^{n}C_t(P/F,i,n)} = B/C < 1$$

同理可证，若 $NPV \geqslant 0$，必有 $(B/C) \geqslant 1$。所以两指标的评价是一致的。

2. 收益-成本法的年值表示

收益-成本法的年值表示是用项目的等额年收益与等额年成本表示，数学表示为：

$$收益成本比(B/C) = \frac{等额年收益}{等额年成本}$$

$$\frac{B}{C} = \frac{\sum_{t=0}^{n} B_t(P/F, i, n)(A/P, i, n)}{\sum_{t=0}^{n} C_t(P/F, i, n)(A/P, i, n)} \tag{7-3}$$

评价准则为：若 $(B/C) \geq 1$，则项目可接受，且越大越好；

若 $(B/C) < 1$，则项目不可接受。

[**例 7-1**] 单方案的收益成本分析。设有一条公路，每年由于车祸造成的财产损失为 90 万元。现打算拓宽路面，扩建一个车道。估计扩建后可减少一半车祸，扩建估计投资 180 万元，使用期 30 年。假设利率 7%，路面保养费每年约为投资的 3%。试评价拓宽路面计划是否值得实施？

解：

方法一：应用现值法。若实施该项目，则能获得的总收益现值为：

$$B = 90(P/A, 7\%, 30)/2 = 558.41 \text{（万元）}$$

支付的总成本现值为：

$$C = 180 + 180 \times 3\%(P/A, 7\%, 30) = 247.01 \text{（万元）}$$

净收益现值 (NPV) = 总收益现值 − 总成本现值 = 311.4（万元）

或收益成本比率 (B/C) = 总收益现值/总成本现值 = 558.41/247.01 = 2.26 > 1

方法二：应用年值法。若实施该项目，则每年能获得的收益为：

$$B = 90/2 = 45 \text{（万元）}$$

年成本为：

$$C = 180(A/P, 7\%, 30) + 180 \times 3\% = 19.9 \text{（万元）}$$

收益成本比：$B/C = 45/19.9 = 2.26 > 1$

计算结果可见，两种方法的结论是一致的。拓宽公路项目有较大的经济效益和价值，应该投资。若再考虑拓宽车道后使行车时间缩短的间接效益，项目的经济性将更好。

对于单一方案，用项目的总收益现值法或年值法进行评价是可行的且结论一致。但对多个投资项目的互斥方案优选时，仅根据方案的收益成本比（现值或年值比）最大准则进行比较、优选，则是不够全面的。因为收益成本比只反映了各方案的绝对经济效果，而没有反映方案之间的相对经济效果，这个可通过差额收益成本分析法获得。

3. 差额收益成本分析法

差额收益成本分析法是用互斥方案的收益差额与成本差额的比值来优选项目方案的，其数学表达式为：

$$(\Delta B/\Delta C) = \frac{\Delta B}{\Delta C} = \frac{\sum_{t=0}^{n} B_{kt}(P/F, i, n) - \sum_{t=0}^{n} B_{jt}(P/F, i, n)}{\sum_{t=0}^{n} C_{kt}(P/F, i, n) - \sum_{t=0}^{n} C_{jt}(P/F, i, n)} \tag{7-4}$$

式中 $\Delta B/\Delta C$——互斥方案的差额收益成本比；

ΔB——互斥方案的差额收益现值；

ΔC——互斥方案的差额成本现值；

B_{kt}，C_{kt}——分别是等额年成本较大方案的年收益与等额年成本；

B_{jt}，C_{jt}——分别是等额年成本较小方案的年收益与等额年成本。

评价准则为：注意

$$\Delta B>0, \Delta C>0$$

若 $(\Delta B/\Delta C)>1$，说明收益差额大于成本差额，可以接受等额年成本较大的方案；

若 $(\Delta B/\Delta C)<1$，说明收益差额小于成本差额，不能接受等额年成本较大的方案；

若 $(\Delta B/\Delta C)=1$，说明收益差额与成本差额持平，需结合其他资料进一步研究。

[例 7-2] 设一娱乐设施项目，有 4 个方案可供选择。各方案的等额年收益与等额年成本如表 7-1 所示。设投资收益率为 10%。

表 7-1 4 个方案的收益成本比计算表

方案	等额年收益/万元	等额年成本/万元	收益成本比	年净收益/万元
甲	890	662	1.34	228
乙	830	610	1.36	220
丙	730	580	1.26	150
丁	690	520	1.33	170

从上表数据可知，4 个方案的收益成本比均大于 1，年净收益均大于零，从绝对经济效果看都可行。按照收益成本率由大到小排序的方案依次为：乙、甲、丁、丙；而从年净收益由大到小排序的方案依次为：甲、乙、丁、丙。两种评价方法结论不一致，难以确定是乙还是甲为较优方案。当互斥方案绝对经济效果都可行的情况下，除考虑绝对效果外，还需计算项目间的差额收益成本率，进行方案之间的相对优劣分析，对方案比较后优选。以表 7-1 数据为例，结果列于表 7-2 中。

表 7-2 差额收益成本比计算表

方案比较	差额等额年收益/万元	差额等额年成本/万元	差额收益成本比	决　策
丙与丁	40	60	0.67	比值小于 1，接受等额成本低的丁方案
乙与丁	140	90	1.56	比值大于 1，接受等额成本高的乙方案
甲与乙	60	52	1.15	比值大于 1，接受等额成本高的甲方案

计算结果可知，甲方案优于乙方案。虽然甲方案投资较乙方案高，但是该投资单位成本差额产生的收益差额达到 1.15 单位，大于成本差额，说明投资增加是经济合理的。

4. 收益率对项目评价的影响

收益率的预测值对公益性投资项目的经济评价结论起着非常重要的影响。

[例 7-3] 设有一公益性项目，寿命期为 10 年，初始投资 100 万，年净收益 16.5 万。试分析收益率预测值对投资项目经济评价的影响。

解：设折现率为 5%，项目的收益成本比为：

$$B/C = \frac{16.5(P/A, 5\%, 10)}{100} = 0.165 \times 7.722 = 1.274 > 1，项目盈利；$$

类似计算，折现率为10%时有：

$$B/C = \frac{16.5(P/A,10\%,10)}{100} = 0.165 \times 6.144 = 1.01 > 1，盈利；$$

折现率为12%时有：

$$B/C = \frac{16.5(P/A,12\%,10)}{100} = 0.165 \times 5.65 = 0.932 < 1，亏损。$$

计算结果可见，项目的效益评价对收益率是非常敏感的。由于取值不同，项目由盈利变成了亏损。

对于基础性、公益性投资项目经济评价中采用的收益率水平，人们有着不同的看法。一种观点认为在基础性、公益性投资项目的经济评价中，应采用较低的收益率。因为此类项目是社会再生产不可缺少的重要条件，是国民经济的重要组成部分。它的特点决定了其建设目的不是为了追求利润的最大化，而是提供使用价值和其他有用的社会效果。另一种观点则认为应采用较高的收益率。因为在社会资源有限的情况下，将投入到盈利能力较低的基础性、公益性项目的资源转投入到盈利水平较高的投资项目，将会获取更高的投资收益。而且采用较低的收益率水平，容易满足于接受低收益水平的方案，而不会去寻求更好的投资方案。

一般来讲，项目收益率应根据该项目的投资来源确定。如果投资基金主要来自于借款（如公债、国库券）时，采用的收益率应当不低于借款利率；如果投资基金主要来自于企业上缴的税利时，采用的收益率应当不低于国民经济范围内的企业平均利率，因为它占用了原来由企业使用的资源。对基础性、公益性项目的投资，是把原来用在企业的资金通过税利转移支付获得，为了正确评价这笔资金的社会经济效果，应当采用反映社会平均利率水平的利率作为评价指标，使资金合理使用。

[例 7-4] 假如有一条路径弯曲、年久失修的公路需要改建。当局提出如下三个可供选择的方案：

甲方案：对现有 30 公里的公路路基进行大修并重铺路面，预计投资 80 万元。以后每 10 年末需花 600 万元再铺一次路面。

乙方案：在这个地区另筑一条路径只有 25 公里的新公路。它的一次投资支出（包括建设期间投资利息）为 2000 万元。以后每 10 年末需要花 500 万元翻修一次路面。

丙方案：将原路取直，缩短为 20 公里。由于公路西侧已有建筑群，并要修建过江大桥，因此要付出相当大的搬迁补偿费和建桥费，一次投资支出（包括建设期间投资利息）为 4000 万元。以后每 10 年末需要花 400 万元翻修一次路面。

此外，每公里公路的年维修费为 2 万元。该公路的有效使用年限为 30 年，不考虑残值，投资收益率为 6%。试从中选择一个最优方案。

分析：这是具有相同效果的若干方案比较，采用增量分析法进行方案优选。先计算各方案的等额年成本，然后计算方案间的差额比较。为便于计算，绘制现金流量图如图 7-1。

(1) 计算等额年成本

该项目等额年成本由初始投资、历次翻修路面投资支出以及年维修费组成。各方案的等额年成本为：

甲方案：$AC_1 = \{80 + 600(P/F,6\%,10) + 600(P/F,6\%,20)\}(A/P,6\%,30) + 2 \times 30$
$= 156$（万元/年）

乙方案：$AC_2 = \{2000 + 500(P/F,6\%,10) + 500(P/F,6\%,20)\}(A/P,6\%,30) + 2 \times 25$

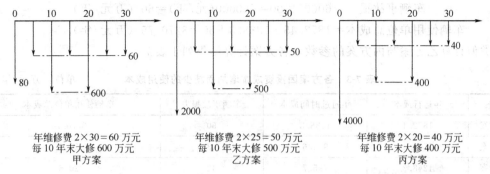

图 7-1 各方案现金流量图

$$=227（万元/年）$$

丙方案：$AC_3=\{4000+400(P/F,6\%,10)+400(P/F,6\%,20)\}(A/P,6\%,30)+2\times20$

$$=356（万元/年）$$

各方案的等额年成本排序为：甲方案＜乙方案＜丙方案。从绝对效果说，甲方案等额年成本最低，丙方案最高。再考虑方案之间的相对效果，即增加的成本带来的收益增加，如果年收入增长超过等额年成本增长，则表明增加成本是经济合理的；否则，表明是不合理的。

（2）计算因投资成本增加而减少的使用成本

在计算出等额年成本后，再计算社会年收益。这里所说的社会年收益，主要指从一个投资较少方案转向投资较多方案给车辆使用带来的成本减少数。如果由此引起车辆使用单位成本减少数大于投资增加数，即表示社会收益大于成本，这个投资支出较多的方案是有经济效益的，是值得投资建设的。

从公路来看，车辆使用的成本，主要包括以下三个部分：运行成本、通过时间成本和车辆事故损失。

假如这条公路的交通密度每天变动不大，平均每天通过各种车辆 3000 辆，其中 500 辆轻型货车、400 辆重型货车、300 辆大型客车、其余为小型客车。这些车辆每公里运行费分别为 0.70 元、1.00 元、0.80 元和 0.40 元。

由于这三条路线长度不同，通过这三条公路所需时间也不相同。此外，每条公路允许的行车速度也不同。其中甲方案允许重型货车和大型客车平均时速 35 公里，其他车辆平均时速 45 公里。乙、丙方案允许重型货车和大型客车平均时速 40 公里，其他车辆平均时速 50 公里。同时假定营业用车每辆平均每小时能带来 20 元的净收益，非营业用车为 10 元。在所有车辆中，除小型客车为非营业用车外，其他车辆均为营业用车。

另外，根据各方案的道路情况，甲方案每年发生车祸数估计为 100 次，而乙、丙方案每年发生车祸数估计分别为 80 次、70 次，每一次车祸的平均损失为 6000 元。

根据以上资料，就可将各个方案的运行成本、通过时间成本和事故损失分别计算如下。

甲方案：

年运行成本 $=(500\times0.70+400\times1.00+300\times0.80+1800\times0.40)\times30\times365$

$$=18724500(元/年)=1872.45（万元/年）$$

年通过时间成本 $=[500\times1/45\times20+400\times1/35\times20+300\times1/35\times20$

$$+1800\times30\times1/45\times365\times(0.5\times20元+0.5\times10元)]\times30\times365$$

$$=13383333(元/年)=1338.3（万元/年）$$

$$车辆事故损失 = 6000 \times 100 = 600000 (元/年) = 60 (万元/年)$$
$$车辆使用单位总成本 = 1872.45 + 1338.3 + 60 = 3270.75 (万元/年)$$

类似计算乙方案与丙方案的参数，各方案计算结果列于表7-3。

表7-3 各方案因投资成本增加而减少的使用成本 单位：万元/年

方案	年运行成本	年通过时间成本	车辆事故损失	车辆使用单位总成本
甲方案	1872.4	1338.3	60	3270.78
乙方案	1560.4	994.6	48	2603
丙方案	1248.3	795.7	42	2086

（3）方案比较

乙方案与甲方案相比，等额年成本增加：
$$227 - 156 = 71 (万元/年)$$

车辆使用单位总成本减少：
$$3270.78 - 2603 = 667.78 (万元/年)$$

乙方案虽比甲方案多支出年成本71万元，但使车辆使用费每年减少667.78万元，增长收益成本比率为：667.78/71 = 9.41

相对甲方案而言，乙方案增加的每单位投资年成本可使单位车辆使用费降低9.41单位，说明增加投资是经济合理的，乙方案优于甲方案。

丙方案与乙方案比较，等额年成本增加：
$$356 - 227 = 129 (万元/年)$$

车辆使用单位总成本减少：
$$2603 - 2086 = 517 (万元/年)$$

丙方案每年比乙方案多支出成本129万元，使车辆使用费每年减少517万元，增长收益成本比率为：517/129 = 4.01

相对乙方案而言，丙方案每增加的单位投资年成本可使单位车辆使用费降低4.01单位，说明增加投资是经济合理的，丙方案比乙方案更优，更值得投资建设。

计算结果：从等额年成本考虑，丙方案最大，甲方案最小，似乎应取甲方案。而从增值角度考虑，丙方案增加的成本额远远低于因此而降低的使用费的节约额，即社会收益远大于成本，应取丙方案。综合考虑，在投资允许时，应该考虑丙方案。所以在决策项目的投资时，不能只依据各方案的绝对投资款，而更应该比较各方案的增值成本与增值收益。

当然，这是在可能一次投资4000万元的前提下分析的，而且投资方案优选也是建立在6%的投资收益率和上列各项估算数据的基础上进行的。如果采用的收益率或年通过的车辆等等数据不同，计算结果也将不同。

二、成本-效能分析法

收益成本分析法用于收益与成本均能用货币度量的项目，但是，有一些公益性投资项目的效益不能用货币度量，如国防工程、学校、医疗、政府机构、环境保护等。在评价这种类型的项目时，需采用成本效能分析法。成本效能分析法就是将投资项目的效能与成本进行比较，用成本效能比率来评价项目投资经济效益的一种方法。成本效能分析法也是费用效益分析在实际中的具体应用。

由于计量单位不同,不具有统一的量纲,致使成本效能分析法无法像收益成本分析那样采用方案的绝对经济效果进行评价,即无法直接判断方案自身的经济性,但成本效能分析法同样可以进行方案的比较。运用成本效能分析法,需要满足以下三个基本条件。

① 必须有共同的、可识别和可实现的目标或目的;
② 必须有两个或两个以上能满足目标的、可供选择的互斥方案;
③ 必须有若干约束条件,其中成本采用货币计量,收益采用非货币计量。

成本效能分析法是用项目的效能成本比来评价项目的投资效益,计算公式为:

$$成本效能比(B/C) = \frac{效能}{等年成本}$$

$$= \frac{效能}{\sum_{t=0}^{n} C_t(P/F,i,n)(A/P,i,n)} \quad (7-5)$$

式中,等额年成本与收益成本分析法中的等额年成本的含义与计算一样。公式的经济意义是单位成本产生的效能,或"效能"的单位成本。

公益性投资项目由于性质不同、计量单位不同,有效能、质量、使用价值和受益等各种方式,不具有直接可比性。所以评价效能的标准很难用绝对值来表示,而采用利用率、完成概率及可靠度等相对指标来表示。

应用成本效能分析法优选方案的一般原则是单位成本产生的效能越大越好,或说"效能"的单位成本越低越好。一般可分为以下三种情况。

① 固定效能法(最经济原则)。各方案具有相同效能(效果)时,按成本最小准则进行方案优选。它的基本思想是以尽可能低的成本实现相同的效能,从而达到成本效能比率最大。即没有达到既定效能水平的方案或者被拒绝,或者加上惩罚性成本。此法适用于目标明确而项目成本允许有一定变动范围的情况。

② 固定成本法(最有效原则)。各方案具有相同成本时,按效能最大准则进行方案优选。它的基本思想是以同样的成本实现尽可能大的效能,从而达到成本效能比率最大。成本固定法通常适用于项目成本有严格限定的情况。

③ 最大效能成本比法(费用效益比原则)。各方案直接按效能(效果)成本比最大准则进行方案优选。它的基本思想是单位成本效能最大的方案为最优方案。此法通常适用于对各供选方案的目标要求和(或)成本要求没有严格限定、允许有一定变动范围的情况。

[例 7-5] 某自来水扩建与新建方案的成本效能分析。

① 基本情况。某城市经济发展迅速,城区面积不断扩展。目前,该城市决定在东郊兴建居民新区,除了迁入人口外,市内的部分工厂也将迁入该区内。为了满足新区用水需要,现提出两个供选方案。

方案一:扩建距该区最近的原自来水厂;
方案二:在新区内新建自来水厂。

两方案的日供水能力均为 5 万吨,试分析两方案的经济效益,进行方案优选。

② 基础数据预测。扩建方案(以下称甲方案)建设期为 1 年,运营期 25 年;新建方案(下称乙方案)建设期为 1 年,经营期 25 年。两方案的投资估算与经营成本预测值见表 7-4。

表 7-4　投资与经营成本估算表　　　　　　　　　　　　　　　　单位：万元

项目	甲方案（扩建）		乙方案（新建）	
	初始投资	第1~25年	初始投资	第1~25年
土建工程	8000		6300	
设备采购及安装	5500		6600	
预备费	2100		1650	
增加流动资金	900		800	
合计	16500		15350	
经营成本		320		380

③ 方案比较评价（基准折现率为10%）。两方案的日供水能力均为5万吨，具有相同效能。所以采用固定效能法，对两个供选方案进行经济分析。计算两个方案的等额年成本。

甲方案的等额年成本：$AC_甲=16500(A/P,10\%,25)+320=2138$（万元）

乙方案的等额年成本：$AC_乙=15350(A/P,10\%,25)+380=2071$（万元）

乙方案的等额年成本小于甲方案的等额年成本。按成本最小准则，乙方案为优选方案，可考虑接受新建方案。

④ 敏感性分析。由等额年成本计算可知，本案例影响因素有投资、经营成本与折现率。

投资敏感性分析：

设两个方案投资同时增加 α 倍时，两方案的等额年成本相等，有：

$$16500(1+\alpha)(A/P,10\%,25)+320=15350(1+\alpha)(A/P,10\%,25)+380$$

求解：$\alpha=0.29=29\%$

两方案的投资增加不超出表7-4中基础数据的29%，新建方案优于扩建方案的结论不变。

年经营成本敏感性分析如下。

设两方案年经营成本增加 β 倍时，两方案费用年值相等，则有

$$16500(A/P,10\%,25)+320(1+\beta)=15350(A/P,10\%,25)+380(1+\beta)$$

求解：$\beta=1.11=111\%$

两方案的经营成本增加不超出基础数据的111%，原有比较结论的正确性不变。

基准折现率敏感性分析如下。

基准折现率对公益性项目的影响是一个颇有争议的问题。鉴于此，将折现率作为敏感性分析的对象，考察它在何种变化范围内不改变前述评价结论的正确性。

设两方案等额年成本相等时的折现率为 i_0，在此折现率下有：

$$16500(A/P,i_0,25)+320=15350(A/P,i_0,25)+380$$

求解：$i_0=2\%$

只要基准折现率不低于2%，新建方案优于扩建方案的结论不变。事实上，基准折现率不会低于2%，所以，本案例对折现率的可能变动不敏感。

综合以上计算结果，新建方案优于扩建方案这一评价结论的正确性，对于折现率和经营成本来说都不敏感，对于投资变动最敏感。因此，为了保证方案选择的正确性，应在项目设计与建设中，加强投资管理与控制，使项目实际投资尽量控制在预算以内，不因超出预算过多而导致决策失误。

思考题与练习题

1. 试举例说明公益性项目的公共性和外部性。
2. 公益性项目的收益与费用有哪些分类？试举例说明间接费用与外部费用的区别。
3. 在公益性项目的经济评价中，为什么最常用的指标是收益成本比，而不是净现值或内部收益率？
4. 在公益性项目的经济评价中，什么情况下用"收益成本分析法"？什么情况下用"成本效能分析法"？
5. 在"收益成本分析法"中，可用净收益现值 NPV 或收益成本比率 B/C 来评价项目的效益，并且两种评价是等效的。试从 $B/C \geqslant 1$ 推证 $NPV \geqslant 0$ 的结论。
6. 设一个医保中心建设项目，有 4 个方案可供选择，如下表。各方案的等额年收益与等额年成本如下表所示，设投资收益率为 10%。试对方案进行评价选择。

第 6 题　4 个方案的收益费用表　　　　　　　　　　　　单位：万元

方案	A		B		C		D	
项目	收益	费用	收益	费用	收益	费用	收益	费用
第 1 年		625		500		350		200
第 2~21 年	150	50	105	37	100	30	63	25

7. 修建某水库有高坝和低坝两个方案，其投资、各项费用及年收益如下表所示，服务年限为 50 年，试问哪个方案是最优方案？

第 7 题　水库建设方案数据表　　　　　　　　　　　　单位：万元

项　目	高　坝	低　坝
投资	360	150
年维护费用	4.5	2.5
年效益	25	15

8. 某工程项目使用过程中，缺乏安全装置，每年由于安全事故造成的经济损失 40000 元，现拟增设安全措施，每年可减少损失 50%，但需要投资 18 万元，使用期为 20 年，设 $i=8\%$，每年维修费占投资的 3%，试评价是否有必要设置这种安全措施？

第八章

工程项目的可行性研究与后评估

本章介绍可行性研究的概念及可行性研究报告的作用和编制依据;可行性研究报告的基本内容,市场调查、预测的方法和项目后评估。主要内容包括:可行性研究的概念和阶段划分,可行性研究报告的作用、编制依据和基本内容,市场预测方法,项目后评估的内容等。

第一节 可行性研究概述

一、可行性研究的概念和目的

1. 可行性研究的概念

可行性研究(feasibility study)又称可行性分析技术,是运用多种科学研究的成果,在建设项目投资决策前进行技术经济论证,以保证实现项目最佳经济效益的一种综合经济分析技术。它通过对项目的主要内容和配套条件,如市场需求、资源供应、建设规模、工艺路线、设备选型、环境影响、投资和融资等,从技术、经济、工程等方面进行调查研究和分析比较,并对项目建成以后可能取得的财务、经济效益及社会环境影响进行预测,从而提出该项目是否值得投资和如何进行建设的分析评价意见。可行性研究的主要任务是以市场为前提,以技术为手段,以经济效果为最终目标来研究建设项目在技术上的先进性,经济上的合理性和财务上的盈利能力。

2. 可行性研究的目的

可行性研究是为了避免投资盲目性,降低投资风险,以求项目在投产或使用后在其产品竞争中获得社会上、经济上的最佳效果。欲达到上述目的,一项可行性研究一般要回答以下几方面的问题，即回答 5W1H。

What——说明投资意向并提出项目基本情况。如项目名称、生产什么产品、使用什么技术和工艺、需要哪些原材料和燃料、动力设备等。

Why——说明投资行为的基本原因；拟采用的工艺在技术上的先进性、可行性；项目规模、原材料采购、产品市场条件及经济上的合理性、盈利性。如国家支持项目建设的经济政策和技术政策等。

Where——说明投资行为的发生地，项目拟建区域比较及当地自然条件、社会条件。如拟建地点是否有原料、是否能消化大部分产品、交通是否便利、各方协作条件是否具备等。

When——说明投资行为的时间指标，即投资的初始时间、投产时间、投资回收期等。如项目的总体开工时间、竣工时间，各单体工程的开、竣工时间等。

Who——说明投资行为的主体情况、投资行为人及其代表和所负责的事物。如建设单位、经营单位等。

How——说明投资行为的主体如何实施。

总之，可行性研究的关键是其质量，其组成要素是：工艺技术、市场需求、财务经济，三者缺一不可。市场是前提，技术是手段，财务分析和经济效果评价是核心。必须深入调查、客观评价，从项目的技术、经济两个方面进行综合论证，再辅以符合事物发展规律的预测，从而得出最佳方案，供投资者决策。

二、可行性研究的主要作用

可行性研究是投资前期工作的重要内容，它一方面充分研究建设条件，提出建设的可能性；另一方面进行经济分析评估，提出建设的合理性。它既是项目工作的起点，也是以后一系列工作的基础，其作用概括起来有以下几方面。

1. 作为建设项目投资决策的依据

一个项目的成功与否及效益如何，会受到社会的、自然的、经济的、技术的诸多不确定因素的影响，而项目的可行性研究，有助于分析和认识这些因素，并依据分析论证的结果提出可靠的或合理的建议，从而为项目的决策提供强有力的依据。在我国现行建设管理体制下，业主与政府管理机关是否批准建设该项目，主要依据该项目的可行性研究报告中的评估结论，可以说可行性研究决定了投资项目的命运。

2. 作为编制设计文件和进行建设工作的依据

在可行性研究报告中，需对项目的建设方案、产品方案、建设规模、厂址、工艺流程、主要设备以及总图布置等作较为详细的说明，因此，在项目的可行性研究得到审批后，即可以作为项目编制设计和进行建设工作的依据。

3. 作为向银行等金融机构或金融组织申请贷款、筹集资金的依据

银行等金融机构是否给一个项目贷款融资，其依据是这个项目是否能按期足额归还贷款。银行只有在对贷款项目的可行性研究进行全面细致的分析评估之后，确认借出的资金投入建设后，不会承担很大风险，且有偿还能力，才能确认是否给予业主贷款。

4. 作为环保部门、地方政府和规划部门审批项目的依据

我国有关环保法规条例规定，在编制项目可行性研究报告时，须对环境影响作出评价、审查环保方案也是审查可行性研究报告内容之一。

5. 作为建设单位与各协作单位签订合同和有关协议的依据

项目的可行性研究是项目投资者与其他单位进行谈判、签订承包合同、设备订货合同、原材料供应合同、销售合同的重要依据。对于技术引进和设备进口项目，国家规定必须在可行性研究报告被批准后才能与外商正式签约。

6. 作为补充本工程建设基础资料的依据

可行性研究需要大量的基础资料，当资料不完整或深度不够，不能满足下一步工作需要时，应根据可行性研究提出的要求进行地形、地质和工业性实验等补充。

7. 作为核准采用新技术、新设备研制计划的依据

建设项目要采用新设备、新技术时必须慎重，经过可行性研究论证新技术或新设备确实可行时，方可列入研制计划进行研制。

8. 作为项目组织管理、机构设置、劳动定员的依据

在可行性研究报告中，要对项目的组织机构设置及人力资源的配置等做出安排，而这些安排则可作为项目在具体实施过程中进行组织管理、机构设置和劳动定员的依据。

9. 作为企业安排项目计划和实施的依据

业主可据经批准的可行性研究报告着手安排项目的实施，进行项目建设、企业组织管理、机构设置、职工培训等工作。

10. 作为项目后评估的依据

可行性研究报告可作为投资项目进行投资建设活动全过程的事后评价的对照标准。尤其是项目可行性研究中有关效益分析的指标，无疑是项目后评价的重要依据。

三、可行性研究的阶段划分及内容

工程项目建设的全过程一般分为三个主要时期：投资前时期、投资时期和生产时期。投资前时期，即工程建设的前期，主要进行可行性研究和资金筹措活动。投资时期，即建设时期，主要进行工程招投标、签订合同、工程设计、组织施工及安装、职工培训及试生产。生产时期包括近期和长期，其任务分别为：近期主要是生产技术的应用、设备运转和成本核算；长期是从企业整个生命周期来考察产品的生产成本、销售收入、利润、税收、偿还贷款等，以确定是否能取得最佳经济效益。图8-1为工程项目进展周期。

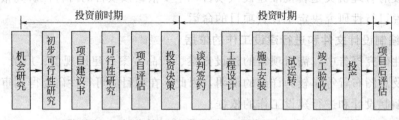

图8-1 工程项目进展周期图

可行性研究工作主要在投资前时期进行。投资前时期的可行性研究工作主要包括四个阶段：机会研究阶段、初步可行性研究阶段、详细可行性研究阶段、评价和决策阶段。

1. 机会研究阶段

投资机会研究又称投资机会论证。这一阶段的主要任务是提出建设项目投资方向建议，即在一个确定的地区和部门内，根据自然资源、市场需求、国家产业政策和国际贸易情况，通过调查、预测和分析研究，选择建设项目，寻找投资的有利机会。机会研究要解决两个方面的问题：一是社会是否需要；二是有没有可以开展项目的基本条件。

投资机会研究可分为一般投资机会研究与具体项目投资机会研究两类。

① 一般投资机会研究。这是一种全方位的搜索过程，需要进行广泛的调查，收集大量的数据。一般机会研究又可分为以下三类。

地区投资机会研究。即通过调查分析地区的基本特征、人口及人均收入、地区产业结构、经济发展趋势、地区进出口结构等状况，研究、寻找在某一特定地区内的投资机会。

部门投资机会研究。即通过调查分析产业部门在国民经济中的地位和作用、产业的规模和结构、各类产品的需求及其增长率等状况，研究、寻找在某一特定产业部门的投资机会。

资源开发投资机会研究。即通过调查分析资源的特征、储量、可利用和已利用状况、相关产品的需求和限制条件等情况，研究、寻找开发某项资源的投资机会。

② 具体项目投资机会研究。在一般机会研究初步筛选投资方向和投资机会后，需要进行具体项目的投资机会研究。具体项目机会研究比一般机会研究较为深入、具体，需要对项目的背景、市场需求、资源条件、发展趋势以及需要的投入和可能的产出等方面进行准备性的调查、研究和分析。

投资机会研究的内容包括市场调查、消费分析、投资政策、税收政策研究等，其重点是对投资环境的分析，如在某一地区或某一产业部门，对某类项目的背景、市场需求、资源条件、发展趋势以及需要的投入和可能的产出等方面进行准备性的调查、研究和分析，从而发现有价值的投资机会。投资机会研究的成果是机会研究报告。投资机会研究阶段对项目的建设投资和生产成本一般是参照类似项目的数据作粗略地估算。

机会研究一般从以下几个方面着手开展工作。

① 以开发利用本地区的某一丰富资源为基础，谋求投资机会；

② 以现有工业的拓展和产品深加工为基础，通过增加现有企业的生产能力与生产工序等途径创造投资机会；

③ 以优越的地理位置、便利的交通运输条件为基础分析各种投资机会。

这个阶段所估算的投资额和生产成本的精确程度大约控制在±30%左右，大中型项目的机会研究所需时间大约在1~3个月，所需费用约占投资总额的0.2%~1%。

2. 初步可行性研究阶段

初步可行性研究又称为预可行性研究，是对机会研究所选择的项目进行进一步的分析论证。

初步可行性研究的目的有：①投资机会是否有前途，是否值得进一步做详细可行性研究；②确定的项目要领是否准确，是否需通过可行性研究作进一步详细分析；③项目中有哪些关键问题，是否需要进行辅助性专题研究，即是否需通过市场调查、实验性研究及工业性实验使功能研究进一步深化。

不是所有的项目都需要进行初步可行性研究。对投资机会研究所选择的较大或较复杂的项目，如果所掌握的基础数据对项目目标的可实现性的判断仍感不足时，应进行初步可行性研究，以避免直接进行详细可行性研究时花费较多、费时较长，而最终又判定项目不可行时所造成的损失。

初步可行性研究内容和结构与详细可行性研究基本相同，主要区别是所获资料的详尽程度不同、研究深度不同。对建设投资和生产成本的估算精度一般要求控制在±20%左右，研究时间大约为4~6个月，所需费用占投资总额的0.25%~1.25%。

3. 详细可行性研究阶段

详细可行性研究又称技术经济可行性研究，是可行性研究的主要阶段，是建设项目投资决策的基础。它为项目决策提供技术、经济、社会、商业方面的评价依据，为项目的具体实施提供科学依据。这一阶段的主要目标有：①提出项目建设方案。②效益分析和最终方案选择。③确定项目投资的最终可行性和选择依据标准。这一阶段主要论证项目的生产纲领、厂区、厂址、工艺、电气、设备、土木施工、生产系统、车间划分、投资总额、建设时间、运作、投资回收期、建立组织机构等一系列问题，从而进行各方案的比较，以便使投资费用和生产成本减至最低限度，取得最佳经济效果。

这一阶段的内容比较详尽，所花费的时间和精力都比较大。建设投资和生产成本计算精度控制在±10%以内；大型项目研究工作所花费的时间为8～12个月，所需费用约占投资总额的0.2%～1%；中小型项目研究工作所花费的时间为4～6个月，所需费用约占投资总额的1%～3%。

4. 评价和决策阶段

评价和决策是由投资决策部门组织和授权有关咨询公司或有关专家，代表项目业主和出资人对建设项目可行性研究报告进行全面的审核和再评价。其主要任务是对拟建项目的可行性研究报告提出评价意见，最终决策该项目投资是否可行，确定最佳投资方案。项目评价与决策是在可行性研究报告基础上进行的，其内容包括：①全面审核可行性研究报告中反映的各项情况是否属实；②分析项目可行性研究报告中各项指标计算是否正确，包括各种参数、基础数据、定额费率的选择；③从企业、国家和社会等方面综合分析和判断工程项目的经济效益和社会效益；④分析判断项目可行性研究的可靠性、真实性和客观性，对项目作出最终的投资决策；⑤最后写出项目评估报告。

第二节 可行性研究报告的编制

一、可行性研究报告编制依据

一个拟建项目的可行性研究，必须在国家有关的规划、政策、法规的指导下完成，同时，还必须要有相应的各种技术资料。进行可行性研究工作的主要依据主要包括以下方面。

1）国家经济和社会发展的长期规划，部门与地区规划，经济建设的指导方针、任务、产业政策、投资政策和技术经济政策以及国家和地方法规等。

一个工程项目的可行性研究必须与国家的经济建设方针、部门和地区的事业政策、国民经济发展规划制定，对产品的要求、协作配套、综合平衡的问题，都应按长远规划来安排。这些文件包括国家对该行业的鼓励、特许、限制、禁止等有关规定。

2）经过批准的项目建议书和在项目建议书批准后签订的意向性协议等。

经批准的项目建议书是进行各项准备工作的依据，据此开展可行性研究工作。有关部门在委托进行项目可行性研究工作时，应提出设想说明，交承担该项目可行性研究任务的咨询单位。

3）由国家批准的资源报告，国土开发整治规划、区域规划和工业基地规划。对于交通运输项目建设要有有关的江河流域规划与路网规划等。

不同项目各有侧重，如涉及矿产资源开发的项目，应有经批准的矿产储量报告及矿产勘探报告等。

4) 国家和地区关于工业建设的法令、法规。

如"三废"排放标准、土地法规、劳动保护条例等。

5) 国家有关的经济法规、规定。

如国家进出口贸易政策和关税政策,中外合资企业法,国家关于税收、贷款的规定。

6) 当地的拟建厂址的自然、经济、社会等基础资料。

自然、地理、气象、水文、地质、社会、经济、环保等资料是进行可行性研究的厂址选择、项目设计和技术经济评价不可缺少基础资料。

7) 有关国家、地区和行业的工程技术、经济方面的法令、法规、标准定额资料等。

这些资料是项目设计的基本依据,也是投资估算的基础数据。

8) 由国家颁布的建设项目可行性研究及经济评价的有关规定。

这是编制可行性研究报告的依据。

9) 包含各种市场信息的市场调研报告。

市场调研报告是为寻求投资机会进行的工作,判断该项目建设的必要性。

10) 试验试制报告。

在进行项目可行性研究前,对于一些要进行试验才能确定的问题,应由项目承担单位委托有关单位进行实验。

二、可行性研究报告编制步骤

1. 签订委托协议

可行性研究报告编制单位与委托单位,就项目可行性研究报告编制工作的范围、重点、深度要求、完成时间、费用预算和质量要求交换意见,并签订委托协议。

2. 工作小组组建

根据委托项目可行性研究的工作量、内容、范围、技术难度、时间要求等组建项目可行性研究小组。一般工业项目和交通运输项目可分为市场组、工艺技术组、设备组、工程组、总图运输及公用工程组、环保组、技术经济组等专业组。为使各专业组协调工作,保证可行性研究报告总体质量,一般应由总工程师、总经济师负责统筹协调。

3. 制定工作计划

内容包括工作的范围、重点、深度、进度安排、人员配置、费用预算及可行性研究报告编制大纲,并与委托单位交换意见。

4. 调查收集资料

各专业小组根据可行性研究报告编制大纲进行实地调查,收集整理有关资料,包括向市场和社会调查,向行业主管部门调查,向项目所在地区调查,向项目涉及的有关企业、单位调查,收集项目建设、生产运营等各方面所必需的信息资料和数据。

5. 方案编制与优化

在调查研究收集资料的基础上,对项目的建设规模与产品方案、场址方案、技术方案、设备方案、工程方案、原料供应方案、总图布置与运输方案、公用工程与辅助工程方案、环境保护方案、组织机构设置方案、实施进度方案以及项目投资与资金筹措方案等,研究编制备选方案。进行方案论证比选优化后,提出推荐方案。

6. 项目评价

对推荐方案进行环境评价、财务评价、国民经济评价、社会评价及风险分析，以判别项目的环境可行性、经济可行性、社会可行性和抗风险能力。当有关评价指标结论不足以支持项目方案成立时，应对原设计方案进行调整或重新设计。

7. 编写可行性研究报告

项目可行性研究各专业方案，经过技术经济论证和优化之后，由各专业组分工编写。经项目负责人衔接综合汇总，提出可行性研究报告初稿。

8. 与委托单位交换意见

可行性研究报告初稿形成后，与委托单位交换意见，修改完善，形成正式可行性研究报告。

三、可行性研究报告的内容

项目可行性研究的内容随行业不同而有所差别，不同行业也各有侧重，但其基本内容是相似的。工业建设项目可行性研究应包括以下几个方面内容。

1. 总论

（1）项目提出的背景

（2）项目概况

项目概况包括项目名称、主办单位、承担可行性研究的单位、项目提出的背景、投资的必要性和经济意义、支持建设该项目的经济和工业政策、调查研究的主要依据、工作范围、主要过程。

（3）研究结果概要

（4）存在的问题与建议

2. 市场预测

（1）市场现状调查

包括产品用途、现有生产能力、产量及销售量、替代产品、产品价格、国外市场。

（2）市场需求预测

包括消费对象、消费条件、产品更新周期特点、市场成长速度及趋势、可能出现的替代产品、产品可能的新用途、产品出口或进口替代分析。

（3）市场进入壁垒

包括技术壁垒、规模壁垒、政策壁垒。

（4）产品方案和项目规模

包括产品方案（规格标准）、项目拟建规模。

（5）市场营销策略

包括市场定位（领先或追随目标市场）、促销价格、推销方式与措施。

（6）产品销售费用预测

包括价格预测、销售收入预测。

（7）竞争力分析

（8）市场风险分析

3. 资源条件评价

（1）资源可利用量

（2）资源品质情况

(3) 资源赋存条件
(4) 资源开发价值

4. 建设规模与产品方案
(1) 建设规模与产品方案构成
(2) 建设规模与产品方案的比选
(3) 推荐的建设规模与产品方案
(4) 技术改造项目与原有设施利用情况

5. 场址选择
(1) 场址现状
(2) 场址方案比选
(3) 推荐的场址方案
(4) 技术改造项目现有场址的利用情况

6. 技术方案、设备方案和工程方案
(1) 技术方案选择
(2) 主要设备方案选择
(3) 工程方案选择
(4) 技术改造项目改造前后的比较

7. 原材料燃料供应
(1) 主要原材料供应方案
(2) 燃料供应方案

8. 总图运输与公用辅助工程
(1) 总图布置方案
(2) 场内外运输方案
(3) 公用工程与辅助工程方案
(4) 技术改造项目现有公用辅助设施利用情况

9. 节能措施
(1) 节能措施
(2) 能耗指标分析

10. 节水措施
(1) 节水措施
(2) 水耗指标分析

11. 环境影响评价
(1) 环境条件调查
(2) 影响环境因素分析
(3) 环境保护措施

12. 劳动安全卫生与消防
(1) 危险因素和危害程度分析
(2) 安全防范措施
(3) 卫生保健措施
(4) 消防设施

13. 组织机构与人力资源配置
（1）组织机构设置及其适应性分析
拟建企业生产管理模式、机构的设置方案的论证。
（2）人力资源配置
劳动定岗定员的合理配置。
（3）员工培训
员工培训费用估算及培训规划。

14. 项目实施进度
（1）建设工期
（2）实施进度安排
（3）技术改造项目建设与生产的衔接

15. 投资估算
（1）建设投资估算
（2）流动资金估算
（3）投资估算表

16. 融资方案
（1）融资组织形式
（2）资本金筹措
（3）债务资金筹措
（4）融资方案分析

17. 财务评价
（1）财务评价基础数据与参数选取
（2）销售收入与成本费用估算
（3）财务评价报表
（4）盈利能力分析
（5）偿债能力分析
（6）不确定性分析
（7）财务评价结论

18. 国民经济评价
（1）影子价格及评价参数选取
（2）效益费用范围与数值调整
（3）国民经济评价报表
（4）国民经济评价指标
（5）国民经济评价结论

19. 社会评价
（1）项目对社会影响分析
（2）项目与所在地互适性分析
（3）社会风险分析
（4）社会评价结论

20. 风险分析
（1）项目主要风险识别

（2）风险程度分析
（3）防范风险对策
21. 研究结论与建议
（1）推荐方案总体描述
（2）推荐方案优缺点描述
（3）主要对比方案
（4）结论与建议

四、可行性研究报告的编制要求

1）可行性研究报告的具体要求。

预见性。不仅应对历史、现状资料进行研究和分析，更重要的是应对未来的市场需求、投资效益进行预测和估算。

公正性。必须坚持实事求是，在调查研究的基础上，按照客观情况进行论证和评价。

可靠性。应认真研究确定项目的技术经济措施，以保证项目的安全性和可靠性，对于不可行的项目或方案应提出否定意见，以避免投资决策损失。

科学性。必须应用现代科学技术手段进行市场研究、科学评价项目的盈利能力、偿债能力及对经济、社会、环境等产生的影响，为项目决策提供科学依据。

2）可行性研究报告的编制要求。
（1）实事求是
（2）有资格的单位编制
（3）研究内容完整且应达到一定的深度
（4）严格签证和审批

3）可行性研究的深度要求
（1）内容齐全，数据准确，论据充分，结论明确，以满足决策者定方案定项目的需要；
（2）选用的主要设备的规格、参数应能满足预订货的要求，引进的技术设备的资料应能满足合同谈判的要求；
（3）可行性研究中重大技术、财务方案应有两个以上方案的比选；
（4）可行性研究中确定的主要工程技术数据应能满足项目初步设计的要求；
（5）对建设投资和生产成本应进行分项详细估算，其误差应控制在±10%以内；
（6）可行性研究确定的融资方案应能满足银行等金融机构信贷决策的需要；
（7）可行性研究报告应反映在可行性研究过程中出现的某些方案的重大分歧以及未被采纳的理由，以供决策者权衡利弊进行决策。

第三节 市场调查

一、市场调查概述

1. 市场调查概念

市场调查是指运用科学的方法，以客观的态度，有目的、有系统地搜集、记录、整理有关市场营销信息和资料，分析市场情况，了解市场的现状及其发展趋势，为市场预测和营销决策提供客观的、正确的资料。作为系统的、客观的、科学的市场营销调查研究活动，包括判断、收集、分析、解释和传递各种所需信息，旨在为企业决策者提供信息，帮助他们了解环境、分析问题、制定及评价市场营销策略。

市场调查有广义和狭义之分，狭义的市场调查指针对顾客行为所做的市场调查，广义的市场调查除了顾客行为之外还包括市场营销过程的每一阶段。

2. 市场调查的内容

（1）市场环境的调查

包括政治环境、法律环境、经济环境、科技环境、社会环境和气候及地理环境调查等。

（2）市场需求调查

指在一定的支付能力下，市场上对生产出来的供应最终消费与使用的物质产品和劳务的总和。包括市场需求容量、顾客和消费行为调查。

（3）市场供给调查

主要调查产品或服务供给总量、供给变化趋势和市场占有率。

（4）市场行情调查

主要调查整个行业市场、地区市场、企业市场的销售状况和销售能力。

（5）市场营销因素调查

主要包括产品、价格、渠道和促销等的调查。

（6）市场销售调查

主要是对销售渠道、销售过程和销售趋势的调查。

（7）市场竞争情况调查

是对与本企业生产经营存在竞争关系的各类企业以及现有竞争程度、范围和方式等情况的调查。

3. 市场调查的分类

1) 按市场调查的目的分为探测性调查、描述性调查、因果关系调查、预测性调查。

探测性调查通常是最无结构和最不正式的调查，进行探测性调查的目的是为了获得有关调研问题大体性质的背景资料。探测性调查通常在项目开始阶段进行。探测性调查主要用于获取背景资料、定义术语与概念、阐明问题和假设、确定调研的优先次序。

实施探测性调查的方法如下。

第二手资料的分析——通过各种途径收集有关二手资料；

经验调查——从经验丰富的人员处获得有用信息；

案例分析——回顾与分析问题相似的可用信息；

焦点（小组）访谈——座谈会、头脑风暴法；

投射技术——要求参加者投射于特定环境回答问题。

描述性调查通常通过对谁、什么、哪里、何时、怎样等问题的回答来进行，其调研的目的只是要了解现状。描述性调查可以分为横向研究和纵向研究两大类。所谓横向研究指仅在一个时间点上对研究总体进行测定，纵向研究则通过对相同样本的重复测定来完成。

因果关系调查是为了了解市场出现的有关现象之间的因果关系而进行的市场调查。因果关系调查的主要目的是解决"为什么"。其目的是在两个以上的变量中寻找原因与结果关系，确定自变量与因变量，明确变化方向，并建立变化函数。

预测性调查是为了预测未来市场的变化趋势而进行的调查，它着眼于对未来市场状况的调查研究。预测性调查是预测的一个重要步骤，并建立在描述性调查、因果关系调查的基础之上。

2）按调查对象包括的范围分为全面调查、非全面调查。

全面调查是对调查对象中所有单位全部进行调查的一种市场调查，其目的在于要获得研究总体的全面、系统的总量资料。全面调查一般而言仅限于调查对象有限的情形下使用。当调查对象太多时，全面调查需要花费大量调研费用。仅当全面调查非常必要时，可以进行全面调查。例如全国性普查是最常见的全面调查、新产品试销的跟踪调查也是全面调查。

非全面调查是对调查对象中的一部分样本所进行的调查，非全面调查一般按照代表性原则以抽样的方式挑选出被调查单位。非全面调查具有更容易实施、费用低廉的优点，因此常见的市场调查多为非全面调查。

3）按调查的连续性与否分为经常性调查、定期性调查、一次性调查。

经常性调查指在选定市场调查的样本之后，组织长时间的不间断调查，以收集由时间序列的信息资料。经常性调查常用于对销售网点产品销售量的调查。

定期调查是在确定市场调查的内容后，每隔一定的时期进行一次调查，每次调查间隔的时间大致相等。通过定期调查可掌握调查对象的发展变化规律和在不同环境下的具体状况。常见的定期调查有月度调查、季度调查与年度调查。

一次性调查是为了某一特定目的，只对调查对象作一次临时性的了解而进行的调查。大多数情况下，企业所进行的调查都是一次性调查。

4）按调查地域范围分为地域性市场调查、全国性市场调查、国际市场调查。

二、市场调查的作用和步骤

1. 市场调查的作用

市场调查作为一种了解市场、分析市场、认识市场及预测市场行之有效的科学方法，其作用具体表现在以下几个方面。

（1）通过市场调查，可以为企业的各种决策提供科学依据

通过市场调查，能及时探明市场需求变化的特点，掌握市场供求间平衡情况，为编制生产和经营计划，制定科学的经营决策提供依据。任何企业都只有对市场情况有了实际了解之后，才能有针对性地制定市场营销策略和企业经营发展策略。

（2）通过市场调查，能促进企业改善经营管理，提高经济效益

进行市场调查，能对企业生产经营活动起到监测和预警的作用，促进企业进一步提高经济效益，能及时了解本企业在市场竞争中所处的地位，并通过对比反映出本企业经营管理水平上的差距，为提高企业的竞争能力和管理水平指明方向。

（3）通过市场调查，可以促进产品更新换代，促进新产品的开发与生产

通过市场调查，可以了解企业产品的使用情况及消费者对产品的反馈，从这些信息中可以发现消费者的潜在需求，为改进产品性能，提高产品质量提供依据，同时也为开发新产品提供思路。

（4）通过市场调查，可以增强企业的竞争力和持续发展能力

通过市场调查，除了解目前市场的情况外，还可对市场变化趋势进行预测，提前对企业的应变做出计划和安排，充分利用市场的变化，从中谋求企业的利益，使企业获得持续发展的能力。

（5）通过市场调查，可为企业发现新的市场机会

通过市场调查，发现顾客需要的产品的种类、价格、配送、售后服务等，企业可从中发现新的市场机会。

2. 市场调查的步骤

市场调查是由一系列收集和分析市场数据的步骤组成，包括如下。

(1) 确定调查目标

市场调查的主要目的是收集与分析资料以帮助企业更好地作出决策，以减少决策的失误，因此调查的第一步就要确定调查目标。只有目标明确，才能使调查工作做到有的放矢，围绕目标开展调查工作，才能抓住问题关键。

(2) 设计调查方案

确定调查目标后，下一步工作就是设计调查方案，一个完善的市场调查方案一般包括如下方面。

① 调查目的及要求 根据市场调查目标，在调查方案中列出本次市场调查的具体目的及要求。

② 调查对象 市场调查的对象一般为消费者、零售商、批发商，零售商与批发商为经销调查产品的商家，消费者一般为使用该产品的消费群体。

③ 调查内容 调查内容是收集资料的依据，是为实现调查目标服务的，调查内容的确定要全面具体，条理清楚、简练。

④ 调查表 调查表是市场调查的基本工具，是调查者根据调查目的和调查项目，为便于收集相关资料数据，而事先设计的空白表。将反映调查对象特征的调查项目，按一定的顺序排列在一定的表格上，就构成了调查表。调查表一般由一系列问题和答案组成，根据调查目的来设计调查项目，即问题，由被调查者填写答案。

⑤ 调查地区范围 调查地区范围应与企业产品销售范围一致。一般可根据地区人口分布情况，考虑人口特征等因素，划定若干个小范围调查区域，以缩小调查范围，减少实地访问工作量，提高调查工作效率，减少费用。

⑥ 样本抽取 调查样本要在调查对象中抽取，因调查对象分布范围较广，应制定一个抽样方案，确保抽取的样本能反映总体情况。样本抽取量可据市场调查的准确度的要求确定，市场调查结果准确度要求越高，抽取样本数量应越多，但调查费用也越高，一般可据市场调查结果的用途情况确定适宜的样本数量。

⑦ 资料的收集与整理 市场调查中，常用的资料收集方法有调查法、观察法和实验法，一般而言，前一种方法适宜于描述性研究，后两种适宜于探测性研究。

资料的整理方法一般可用统计学方法，如回归分析、相关分析等。

(3) 调查经费预算

在进行经费预算时，要将可能需要的费用尽可能考虑全面，以免将来出现经费短缺而影响调查进度。

(4) 制定调查工作计划

据调查方案的要求，为保证市场调查项目的顺利实施，还要制定一个市场调查工作计划。调查工作计划包括以下内容：①组织结构及人员配备；②访问员的招聘及培训；③工作进度；④费用预算。

(5) 组织实地调查

市场调查的各项准备工作完成后，开始进行实地调查工作，其内容主要包含两个方面：

①做好实地调查的组织领导工作；②做好实地调查的协调、控制工作。

（6）调查资料的整理、分析

实地调查后，即进入调查资料整理、分析阶段，将分析结果编成统计表或统计图，并借助有关统计指标，反映现象的数量特征及相互关系。

（7）撰写调查报告

市场调查的最后一步是编写一份书面报告。一个完整的市场调查报告格式由题目、目录、概要、正文、结论和建议、附件等组成。

三、市场调查的方法

市场调查的方法主要有观察法、实验法、访问法和问卷法。

（1）观察法

是社会调查和市场调查研究的最基本的方法。它是由调查人员根据调查研究的对象，利用眼睛、耳朵等感官以直接观察的方式对其进行考察并搜集资料。例如，市场调查人员到被访问者的销售场所去观察商品的品牌及包装情况。

（2）实验法

由调查人员跟进调查的要求，用实验的方式，对调查的对象控制在特定的环境条件下，对其进行观察以获得相应的信息。控制对象可以是产品的价格、品质、包装等，在可控制的条件下观察市场现象，揭示在自然条件下不易发生的市场规律，这种方法主要用于市场销售实验和消费者使用实验。

（3）访问法

可以分为结构式访问、无结构式访问和集体访问。

结构式访问是事先设计好的、有一定结构的访问问卷的访问。调查人员要按照事先设计好的调查表或访问提纲进行访问，要以相同的提问方式和记录方式进行访问。提问的语气和态度也要尽可能地保持一致。

无结构式访问的没有统一问卷，由调查人员与被访问者自由交谈的访问。它可以根据调查的内容，进行广泛的交流。如：对商品的价格进行交谈，了解被调查者对价格的看法。

集体访问是通过集体座谈的方式听取被访问者的想法，收集信息资料。可以分为专家集体访问和消费者集体访问。

（4）问卷法

是通过设计调查问卷，让被调查者填写调查表的方式获得所调查对象的信息。在调查中将调查的资料设计成问卷后，让接受调查对象将自己的意见或答案，填入问卷中。在一般进行的实地调查中，以问答卷采用最广。

第四节　市场预测

一、市场预测概述

1. 市场预测的含义

市场预测是在对影响市场供求变化的诸多因素进行调查研究的基础上，运用科学的方法，对未来市场的发展趋势及有关各种因素的变化，进行分析、估计和判断。

市场预测与市场调查的区别在于，前者是人们对市场未来的认识，后者是人们对市场过去和现在的认识。市场预测能帮助经营者制定适应市场的行动方案，使自己在市场竞争中处于主动地位。

2. 市场预测的程序

市场预测的程序是提高预测工作的效率和质量的重要保证。一个完整的市场预测工作一般包含以下几个步骤。

(1) 确定预测目标

因预测的目的、对象、期限、精度、成本和技术力量等不同，预测所采用的方法、资料数据收集也有所不同。明确预测目的，是为了抓重点，避免盲目性，提高预测工作效率。

(2) 收集资料

资料是预测的依据，有了充分的资料，才能为市场预测提供可靠的数据。资料收集是进行市场预测的重要基础工作，应注意资料的真实性和可靠性，剔除偶然性因素造成的不正常情况。

(3) 选择预测方法和建立预测模型

根据预测的目的、费用、时间、设备和人员等条件选择合适的方法，是预测成功的关键。对同一个预测目标，一般应同时采用两种以上的预测方法，以比较和鉴别预测结果的可信度。定量预测模型应在满足预测要求的前提下，尽量简单、方便和实用。

(4) 分析预测误差

预测是估计和推测，很难与实际情况完全吻合。预测模型又是简化了的数学模型，不可能包罗影响预测对象的所有因素，出现误差是不可避免的。因此，每次预测实施后，要利用数学模型计算的理论预测值，与过去同期实际观察值相比较，计算出预测误差，估计其可信度。同时，还要分析各种数学模型所产生误差的大小，以便对各种预测模型作出改进或取舍。

上述四个预测步骤彼此之间有密切联系，在先后顺序上有时也可交叉进行。市场调研人员应根据预测的目的要求和实际工作进程灵活运用。

(5) 编写预测报告

预测报告是对预测工作的总结，也是向使用者作出的汇报。预测结果出来后，要及时编写预测报告。报告内容，除应列出预测结果外，一般还包括资料的收集与处理过程、选用的预测模型及对预测模型的检验、对预测结果的评价（包括修正预测结果的理由和修正方法），以及其他需要说明的问题等。预测报告的表述，应尽可能利用统计图表及数据，做到形象直观、准确可靠。

二、市场预测的方法

1. 定性预测

定性预测是指不依托数学模型的预测方法。这种方法在社会经济生活中有广泛的应用，特别是在预测对象的影响因素难以分清主次，或其主要因素难以用数学表达式模拟时，预测者可以凭借自己的业务知识、经验和综合分析的能力，运用已掌握的历史资料和直观材料，对事物发展的趋势、方向和重大转折点作出估计与推测。定性预测的主要方法有指标法、专家预测法、销售人员意见综合法和购买意向调查预测法等。

2. 定量预测

是根据已掌握的比较完备的历史统计数据，运用一定的数学方法进行科学的加工整理，借以揭示有关变量之间的规律性联系，用于预测和推测未来发展变化情况的一类预测方法。主要有移动平均法、指数平滑法、回归分析法等。

（1）移动平均法

移动平均法是取预测对象最近一组历史数据的平均值作为预测值的方法。这种方法不是仅取最近一期的历史数据作为下一期的预测值，而是取最近一组历史数据的平均值作为下一期的预测值，这一方法使近期历史数据参与预测，是历史数据的随机成分有可能互相抵消，平均之所含的随机成分就会相应减少。

移动平均法的"平均"是指对历史数据的"算术平均"，而"移动"是指参与平均的历史数据随预测值的推进而不断更新。当一个新的历史数据进入平均值时，要剔除原先参与预测平均的一个历史数据，并且每一次参与平均的历史数据的个数是相同的。

基本做法是：先确定一个时间长度 n，然后以该长度为固定的时间间隔，依次地计算逐期移动平均数，以扩大时距的序时平均数作为对应时期的预测值。

[例 8-1] 某公司根据 2008 年 12 月的某产品的销售额，采用移动平均法预测 2009 年 1 月份的销售量情况，求预测值并分析其误差。

解：取 $n=3$，即对原数列进行 3 项移动平均，编制移动平均计算表，见表 8-1。

表 8-1 移动平均法计算表　　　　　　　　　　　　　　单位：万元

月序数 t	实际销售额(X_t)	3 项移动平均	预测误差	误差平方
1	190.1			
2	220.0			
3	188.1			
4	198.0	199.3	−1.3	1.7
5	210.0	202.0	8.0	64.0
6	207.0	198.7	8.3	68.9
7	238.0	205.0	33.0	1089.0
8	241.0	218.3	22.7	515.3
9	220.0	228.7	−8.7	75.7
10	250.0	233.0	17.0	289.0
11	261.0	237.0	24.0	576.0
12	270.0	243.7	26.3	691.7
		260.3		

从表 8-1 中，可以得出，2009 年 1 月份销售额的预测值为 260.3 万元。

移动平均法较为灵活，移动平均的结果使短期的偶然因素引起的波动被削弱，能够反映现象趋势变化的特点，但移动平均法最大的缺点，是将最近一组（n 个）历史数据的平均值作为预测值，而忽略了以前历史数据对现象变化的影响。

（2）指数平滑法

指数平滑法是移动平均法的改进，是一种取预测对象全部历史数据的加权平均值作为预测值的一种预测方法。指数平滑法对移动平均法有两个方面的改进，一是全部历史数据而不是一组历史数据参与平均；二是对历史数据不是采用简单平均而是采用加权平均，近期历史数据采用较大权数，远期历史数据采用较小权数。这和近期实际数据对预测有较大影响，远期历史数据影响较小是一致的。

指数平滑公式包含一个初始条件和一个迭代公式。

对时间序列 y_1、y_2、y_3、$\cdots$、y_n

一次指数平滑公式为：

初始条件：$S_1^{(1)} = y_1$

迭代公式：$S_t^{(1)} = \alpha y_t + (1-\alpha) S_{t-1}^{(1)}$ （8-1）

二次指数平滑公式为：

初始条件：$S_1^{(2)} = S_1^{(1)}$

迭代公式：$S_t^{(2)} = \alpha S_t^{(1)} + (1-\alpha) S_{t-1}^{(2)}$ （8-2）

式中　$S_t^{(1)}$——第 t 期一次平滑值；

　　　$S_t^{(2)}$——第 t 期二次平滑值；

　　　y_t——第 t 期实际值；

　　　α——平滑系数。

预测模型为：$Y_{t+T} = a_t + b_t T$ （8-3）

式中　T——相对周期数；

　　　a_t——$2S_t^{(1)} - S_t^{(2)}$；

　　　b_t——$\dfrac{\alpha}{1-\alpha}(S_t^{(1)} - S_t^{(2)})$。

[例 8-2]　某公司根据最近 12 年的销售额，预测第 13 年的销售额情况，用指数平滑法进行预测。（$\alpha = 0.3$）

解：运用迭代公式，对原数列进行两次平滑，平滑结果见表 8-2。

表 8-2　指数平滑法预测值计算表　　　　　　　　　　　单位：万元

年序数 t	销售额 y_t	一次平滑值 $S_t^{(1)}$	二次平滑值 $S_t^{(2)}$
1	140	140	140
2	136	138.8	139.64
3	157	144.26	141.03
4	174	153.18	144.67
5	130	146.23	145.14
6	179	156.06	148.42
7	180	163.24	152.86
8	154	160.47	155.14
9	170	163.33	157.60
10	185	169.83	161.27
11	170	169.88	163.85
12	168	169.32	165.49

根据表 8-2，可进行水平趋势预测，第 13 年预测值为 $Y_{13} = S_{12}^{(1)} = 169.32$ 万元。

建立趋势预测模型：

$$a_t = 2S_t^{(1)} - S_t^{(2)} = 2 \times 169.32 - 165.49 = 173.15$$

$$b_t = \frac{\alpha}{1-\alpha}(S_t^{(1)} - S_t^{(2)}) = \frac{0.3}{1-0.3}(169.32 - 165.49) = 1.64$$

$$Y_{t+T} = a_t + b_t T = 173.15 + 1.64T$$

第 13 年，$T=1$，预测值为 $Y_{13} = 173.15 + 1.64 \times 1 = 174.79$ 万元。

关于平滑系数的取值直接影响预测结果的精度。一般平滑系数按如下的原则选取。

① 对于斜坡趋势型的历史数据，一般可取较大的平滑系数 $0.6 < \alpha < 1$；
② 对于水平型历史数据一般可取较小的平滑系数 $0 < \alpha < 0.3$；
③ 对于水平型和斜坡趋势型混合的历史数据，一般可取适中的平滑系数 $0.3 \leq \alpha \leq 0.6$。

(3) 回归分析法

回归分析法，是在掌握大量观察数据的基础上，利用数理统计方法建立因变量与自变量之间的回归关系函数表达式（称回归方程），并据此预测市场未来的发展趋势。回归分析主要分一元线性回归、多元线性回归、非线性回归等，本章只讨论一元线性回归分析方法。

一元线性回归是运用一个在事物变动的诸因素中起决定作用的自变量的变动情况，来推测另一个因变量的变动情况并得出它们之间的关系式，从而进行市场预测的一种方法。

一元线性回归的数学模型为：$Y = a + bx$

上式中 Y 为因变数，x 为自变量，即引起市场变化的某影响因素，a、b 为回归系数，推算 a、b 值的常用方法是最小二乘法。公式为：

$$b = \frac{\sum xy - \bar{x}\sum y}{\sum x^2 - \bar{x}\sum x} \tag{8-4}$$

$$a = \bar{y} - b\bar{x} \tag{8-5}$$

[例 8-3] 表 8-3 所列为某地区 2005~2009 年居民人均年收入与某产品年销售量资料，试用回归分析法，预计 2010 年，该地区居民人均收入为 9000 元。预测 2010 年该产品销售量。

表 8-3 某地区居民人居收入和某产品年销售量统计表

年份	人均年收入/千元	年销售量/万件	年份	人均年收入/千元	年销售量/万件
2005	3	8	2008	6	11.5
2006	4	9.5	2009	7	12.4
2007	5	10.6	Σ	25	52

解：本例要求根据居民人均收入预测产品销售量，故将人均收入作为自变量，销售量作为因变量，编制回归分析计算表，见表 8-4。

表 8-4 回归分析计算表

年份	人均收入 x	年销售量 y	x^2	xy
2005	3	8	9	24
2006	4	9.5	16	38
2007	5	10.6	25	53
2008	6	11.5	36	69
2009	7	12.4	49	86.8
Σ	25	52	135	270.8

根据上述公式，得：$b=1.08$，$a=5$
据此建立的预测模型为：
$$y=5+1.08x$$
当 2010 年居民人均年收入为 9000 元时，该企业的年销售量预测值为：
$$y=5+1.08\times 9=14.72（万件）$$

第五节 项目后评估

一、项目后评估概述

项目后评估指对已完项目的目的、执行过程、效益、作用和影响进行的系统、客观的分析，通过项目活动实践的检查总结，确定项目预期的目标是否达到、项目的主要效益指标是否实现，通过分析评价达到肯定成绩、总结经验、吸取教训、提出建议、改进工作、不断提高项目决策水平和投资效果的目的。

二、项目后评估的内容

建设项目后评估内容，包括全过程的回顾、绩效和影响评价、目标实现程度和持续能力评价、经验教训和对策建议四个主要方面。

（1）项目全过程的回顾与评价

一般分为立项决策、建设准备、建设实施和生产运营四个阶段。

项目立项决策阶段的回顾与评价包括：项目可行性研究报告、项目评估报告、项目的决策审批（核准或批准）。

项目建设准备阶段的回顾与评价工程勘察设计、项目资金来源和融资方案、采购招投标（含设计、咨询、施工、设备材料）、合同条款和签订、开工准备。

项目建设实施阶段的回顾与评价合同执行情况、重大设计变更、工程"三大控制"（质量、进度和投资）、项目资金支付和管理、项目建设管理、项目竣工验收。

项目生产运营阶段的回顾与评价包括：生产运行状况、设计生产能力实现程度、原材料消耗指标、产品市场状况、企业产品营销状况、企业财务状况、产品市场需求和竞争能力预测、财务效益和经济效益预测、项目运营外部条件预测、企业生产运营管理、管理体制，管理机制等。

（2）项目绩效和影响评价

项目技术效果评价，主要关注技术的先进性、适用性、经济性、安全性。主要包括：工艺技术和装备评价、技术效果评价。

项目财务和经济效益评价包括：财务效益评价，其包含赢利性分析、清偿能力分析和外汇平衡分析；经济效益评价，其包含全投资和国内投资经济内部收益率和经济净现值、经济换汇成本、经济节汇成本等指标。

项目环境影响评价包括：项目主要污染物及其控制：包括废气、污水、废渣、噪声等，以及排放指标；污染治理设施和环保措施：包括环保设施建设内容及投资情况；环境管理能力和监测制度；包括环保管理机构、人员、设备和规章制度等；对地区的生态环境影响情况；自然资源的利用。

项目社会影响评价包括：征地拆迁补偿和移民安置情况、对当地增加就业机会的影响、对当地收入分配的影响、对居民生活条件和生活质量的影响、对区域经济社会发展的带动作用、推动产业技术进步的作用、对妇女、民族和宗教信仰的影响等。

项目管理评价。项目管理评价的重点是项目建设和运营中的组织结构及能力评价。其内容有：组织结构形式和适应能力的评价；对组织中人员结构和能力的评价；组织内部工作制度、工作程序及沟通、运行机制的评价；激励机制及员工满意度的评价；组织内部利益冲突调解能力的评价；组织机构的环境适应性评价；管理者意识与水平的评价。

（3）项目目标实现程度和可持续性能力评价

项目的目标实现程度评价包括：项目的工程（实物）是否按设计内容全部建成、项目的技术和设计能力是否实现、项目的经济效益是否达到预期目标、项目的社会与环境影响是否产生等四个方面。

项目可持续性能力评价包括：内部因素，即财务状况、技术水平、污染控制、企业管理体制与激励机制等，核心是产品竞争能力；外部条件，即资源、生态、环境、物流条件、政策环境、市场变化及其趋势等。

项目的成功度评价的主要指标包括：宏观目标和产业政策、决策及程序、布局与规模、项目目标及市场、设计与技术装备水平、资源和建设条件、资金来源和融资、工程进度及控制、工程质量及控制、项目投资及控制、项目经营、机构和管理、财务效益、经济效益和影响、社会环境影响、可持续性和项目总评价等。

（4）总结经验教训，提出对策和建议

应从项目、企业、行业和宏观四个层面分别说明。

三、项目后评估报告

项目后评估报告一般包括如下内容。

（一）项目概况

① 项目情况简述。概述项目建设地点、项目业主、项目性质、特点，以及项目开工和竣工时间。

② 项目决策要点。项目建设的理由，决策目标和目的。

③ 项目主要建设内容。决策批准规模、能力，实际建成规模、能力。

④ 项目实施进度。项目周期各个阶段的起止时间，时间进度表，建设工期。

⑤ 项目总投资。项目立项决策批复投资、初步设计批复概算及调整概算、竣工决算投资和实际完成投资情况。

⑥ 项目资金来源及到位情况。资金来源计划和实际情况。

⑦ 项目运行及效益现状。项目运行现状，生产能力实现状况，项目财务经济效益情况等。

（二）项目实施过程的总结与评价

① 项目前期决策总结与评价。项目立项的依据，项目决策过程和程序。项目评估和可

研报告批复的主要意见。

② 项目实施准备工作与评价。项目勘察、设计、开工准备、采购招标、征地拆迁和资金筹措等情况和程序。

③ 项目建设实施总结与评价。项目合同执行与管理情况，工程建设与进度情况，项目设计变更情况，项目投资控制情况，工程质量控制情况，工程监理和竣工验收情况。

④ 项目运营情况与评价。项目运营情况，项目设计能力实现情况，项目运营成本和财务状况，以及产品结构与市场情况。

（三）项目效果和效益评价

① 项目技术水平评价。项目技术水平（设备、工艺及辅助配套水平，国产化水平，技术经济性）。

② 项目财务经济效益评价。项目资产及债务状况，项目财务效益情况，项目财务效益指标分析和项目经济效益变化的主要原因。

③ 项目经营管理评价。项目管理机构设置情况，项目领导班子情况，项目管理体制及规章制度情况，项目经营管理策略情况，项目技术人员培训情况。

（四）项目环境和社会效益评价

① 项目环境影响评价。项目环保达标情况，项目环保设施及制度建设和执行情况，环境影响和生态保护。

② 项目的社会影响评价。项目主要利益群体，项目的建设实施对当地（宏观经济、区域经济、行业经济）发展的影响，对当地就业和人民生活水平提高的影响，对当地政府的财政收入和税收的影响。

（五）项目目标和可持续性评价

① 项目目标评价。项目的工程目标；技术目标；效益目标（财务经济）；影响目标（社会环境和宏观目标）。

② 项目持续性评价。根据项目现状，结合国家的政策、资源条件和市场环境对项目的可持续性进行分析，预测产品的市场竞争力，从项目内部因素和外部条件等方面评价整个项目的持续发展能力。

（六）项目后评价结论和主要经验教训

① 项目成功度评价来源。
② 评价结论和存在的问题。
③ 主要经验教训来源。

（七）对策建议

① 对项目和项目执行机构的建议。
② 对中央企业的对策建议。
③ 宏观对策建议。

思考题与练习题

1. 什么是可行性研究?它分为几个阶段?各阶段的内容是什么?
2. 可行性研究的作用是什么?
3. 可行性研究报告的编制依据有哪些?
4. 可行性研究报告编制步骤是什么?
5. 什么是市场调查?其内容包含哪些方面?
6. 市场调查的作用和步骤分别是什么?
7. 市场调查的方法有哪些?
8. 什么是市场预测?其作用和预测的程序是什么?预测的主要内容包含哪些?
9. 什么是项目后评估?其内容和程序是什么?项目后评估报告包含的内容有哪些?

第九章

设备更新的经济分析

本章介绍设备更新的经济分析。主要内容包括：设备磨损的类型与补偿方式，设备寿命期的概念及分类，设备大修理的经济分析，设备合理更新期的确定，设备租赁的经济分析等。

第一节 设备磨损

一、设备磨损概述

企业购进设备之后，从投入使用到最后报废，通常要经历一段较长的时间，在这段时间里，设备会逐渐磨损。当设备因物理损坏或陈旧落后等原因不能继续使用或不宜继续使用时，就需要进行更新。由于技术进步的速度加快，设备更新的速度也相应加快。作为企业为了促进技术发展和提高经济效益，要对设备整个运行期间的技术经济状况进行分析和研究，以做出正确的决策。而设备更新是消除设备磨损的重要手段，设备更新决策对企业的劳动生产率直至经济效益有着重要的影响。过早的设备更新，会造成资产的浪费，增加投资负担；过迟的设备更新，会造成生产成本的迅速上升，可能使企业失去价格优势。因此，企业在做设备更新决策前先要判断设备是否值得维修再使用，更新决策时需要判断更新的最佳时间。在更新决策中，有时还包括设备是直接购置还是租赁的分析判断。

设备在使用或闲置过程中，零件或实体会逐渐发生磨损。磨损有两种形式：有形磨损和无形磨损。具体类型见图 9-1 "设备磨损的类型" 所示。

（一）有形磨损

机器设备在使用（或闲置）过程中发生的实体磨损或损耗，称为有形磨损，亦称为物质

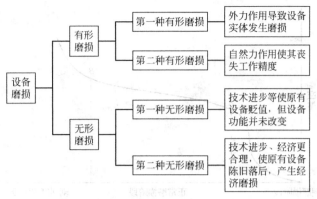

图 9-1　设备磨损的类型

磨损或物理磨损。

设备的有形磨损可以分为第一种有形磨损和第二种有形磨损。

1. 第一种有形磨损

设备在使用过程中，由于外力的作用使零部件发生摩擦、振动和疲劳等现象，导致机器设备的实体发生磨损，这种磨损称为第一种有形磨损。它通常表现为如下。

① 机器设备的零部件的原始尺寸发生改变，甚至形状也发生改变；
② 公差配合性质改变，精度降低；
③ 零部件损坏。

第一种有形磨损一般分为三个阶段。第一阶段是新机器设备磨损较强的"初期磨损"阶段；第二阶段是磨损量较小的"正常磨损"阶段；第三阶段是磨损量增长较快的"剧烈磨损"阶段。例如机器中的齿轮，初期磨损是由于安装不良、人员操作不熟练等造成的；正常磨损是机器处在正常工作状态下发生的，与机器开动的时间长短及负荷强度大小有关，当然也与机器设备的质量优劣有关；剧烈磨损则是正常工作条件被破坏或使用时间过长等造成的。

在第一种有形磨损的作用下，设备的加工精度、表面粗糙度和劳动生产率都会劣化。磨损到一定程度，整个机器就会出毛病，功能下降，设备的使用费剧增。有形磨损达到比较严重的程度时，设备便不能继续正常工作甚至发生事故。

2. 第二种有形磨损

设备在闲置过程中，由于自然力的作用而使其丧失了工作精度和使用价值，叫作第二种有形磨损。设备由于闲置或封存产生的有形磨损，是由机器生锈、金属腐蚀、橡胶和塑料老化等原因造成的，时间长了就可能会丧失精度和工作能力。

设备的有形磨损是有一定规律的。一般情况下，设备在初期磨损量较快，当磨损量达到一定程度时，磨损速度趋缓，这一阶段是设备的正常使用阶段。当设备使用到一定时间，磨损的"量变"积聚到一定程度，就会发生"质变"，这时磨损速度迅速增加，最后致使设备零件、实体全部损坏直至报废。设备有形磨损的规律如图 9-2 "设备的有形磨损规律"所示。

当设备的有形磨损达到一定程度时，设备的使用价值降低，使用费用上升。要消除这种磨损，可通过修理来恢复。当磨损导致设备丧失工作能力，以致修理也无法达到原有功能状态时，则需要更新设备。

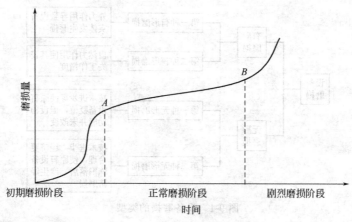

图 9-2 设备的有形磨损规律

设备的磨损程度是衡量使用设备经济的基础。就机械设备而言，通常用尺寸的变化来反映零件的有形磨损量。设有 n 个零件发生了磨损，第 i 个零件的磨损程度 α_i 为：

$$\alpha_i = \frac{\delta_{pri}}{\delta_{mi}} \times 100\% \tag{9-1}$$

式中，δ_{pri} 为第 i 个零件的实际磨损量；δ_{mi} 为第 i 个零件的最大允许磨损量。

显然，α_i 是一个无量纲的相对系数。对一台具体的设备来说，生产厂家通常不向用户提供某个零件的实际尺寸，它只保证这个尺寸符合图纸规定的公差范围，并在出厂检验记录中提供某些装配精度和运动精度的实际数值。所以，在机械修理时若将它进行拆卸以测量其磨损程度，所比较的并非真实的初始状态，而是它的设计图纸。在测量出个别零件的磨损之后，可以确定整个设备的平均磨损程度，由于并非所有的零件在设备中都扮演同等重要的角色，而且设备功能的降低也并都源于所有零件尺寸的变化。所以，要用加权的办法来区分各个零件的磨损量对设备功能的影响程度方面的主次轻重。设 n 个被测零件对机械功能的影响之和为 100%，其中，第 i 个零件的影响程度（重要性）为 W_i，则整台机械设备的磨损度为

$$\alpha_p = \frac{\sum \alpha_i W_i}{\sum W_i} \quad i = 1, 2, \cdots, n \tag{9-2}$$

在实际使用式(9-2)时，如何选择 n 呢？为了使估计量更符合实际，只有那些直接影响设备基本功能的零部件，才应该被视为进行估计的对象，而不能把一切磨损件不分主次全部纳入上面的计算式，否则势必使测算的工作量猛增，而且不能反映最真实的情况。设备制造厂通常要提供设备关键件清单及修理图纸，或者负责设备修理的部门要事先准备好关键件清单及图纸资料。

例如，要考察一台车床功能降低的状况，只能从使用它进行加工时的工件质量和产品质量判断。于是着眼点是主轴的轴颈及轴承的磨损、床身导轨及溜板的磨损、丝杆的磨损以及尾座顶尖间隙的增大等几项，因为它们直接影响工件的质量。对于内燃机，直接影响功率输出大小的是汽缸和活塞环的磨损量；影响燃气品质和燃料消耗的是配气机构中进、排气阀和阀座的磨损量；对于泵和风机，其主轴和轴承的磨损则将影响正常的气隙，从而导致生产率的改变。总之，在修理决策前对机械设备磨损的估计，一定要正确选择估计对象。它们绝不是应更换和修理的所有零件，而只是其中起关键作用的一部分。

在实际分析中,也可以用修理费用作为度量指标,从价值上来度量有形磨损程度。这时:

$$\alpha_p = \frac{R}{K_1} \quad (9-3)$$

式中,R 为补偿设备磨损(包括装拆)所需的修理费;K_1 为在确定机械设备磨损时,该种设备再生产(或再购)的价值。

α_p 应小于1。若 $\alpha_p \geqslant 1$,则此设备已无修理的必要,可用买新换旧的方法来解决问题。

(二)无形磨损

设备在使用或闲置过程中,除了产生有形磨损外,还会遭受无形磨损。设备的无形磨损又称精神磨损,是指由于科学技术进步,不断出现性能更加完善、生产效率更高的设备,致使原设备的价值降低。或者是生产同样的设备,由于工艺改进或加大生产规模等原因,使得其重置价值不断降低,亦即是原有设备贬值。

设备的无形磨损按照其成因也可分为两种形式。

1. 第一种无形磨损

设备的技术结构、性能没有变化,但由于设备制造厂劳动生产率的提高,而使相同的设备再产生价值降低(如新机器的质量更新、价格更低),从而产生原有同种设备价值的贬低,这称为第一种无形磨损。

2. 第二种无形磨损

由于科学技术的进步,不断出现性能更完善,效率更高的设备(如数控机床代替了一般通用机床,电脑、手机等的不断更新换代)使原有设备相对陈旧落后,其经济效能相对降低而发生贬值,这种磨损称之为第二种无形磨损。第二种无形磨损虽使设备贬值,但它是社会生产力发展的反映,这种磨损越大,表示社会技术进步越大。

第二种无形磨损的出现,不仅使原设备的价值相对贬值,而且使用价值也受到严重的冲击。如果继续使用设备,会相对降低经济效益,这就需要用技术更先进的设备来代替原有设备。所以是否更换,取决于是否有更新的设备及原设备贬值的程度。

无形磨损的程度用设备的价值降低系数 α_I 来估计。

$$\alpha_I = \frac{K_0 - K_1}{K_0} \quad (9-4)$$

式中,K_0 为设备的原始价值(购置价格);K_1 为考虑无形磨损时,设备的再生产(再购)价值。

(三)有形磨损与无形磨损异同点

有形磨损和无形磨损相同点是:都引起设备原始价值的降低。

不同之处是:有形磨损的设备,特别是有形磨损严重的设备,在进行修理之前,通常不能正常使用。而任何无形磨损设备,即使无形磨损相当严重,设备固定资产物质部分都可能没有磨损,设备仍然可以继续使用,但经济效益降低了,设备是否继续使用,需要进行经济分析研究。

(四)设备的综合磨损及度量

设备在购置安装后,不论使用与否,同时存在着有形磨损和无形磨损,两者都使它的价值降低。以上各式计算出的磨损程度都使用百分数，所以设备有形磨损后的残余价值系数为 $1-\alpha_p$；因此考虑两类磨损后，设备的残余价值系数为 $(1-\alpha_p)(1-\alpha_I)$。

由此，机器设备在某个时刻的综合磨损程度为：

$$\alpha = 1-(1-\alpha_p)(1-\alpha_I) \tag{9-5}$$

设 K_L 为设备的残值，也就是在经历有形磨损和无形磨损后的残余价值，这是决定设备是否值得修理的重要依据。

$$K_L = (1-\alpha)K_0 \tag{9-6}$$

将式(9-3)、式(9-4)、式(9-5) 代入式(9-6)，得

$$K_L = K_1 - R \tag{9-7}$$

即设备残值等于再生产的价值减去修理费用。

当 $K_1 > R$ 时，$K_L > 0$，设备还有价值；

当 $K_1 = R$ 时，$K_L = 0$，设备已无价值；

当 $K_1 < R$ 时，$K_L < 0$，设备不再具有修理的意义。

[例 9-1] 某设备的原始价值为10000元，目前急需修理，费用为3000元，若该种设备再生产的价值为7000元，求目前设备的残值。

解： 已知 $K_0 = 10000$ 元，$R = 3000$ 元，$K_1 = 7000$ 元

则：$\alpha_p = \dfrac{R}{K_1} = \dfrac{3000}{7000} \approx 0.43$ $\alpha_I = \dfrac{K_0 - K_1}{K_0} = \dfrac{10000 - 7000}{10000} = 0.3$

$$\alpha = 1-(1-\alpha_p)(1-\alpha_I) = 1-(1-0.43)(1-0.3) \approx 0.6$$

设备残值 $K_L = (1-\alpha)K_0 = (1-0.6) \times 10000 = 4000$ 元。

此时，$K_1 > R$，$K_L > 0$，设备还有价值，可以考虑修理。

二、设备磨损的补偿方法

对设备磨损的补偿是为了恢复或提高设备系统组成单元的功能。一些有形磨损是可消除的，例如零部件的弹性变形，可以在拆卸后进行校正；在使用中逐渐丧失的硬度，可用热处理的办法恢复它；表面光洁度的丧失，可以重新加工，等等。但有些有形磨损则不能消除，例如零件断裂、材料老化等。而对无形磨损的补偿，只有在采取措施改善设备技术性能，提高其生产工艺的先进性等后才能实现。

这样，就有了针对不同磨损程度的设备组成单元的补偿对策：对于可消除的有形磨损，通过修理来恢复其功能；对于不可消除的有形磨损，修理已无意义，必须更新才能进行补偿；对于第二种无形磨损，因为它是科学技术进步产生了相同功能的新型设备所致，要全部或部分补偿这种差距，只要对原设备进行技术改造，即现代化改装或技术更新。

一个设备系统、一台设备，在确定其磨损的补偿方式时有多种，不必拘泥于形式上的统一。如图9-3所示，修理、更新和现代化改装是设备磨损补偿的三种方式，这三种方式的选用并非绝对化。通常采用经济评价方法来决定采用何种补偿方式。

在现代科学技术的基础上实行大规模的标准

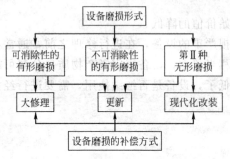

图 9-3 设备磨损的三种补偿方式

化生产，尽可能降低设备及其零部件的成本，使更新费用低于维修费，这就是无维修设计。可是无维修设计至今只能用于低值易耗的设备或零部件。

技术密集、资金密集的设备仍不能避免维修环节。生产技术越向大型、复杂、精密的高级形式发展，设备的价值含量也就越大，相应维修费占生产成本的比重不是降低而是增加了。

对应于各种维修方式，在对一台设备或一个设备系统进行修理时，可把它零部件区分为如下四种。

① 留用件：未发生磨损或虽发生磨损但仍能实现其功能的零部件；
② 修理件：用修理方式进行补偿，全部或局部恢复其功能的零部件；
③ 更换件：用更换的方式进行补偿，全部恢复其功能的零部件；
④ 用技术改造方式进行补偿，提高其功能的新制零部件。

第二节 设备寿命

设备更新的核心工作，是确定设备的经济寿命。由于设备磨损的存在，使得设备的性能不断下降，使用价值与经济价值也不断下降，最终停用或被淘汰，因而设备都具有一定的寿命。

现代设备的寿命根据不同的内涵可分为自然寿命、技术寿命、经济寿命、折旧寿命。

一、自然寿命

自然寿命也称物理寿命，是由有形磨损所决定的设备的使用寿命。指一台设备从全新状态开始使用，产生有形磨损，造成设备逐渐老化、损坏，直至报废所经历的全部时间。正确使用、维护保养、计划检修可以延长设备的自然寿命，但不能从根本上避免其磨损。任何一台设备磨损到一定程度时，必须进行修理或更新。

二、技术寿命

由于科学技术的迅速发展，不断出现比现有设备技术更先进、经济性更好的新型设备，从而使现有设备在物理寿命尚未结束前就被淘汰。技术寿命是指一台设备可能在市场上维持其价值的时间。也就是一台设备可是使用到因技术落后而被淘汰为止所经历的时间，也叫设备的技术老化周期。技术寿命的长短主要取决于技术进步的速度，而与有形磨损无关。通过现代化改装，可以延长设备的技术寿命。

三、经济寿命

当设备处于自然寿命后期，由于设备老化、磨损严重，要花费大量的维修费用才能保证设备正常使用。因此从经济性考虑，要对使用费加以限制，从而截止自然寿命，这便产生经济寿命的概念。设备的经济寿命是根据设备使用成本最低的原则来确定。

所谓经济寿命是指设备从开始使用到其年度费用最小时所经历的使用年限。

确定设备经济寿命期的原则如下。

① 使设备在经济寿命内平均每年净收益（纯利润）达到最大；

② 使设备在经济寿命内年平均使用成本达到最小。

设备的年度费用由其资金恢复费用和年度使用费（年运行费和维修费）组成。如果 C 代表年度费用，O 代表年运行费，M 代表年维修费，如果估计残值 F 为零，n 代表服务年限，当不考虑货币的实际价值时有：

$$C(n) = \frac{P}{n} + O + M \tag{9-8}$$

公式(9-8)中，年度费用 $C(n)$ 是变量 n 的函数。其中，$\frac{P}{n}$ 是设备的资金恢复费用，它随着使用年限的延长而逐渐变小，一般情况下，O 和 M 随使用年限的延长而变大。这样，组成设备年成本的 $\frac{P}{n}$ 和 $O+M$ 两项中，一个随 n 的增长而变小，一个随 n 的增长而变大。n 必定存在某个值，使得二项之和最小，设最小值对应的年限为 n_0，则 n_0 为设备的经济寿命。设备年度费用 C 随变量 n 的函数曲线如图9-4"年度费用曲线图"所示。

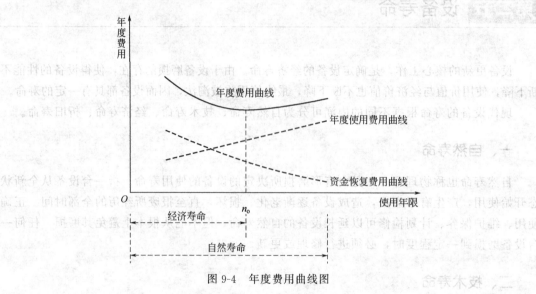

图9-4 年度费用曲线图

四、折旧寿命

设备的投资是通过折旧的方式逐年回收的。所谓折旧寿命是指设备开始使用到其投资通过折旧的方式全部收回所延续的时间。折旧寿命亦称为纳税寿命或会计寿命，因为折旧对纳税有影响，折旧寿命由财税部门规定的固定资产使用年数来确定。

第三节 设备大修理的经济分析

一、设备大修理概述

设备修理是修复由于正常的或不正常的原因而造成的设备损坏和精度劣化，通过修理更换已经磨损、老化和腐蚀的零部件，使设备性能得到恢复。其实质是通过修复或更换的手段对设备有形磨损进行补偿,达到恢复设备性能的目的。

在设备的实际使用中,一般把为了保持设备在寿命期内的完好使用状态而进行的局部修复或更换工作称为修理或维修。按其实际发生的费用和修理的性质可以将修理工作分为日常维护、小修理、中修理和大修理。

大修理是维修工作中规模最大、花钱最多的一种设备磨损补偿方式,因此对设备的修理工作的经济性分析,主要是针对设备大修理而言。设备大修理是对发生磨损的设备,采用较大范围或规模的调整、修复或更换已经磨损的零部件的方法,来恢复或基本恢复设备局部丧失的生产能力。它是补偿设备的有形磨损的方法之一。

尽管经过大修理的设备基本能够达到原设计性能并满足生产需要,但是实践中,大修理过的设备无论从精确度、运行速度、故障率等技术方面,还是生产率、有效运行时间等经济角度,与同类型的新设备相比都逊色不少,其综合性能都有不同程度的降低。设备每大修理一次,恢复的性能标准总是要比新设备或前一次修理后达到的性能标准降低一定的水平;当修理一定的次数后,其综合性能指标特别是经济性能指标再也无法达到继续使用的要求或超出了一定的经济界限,就不应该再修理了。

如图 9-5 所示,A 点表示新设备的标准性能,在使用中设备的性能会沿着 AB_1 线所示的趋势下降了,根据情况在使用了 t_1 时间后需要第一次大修理;修理后恢复的性能为 B 点所表示的性能水平,由图可知,B 点的性能水平比 A 点所表示的新设备的标准性能要下降了一些。自 B 点开始进入第二个使用周期,其性能又继续劣化。当下降至 C_1 点时又需要大修理,修理后恢复的性能水平为 C 点所表示的性能水平,又要比 B 点所示的性能水平下降了一些。如此循环,假设 F 点代表的性能水平为维持设备运转所需要的最低界限,则设备的劣化趋势超过这个界限就表示没有修理的必要了。

图中 $ABCDEF$ 各点连接起来形成的曲线就表示了设备在使用过程中综合劣化的趋势。

同时,大修理的周期会随着设备使用时间的延长而越来越短,即大修理的间隔时间呈现边际递减的现象。如图 9-5 所示,$t_1-0 > t_2-t_1$。由于大修理是需要花费较大费用的,既然修理的间隔时间越来越短,那么设备每年分摊的修理费就越来越多,从而大修理的经济性逐步降低。由此可知,设备的大修理不是无休止的需要分析其经济界限。

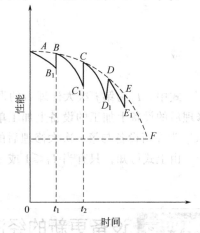

图 9-5 设备大修理后劣化趋势图

一般来说,采用大修理的方法来恢复设备原有的功能要比制造新设备来得快,还可以继续利用大量被保留下来的零部件,因而节约大量原材料和加工工时,这些都是保证设备修理的经济性的有利条件。但是,设备是否值得大修理,取决于其经济性,即是否超出其经济界限。

二、设备大修理的经济界限

1. 设备大修理的经济界限 I

从理论上讲,对设备进行大修理的经济界限可用下式进行判断

$$R \leqslant K_j - L_j \tag{9-9}$$

式中，R 为某些大修理的费用；K_j 为设备第 j 次大修理时该种设备的再生产价值（即在大修理年份购买相同设备的市场价）；L_j 为设备第 j 次大修理时的残值。

由上式可知，当大修理费小于或等于设备现价（新设备费）与设备残值的差，则大修理在经济上是合理的，否则，宁可去购买新设备也不进行大修理。

应注意的是，利用上式进行判断时要求大修理后的是不在技术性能上与同种新设备在性能上大致相同时，才能成立，否则不如把旧设备卖掉，购置新设备使用。

设备磨损后，虽然可以用大修理来进行补偿，但是也不能无休止地一修再修，应有其技术经济界限。在下列情况下，设备必须进行更新。

① 设备役龄长，精度丧失，结构陈旧，技术老化，无修理或改造价值；
② 设备先天不足，粗制滥造，生产效率低，不能满足产品工艺要求，并且很难修好；
③ 设备技术落后，工人劳动强度大、影响人身安全；
④ 设备有严重"四漏"（漏油、漏电、漏气、漏水）之一者，能耗高，污染环境；
⑤ 一般经过三次大修理，再修理也难恢复出厂精度和生产效率，且大修理费用超过设备原值的 60% 以上。

2. 设备大修理的经济界限 Ⅱ

设备大修理的经济界限如何，不能仅从大修理费用与设备价值之间的关系来判断，还必须与生产成本联系起来。其评价标准是，在大修理后使用该设备生产的单位产品的成本，应该不超过用相同的新设备生产的单位产品的成本，这样的大修理在经济上才是合理的。事实上，这是更为重要的设备大修理的经济界限。

设备大修理的经济效果，可用下列计算公式表示

$$I_j = \frac{C_j}{C_o} \leqslant 1 \tag{9-10}$$

或

$$\Delta C_j = C_o - C_j \geqslant 0 \tag{9-11}$$

式中，I_j 为第 j 次大修理后的设备与新设备加工单位产品成本的比值；C_j 为在第 j 次大修理后的设备上加工的设备上加工单位产品的成本；C_o 为在新设备上加工单位产品的成本；ΔC_j 为在新设备与第 j 次大修理后的设备上加工单位产品成本的差额。

由上式可知，只有当 $I_j \leqslant 1$ 或 $\Delta C_j \geqslant 0$ 时，设备的大修理在经济上才是合理的。

第四节 设备更新的经济分析

新设备的原始费用很高，但运行费用很低，而旧设备恰恰相反。这样，设备的更新不仅会影响企业眼前的利益，而且还会影响企业的长远经济效益，此时需要从经济角度考察、权衡长远效益和眼前利益，这就是设备更新经济分析。

设备更新有原型和技术更新两种形式。

1. 原型更新

原型更新又称简单更新，是指用同型号设备以新换旧。这种更新主要是用来更换已经损

坏的或陈旧的设备。这样有利于减少机型，减轻维修工作量，能保证原有产品质量，减少使用老设备的能源、维修费支出，缩短设备的役龄。但不具有更新技术的性质，因此不产生技术进步。

2. 技术更新

技术更新是以结构更先进、技术更完善、性能更好、效率更高的设备代替原有设备。这种更新主要用来更换遭到第二种无形磨损，在经济上不宜继续使用的设备。所谓设备更新主要是指这种方式，它是实现企业技术进步，提高经济效益的主要途径。

反映某一国家、部门或企业设备更新的速度指标，可用设备役龄和设备新度来表示。设备的役龄是指设备在生产中的服役年限。设备的役龄越短，表示某个部门或企业的技术装备水平越先进。设备的新度是指设备的净值与设备的原值之比。设备的净值就是设备的原值减去折旧提成。新度的比值越大，设备越新颖，现代化程度越高。

一、设备更新原则

（一）设备更新方案比选原则

（1）不考虑沉没成本

设备更新分析只考虑未来发生的现金流量。旧设备经过磨损，其实物资产的价值会有所降低，但旧设备经过折旧后所剩下的账面价值，并不一定等于其当前的市场价值，即更新旧设备会产生一笔沉没成本。沉没成本等于旧设备账面价值（原值减折旧累计）减去其当前市场价值（残值）后的差值。在设备更新分析中，一个很重要的特点是只考虑今后所发生的现金流量，对以前发生的现金流量及沉没成本，因为它们都属于不可恢复的费用，与更新决策无关，故不参与经济计算。

（2）只比较设备的费用

通常在比较设备更新方案时，界定设备产生的收益是相同的，因此只对它们的费用进行比较。在物业设备更新的经济分析中，如果电梯、空调等主要设备的更新明显地提高了物业的市场租金，也可以将增加的收益和费用一起考虑。

（3）采用逐年比较解决旧设备何时更新最佳问题。

（二）设备更新方案的比选步骤

设备更新比选步骤如下。

（1）计算新旧设备方案不同使用年限的动态（或静态）年平均成本和经济寿命。

（2）确定设备更新时机

设备更新即使在经济上是有利的，却也未必应该立即更新。要注意更新时机的选择，当 $AC(旧) > AC(新)$ 时，更新现有设备。

二、设备原型更新的经济分析

某些设备在其整个使用期内并不过时，即在一定时期内还没有更先进的设备出现，不存在第二种无形磨损。但是设备在使用中，仍然存在着有形磨损，由于设备性能低劣化速度越来越快，大修理费用和设备运行费用不断增加，达到一定程度后，用新的原型设备更换在经济上更合算。这就是设备原型更新的问题,其基本分析方法就是通过分析设备在经济寿命来进行更新决策。但通常设备的低劣化并不是线性的,而且设备的残值也是随着使用年限的增加而减少的,低劣化数值法确定的经济寿命与实际更新期有较大出入。

1. 低劣化数值法

假定设备经过使用之后残值为零,并以 K_0 代表设备的原始价值,T 代表已使用的年数,则每年的设备费为 K_0/T。随着 T 的增长,按年平均分摊的设备费不断减少。但设备使用时间越长,设备的有形磨损和无形磨损加剧,设备的维护修理费用及燃料、动力消耗越增加,这就是设备的低劣化。若这种低劣化每年以 λ 的数值增加,则第 T 年的低劣化数值为 λT,每年的平均低劣化数值为:

$$\frac{\lambda + 2\lambda + \cdots + T\lambda}{T} = \left(\frac{T+1}{2}\right)\lambda$$

故逐年平均总费用 $\overline{C_T}$ 为:

$$Y = \frac{(T+1)\lambda}{2} + \frac{K_0}{T}$$

为求解使 $\overline{C_T}$ 费用最小,令

$$\frac{d\overline{C_T}}{dT} = 0$$

得:

$$T = \sqrt{\frac{2(K_0 - L_T)}{\lambda}} \tag{9-12}$$

式中 L_T——设备已使用 T 年后的残值。

[例 9-2] 某设备的原始价值为 8000 元,初始运行费用为 400 元,每年低劣化增加值为 320 元,残值为零。求解最佳更新期。

解:(1)直接利用公式计算

$$T = \sqrt{\frac{2 \times 8000}{320}} \approx 7 \text{ 年}$$

即设备的最佳更新期为 7 年。

(2)逐年计算

如表 9-1 所示,首先算出逐年的设备费用,然后计算每年的平均低劣化值,最后算出年平均总费用。

表 9-1 设备最优更新计算表   单位:元

使用年限 T	年平均设备费用 $(K_0-L_T)/T$	年平均运行费用 $C_1+\lambda(T-1)/2$	年平均总费用 $\overline{C_T}$
1	8000	400	8400
2	4000	560	4560
3	2667	720	4387
4	2000	880	2880
5	1600	1040	2640
6	1333	1200	2533
7	1143	1360	2503
8	1000	1520	2520
9	889	1680	2569

由表中计算可知，使用到第 7 年，年平均总费用 2503 元为最低值，故设备的最佳更新期为 7 年，若继续使用，设备的年均总费用就会增加。

2. 经济寿命法

为了解决低劣化数值法确定的经济寿命与实际更新期有较大出入这一问题，可以通过计算在整个使用期内各年的平均费用，从中选出平均费用最小的一年，从而计算出设备的经济寿命。

(1) 不考虑资金的时间价值，年平均费用法的计算公式为

$$\overline{C_T} = \frac{\sum_{t=1}^{T} C_{pt} + (K_0 - L_T)}{T} \quad T = 1, 2, \cdots, n \tag{9-13}$$

式中，$\overline{C_T}$ 为设备使用期内第 T 年的年平均费用；C_{pt} 为某年的运行费用；L_T 为第 T 年设备的残值。

按最小费用原则，取年平均费用的最小值对应的年份，即为设备最佳更新期。

$$\mathrm{Min}\{\overline{C_T} = \frac{\sum C_{Pt} + \sum D_t}{T}\} \tag{9-14}$$

式中，D_t 为第 T 年设备折旧费，$D_t = (K_0 - L_T)_t$。

[例 9-3] 某设备原始价值为 6000 元，每年的运行维护费和折旧费见表 9-2，试计算其最佳更新期。

表 9-2 设备运行维护费和折旧费用表　　　　单位：元

使用年份	1	2	3	4	5	6	7
运行费用	1000	1200	1400	1800	2300	2800	3400
折旧费	3000	1500	750	375	125	125	125
设备账面价值	3000	1500	750	375	250	125	0

解：根据公式 $\overline{C_T} = \frac{\sum C_{pt} + \sum D_t}{T}$，可以计算各年平均平均使用成本（年平均费用）：

$$\overline{C_1} = \frac{1000 + 3000}{1} = 4000 \qquad \overline{C_2} = \frac{2200 + 4500}{2} = 3350$$

$$\overline{C_3} = \frac{3600 + 5250}{3} = 2950 \qquad \overline{C_4} = \frac{5400 + 5625}{4} = 2756$$

$$\overline{C_5} = \frac{7700 + 5750}{5} = 2690 \qquad \overline{C_6} = \frac{10500 + 5875}{6} = 2729$$

$$\overline{C_7} = \frac{13900 + 6000}{7} = 2843$$

年平均使用成本 2690 为最低，故最佳更新期为 5 年。

(2) 考虑资金的时间价值，年平均费用的计算公式与前面章节介绍的费年值的计算公式是一致的，如下所示

$$AC_T = [K_0 - L_T(P/F, i, T) + \sum_{t=1}^{T} C_{pt}(P/F, i, t)](A/P, i, T) \tag{9-15}$$

[例 9-4] 某设备原始价值 10000 元，其各年残值及维持费用资料见表 9-3，若考虑资金时间价值，试求设备的合理更新期（$i = 10\%$）。

表 9-3　设备残值及维持费用表　　　　　　　　　　　　　　　　　　　单位：元

使用年限	1	2	3	4	5	6	7
年维持费 C_t	1000	1500	2500	3000	4000	5500	6000
年末设备残值	6000	4000	3000	2700	2500	1500	1000

解：按最小年费用法进行计算，编制最优更新期计算表，见表 9-4。

表 9-4　最优更新期计算表　　　　　　　　　　　　　　　　　　　　单位：元

使用年数	设备原值	设备残值	折现系数	残值现值	年维持费	维持费现值	维持费现值累计	总使用费	分摊系数	年平均费用
1	10000	6000	0.909	5455	1000	909	909	5454	1.1	5999
2	10000	4000	0.826	3306	1500	1240	2149	8843	0.576	5095
3	10000	3000	0.751	2254	2500	1878	4027	11773	0.402	4734
4	10000	2700	0.683	1844	3000	2049	6076	14232	0.315	4490
5	10000	2500	0.621	1552	4000	2484	8560	17008	0.264	4487
6	10000	1500	0.564	847	5500	3105	11665	20818	0.23	4780
7	10000	1000	0.513	513	6000	3079	14744	24231	0.205	4977

从表中计算结果可见，考虑资金的时间价值，该设备的最优更新期是 5 年。

[**例 9-5**]　假定某工厂在 3 年前花 20000 元安装了一套消除水污染的设备。这套设备的年度使用费估计下一年度为 14500 元，以后逐年增加 500 元。现在设计了一套新设备，其原始费用为 10000 元，年度使用费估计第一年为 9000 元，以后逐年增加 1000 元。新设备的使用寿命估计为 12 年。由于这两套设备都是为这个工厂专门设计制造的，其任何时候的残值都等于零。如果基准收益率为 12%，该工厂对现有设备是否应进行更新？

解：首先原设备原始费用 20000 元是 3 年前发生，是沉没成本，应不予考虑。其次，求出原设备经济寿命。原设备由于目前残值和未来的残值都等于 0，如果原来设备再保留使用 n 年，那么

n 年的年度费用 $= [(P-F)(A/P,12\%,n)+F\times 12\%]+[14500+500(A/G,12\%,n)]$

即：n 年的年度费用 $=14500+500(A/G,12\%,n)$

从式中可以看出旧设备的年度费用等于年度使用费用。由于旧设备的年度使用费用逐年增加，因而年度费用也逐年增加。由此可见，为了使年度费用最小，经济寿命必须尽可能短。旧设备保留使用一年，其年度费用为 14500 元。

新设备的经济寿命求解列于表 9-5。

表 9-5　新设备经济寿命计算表　　　　　　　　　　　　　　　　　　　单位：元

n	资金恢复费用	年度使用费	年度费用
1	11200	9000	20200
2	5917	9470	15387
3	4164	9920	14087
4	3292	10360	13652
5	2774	10775	13549
6	2432	11170	13602

从表中可以看出，新设备的经济寿命为 5 年。
旧设备经济寿命 1 年，新设备 5 年的年度费用分别为：
由于 $AC_旧=14500$ 元/年 $>AC_新=13549$ 元/年
比较计算结果，显然现有设备应该更新。

三、设备技术更新的经济分析

在技术不断进步的条件下，多数情况是设备使用一段时间后由于第二种无形磨损的作用，原有的设备显得陈旧和过时，已经出现了生产效率更高和经济效益更好的新型设备。这种情况下需要比较继续使用旧设备和马上购置新设备哪一种方案在经济上更合理。

1. 差额投资回收期法

继续使用旧设备，可能面临要进行设备的大修理或技术改造。在实际分析中可以用差额投资回收期法来判断购置新设备多出的投资是否值得。

在一般情况下，设备大修理、技术改造（或现代化改装）与购置新设备的关系为

$$K_r<K_m<K_n$$
$$C_r>C_m>C_n$$
$$Q_r<Q_m<Q_n$$

式中，K_r、K_m、K_n 为设备大修理、技术改造和购置新设备所需投资；C_r、C_m、C_n 为设备大修理、技术改造和购置新设备后的年总生产成本；Q_r、Q_m、Q_n 为设备大修理、技术改造和购置新设备后的年总生产量。

因此，在考虑设备更新方案时，可能会出现以下一些情况。

① 当 $\dfrac{K_r}{Q_r}>\dfrac{K_m}{Q_m}$，且 $\dfrac{C_r}{Q_r}>\dfrac{C_m}{Q_m}$ 时，即单位产量所需要的大修理费比单位产量所需要的技术改造费要多，且大修理后单位产品成本比技术改造后的单位产品成本也要高，毫无疑问，大修理是不可取的，应该进行技术改造。

② 当 $\dfrac{K_r}{Q_r}<\dfrac{K_m}{Q_m}$，且 $\dfrac{C_r}{Q_r}>\dfrac{C_m}{Q_m}$ 时，即单位产量所需要的大修理费比单位产量所需要的技术改造费要少，但是大修理后单位产品成本比技术改造后的单位产品成本要高，则可以用差额投资回收期法进行决策。

$$P_a=\dfrac{\dfrac{K_m}{Q_m}-\dfrac{K_r}{Q_r}}{\dfrac{C_r}{Q_r}-\dfrac{C_m}{Q_m}} \tag{9-16}$$

③ 当 $\dfrac{K_m}{Q_m}>\dfrac{K_n}{Q_n}$，且 $\dfrac{C_m}{Q_m}>\dfrac{C_n}{Q_n}$ 时，即单位产量所需要的技术改造费比单位产量所需要的新设备购置费要多，且技术改造后单位产品成本比使用新设备后的单位产品成本也要高，毫无疑问，技术改造是不可取的，应该更新设备。

④ 当 $\dfrac{K_m}{Q_m}<\dfrac{K_n}{Q_n}$，且 $\dfrac{C_m}{Q_m}>\dfrac{C_n}{Q_n}$ 时，即单位产量所需要的技术改造费比单位产量所需要的新设备购置费要少，但是技术改造后单位产品成本比使用新设备后的单位产品成本要高，同样用差额投资回收期法进行决策。

$$P_a = \frac{\dfrac{K_n}{Q_n} - \dfrac{K_m}{Q_m}}{\dfrac{C_m}{Q_m} - \dfrac{C_n}{Q_n}} \tag{9-17}$$

2. 费用年值法

费用年值法是指在考虑资金的时间价值条件下，通过分别计算原有旧设备和备选新设备对应于各自的经济寿命期内的不同时点发生的所有费用的等额支付序列的年"平均"费用，并进行比较；如果使用新型设备的费用年值小于继续使用旧设备的费用年值，则应当立即进行更换，否则将继续使用旧设备。

运用费用年值法对出现新型设备的更新决策，要解决两个问题：一是旧设备是否值得更新；另一个是如果需要更新，何时更新。分析的具体步骤如下。

① 计算新设备在其经济寿命条件下的费用年值。新设备的费用年值的计算就是将其经济寿命期内所发生的投资和各年的运行费换算成与其等值的等额支付序列的年值。当然要将设备的残值扣除，其计算公式同前面章节介绍的费用年值公式一样。

② 计算旧设备在继续使用条件下的费用年值。这是考虑的时间是旧设备还剩余的经济寿命，将其在决策点的设备残值视为设备在那一时点的投资，计算时仍然要扣除无法再使用是的残值。一般情况下，其运行费用是逐年递增的。

③ 新、旧设备费用年值的比较。如果旧设备的费用年值小于新设备的费用年值，就无需更新，继续使用旧设备直至其经济寿命；如果新设备的费用年值小于旧设备的费用年值，就需要进行下一步判断何时更新。

④ 假设旧设备继续使用 1 年，计算这时的费用年值并与新设备的费用年值比较，如果其值小，则保留并继续使用旧设备，否则淘汰并更新为新设备。

⑤ 当旧设备处于继续保留使用的情况下，计算保留 2 年的费用年值，并与新设备的费用年值进行比较，比较原则同第 4 步，如此循环直至旧设备被更新淘汰。

[**例 9-6**] 某公司在三年前花 23000 元购置了一套皮带传送设备，估计寿命为 18 年，年度使用费固定为 1250 元/年，由于要传送的产品数量增加一倍，原皮带传送设备的能力不能满足生产的需要。为满足生产的需要，现提出 A、B 两种方案来解决。

A 方案：除原有皮带传送设备外，再花 17000 元购置一套和原有皮带传送设备完全相同的设备；

B 方案：将原皮带传送设备以 6100 元售出，再花 27000 元购置一套能力增大一倍的设备，估计寿命为 15 年，年度使用费为 2400 元/年。

三套设备的残值均为购置成本的 15%。若基准收益率为 10%。研究期为 15 年，比较 A、B 两方案？

解： 方案 A 年度总费用

使用原皮带传送设备的年度费用：

$$AC_{新} = (6100 - 23000 \times 15\%)(A/P, 10\%, 15) + 23000 \times 15\% \times 10\% + 1250$$
$$= 1943 \text{ (元/年)}$$

使用新皮带传送设备（忽略未使用价值）的年度费用：

$$AC_{新} = (17000 - 17000 \times 15\%)(A/P, 10\%, 15) + 17000 \times 15\% \times 10\% + 1250$$
$$= 3405 \text{ (元/年)}$$

方案 A 的年度总费用＝1943＋3405＝5348 元/年

方案 B 年度总费用
$$AC_B = (27000-27000\times15\%)(A/P,10\%,15)+27000\times15\%\times10\%+2400$$
$$=5823 \text{ (元/年)}$$

通过计算，显然应采用方案 A。

四、设备更新综合案例分析

（一）单一更新

[**例 9-7**] 某城市的市政公用局正在研究如何解决该市自来水管网渗水问题，其中方案之一是给现有的无衬套的水管加衬套。新的塑料衬套将花费 1.7 亿元。年维修费第 1 年为 100 万元，以后每年将增加 120 万元，衬套的使用寿命为 25 年，采用平均年限法折旧，无残值，衬套的安装时间忽略不计。现有的管网还能以目前无衬套的状态持续 20 年，但是每年的水资源损失会增加，接下来的一年的水资源损失估计为 1000 万元，以后每年增加损失 300 万元，即第 2 年水资源损失为 1300 万元，第 3 年损失为 1600 万元，以此类推。基准折现率为 8％。试分析是否值得在自来水管网上加衬套？如果可行，什么时间安装更合理？

解：(1) 讨论是否值得加装衬套，即分别计算加装衬套和继续维持现状的费用年值。

① 加装衬套。
$$AC_1=17000(A/P,8\%,25)+100+120(A/G,8\%,25)$$
$$=17000\times0.0937+100+120\times8.2254=1791.6 \text{（万元）}$$

② 不加装衬套。
$$AC_2=1000+300(A/G,8\%,20)=1000+300\times7.0369=3111.1 \text{（万元）}$$

$AC_1<AC_2$，值得加装衬套。

(2) 分析何时加装合理。
$$AC_2(1)=1000 \text{（万元）}$$
$$AC_2(2)=1000+300(A/G,8\%,2)=1144.2 \text{（万元）}$$
$$AC_2(3)=1000+300(A/G,8\%,3)=1284.6 \text{（万元）}$$
$$AC_2(4)=1000+300(A/G,8\%,4)=1421.2 \text{（万元）}$$
$$AC_2(5)=1000+300(A/G,8\%,5)=1554.0 \text{（万元）}$$
$$AC_2(6)=1000+300(A/G,8\%,6)=1682.9 \text{（万元）}$$
$$AC_2(7)=1000+300(A/G,8\%,7)=1808.1 \text{（万元）}$$

$AC_1<AC_2(7)$，即现有的自来水网管维持现状继续使用 6 年后再加装衬套，从经济上来说是比较合适的选择。

（二）多层次更新

[**例 9-8**] 某企业一直使用一种价值 12000 元的物流传输设备，就设备已经用了 3 年，企业决策层正在考虑用同型号的原型设备进行更新的恰当时间。假设基准折现率为 15％，各年的运行费用和维修费用及设备残值如表 9-6 所示。

解：同型号的原型设备更新的问题，如果残值不是常数，而且每年的运行费用逐年递增，那么可以通过计算其经济寿命来判断恰当的更新时间，见表 9-7。

表 9-6 物流传输设备的费用及残值表   单位：元

年份	运行费用	维修费用	残值
1	2400	1000	8000
2	2400	2200	6000
3	2400	3400	4000
4	2400	4600	2000
5	2400	5800	0

表 9-7 物流传输设备经济寿命计算表   单位：元

使用年限 T	设备原值 K_0	设备残值的折现值 $L_T(P/F,15\%,T)$	累计的运行维修费折现值 $\sum_{t=1}^{T}C_{pt}(P/F,i,t)$	年平均费用 AC_T
1	12000	6957	2957	9200
2	12000	4537	6435	8549
3	12000	2630	10248	8592
4	12000	1144	14251	8794
5	12000	0	18328	9047

从计算结果可以看出，这种物流传输设备两年更新一次是比较恰当，而现有设备已经使用了 3 年，所以应该更新。

假设现在市场上出现了一种新的自动化程度很高的物流传输设备，价值为 36000 元，每年的运行费用为 15000 元，年维修费用为 1000 元，使用寿命为 10 年，不计残值。试决策是否值得更换新的设备？如果要更换，何时最佳？

决策问题换成了出现新型设备后的决策问题，应该分析是否更换和何时更换。

先分别计算继续使用旧设备和新设备的费用年值，并判断是否值得更新。

旧设备还能使用 2 年，其平均费用年值为

$$AC_0=[4000+7000(P/F,15\%,1)+8200(P/F,15\%,2)](A/P,15\%,2)$$
$$=(4000+7000\times0.8696+8200\times0.7561)\times0.61512$$
$$=10091（元）$$

使用新设备的费用年值为

$$AC_N=36000(A/P,15\%,10)+2500=9673（元）$$

$AC_0>AC_N$，值得更新。

接下来分析何时更新。

旧设备继续使用 1 年费用年值为

$$AC_0(1)=4000(A/P,15\%,1)-2000+7000=8478（元）$$

$AC_0(1)<AC_N$，设备继续使用 1 年在经济上是值得的。

通过上面计算知道继续使用 2 年，其费用年值为 10019 元，大于新设备的费用年值，所以旧设备在使用 1 年后就应该更换为新的设备。

第五节 设备租赁经济分析

当资金满足不了价格昂贵的设备购置计划;或者有些设备专业化程度高,结构复杂,设备一旦出现故障,要委托别人修理;另外,购置的设备还存在着老化等系列风险。这时可借助于直接购置之外的其他财务形式获得设备的使用权,设备租赁就是一种可行的途径。

一、设备租赁的特点

(一)概念

租赁是一种合同,在这种合同中,一方获得另一方所拥有的设备的使用权并付给其租金。出租人拥有设备的所有权,并同时将其租给另一方,承租人是被出租设备的使用者。常见的租赁方式有经营租赁和融资租赁。

1. 经营租赁

经营租赁一般由设备所有者(出租人)负责设备的维修、保养与保险,租赁的期限通常远远短于设备的寿命期,出租人和承租人通过订立租约维系租赁业务关系,承租人有权在租赁期限内预先通知出租人后解除租约。这种形式,承租人不需要获得对所租用设备的所有权,而只是负担相应租金来取得设备的使用权,这样,承租人可以不负担设备无形磨损的风险,对承租人来说相当灵活,可以更具市场的变化决定设备的租赁期限。

2. 融资租赁

融资租赁的租费总额通常足够补偿全部设备成本,并且租约到期之前不得解除,租约期满后,租赁设备的所有权无偿或低于其残值转让给承租人,租赁期间的设备维修、保养、保险等费用均由承租人负责。融资租赁还有其他一些形式,如"销售与租回",是指企业将自有的设备出售给金融机构或租赁公司等部门取得贷款,同时签订租约租回设备,每期支付规定的租金。该形式实际上相当于长期贷款的总额,而承租人逐期支付的租金相当于分期还本付息。

(二)优缺点

1. 优点

设备租赁可以让承租人在使用设备时不需要有相当于设备价值的一笔资金,而只需要逐期支付租金就可以了,因此对于中小型企业特别适合。当今市场竞争激烈,产品更新换代速度加快,在此情况下设备的技术寿命和经济寿命大大缩短,设备极易因技术落后而被淘汰,设备在没有结束其自然寿命时就提前报废了。因此,使用者采取租赁的方式,可以避免这种风险。购置设备往往需要长期保持一定的维修力量,在企业维修任务少的情况下,效益就降低了。而采用由出租人负责维修的租赁方式,可以降低维修费用的负担。通过借贷或发行债券等方式筹集资金购置设备,会增加企业的负债、减少运营资本、降低流动比率、降低权益比率,这样会影响到企业的社会形象,而采用租赁的方式可以一定程度地避免这种情况的出现。

2. 缺点

租赁设备有不足之处，如：设备在租赁期间，承租人只有设备的使用权而没有所有权，于是承租人一般无权随意对设备进行技术改造。同时，通常情况下，承租人租赁设备所付的租金要比直接购置设备的费用要高，因为租金中包含着出租人的管理费和边际利润。不管企业的现金流量和经营状况如何，都要按照合同按时支付租金。

（三）影响设备投资、租赁的基本因素

1. 影响设备投资的因素

① 项目的寿命期；
② 企业是否需要长期占有设备，还是只希望短期占有这种设备；
③ 设备的技术性能和生产效率；
④ 设备对工程质量（产品质量）的保证程度，对原材料、能源的消耗量，以及设备生产的安全性；
⑤ 设备的成套性、灵活性、耐用性、环保性和维修的难易程度；
⑥ 设备的经济寿命；
⑦ 技术过时风险的大小；
⑧ 设备的资本预算计划、资金可获量（包括自有资金和融通资金），融通资金时借款利息或利率高低；
⑨ 提交设备的进度。

当然，企业在决定是否租赁设备是的因素还有很多，但关键在于能否为企业节约支出费用，实现良好的现金流量，并且通过经济指标评价比选后进行决策。

2. 影响设备租赁的因素

对于设备租赁除考虑上述因素外，还应考虑如下影响因素。

① 租赁期长短；
② 设备租金额，包括总租金额和每租赁期租金额；
③ 租金的支付方式，包括租赁期起算日、支付日期、支付币种和支付方法等；
④ 企业经营费用减少与折旧费和利息减少的关系；租赁的节税优惠；
⑤ 预付资金（定金）、租赁保证金和租赁担保费用；
⑥ 维修方式，即是由企业自行维修，还是由租赁机构提供维修服务；
⑦ 租赁期满，资产的处理方式；
⑧ 租赁机构的信用度、经济实力，与承租人的配合情况。

3. 影响设备购买的因素

对于设备购买，除考虑前述投资因素外也应考虑如下影响因素。

① 设备的购置价格、设备价款的支付方式，支付币种和支付利率等；
② 设备的年运转费用和维修方式、维修费用；
③ 保险费，包括购买设备的运输保险费，设备在使用过程中的各种财产保险费。

二、设备租赁决策分析

在进行租赁决策分析时，通常是将租赁方式与购置设备的付款方式放在一起进行比较评价。设备的使用期限通常都比较长，在分析时应采用动态的分析方法，考虑资金的时间价

值。一般我们假定无论设备用何种方法获得，其投入运行以后使项目或企业获得的收入应该是相同的。于是，这样的决策问题就变成租赁成本和购买成本进行比较的问题了。如果寿命期相同，可以采用现值法；设备寿命期不等时可以采用年值法。

（一）不考虑税收影响

在不考虑税收影响的情况下，可以直接用前面章节所介绍的费用现值或费用年值的方法进行方案的比选。

[例 9-9] 设某航空公司由于业务的扩展，需要引进一架飞机增加运力。如果直接购买，某型飞机的价格是 4 亿元，使用寿命 20 年，预计该飞机的净残值为 1200 万元；如果通过租赁的模式获得飞机的使用权，则每年需要支付租金 3600 万元。该飞机每年的运营费用为 4000 万元，各种可能的维修费用平均每年大约 2000 万元。假设企业的基准折现率为 10%，请问租赁和购置哪种方式对企业有利？

解：选择购买，其费用现值为

$PC_1 = 40000 + 4000(P/A, 10\%, 20) + 2000(P/A, 10\%, 20) - 1200(P/F, 10\%, 20)$
$= 40000 + 4000 \times 8.514 + 2000 \times 8.514 - 1200 \times 0.1486 = 90905.68$（万元）

选择租赁，其费用现值为

$PC_2 = 3600(P/A, 10\%, 20) + 4000(P/A, 10\%, 20) + 2000(P/A, 10\%, 20)$
$= 3600 \times 8.514 + 4000 \times 8.514 + 2000 \times 8.514 = 81734.4$（万元）

显然，$PC_1 > PC_2$，则租赁飞机对企业更有利一些。

如果用费用年值法来分析，结论也是一样的。

选择购买，其费用年值为

$AC_1 = 40000(A/P, 10\%, 20) + 4000 + 2000 - 1200(A/F, 10\%, 20)$
$= 40000 \times 0.11764 + 4000 + 2000 - 1200 \times 0.01746 = 10677.45$（万元）

选择租赁，其费用年值为

$AC_2 = 3600 + 4000 + 2000 = 9600$（万元）

同样，$AC_1 > AC_2$，租赁飞机的方式对企业更合适。

（二）考虑税收影响

除非有特别的免税优惠，每一个企业都要将销售利润上缴所得税，因此通常进行设备是否租赁的决策时应该考虑税收情况。按财务制度规定，租赁设备的租金允许计入成本，购买设备每年计提的折旧费也允许计入成本，另外，如果是贷款购置设备，其每年支付的利息也可以计入成本。下面通过一个例子来说明比较方法。

[例 9-10] 假如某公司拟生产市场急需的某新产品，需要一台电瓶车。某型电瓶车价值 10000 元，使用寿命 4 年，残值为 1000 元。这台电瓶车每年扣除燃料、维修费和保险费后可获得营业收入 10000 元，公司要按 25% 交纳企业所得税。假设公司可以直接一次性付款购买设备；也可以租赁，每月需要支付租金 3000 元；还可以先一次支付 40%，然后再第二、三年每年初支付 3800 元。在基准收益率为 15% 的情况下，比选方案。

解：（1）直接一次性付款购买设备的情况，见表 9-8。

表 9-8 一次性付款购买设备时的现金流量表 单位：元

项目 \ 年份	0	1	2	3	4
购置费	10000				
营业收入(扣除运营费后)		10000	10000	10000	10000
折旧费		2250	2250	2250	2250
所得税		1937.5	1937.5	1937.5	1937.5
净现金流量	−10000	8062.5	8062.5	8062.5	8062.5

计算净现值：$NPV_1 = -10000 + 8062.5(P/A, 15\%, 4) + 1000(P/F, 15\%, 4)$
$= -10000 + 8062.5 \times 2.855 + 1000 \times 0.572 = 13018.44$（元）

(2) 租赁的情况（表 9-9）

计算净现值：
$$NPV_2 = -3000 + 5250(P/A, 15\%, 3) + 8250(P/F, 5\%, 4)$$
$$= -3000 + 5250 \times 2.284 + 8250 \times 0.5718 = 13703.1 \text{（元）}$$

表 9-9 租赁设备时的现金流量表 单位：元

项目 \ 年份	0	1	2	3	4
租赁费	3000	3000	3000	3000	
营业收入(扣除运营费后)		10000	10000	10000	10000
所得税		1750	1750	1750	1750
净现金流量	−3000	5250	5250	5250	8250

(3) 分期付款的情况（表 9-10）

表 9-10 分期付款购买设备时的现金流量表 单位：元

项目 \ 年份	0	1	2	3	4
分期付款	4000	3800	3800		
营业收入(扣除运营费后)		10000	10000	10000	10000
折旧费		2250	2250	2250	2250
所得税		1937.5	1937.5	1937.5	1937.5
净现金流量	−4000	4262.5	4262.5	8062.5	8062.5

计算净现值：
$NPV_3 = -4000 + 4262.5(P/A, 15\%, 2) + 8062.5(P/A, 15\%, 2)(P/F, 15\%, 2)$
$\quad + 1000(P/F, 15\%, 4)$
$= -4000 + 4262.5 \times 1.626 + 8062.5 \times 1.620.7561 + 1000 \times 0.572$
$= 13415.01$（元）

通过上面的计算可以看出，采用租赁的方式获得设备的净现值最大，所以在题目的假设条件下公司选择租赁设备的方式来满足生产需要是合理的。

思考题与练习题

1. 所谓设备的有形磨损、无形磨损各有何特点？举例说明。
2. 简述更新的原则与设备更新的经济意义。
3. 试述设备租赁的优缺点。
4. 设备的原始价值 $K_0=10000$ 元，目前需要修理，其费用 $R=4000$ 元，已知该设备目前再生产价值 $K_1=7000$ 元，问设备的综合磨损程度 α 是多少？
5. 某台机器需投资为 10000 元，$i=10\%$，其他资料如下页表，C_P 为第 N 年使用成本，L_T 为第 T 年年末残值，计算设备的最佳更新期。

年份	1	2	3	4	5	6	7	8	9
C_P	1000	1200	1600	2000	2600	3000	3400	3400	3800
L_T	5000	4500	4000	3500	3000	2500	2000	1500	1000

6. 计划购买一新型汽车，新车价格为 205000 元，使用寿命为 6 年，运行费第一年为 80000 元，此后每年增加 4000 元，各年残值如下表：年利率为 15%，试求最佳更新期。

已使用年限	1	2	3	4	5	6
残值/元	160000	120000	75000	30000	15000	10000

第十章

价值工程

本章介绍价值工程的基本原理。主要内容包括：价值工程以及价值、功能、寿命周期成本的概念，价值工程的工作程序与工作内容，价值分析的方法等。

第一节 概述

一、价值工程的产生和发展

价值工程（Value Engineering，VE），亦称价值分析（Value Analysis，VA），是 20 世纪 40 年代后期产生的一门新兴的管理艺术。

价值工程的创始人公认是美国工程师麦尔斯。二次大战期间，麦尔斯供职于通用电气公司的采购部门，长期负责生产军用产品的原材料采购工作，当时物资供应十分紧张，通用电气公司生产军工产品所需的原材料十分短缺，价格也不断上涨，因而采购工作相当困难。麦尔斯从多年采购工作实践中，逐步摸索到短缺材料可以寻找相同功能者作"代用品"的经验，又进一步概括为"代用品方法"，认为购买材料的目的是为了获得某种功能，而不是材料本身，所以只要满足功能，就可以选用能购买到的或较为便宜的材料，代替原设计指定的材料。

第二次世界大战以后，美国政府取消了战时生产的补贴制度，美国原材料价格普遍上扬，推动产品成本提高，企业之间竞争日趋激烈。为在激烈的市场竞争中占据优势，降低成本，合理利用资源，美国通用电气公司在产品的物美价廉上下了很大的工夫，并将战时和战后的成功经验加以总结，使之科学化、系统化，以便更好地指导以后的工作。通过一系列成功的实践活动，麦尔斯总结出一套在保证同样功能的前提下降低成本的科学方法，将其定名为"价值分析"，并在 1947 年《美国机械师》杂志上公开发表了《价值分析》一文。在该论文中，麦尔斯提出了价值工程的最基本理论，标志着价值工程作为一门科学理论的正式诞生。

由于价值工程技术成效显著，得到了美国政府的重视。1955年，美国海军造船部门首先采用价值工程技术，1956年正式签订订货合同，第一年就节约了3500万美元。1958年，美国国防部要求所属军工部门都制订价值工程计划。1964年以后，政府各部门纷纷推广价值工程技术。据统计，从1964年到1972年，美国国防部由于开展VE活动，节约资金超过10亿美元。美国休斯飞机公司1978年有4000人多加价值工程活动，提出改革提案3714件，平均每件提案节约31786美元。20世纪50年代以后，价值工程技术传到日本和欧洲。60年代，特别是70年代以后，价值工程方法获得了迅速发展。价值工程方法始用于材料的采购和代用品的研究，进一步扩展至产品的研究和设计，零部件的生产和改进，工具和装备的改进等方面，后来又被广泛应用于改进工作方法、作业程序、管理体系等方面。

我国自70年代末年引进、推广和应用价值工程方法以来，已为很多企业采用，节约了大量能源、珍贵的原材料，同时降低了生产成本，提高了经济效益。价值工程尤其适宜于生产量大的功能产品，如大批住宅等。近年来，住宅功能项目的开发和成本信息现代体系的建立，都有利于价值工程在建筑业中的使用。

二、价值工程原理

1. 价值工程的概念

价值工程是以最低的全寿命周期成本实现一定的产品或作业的必要功能，通过相关领域的协作，对所研究对象的功能与费用进行系统分析，不断创新，使得所研究对象价值得以提高的思想方法和管理技术。

价值工程这一定义，涉及价值工程的三个基本概念：价值、功能和全寿命周期成本。

（1）价值

价值工程中的"价值"是指对象所具有的功能与获得的该功能的全部费用之比，它不是对象的使用价值，也不是对象的交换价值，而是对象的比较价值。设对象（如产品、工艺、劳务等）的功能为F，其成本为C，价值为V，则价值计算公式为：

$$V=\frac{F}{C} \tag{10-1}$$

价值的大小取决于功能和成本之比。产品的价值高低表明产品合理有效利用资源的程度和产品物美价廉的程度。产品价值高就是好产品，其资源利用程度就高，价值低的产品表明其资源没有得到有效利用，应设法改进和提高。由于"价值"的引入，产生了对产品新的评价形式，即把功能与成本、技术与经济结合起来进行评价。提高价值是广大消费者利益的要求，也是企业和国家利益的要求。因此，企业应当千方百计地提高产品的价值，创造物美价廉的产品。

价值的提高取决于功能和费用两个因素，所以提高价值可以通过以下途径实现。

① 提高功能，降低成本，大幅度提高价值。这是提高价值的最理想途径。随着科技的发展，采用新技术、新工艺、新材料可使产品结构或制造方法有较大突破，这不仅有助于产品功能的提高，同时还可降低成本，从而使价值大幅度提高。

② 功能不变，降低成本，提高价值。

③ 成本不变，提高功能，提高价值。

④ 成本稍有增加，但功能大幅度提高，使价值提高。

⑤ 功能稍有降低，而成本大幅度降低，从而提高价值。

（2）产品的功能

价值工程中的功能是对象能够满足某种需求的一种属性。具体来说，功能就是效能。任何产品都具有功能，如住宅的功能是提供居住空间，建筑物基础的功能是承受荷载等等。功能是产品最本质的东西，正因为产品具备了功能才能得以使用和存在下去。人们购买产品实际上是购买这个产品所具有的功能。例如，人们需求住宅，实质是需求住宅"提供生活空间"的功能。

价值工程的特点之一就是研究并切实保证用户要求的功能。

（3）寿命周期成本

① 产品的寿命周期　产品从生产到报废的过程，所经历的时间长度，即为产品的寿命周期。单就建筑产品而言，其寿命周期是指从规划、勘察、设计、施工建设、使用、维修，直到报废为止的整个时期。

② 寿命周期成本　寿命周期成本是指产品在其寿命期内所发生的全部费用，包括生产成本和使用成本两部分。生产成本是指发生在生产企业内部的成本，包括研究开发、设计以及制造过程的费用；使用成本则是指用户在使用过程中支付的各种费用总和，包括运输、安装、调试、管理、维修、耗能等方面的费用。

寿命周期成本、生产成本、使用成本与产品功能之间的关系可以用图 10-1 表示。

值得注意的是：在寿命周期成本的构成中，一般由于生产成本在短时间内集中支出，并且体现在价格中，容易被人们认识，进而采取措施加以控制，而使用中的人工、能源、环境、维修等耗费常是生产成本的若干倍，但由于分散支出，容易被人们忽视。

产品功能体现为产品质量，一般情况下，质量越高，生产成本可能会高，但使用成本会越低；反之，若单纯追求最低生产成本而忽视质量，产品质量必将会受其影响，产品使用过程中的维修等费用就会增加。价值工程就是综合考虑生产成本和使用成本的下降，兼顾生产者和用户的利益，以获取最佳的社会综合效益。

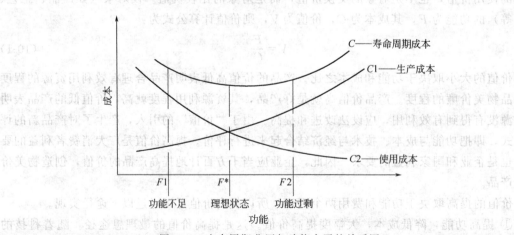

图 10-1　寿命周期费用与功能水平的关系图

2. 价值工程的特点

① 价值工程是以寻求最低的寿命周期成本，实现产品或作业的必要功能。价值工程不是单纯地强调提高功能，也不是片面地要求降低成本，而是致力于功能与成本的合理结合。

这就划清了偷工减料的界线，因为它的前提是确保必要的功能；同时，也克服了只顾功能而不计成本的盲目做法。

② 价值工程是以功能分析为核心。产品的价值在于满足用户需求的特有功能。就产品而言，必须具备必要的功能。但同时由于设计制造等的不完整，也可能存在一些不必要的功能，即多余的功能，这必将造成产品不必要的成本。功能分析是分析产品怎样使用更少的人力物力消耗，满足用户需要的功能。通过功能分析，可以正确地确定产品的必要功能，去掉或削弱产品的多余功能，改进产品设计，降低成本。

③ 价值工程是有组织、有计划的活动。价值工程是贯穿于产品整个寿命周期的系统方法，从产品研究、设计到原材料的采购、生产制造以及销售和维修，都有价值工程的工作可做，而且它涉及面广，需要一个单位的许多部门和各种专业人员相互配合。因此，必须依靠有组织的、集体的努力来完成。开展价值工程活动，要组织设计、工艺、供应、加工、管理、财务、销售以至用户等各方面的人员参加，运用各方面的知识，发挥集体智慧，博采众家之长，从产品生产的全过程来确保功能，降低成本。

④ 价值工程以创造精神为支柱。价值工程强调"突破、创新、求精"，充分发挥人们的主观能动作用，发挥创造精神。首先对原设计方案等进行功能分析，突破原设计定下的框架。然后在原设计的基础上，发挥创造精神，围绕用户要求的功能，创造更新更好的方案。最后对取得的成绩绝不满足，仍用挑剔的眼光对新方案进行分析研究，精益求精。能否创造，创造的程度如何，是关系价值工程成败与效益高低的关键，创造精神是价值工程的支柱。

第二节 价值工程的分析过程

一、价值工程的工作程序

价值工程已发展成为一门比较完善的管理技术，在应用过程中形成了一套科学的实施程序。从本质上来看，这套实施程序实际上是发现矛盾、分析矛盾和解决矛盾的过程。国外习惯采用提问法，即针对价值工程对象逐步深入地提出以下 7 个合乎逻辑程序的问题：①这是什么？②它是干什么用的？③它的成本为多少？④它的价值为多少？⑤有其他方法能实现这个功能吗？⑥新的方案成本为多少？功能如何？⑦新的方案能满足要求吗？顺序回答和解决这七个问题的过程，就是价值工程的工作程序和步骤，即：选定对象、收集情报资料、进行功能分析、提出改进方案、分析和评价方案、实施方案、评价活动成果。

表 10-1 中反映的仅仅是一般的工作程序。由于价值工程的应用广泛，其工作形式也不尽相同。因此，在实际应用过程中，可参照表 10-1 中所列工作程序，根据对象的具体情况，应用价值工程基本原理，考虑具体的实施措施和方法步骤。

二、价值工程对象选择和情报资料收集

1. 价值工程对象选择的原则

凡是为获取功能而发生费用的事物，都可作为价值工程的研究对象，如产品、工艺、工

表 10-1　价值工程的工作程序和方法

阶　段	步　骤	问　题
准备阶段	1. 对象选择 2. 组成价值工程工作小组 3. 制订工作计划	1. 这是什么？
分析阶段	4. 收集整理信息资料 5. 功能系统分析 6. 功能评价	2. 它是干什么的？ 3. 它的成本是多少？ 4. 它的价值是多少？
创新阶段	7. 方案创新 8. 方案评价 9. 方案编写	5. 有无其他方案实现该功能 6. 新方案的成本是多少？ 7. 新方案能满足要求吗？
实施阶段	10. 方案审批 11. 组织实施与检查 12. 效果总评	

程、服务或它们的组成部分等。但企业总不能对所有的产品、零件或工序、作业等同时进行分析、研究，为节约资本，提高效率，必须分清主次轻重，有重点、有顺序地选取每次价值工程活动的对象。

选择价值工程对象时应遵循的一般原则有两条：一是优先考虑在企业生产经营上有迫切需要的或对国计民生有重大影响的项目，二是在改善价值上（功能改进和降低成本）有较大潜力的产品（或项目）。

一般可以根据本企业的具体情况，有重点地从设计、生产、工艺、销售、成本诸多方面的因素中，初步选择价值工程活动的对象。同时还要考虑现实性和可能性，比如：有无足够人力、物力、时间，人才素质，情报来源，价值改善的潜力，预期经济效益以及其他经营方面的要求等，都应统筹考虑，以确定价值工程对象的数量和顺序。

就建筑产品而言，其种类繁多，质量、成本、施工工艺和方法各不相同。一座建筑物的建设，需经历评估立项、设计招标、施工验收等多个阶段，涉及勘察设计、施工建造、物资供应等多个方面，要受到人、财、物、施工技术水平和施工管理水平的综合影响。因此，在如此复杂的过程中，就必须应用一般原则和选择方法，选择某一环节作为价值工程的改善对象。

2. 价值工程对象选择的方法

选择对象的方法很多，下面着重介绍经验分析法、百分比法、ABC 法、价值系数法和最合适区域法等几种方法。

(1) 经验分析法

经验分析法是一种对象选择的定性分析方法，是目前企业较为普遍使用的、简单易行的价值工程对象选择方法。它实际上是利用一些有丰富实践经验的专业人员和管理人员对企业存在问题的直接感受，经过主观判断确定价值工程对象的一种方法。运用该方法进行对象选择，要对各种影响因素进行综合分析，区分主次轻重，既考虑需要，也考虑可能，以保证对象选择的合理性。所以，经验分析方法也叫作因素分析法。

该方法的优点是简便易行，考虑问题综合全面，缺点是缺乏定量分所，在分析人员经验不足时易影响结果的准确性，但用于初选阶段是可行的。

运用这种方法选择对象时，可以从设计、施（加）工、制造、销售和成本等方面进行综合分析。任何产品的功能和成本都是多方面的因素构成的，关键是找出主要因素，抓住重点。一般具有下列特点的一些产品和零部件，可以作为价值分析的重点对象。

① 产品设计年代已久，技术已显陈旧；
② 重量、体积很大，增加材料用量和工作量的产品；
③ 质量差、用户意见大或销售量大、市场竞争激烈的产品；
④ 成本高、利润率低的产品；
⑤ 组件或加工工序复杂、影响产量的产品；
⑥ 成本占总费用比重大、功能不重要而成本较高者。

总之，运用这种方法要求抓住主要矛盾，选择成功概率大、经济效益高的产品和零部件作为价值工程的重点分析对象。

（2）百分比法

百分比法是一种定量分析的方法。它是一种通过计算每个组成部分占整体的百分比，来考查每个产品的指标百分比的综合性比率来选择对象的方法。

这里说的技术经济指标是指产值、成本、利润、销售额、造价等，综合性比率则是指对某个产品求出其占各个技术经济指标的百分比数，然后对这些百分比数按照可比项目（即相比的比值具有一定经济含义的项目）进行比较所得到的比值。

[例 10-1] 某企业有 6 种产品，与同行业相比之下，发现企业的成本偏高而利润偏低。现运用百分比法分析这 6 种产品的成本及利润，从中找出本高利薄的产品进行分析（见表 10-2）。

表 10-2 百分比法分析表

产品	成本		利润		本利对比	VE 选择
	金额/万元	百分比/%	金额/万元	百分比/%		
A	85	60.7	28	60.9	相当	
B	10	7.1	4	8.7	接近	
C	5	3.6	2	4.3	接近	
D	25	17.9	3	6.5	本高利薄	√
E	8	5.7	5	10.9	本低利厚	
F	7	5.0	4	8.7	本低利厚	
合计	140	100	46	100		

本例对比结果表明，产品 D 的成本比重大而利润比重小，是问题的症结，应列为价值工程对象。企业中的各种费用，如运输费、燃料费、材料费、工具费、管理费等，都可用百分比法来发现问题，确定对象。这种方法具有较强的针对性和实用性。

百分比法亦可与 ABC 法联用。比如先用 ABC 法找出 A 类费用之后，再用百分比找出其中某项费用作为 VE 对象。

（3）ABC 分析法

ABC 分析法又称巴雷特分析法、ABC 分类管理法、排列图法等。它是根据事物有关方面的特征，进行分类、排队，分清重点和一般，以有区别地实施管理的一种分析方法。ABC 分析法起源于意大利经济学家、社会学家巴雷特对人口和社会问题的研究。巴雷特依据一些国家的历史统计资料,对资本主义国家国民收入分配问题进行研究时,发现收入少的占全部人口的大部分,而收入多的却只占一小部分。他将这一关系利用坐标绘制出来,就是著名的巴雷特曲线。1951 年,管理学家戴克将其应用于库存管理,定名为 ABC 分析法,使巴雷特法则从对一些社会现象的反映和描述发展成一种重要的管理手段。

ABC 分析法运用数理统计的分析原理,按照局部成本在总成本中所占比重的大小来选定价值工程对象。通过对某一产品的全部零(部)件的成本比重进行分析时,往往有 10%~20%种的零件的累计成本占总成本的 70%~80%,这 10%~20%种的零件就是"关键的少数",如果将零件种数(或比率)与相应的累计成本值(或比率)的关系一一对应画在坐标轴上,就形成一条零件成本分配曲线。再运用 ABC 分类原则,将曲线图分为 A、B、C 三个区域,就可相应地将零件分为 A、B、C 三类。A 类零件种数少而成本比重大,是对产品成本举足轻重的关键零件类,应列为 VE 对象;B 类零件是次要零件类,有时亦可选 A+B 类作为 VE 对象,C 类零件虽然种数多,但对整体成本影响不大,暂可不作专门研究。这一曲线图能直观地表达产品成本中的主次因素,所以,也称主次因素图或 ABC 分析图,如图 10-2 所示。

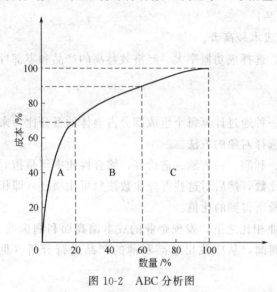

图 10-2 ABC 分析图

在多产品的企业中,则应选择占主要地位的或对利润影响最大的产品作为 A 类对象。如果研究对象是费用结构时,可将费用项目作为横坐标,就能在图上找到占产品成本比重最大的几个费用项目,以此作为价值工程对象。

ABC 的划分原则要按产品及成本的具体情况而定,大致上可参照表 10-3 来划分。

表 10-3 ABC 区分类原则

类别	成本比率/%	数量比率/%
A	70~80	10~20
B	20	20
C	10~20	70~80

在画出成本分配曲线图后,亦可直接在曲线图上先粗略地分类,以斜率最大的线段所对应的零件种类(或项目)列为 A 类,以斜率最小的线段所对应的零件种类列为 C 类,介于两者之间的列入 B 类,然后再细分、调整。

ABC 分析法的优点是抓住重点,突出主要矛盾,在对复杂产品的构配件作对象选择时,常用它进行分类。因此,价值工程分析小组可结合一定的时间要求和分析条件,略去"次要的多数",抓住"关键的少数",卓有成效地开展工作,以节约资源,提高效率。

(4)价值系数法

价值系数法是一种以功能重要程度作为选择对象的决策指标,通过确定所有备选对象(产品零部件)价值系数来选择分析对象的方法。当某一产品由多个零部件组成,而这些零部件的重要性又各不相同时，可应用价值系数法选择分析对象，其步骤如下。

（1）确定各零部件的功能评价系数 FI

将构成产品的零部件用表格形式排列起来，按零件功能的重要程度，相互之间作一对一的比较，重要的一方得 1 分，次要的一方得 0 分，再把各零件得分累计相加，除全部零件总得分，即为该零件的功能评价系数。

$$某零件功能评价系数 FI = \frac{该零件功能累计得分}{全部零件功能总得分} \qquad (10-2)$$

（2）求各零件成本系数 CI

成本系数是指每个零件的目前成本与产品总成本（全部零件目前成本之和）的比值。

$$某零件成本系数 CI = \frac{该零件目前成本}{产品总成本} \qquad (10-3)$$

（3）求各零件的价值系数 VI

零件的价值系数就是该零件的功能评价系数与其成本系数的比值。

$$某零件价值系数 VI = \frac{该零件功能系数 FI}{该零件成本系数 CI} \qquad (10-4)$$

（4）根据价值系数对零件进行分析评价选择价值分析对象

评价原则如下。

$VI=1$，表明功能与成本基本相当，当然无必要选为价值分析对象；

$VI>1$，表明成本分配是偏低的，与其实现的功能不相匹配。遇到这种情况，首先考虑的当然不是增加成本，而应分析是否有过剩功能；

$VI<1$，表明其实现的功能所分配的成本过高，这样的零件显然是价值分析的主要对象。

注意：当构成产品的零件繁多时，用此法相当烦琐，可先用 ABC 分析法选出重点零件，再用强制确定法进行选择。

[例 10-2] 已知某产品由构配件 A、B、C、D、E 组成，其成本费用分别为 1.8 万元、0.8 万元、1.1 万元、2.5 万元，总成本为 7 万元，其功能评价系数见表 10-4，试确定价值工程分析对象及分析顺序。

表 10-4　功能评价系数计算表

构件名称	一对一比较结果					得分	功能重要性系数
	A	B	C	D	E		
A	×	1	0	1	1	3	0.3
B	0	×	0	1	1	2	0.2
C	1	1	×	1	1	4	0.4
D	0	0	0	×	0	0	0
E	0	0	0	1	×	1	0.1
合计	—	—	—	—	—	10	1.0

解：价值系数确定方法步骤如下。

第一步、计算功能评价系数

首先，把构成产品成本或总成本的构配件排列起来，然后按构配件功能的重要程度作一对一的比较。重要的得 1 分，次要的得 0 分，计算各构配件总得分，除以全部构配件的功能总得分数，所得比率称为该构配件的功能重要性系数，即功能评价系数。

从表 10-4 可看出，C 构配件的功能评价系数最高，为 0.4，说明它在各构配件中最重要；D 构配件的功能重要性系数为 0，说明它是最不重要的，可以考虑它可否取消或同其他构配件合并。

第二步，计算成本系数

计算出各构配件的成本系数，见表 10-5。

第三步，计算价值系数及确定分析对象的顺序。

计算出各构配件的价值系数，如表 10-5 所示。

表 10-5 价值系数计算表

构件名称	功能评价系数	现实成本/万元	成本系数	价值系数	对象选择顺序
—	(1)	(2)	(3)=(2)/7	(4)=(1)/(3)	—
A	0.3	1.8	0.26	1.154	4
B	0.2	0.8	0.11	1.818	3
C	0.4	0.8	0.11	3.635	1
D	0	1.1	0.16	0	×
E	0.1	2.5	0.36	0.278	2
合计	1.00	7	1.00	×	—

根据表 10-5 中所列各构配件价值系数偏离 1 的程度，可以确定 VE 活动对象的顺序为 C、E、B、A。

(5) 最合适区域法

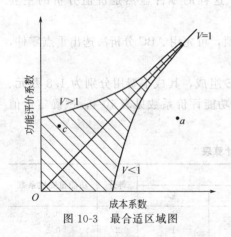

图 10-3 最合适区域图

由价值系数法可知，凡价值系数不为 1 的零部件，原则上都可作为 VE 分析对象，这显然不科学，有时也难以做到，此外，应用价值系数法还会使价值系数与 1 偏离程度小、功能系数与成本系数较大、改善期望值也较大的零部件不能列为 VE 分析对象，而使价值系数与 1 偏离程度大、但功能系数与成本系数较小、改善期望值也小的零部件却可能被列为 VE 对象。为克服这些不足，日本的田中教授提出了最合适区域法，通过求价值系数来选择 VE 目标的方法，选择 VE 目标时提出一个选用价值系数的最合适区域，如图 10-3 所示。

这种方法的思路是：价值系数相同的对象，由于各自的成本系数与功能评价系数的绝对值不同，因而对产品价值的实际影响有很大差异，在选择目标时不应把价值系数相同的对象同等看待，而应优先选择对产品实际影响大的对象，至于对产品影响小的，则可根据必要与可能，决定选择与否。

选择 VE 对象的方法除以上方法外，还有倍比确定法、比重分析法等。

3. 价值工程情报资料收集

价值工程的工作过程既是提出问题、分析问题、解决问题的决策过程。在此过程中，为实现提高价值的目标所采取的每个行动和决策，都离不开必要的信息资料。

在功能定义阶段，为弄清价值工程对象应具有的必要功能，必须清楚地了解与对象有关的各种信息资料。

在功能评价阶段，为确定功能的目标成本，以及在方案创造阶段，为创造和选择最优改进方案、实现最低寿命周期费用，都需要大量的信息资料。

所以，收集、整理信息资料的工作贯穿于价值工程的全过程。价值工程的工作过程同时也是对信息资料收集、整理和运用的过程。可以说，价值工程成果的大小，在很大程度上取决于占有信息资料的质量、数量和取得的适宜时间。

价值工程所需的信息资料，视具体情况而定，一般包含以下几个方面的内容。

（1）使用及销售方面的内容

收集这方面的信息资料是为了充分了解用户对对象产品的期待、要求。例如用户对产品规格、使用环境、使用条件、耐用寿命、价格、性能、可靠性、服务、操作及美观等方面的要求。

（2）技术方面的内容

收集这方面的信息资料是为了明白如何进行产品的设计改进才能更好地满足用户的要求，根据用户的要求内容如何进行设计和改进。例如，科技进步方面的有关科研成果、技术发明、专利、新材料、新结构、新工艺、新技术，国内外同类产品的发展趋势和技术资料，标准化要求及发展动态等；设计及制造方面的施工工艺、施工方法、使用的设备、工器具、合格品率、优良品率、外协件供应者、外协方法等。

（3）经济方面的内容

成本是计算价值必需的依据，是功能成本分析的主要内容。实际产品中，往往由于设计、施工、运营等方面的原因，其成本存在着较大的改善潜力。在广泛占有经济资料（主要是成本资料）的基础上，通过成本的实际与标准的比较，不同企业间比较，揭露矛盾，分析差距，降低成本，提高产品价值，这方面的信息资料是必不可少的。

（4）企业生产经营方面的内容

掌握这方面的资料是为了明白价值工程活动的客观制约条件，使创造出的方案既先进又切实可行。这方面资料包括企业设计研究能力，施工生产能力，质量保证能力，采购、供应、运输能力，筹措资金的能力等。

（5）国家和社会方面诸如政策、方针、规定等方面的内容

了解这方面的内容是为了使企业的生产经营活动，包括开展价值工程活动与国民经济的发展方向协调一致。

收集信息资料应遵循目的性、计划性、可靠性、适时性四个原则。所谓目的性，就是以价值工程的对象为目标，将与其有关的信息资料尽量收集齐全。所谓计划性，就是收集信息资料不能漫无边际，要有明确的范围和内容，编制好计划，并有步骤地逐步实现。所谓可靠性，就是要对信息资料的真伪加以处理，做到去伪存真。所谓适时性，就是只有在需要信息资料的时候保证得到所需的信息资料才有价值，才能适应决策的需要。

三、功能分析

价值工程的目的是提高产品的价值，而提高产品价值的核心环节是对产品进行功能分析。它是对产品的构成部件、零件或劳务的组成及其功能进行系统分析，其目的是准确掌握用户要求的功能，便于功能评价，有利于打开设计思路。功能分析包括功能定义、功能整理和功能评价等内容。

1. 功能定义

功能定义是对价值工程对象及其组成部分的功能所做的明确表述。这种表述应能明确功能的本质，限定功能的内容，并能与其他功能概念相区别。

(1) 功能分类

产品及其构配件，常常需要有几种功能。由于它们的重要程度和使用性质等方面的不同，因而需要加以分类，以便按其类别进行功能分析。产品的功能类别，可作以下分类。

① 基本功能和辅助功能　基本功能是决定产品性质和存在的基本因素。辅助功能是为了更有效地实现基本功能而附加的因素。一般来说，基本功能是必要的功能，辅助功能有些是必要的功能，有些可能是多余的功能。例如承重外墙的基本功能是承受荷载，室内间壁墙的基本功能是分隔空间，而隔声、隔热等则是墙体的辅助功能。

② 使用功能和美观功能　功能按其性质可分为使用功能和美观功能。建筑产品的使用功能一般包括可靠性、安全性和维修性等。建筑产品的美观功能一般包括造型、色彩、图案等。不论是使用功能还是美观功能，它们都是通过基本功能和辅助功能来实现的。建筑产品构配件的使用功能和美观功能要根据产品的特点而有所侧重。有的产品（如地下电缆、地下管道、燃料、能源等）应突出其使用功能，有的产品（如塑料墙纸、陶瓷壁画等）应突出其美观功能，也有一些产品（如家具、灯具等）两种功能兼而有之。应当特别指出，美观功能由于能直接影响使用者的视觉、感觉和情绪，直接影响产品的使用效果，刺激购买，激起消费，提高产品的市场竞争能力，正越来越受到设计人员的重视。

③ 必要功能和不必要功能　必要功能是指对象为满足使用者的需求所必须具备的功能，或者说是用户要求对象具有的功能。不必要功能是指对象所具有的、与满足使用者的需求无关的功能，或者说是用户完全不需要的功能。

④ 不足功能和过剩功能　不足功能是指对象尚未满足使用者的需求的必要功能；过剩功能是对象所具有的、超过使用者的需求的功能。

(2) 功能定义的方法

功能定义要求简明扼要，常采用动词加名词的方法定义功能。动词是功能承担体发生的动作，而动作的作用对象就是作为宾语的名词。

例如：基础的功能是"承受荷载"，这里的"基础"是功能承担体，"承受"是表示功能承担体（基础）发生动作的动词，"荷载"则是作为动词宾语的名词。

功能承担体、功能承担体发出的动作及动作的作用对象，三者构成了主、谓、宾关系。例如，圈梁加固墙体、间壁墙分隔空间、上水管输送自来水等，都构成了主、谓、宾关系。

2. 功能整理

功能整理就是对定义出的功能进行系统的分析、整理，明确功能之间的关系，建立功能系统图，为功能评价做准备。功能整理回答和解决"它的功能是什么"这一问题。

功能整理的方法及步骤如下。

(1) 分析出产品的基本功能和辅助功能

依据用户对产品的功能需求，挑出基本功能，并把其中最基本的排出来，它就是上位功能。基本功能一般总是上位功能，它通常可以通过回答如下几个问题来判别：①取消了这个功能，产品本身是不是就没有存在的必要了？②对于功能的主要目的而言，它的作用是否必不可少？③这个功能改变之后，是否会引起其他一连串的工艺和构配件的改变？如果回答是肯定的，这个功能既是基本功能。

(2) 明确功能的上下位和并列之间的关系，作功能系统图

在一个系统中，功能的上下位关系，就是指功能之间的从属关系，上位功能是目的，下位功能是手段。功能的并列关系是指两个功能，谁也不从属于谁，但却同属于一个上位功能的关系。

在弄清功能之间的关系以后，就可以着手排列功能系统图，即产品应有的功能结构图。在图中，上位功能在左，下位功能在右，依次排列，整个图形虽数形由左向右扩展、延伸，如图 10-4 所示。图 10-5 所示为平屋顶功能系统图。

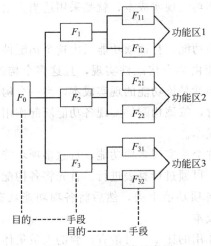

图 10-4　功能系统示意图

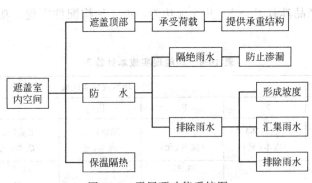

图 10-5　平屋顶功能系统图

通过功能的系统分析，准确地掌握了用户的功能要求，剔除了不必要的功能。然后需要根据功能系统图，对各功能进行定量评价，以确定提高价值的重点改进对象。

3. 功能评价

(1) 功能评价的概念

功能评价是在功能分析的基础上，应用一定的科学方法，进一步求出可靠实现某种功能的最低成本（目标成本或功能评价值）、并以此作为功能评价的基准，通过与实现该功能的现实成本（或称目前成本）相比较，求得功能价值和成本改善期望值。其计算公式为

$$V = F/C \tag{10-5}$$

$$\Delta C = C - F \tag{10-6}$$

式中　　F——功能评价值；

C——功能现实成本；

V——功能价值（价值系数）；

ΔC——成本改善期望值。

（2）功能评价的基本程序

① 计算功能现实成本（C） 成本通常是以产品或构配件为对象进行计算的。而功能现实成本的计算则与此不同，它是以功能为对象进行计算的。在产品中构配件与功能之间常常呈现一种相互交叉的复杂情况，即一个构配件往往具有几种功能，而一种功能往往通过多个构配件才能实现。因此，计算功能现实成本，就是采用适当方法将构配件成本转移分配到功能中去。

当一个构配件只实现一项功能，且这项功能只由这个构配件实现时，构配件的成本就是功能的现实成本；当一项功能由多个构配件实现，且这多个构配件只为实现这项功能服务时，这多个构配件的成本之和就是该功能的现实成本，当一个构配件实现多项功能，且这多项功能只由这个构配件实现时，按该构配件实现各功能所起作用的比重将成本分配到各项功能上去，即为各功能的现实成本。

更多的情况是多个构配件交叉实现多项功能，且这多项功能只由这多个构配件交叉来实现。计算各功能的现实成本，可通过计算表进行。首先将各构配件成本按该构配件对实现各功能所起作用的比重分配到各项功能上去，然后将各项功能从有关构配件分配到的成本相加，便可得出各功能的现实成本。

构配件对实现功能所起作用的比重，可请有经验的人员集体研究确定，或者采用相应评分方法确定。

[例 10-3] 某产品具有 $F_1 \sim F_5$ 共 5 项功能，由 4 种构配件实现，功能现实成本的计算如表 10-6 所示。

表 10-6 功能现实成本计算表

构配件			功能或功能区域				
序号	名称	成本/元	F_1 比重(%)/成本(元)	F_2 比重(%)/成本(元)	F_3 比重(%)/成本(元)	F_4 比重(%)/成本(元)	F_5 比重(%)/成本(元)
1	A	150		66.6% 100		33.4% 50	
2	B	250	20% 50		60% 150		20% 50
3	C	500	50% 250	10% 50		40% 200	
4	D	100			100%		
合计		C_0 1000	C_{01} 300	C_{02} 150	C_{03} 250	C_{04} 250	C_{05} 50

在表 10-6 中，构配件 A 对实现 F_2、F_4 两项功能所起的作用分别为 66.6% 和 33.4%，故功能 F_2 分配成本为 66.6%×150＝100（元），F_4 分配成本为 33.4%×150＝50（元）。按此方法将所有构配件成本分配到有关功能中去，再按功能进行相加，即可得出 $F_1 \sim F_5$ 五种功能的现实成本 $C_{01} \sim C_{05}$。

[例 10-4] 已知某产品由 A、B、C、D 四个部件组成，其成本分别为 600 元，1000 元，120 元和 280 元，部件 A 可实现 F_2、F_4 和 F_6 三个功能，其功能的重要性相同；部件 B 具有 F_1、F_3、F_4 三种功能，但 F_3 所起的作用是 F_4 的两倍，是 F_1 的六倍；部件 C 只实现一个功能 F_5；部件 D 实现 F_1、F_3、F_6 三种功能，其重要性比例为 3∶1∶3；试求 $F_1 \sim F_6$ 的功能成本 $C_1 \sim C_6$。

解： 按功能重要程度分摊功能成本，汇总计算 $F_1 \sim F_6$ 的功能成本 $C_1 \sim C_6$，填入表 10-7。

表 10-7 功能成本分配计算表

序号	名称	成本/元	F_1	F_2	F_3	F_4	F_5	F_6
1	A	600		200		200		200
2	B	1000	100		600	300		
3	C	120					120	
4	D	280	120		40			120
合计		C	C_1	C_2	C_3	C_4	C_5	C_6
		2000	220	200	640	500	120	320

根据表 10-7，可以看出各功能所分配的现实成本。

② 确定功能评价值（F） 功能评价值的确定方法有经验估算法、实际调查法、理论计算法、功能重要程度评价法等。

a. 经验估算法。这种方法是邀请一些有经验的人，根据收集到的有关信息资料，构思出几个实现各功能或功能区域的方案，然后每个人对构思出的方案进行成本估算，取其平均值。最后从各方案中取成本最低者。这种方法有时不一定很准确，但对经验丰富的人来说，还是比较实用的，如图 10-6 所示。

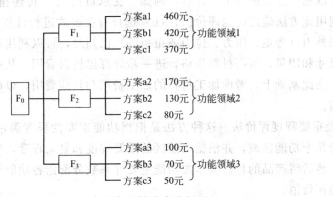

图 10-6 各方案功能成本分析图

对于 F_1 功能，设想出三个方案，其成本分别为 460 元、420 元、370 元。方案 C 的成本 370 元为最低成本，则 F_1 功能评价值就是 370 元。同理，F_2、F_3 的功能评价值分别是 80 元和 50 元。

b. 实际调查法。这种方法是通过广泛的调查，收集具有同样功能产品的成本，从中选择功能水平相同而成本最低的产品，以这个产品的成本作为功能评价值。如图 10-7 所示，其具体步骤如下。(a) 广泛收集企业内外完成同样功能的产品资料，包括反映功能水平的各项性能指标和可靠性、安全性、操作性、维修性、外观等指标。(b) 将收集到的产品资料进行分析整理，按各自功能要求的程度排出顺序。(c) 绘制坐标图，作出实际最低成本线（一般不为直线）。以横轴表示功能水平，纵轴表示成本。按功能水平等级分类，把各产品功能水平等级和成本标在坐标图上，这样在每个等级的功能水平上总有一个产品的成本是最低的。将各功能水平等级的最低成本点连接起来，所形成的线即为最低成本线，因而可以把这条线上的各点作为对应功能的评价值。实际调查法确定的功能评价值，是已经实现了的成本目标值，它比较可靠，效果明显、直观，但应注意到最低成本线是不断变化的，现实产品中难免存在不必要的功能。因此要根据变化情况不断修正，去掉不必要的功能。

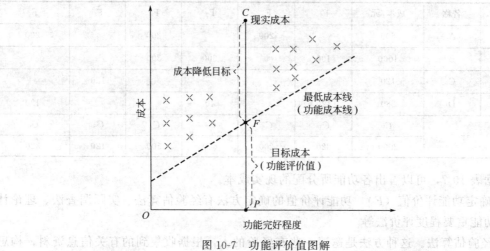

图 10-7 功能评价值图解

c. 理论计算法。这种方法是利用工程上的一些计算方法和某些费用标准（如材料价格等），找出功能与成本之间的关系，从而确定功能评价值。具体步骤如下：(a) 首先分析该功能是否可以利用公式进行定量计算，例如"支承负荷"、"传递扭矩"、"转入电流"等功能，即可利用此方法确定功能评价值；(b) 选择有关公式进行计算。例如，"支承负荷"这个功能，当外力（弯矩、压力、拉力或扭矩等）已知时，可以利用材料力学公式，计算出使用材料的尺寸和用量，根据材料价格，进一步计算出材料费用，从而求得实现该功能的最低材料费用。在此基础上，考虑加工材料的加工费用和其他费用，以确定功能的最低成本，即功能评价值。

d. 功能重要程度评价法。这种方法是根据功能重要性程度确定功能评价值。首先将产品功能划分几个功能区域，并根据功能区的重要程度和复杂程度，确定各个功能区的功能重要性系数，然后将产品的目标成本按功能重要性系数分配给各功能区作为该功能区的目标成本，即功能评价值。

第一步，确定功能重要性系数。

功能重要性系数的确定可采用强制确定法、多比例评分法、比率法和逻辑流程评分法等方法。

(a) 强制确定法（FD 法）。

(b) 多比例评分法。由于强制确定法评分时只有得 1 分或得 0 分两种情况，不能反映功能之间的真实差别，所以出现了多比例评分法。常用的有 0~4 评分法和 1~9 评分法，下面介绍 0~4 评分法。

0~4 评分法与 0~1 评分法基本相同，它也是采用一对一比较打分，但每两比较对象得分之和为 4 分。下面以 A、B 零件为例说明。0~4 评分法的具体做法：a) 若 A 相对于 B 很重要，则 A 得 4 分，B 得 0 分；b) 若 A 相对于 B 较重要，则 A 得 3 分，B 得 1 分；c) 若 A、B 同样重要，则 A、B 各得 2 分；d) 自身对比不得分。

(c) 比率法（又称 DARE 法）。这种方法利用评价因素之间的相关性进行比较而定出重要性系数，用以选择方案。其具体步骤如下：a) 根据各评价对象的功能重要程度（或实现难度）排序，在排序中按上高下低原则排列；b) 从上至下把相邻的两个评价对象根据功能重要程度（或实现难度）进行比较，如 F_1 是 F_2 的 3 倍，F_2 是 F_3 的 1.5 倍等，如表 10-8 所示；c) 令最后一个评价对象得分为 1，再依次从下至上按上述各对象之间的重要性相对比值计算其他对象的得分；d) 计算各评价对象的功能重要性系数。这是一种适用范围较大的打分方法，但构成评价对象的各因素之间必须具有相关性，否则不宜采用。

表 10-8　运用比率法确定法计算功能重要性系数

功能	重要度比重	修正重要度	备注	功能重要性系数 F_i	备注
F_1	2.0	9.0	9.0=4.5×2.0	0.51	0.51=9/16.5
F_2	1.5	4.5	4.5=3.0×1.5	0.26	0.26=4.5/16.5
F_3	3.0	3.0	3.0=1.0×3.0	0.17	0.17=3.0/16.5
F_4	—	1.0		0.06	0.06=1.0/16.5
合计		16.5		1.00	

(d) 逻辑流程评分法。即按逻辑思维，判断各功能之间的逻辑关系，然后确定各功能重要程度顺序，以某功能为基准对象，并规定其评分值，然后以逻辑推断各功能之间的数量关系，进而求功能重要性系数 F_i。逻辑流程评分法是一种相对评分法，适用于逻辑关系明显的情况。

除了以上几种方法外，还有诸如直接评分法等多种评分方法可以确定功能重要性系数。

第二步，确定各功能的功能评价值。

在第一步求出功能重要性系数之后，将产品的目标成本按功能重要性系数分摊到各个功能上去。如果产品目标成本为 900 元，求出的各功能的评价值如表 10-9 所示。

表 10-9　新产品功能评价计算表

功能	功能重要性系数	功能评价值/元	功能	功能重要性系数	功能评价值/元
F_1	0.51	0.51×900=459	F_4	0.06	0.06×900=54
F_2	0.26	0.26×900=234	合计	1.00	900
F_3	0.17	0.17×900=153			

③ 计算功能的价值　价值系数 V_i 的计算公式为

$$V_i = F_i / C_i \tag{10-7}$$

如表 10-10 所示，功能 F_1 的现实成本为 562 元，则 F_1 的价值系数为 $V_i = 459/562 = 0.817$。

④ 计算成本改善期望值　其计算公式为

$$\Delta C_i = C_i - F_i \tag{10-8}$$

如已知产品的现实成本为 1129 元。将已知现实成本分摊到各功能上去，再根据各功能的功能评价值和现实成本求成本降低值。具体计算如表 10-10 所示。

⑤ 选择改进对象。选择改进对象时，考虑的因素主要是价值系数的大小和成本改善期望值的大小。

当价值系数等于或趋于 1 时，功能现实成本等于或接近于功能目标成本，说明功能现实成本是合理的，价值最佳，无须改进，如 F_3。

当价值系数小于 1 时，表明功能现实成本大于功能评价值，说明该功能现实成本偏高，应作为改进对象，如 F_1、F_2、F_4。

表 10-10 功能评价计算表

功能(1)	现实成本 C_i(元)(2)	功能重要性系数 (3)=(2)/∑(3)	功能评价值 F_i(4)	价值系数 V_i (5)=(4)/(2)	成本降低期望值 ΔC_i/元(6)=(2)-(4)	改善优先次序(7)
F_1	562	0.51	459	0.817	103	2
F_2	298	0.26	236	0.798	64	3
F_3	153	0.17	153	1.000	0	
F_4	116	0.06	54	0.509	62	1
合计	1129	1.00	900	—	229	

当价值系数大于 1 时，表明功能现实成本小于功能评价值，说明功能现实成本偏低。其原因可能是功能不足，满足不了用户要求。在这种情况下，应增加成本，更好地实现用户要求的功能。还有一种可能是功能评价值确定不准确，而以现实成本就能够可靠实现用户要求的功能，现实成本是比较先进的，此时无须再对功能或功能区域进行改进。

在选择改进对象时，可将价值系数和成本改善期望值两个因素综合起来考虑，即选择价值系数低、成本改善期望值大的功能或功能区域作为重点改进对象。例如 F_1 和 F_2 比较，尽管 F_2 的价值系数比 F_1 低，但成本改善期望值 F_1 明显要大很多，因此，在选择改进对象排序时 F_1 排在 F_2 前面。这里要注意的是研究对象改善的优先次序因考虑问题的偏重点不同而有所不同。

四、改进方案的制定与评价

1. 方案的创造

为了提高产品的功能和降低成本，有效地利用资源，因此需要寻求最佳的代替方案。寻求或构思这种最佳方案的过程就是方案的创造过程。创造也可以理解为"组织人们通过对过去经验和知识的分析与综合以实现新的功能"。价值工程活动能否取得成功，关键是功能分析评价之后能否构思出可行的方案，这是一个创造、突破、精制的过程。为了便于大家提方案时解放思想，常采用以下方法。

(1) 头脑风暴法（BS法）

头脑风暴法也叫畅谈会法。这种方法是以会议形式对某个方案进行咨询或讨论，与会者无拘无束地发表自己的见解，不受任何条条框框的限制，其他人员则从发言中得到启示，进而产生联想，提出新的或补充意见。会议始终保持自由、融洽、轻松的气氛。在会议结束时，往往能够得到充满新意的方案。这种方法是美国广告公司的奥斯本为探求广告新花样而首先采用的一种开会方式。利用这种方法，与会者瞬间的见解，往往会散发出创造性的思想火花，因此收到极好的效果。

(2) 模糊目标法（哥顿法）

模糊目标法是美国人哥顿在1964年提出来的。其方法是召开会议提方案，要解决什么问题，事先并不让与会者知道，只有主持人知道。开会时，主持者只提出一个很抽象的概念，用抽象阶梯的方法把问题抽象化，并不把要解决的问题全部摊开。例如，要研究探讨一种新型屋顶设计方案时，开始时会议主持人只笼统地说，今天讨论的题目是"怎样把东西盖住"，而不具体说出"怎样设计新屋顶"，这样，会上就能提出十分广泛的意见。当会议酝酿出若干可行方案后，会议主持人宣布所研究的主题。针对新型屋顶留下可行方案，舍弃不可行方案，这样就可能提出较好方案。这样做的好处是可以避免与会者受到旧思路的约束，与会者在猜谜似的气氛中，很可能提出既离奇又新颖的创造性方案。为了得到新颖的方案，要求会议主持人机智灵活，提问得当。提问太具体，容易限制思路；提问太抽象，则方案可能离题太远。因此会议主持人必须善于抽象问题和运用各种类比方法提出问题。

(3) 专家函询法（德尔菲法）

专家函询法不采用开会的形式，而是由主管人员或部门把已构思的方案以信函的方式分发给有关专业人员，征询他们的意见，然后将意见汇总，统计和整理之后再分发下去，希望再次补充修改，如此反复若干次，即经过几上几下，把原来比较分散的意见在一定程度上集中为统一的集体结论，作为新的代替方案。

(4) 专家检查法

专家检查法是先由设计主管部门提出改进的设计方案。然后将提出的改进设想整理成包括图纸、计算说明书以及技术经济效果等书面材料。按照一定的程序，送给各部门的专家审查，提出具体修改或反对意见。最后由总工程师、总会计师综合各方意见，决定取舍。这种方法的好处是时间充裕，没有顾虑，可以不受约束地从多个角度提出意见。由于提意见的都是专家，熟悉业务，工作效率也较高。它的缺点是花费时间较长，缺乏思想交锋和面对面的商讨。

(5) 组合法

当现有的各方案还不够十分完善时，应采用各方案之长，组成一个新的方案。从不同的角度出发，抽出各方案中符合某一角度的方案，进行重新组合，从而得到符合这一角度的理想方案。比如"最低成本组合"就是把各方案中实现某一功能的最低成本部分抽出来加以组合，就可以得到实现降低成本意图的方案，如表10-11所示。表中，A、B、C、D、E为已有方案，$F_1 \sim F_4$为产品应具备的功能。对各方案依照实现某一功能所花成本的高低排序，成本最低者为1，次低者为2，其次为3，4，5。

表10-11 各方案的相关数据表

功能	方案					最低成本方案
	A	B	C	D	E	
F_1	5	3	4	7	9	B
F_2	13	15	20	18	14	A
F_3	15	14	9	12	11	C
F_4	3	4	2	3	1	E

对实现功能 F_1 说，成本最低者为方案 B；对 F_2 来说成本最低者为方案 A；F_3 为方案 C，F_4 为方案 E。把 B 中的 F_1、A 中的 F_2、C 中的 F_3、E 中的 F_4 抽出来，重新进行组合，就可得到一个降低成本的较好方案。

方案创造的方法很多，在此不一一阐述，总的精神是要充分发挥各有关人员的智慧，集思广益，多提方案，从而为评价方案创造条件。

2. 方案评价

方案评价是在方案创造的基础上对新构思方案的技术、经济和社会效果等几方面进行的评估，以便于选择最佳方案。按其做法分为概略评价和详细评价。

(1) 概略评价

概略评价是对已创造出来的方案从技术、经济和社会三个方面进行初步研究。其目的是从众多的方案中进行粗略的筛选、减少详细评价的工作量，使精力集中于优秀方案的评价。

(2) 详细评价

方案的详细评价，就是对概略评价所得比较抽象的方案进行调查和收集信息资料，使其在材料、结构、功能等方面进一步具体化，然后对它们作最后的审查和评价。

在详细评价阶段，产品的成本究竟是多少，能否"可靠地实现必要的功能"，都必须得到准确的解答。总之，要证明方案在技术和经济方面是可行的，而且价值必须得到真正的提高。

详细评价又可分为技术评价、经济评价和社会评价三个方面。当然也有将以上三个方面结合起来的综合评价。

方案评价的方法有很多，下面介绍其中的四种。

1) 加法评价法。加法评价法又称等分制评分法，它是对方案的多项评价标准分别评分（百分制或五分制）。评分的依据是方案能满足标准（或使用者要求）的程度，然后将每个评分项目得分相加，所得的总分值最高者为最优方案。加法评价法是对各评价项目逐一评分，然后将其得分相加。以总分的多少来评价方案的优劣程度。其具体步骤如下：①确定评价项目，划分评价等级，制定评分标准。评价项目评价等级、评分标准的内容和粗细程度，均因评价对象而异，可用类比法或经验法确定，一般应包括技术、经济、社会三方面因素。②根据各方案对评价项目的满足程度进行评分。③对各方案分别求和。④以总分最高者作为改善方案。

在确定评价项目时，要注意相互间有无重复交叉部分。要根据产品特性和使用者的要求，正确确定评价项目和评分标准，这是成败的关键。

2) 比较价值法。比较价值法的特点是将技术项目与经济项目分开评价，先单独评价方案的技术性，再对方案的经济性单独评价，最后用比较价值将两者结合起来，综合评价方案的技术、经济效益，从中优选比较价值最高者为改善方案。其基本步骤如下：

① 确定技术评价项目；

② 确定方案技术评价项目的权数（W_j）；

③ 评定方案对技术评价项目的满足程度分值（S_{ij}）；

④ 计算方案的评分权数和（A_i）；

$$A_i = \sum_{j}^{n} W_j S_{ij} \quad (i=1,2,\cdots,m) \tag{10-9}$$

式中 m ——方案数;

n ——评价项目数;

A_i ——i 方案的评分权数和;

W_j ——j 项目的权数;

S_{ij} ——i 方案对 j 项目的满足度评分值。

⑤ 估算方案的成本 (C_i);

⑥ 计算方案的比较价值 (V_i)

$$V_i = \frac{A_i}{C_i} \tag{10-10}$$

比较价值 (V_i) 是方案功能分值 (A_i) 与方案成本 (C_i) 的比值。意味着每 1 元方案成本将能取得的功能程度 (分值)。此处的功能分值 (A_i) 不是指方案应达到的功能程度,而是反映方案将会达到的功能程度。

3) 环比评分法。环比评分法 (DARE 法) 在方案评价中的运用不同于前述。它利用环比评分的方法,确定评价项目的权数和方案对评价项目的满足程度系数,经过加权计算,以方案评分值的高低来判定最优方案。

其具体步骤如下:

① 确定评价项目;

② 用 DARE 法求算各评价项目的权数 (W_j),权数可通过集体讨论、分析评定;

③ 用 DARE 法计算各替代方案对各评价项目的满足程度系数 (S_{ij})。满足程度系数的评定,可通过技术经济指标的对比、评分或按比例推算得到;

④ 加权计算各方案的总评分值 (A_i)

$$A_i = \sum W_j S_{ij} \tag{10-11}$$

⑤ 优选总评分值最高的方案为改善方案。

(3) 方案的试验研究和提案审批

通过对方案的评价,就可以选择出能够提高价值的新方案,在新的方案中如果对某些环节或因素无把握达到预期要求时,还必须进一步进行必要的试验,以验证其是否可行。

试验通过后,即可着手制定正式的实施方案,提交有关部门审批,获准后便可付诸实施,按计划作出具体安排。在实施过程中,从事价值工程工作的人员应深入实际,随时了解执行情况,并协助解决实施中出现的问题。

(4) 价值工程活动成果的评价

企业开展价值工程活动的目的,在于提高产品价值,取得较好的经济效益。通过功能分析、方案创造和实施等一系列活动,实际取得的技术经济效果如何,必须认真进行总结和评价。

价值工程活动评价工作是在保证质量、性能,即在保证产品功能的前提下,计算如下几个指标。

$$成本节约率 = [(原来成本-改进后成本)/原来成本] \times 100\% \tag{10-12}$$

$$全年节约额 = (原来成本-改进后成本) \times 全年产量 - 活动经费 \tag{10-13}$$

$$投资效率 = (全年节约额/价值工程年活动费用) \times 100\% \tag{10-14}$$

$$达到目标比率 = (改进后成本/节约目标额) \times 100\% \tag{10-15}$$

第三节 价值工程在工程设计方案选优中的应用

同一建设项目，同一单项、单位工程可以有不同的设计方案，方案不同，造价也就会有差异，这时，设计人员可通过价值工程活动进行方案的优选。根据功能系统图分析，对上位功能进行分析和改善比对下位功能效果好，对功能领域进行分析和改善比对单个功能效果好。因此，价值工程既可用于工程项目设计方案的分析选择，也可用于单位工程设计方案的分析选择。现以某建筑设计院在建筑设计中应用价值工程，进行住宅设计方案选优，说明价值工程在工程设计中的应用。

一、对象选择

对建筑设计单位来说，承担的工程设计的种类繁多，必须运用一定方法选择价值工程的重点研究对象。到底选择哪些项目作为价值工程的分析对象呢？某建筑设计院依据近几年承担的设计项目的建筑面积构成统计数据，运用百分比法来选择价值工程的研究对象。通过分析，价值工程人员决定把该建筑设计院设计面积比重最大的住宅工程作为价值工程的研究对象。该建筑设计院近几年各类设计项目建筑面积统计数据及其比重如表 10-12 所示。

表 10-12 某建筑设计院设计项目情况

工程类别	比重/%	工程类别	比重/%
住宅	38	图书馆	1
综合楼	10	商业建筑	2
办公楼	9	体育建筑	2
教学楼	5	影剧院	3
车间	5	医院	5
宾馆	3	其他	17

二、信息资料

在选择好价值工程分析对象之后，价值工程人员围绕以下几个方面重点进行资料收集。
① 通过工程回访，收集广大用户对住宅的使用意见；
② 通过时不同地质情况和基础形式的住宅进行定期的沉降观测，获取地基方面的第一手资料；
③ 了解有关住宅施工方面的情况；
④ 收集大量有关住宅建设的新工艺及新材料的性能、价格和使用效果等方面资料；
⑤ 分地区按不同地质、基础形式和类型标准，统计分析近年来住宅建筑的各种技术经济指标。

三、功能分析

功能分析价值工程人员组织设计、施工及建设单位的有关人员共同讨论，对住宅的各种功能进行定义、整理和评价分析。在功能分析中，参与分析人员一致认为住宅功能有如下几方面：①从大的方面讲，有适用、安全、美观和其他几方面功能；②就适用功能而言，可以具体分为平面布局、采光通风和层高层数等功能；③就安全功能而言，可以具体分为牢固、耐用、"三防"设施等功能；④就美观功能而言，可以具体分为建筑造型、室外装修、室内装修等功能；⑤就其他功能而言，可以包括环境设计、技术参数、便于施工、容易设计等功能。

在功能分析中，价值工程人员坚持把用户的意见放在第一位，结合设计、施工单位的意见进行综合评分，把用户、设计及施工单位三者意见的权数分别定为70%、20%和10%。具体情况如表10-13所示。

表10-13 住宅功能重要系数

功能		用户评分		设计人员评分		施工人员评分		功能重要系数($0.7F_{\mathrm{I}}$+ $0.2F_{\mathrm{II}}+0.1F_{\mathrm{III}}$)/100
		得分F_{I}	$0.7F_{\mathrm{I}}$	得分F_{II}	$0.2F_{\mathrm{II}}$	得分F_{III}	$0.1F_{\mathrm{III}}$	
适用	平面布置F_1	41	28.7	38	7.6	43	4.3	0.406
	采光通风F_2	16	11.2	17	3.4	15	1.5	0.161
	层高层数F_3	4	2.8	5	1	4	0.4	0.042
安全	牢固耐用F_4	20	14	21	4.2	19	1.9	0.201
	三防设施F_5	4	2.8	3	0.6	3	0.3	0.037
美观	建筑造型F_6	3	2.1	5	1	3	0.3	0.034
	室外装修F_7	2	1.4	3	0.6	2	0.2	0.022
	室内装修F_8	7	4.9	6	1.2	5	0.5	0.066
其他	环境、便于施工等F_9	3	2.1	2	0.4	6	0.6	0.031
合计		100	70	100	20	100	10	1.000

四、方案设计与评价

现以某住宅为例来说明价值工程人员如何进行方案设计与评价。

根据收集的信息资料及上述功能重要程度的分析结果，设计人员集思广益、大胆创新，设计了十几个不同的方案。价值工程人员对创新设计的十几个方案，先采用优缺点列举法进行分析筛选，保留了五个较优方案供进一步优选。五个备选方案的主要特征及单方造价如表10-14所示。

表10-14 住宅备选方案

方案名称	主要特征	造价/(元/m²)
方案A	7层混合，层高3m，240内外砖墙，钢筋混凝土预制桩基础，半地下室作储藏间，外装修一般，内装修较好，室内设备好	784
方案B	7层混合，层高2.9m，240内外砖墙(120砖非承重墙)，钢筋混凝土条形基础(地基经过真空预压处理)，装修一般，室内设备中等标准	596
方案C	7层混合，层高3m，240内外砖墙，沉管灌注桩，外装修一般，内装修较好，半地下室作杂放间，室内设备中等	740
方案D	5层混合，层高3m，空心砖内外墙，钢筋混凝土满堂基础，装修及室内设备一般，屋顶无水箱	604
方案E	层高3m，其他特征同方案B	624

为了从备选的五个方案中选出最佳方案，价值工程人员从技术与经济二者综合的角度来确定最合理的方案。为此，价值工程人员按照下述步骤进行综合评价。

第一步，计算各方案的功能系数，其结果如表 10-15 所示。

第二步和第三步，计算各方案的成本系数与价值系数。其结果如表 10-16 所示。

表 10-15　功能评价系数计算

评价系数			方案名称				
功能因素	重要系数 ϕ		A	B	C	D	E
F_1	0.406		10	10	9	9	10
F_2	0.161		10	9	10	10	9
F_3	0.042		9	8	9	10	9
F_4	0.201	方案满足分数 S	9	9	9	8	9
F_5	0.037		7	6	7	6	6
F_6	0.034		9	7	8	6	7
F_7	0.022		7	7	7	7	7
F_8	0.066		9	6	8	7	7
F_9	0.031		9	7	8	7	7
方案总分	$\sum \phi S$		9.449	8.881	8.912	8.553	8.990
功能评价系数			0.211	0.198	0.199	0.191	0.201

表 10-16　各方案成本系数及价值系数计算

方案名称	单方造价	成本系数	功能系数	价值系数	最优方案
A	784	0.2342	0.211	0.901	
B	596	0.1780	0.198	1.112	√
C	740	0.2210	0.199	0.900	
D	604	0.1804	0.191	1.059	
E	624	0.1864	0.201	1.078	
合计	3.348	1.0000	1.000	—	

最后，根据价值系数大小选择最优方案。例中方案 B 价值系数最高位 1.112，故方案 B 最优。

思考题与练习题

1. 什么是价值工程？价值工程中价值的含义是什么？提高价值有哪些途径？
2. 什么是寿命周期和寿命周期成本？价值工程中为什么要考虑寿命周期成本？
3. 什么是功能？功能如何分类？
4. 价值工程有什么特点？
5. 什么是价值工程对象的选择？ABC 分析法的基本思路是什么？
6. 什么是功能评价？常用的功能评价有哪几种？其基本思路和方法是什么？
7. 如何评价价值工程实施的经济效果？
8. 某建设项目由业主经过设计竞赛的方式，选择了三种设计方案作为候选方案，各候选设计方案对比项目如下所述。

A方案：结构方案为大柱网框架轻墙体系，采用预应力大跨度叠合楼板，墙体材料采用多孔砖及移动式可拆装分室隔墙，窗户采用单框双玻璃塑钢窗，单方造价为1438元/平方米。

B方案：结构方案采用框架剪力墙结构，单方造价为1108元/平方米。

C方案：结构方案采用砖混结构体系，采用多孔预应力板，墙体材料采用标准黏土砖，窗户采用单玻璃空腹塑钢窗，单方造价为1082元/平方米。

各设计方案的各功能重要性系数及各方案的功能得分见下表。

问题：

(1) 试述用价值工程原理可得出提高价值的途径。

(2) 是应用价值工程的方法选择最优设计方案。

方案功能	功能重要性系数	方案功能得分		
		A	B	C
结构体系	0.25	10	10	8
模板类型	0.05	10	10	9
墙体材料	0.25	8	9	7
面积系数	0.35	9	8	7
窗户类型	0.10	9	7	8

附录

附录1　建设项目财务评价案例

某水电站建设项目财务评价

财务评价是从项目核算单位的角度，以项目的实际财务支出和收益来判别项目的财务可行性，因此，对财务效果的衡量只限于项目的直接费用与直接收益，不计算间接费用与间接效益。

水利水电建设项目的财务费用主要包括总投资、年运行费（经营成本）和各项应纳税金等。水利水电建设项目的直接效益包括出售水利、水电产品的销售收入和提供服务所获得的财务收入。

该水电站工程是一座以发电为主，兼顾改善河段航运条件、防洪的综合利用水利工程。由于防洪无现实财务收入，财务分析以水电站为核算单位，计入发电收入，根据拟定的资金来源、筹措方式、借款利息和偿还条件等，采用投资分摊的方法，按现行财务税收制度和财务价格进行评价。

1. 工程概况

该水电站以发电为主，兼有旅游、改善航运等综合利用效益，电站的建设，有利于缓解地区供电的紧张局面，有利于改善通航条件，在地区附近形成的 205m 常水位湖泊，为当地居民提供一个良好的休闲场所，有利于改善居住环境，提高生活品位。

该水电站装机 48MW，年发电量 1.68 亿 kW·h，每年可向电网提供 1.5 亿 kW·h 的电能，对改善电力紧张局面，促进地区经济的发展，具有十分重要的意义。

2. 建设资金筹集与投资估算

在投资项目管理的整个过程中，一个重要的问题是项目资金的筹集，通常把解决这类问题的过程称为项目筹资或融资。不同来源的资金，具有不同的成本和风险。借入资金要求定期付息、到期还本，债权人承担的风险较小，一般只要求较低的报酬，对项目来说，资金成本较低；但因为要还本付息，项目的融资风险（财务风险）较高。而自有资金，不需还本付息，融资风险（财务风险）较小，但因收益的不确定性，投资人的风险较大，一般要求项目有较高的报酬，因而资金成本较高。根据工程具体情况与项目业主的经济实力，本项目采取融资方式筹集建设所需资金，业主自筹30%；其余70%向银行贷款。

2.1 建设投资估算

根据水电站工程建设具体情况，采用工程概算定额估算法进行投资估算。

基础单价按地方建设行业平均水平确定。

① 人工单价：不分普工、技工，均按26.40元/工日；

② 材料预算价格按当地现行价格加运杂费进行计算。

投资估算结果如下。

① 建设工程总投资：28553.00万元；

② 水库淹没处理补偿费：83.34万元；

③ 工程总估算：23636.34万元。

具体计算详见表1、表2、表3。

表1 主体建筑工程量估算表

序号	项目	单位	大坝	厂房	升压站及交通	临时工程
1	土石方开挖	$10^4 m^3$	26.92	80.00		6.23
2	土方回填	$10^4 m^3$	1.65	1.65	2.47	79.35
3	混凝土及钢筋混凝土	$10^4 m^3$	20.83	7.44	0.06	6.55
4	钢筋	t	870	2615		
5	砌石	$10^4 m^3$	0.14	0.12	0.06	1.15
6	高喷灌浆	$10^4 m$	0.33			
7	生活区	m^2		4000		

表2 主体设备工程量估算表

项目	单位	数量	型号、规格	备注
水力发电机组	套	3	2×16000kW	
桥式启闭机	台	1	100t	
门式启闭机	台	2		
液压启闭机	台	14		
变压器	台	2	40000/20000kV·A	
闸门及埋件	T	1324		

2.2 水库淹没处理补偿费估算

为估算水库淹没处理补偿费，对项目建设所涉及的地区进行了社会经济调查和水库淹没影响调查，社会经济调查包括水库淹没区和移民安置区，主要调查了解当地的社会经济发展和规划情况，土地资源状况，了解移民中不同社会群体的社会经济特征和意愿以及安置原有居民对安置移民的心态和意见。水库淹没调查包括水库淹没区和影响区，查明库区的人口和有经济、历史、文化价值的淹没对象的数量和质量，调查库区地貌特征和淹没损失特点。

表 3 建设工程投资估算表   单位：万元

序号	工程或费用名称	建安工程费	设备购置费	其他费用	合计	占比例/%
Ⅰ	工程部分投资				26717.14	
一	建筑工程	10045.92			10045.92	37.6
二	机电设备及安装工程	613.56	8822.49		9436.05	35.32
三	金结设备及安装工程	439.77	1585.4		2025.17	7.58
四	临时工程	2753.29			2753.29	10.31
五	其他费用			2456.71	2456.71	9.19
	合计	13852.54	10407.89	2456.71	26717.14	100
Ⅱ	基本预备费（按5%计）				1835.86	
Ⅲ	总投资				28553	

人口、房屋及附属建筑物等以户为单位调查，房屋及附属建筑物分结构和产权逐栋丈量登记。土地持1/1000地形图沿程对照淹没回水线进行调查，现场勾绘行政界限，逐丘块量算面积，以村民组为单位登记。其他项目按照《水利水电工程水库淹没实物指标调查细则》（[86]水规字第77号）规定进行。

社会经济调查采用收集资料和样本调查的方法，由调查组到和库区乡镇各有关单位收集社会经济发展资料，给有关村组和移民户发放调查问卷，了解调查对象的心态和意见。

经计算，电站工程占地及水库淹没处理静态总投资129.18万元，其中土地补偿费用为45.84万元，专项设施补偿费29.28元，防护费用13.0万元，其他费用16.61万元，预备费10.47万元，有关税费13.98万元。具体概算见表4。

表 4 工程占地及水库淹没处理投资概算表

项目	子项	单位	数量	单价/万元	投资补偿/万元	备注
Ⅰ 土地补偿费					45.84	
一、永久占地					27.60	
1. 耕地					18.82	
	旱地	hm²	0.75	25.20	18.82	
2. 林地					8.78	
	疏林地	hm²	0.8	10.98	8.78	
二、临时占地					18.24	
1. 临时占地补偿费					8.79	
	旱地	hm²	0.90	5.36	4.82	
	疏林地	hm²	1.75	2.27	3.97	
2. 临时占地复垦费					9.45	
Ⅱ 专项设施补偿					29.28	
一、交通设施					24.00	
1. 公路		m	800	0.03	24.00	抬高
二、输电设施					2.80	
1. 低压线路		m	500	0.005	2.50	移至高处
2. 变压器		台	1	0.30	0.30	移至高处
三、通信设施					2.48	
1. 通信线路		m	620	0.004	2.48	移至高处
Ⅲ 防护费用					13.00	
防洪堤		m	200	0.065	13.00	

续表

项　目	子项	单位	数量	单价/万元	投资补偿/万元	备注
Ⅳ　其他费用					16.61	
1. 勘测设计科研费					2.64	Ⅰ～Ⅲ和的3%
2. 实施管理费					2.64	Ⅰ～Ⅲ和的3%
3. 实施机构开办费					10.00	
4. 技术培训费					0.44	Ⅰ～Ⅲ和的0.5%
5. 监理监测评估费					0.88	Ⅰ～Ⅲ和的1%
Ⅴ　预备费					10.47	Ⅰ～Ⅳ和的10%
Ⅵ　有关税费					13.98	
1. 耕地占用税		hm²	0.75	5.025	3.74	
2. 耕地开垦费					7.84	
3. 森林植被恢复费	旱地	hm²	0.75	10.50	7.84	
					2.40	
	疏林地	hm²	0.80	3.00	2.40	
不含税总投资					115.21	
含税总投资					129.18	

2.3 资金来源和投资计划

经济分析价格水平年定为2006年，经济评价总投资为28553万元，分年度投资见表5。根据业主的融资方案：业主自筹资本金8565.9万元，占总投资的30%；贷款约占总投资的70%，即19987.10万元。流动资金按10元/千瓦计算，共48万元，利用银行短期贷款，在机组投产时注入，计算期末一次回收还贷，利息计入各期费用。

表5　分年度投资筹措计划表　　　　　　　　　　单位：万元

年份	第一年	第二年	第三年	第四年	第五年	合　计
资本金	1800.3	1665	912.9	1849.8	2337.9	8565.9
银行贷款	4200.7	3885	2130.1	4316.2	5455.1	19987.1
项目投资小计	6001	5550	3043	6166	7793	28553
建设期利息	134.21	401.13	618.94	864.45	1231.88	3250.61
固定资产原值	6135.21	5951.13	3661.94	7030.45	9024.88	31803.61

2.4 固定资产原值

（1）建设期利息

按资金来源，现行银行贷款综合利率为6.39%，按投资年度均衡发放用复利法计算，项目建设期利息3250.61万元。

第一年应计利息：$4200.7/2 \times 6.39\% = 134.21$ 万元

第二年应计利息：$(4200.7 + 134.21 + 3885/2) \times 6.39\% = 401.13$ 万元

第三年应计利息：$(4200.7 + 134.21 + 3885 + 401.13 + 2130.1/2) \times 6.39\% = 618.94$ 万元，按上述方法计算第四年、第五年应计利息，填入表5。

（2）工程项目固定资产原值

根据现行的财税制度规定，建设期利息计入固定资产原值中，本工程固定资产形成率取100%，因此，本工程的固定资产原值为31803.61万元（见表5）。

3. 成本费用估算

电站发电成本费用指正常运行年份全部费用，包括折旧费、年运行费（经营成本）、摊消费和利息支出。

水工建筑物年折旧率为1.9%；机电设备年折旧率为4.75%；综合折旧率取4%，年折旧费为1273万元，预计残值6343.61万元。

年运行费计算如下。

① 水资源费：按0.002元/(kW·h)，计33.6万元；

② 工资：电站定员32人，按当地电站年度统计人均工资10000元/人年，则年度工资总额为32万元；

③ 职工福利费：按工资总额的14%计；

④ 修理费：按固定资产原值1%计；

⑤ 材料及其他费：按10元/kW计，共48万元；

⑥ 运行期水质监测费：按每年3000元计；

⑦ 固定资产投资贷款利息支出计入生产成本中，计算成果见表6。

表6 成本费用估算表　　　　　　　　　　　　　单位：万元

项　目	正常年份	项　目	正常年份
1. 水资源费	33.6	8. 其他费用	1267
2. 材料及其他费	48	9. 财务费用	3.07
3. 工资	32	10. 总成本费用	3091.45
4. 职工福利费	4.48	其中:固定成本	3006.78
5. 折旧费	1273	变动成本	84.67
6. 修理费	430	11. 经营成本	1815.38
7. 水质监测费	0.3		

4. 发电环节的税金及利润

发电环节和税金包括增值税、地方税和所得税，其中增值税为价外税，按国务院对地方小水电增值税的优惠政策，小水电增值税执行6%的征收率；地方税包括城市维护建设税和教育费附加。按规定以增值税额为基础，分别取1%和3%，所得税采取优惠政策，按15%计取。根据现行市场情况，测算上网电价为0.38元/(kW·h)。据此编制销售收入与税金测算表，见表7，利润测算表，见表8。

表7　正常年份销售收入与税金测算表

项　目	销售量/(kW·h)	销售单价/[元/(kW·h)]	销售收入/万元
1. 销售收入	1.68亿	0.38	6384.00
2. 销售税金			398.36
其中:增值税			383.04
城市维护建设税			3.83
教育费附加			11.49

表8　正常年份利润测算表　　　　　　　　　　　单位：万元

项　目	正常年份	项　目	正常年份
1. 销售收入	6384.00	4. 销售利润	2894.19
2. 总成本	3091.45	5. 所得税	434.13
3. 销售税金	398.36	6. 税后利润	2460.06

5. 水电站建设项目财务评价

根据上述基础数据测算结果,可编制项目现金流量表,见表9。

表9 建设项目现金流量表   单位:万元

序号	内容	合计	建设期				经营期		
			1	2	3	4	5	6~24(年)	25
一	现金流入	134071.6						6384	13111.61
1	销售收入	127680						6384	6720
2	回收固定资产余值	6343.61							6343.61
3	回收流动资金	48							48
二	现金流出	65606.56	6135.21	5951.13	3661.94	7030.45	9024.88	2650.94	2752.91
1	固定资产投资	12539.76	6135.21	5951.13	3661.94	7030.45	9024.88		
2	流动资金	48					48		
3	经营成本	36307.6						1815.38	1815.38
4	销售税金	7967.23						398.36	419.33
5	财务费用	61.4						3.07	3.07
6	所得税	8682.57						434.13	515.13
三	净现金流量	68465.05	−6135.21	−5951.13	−3661.94	−7030.45	−9072.88	3733.06	10358.7

5.1 盈利能力分析

根据现金流量表,计算动态评价指标:

取行业基准收益率为8%,项目净现值 $NPV = 5323.58$ 万元

投资回收期 $P_t = 13.6$ 年(不含建设期)

内部收益率 $IRR = 10.56\%$

根据利润表,可计算静态评价指标:

(1) 投资利润率

• 投资利润率是指项目达到设计生产能力后正常年份的年净利润或运行期内年平均净利润与项目总投资的比率。

$$投资利润率 = \frac{年利润总额}{项目总投资} \times 100\% = \frac{2894.19}{28553} \times 100\% = 10.14\%$$

(2) 投资利税率

投资利税率是指工程达到设计能力后的一个正常生产年份的年利税总额或工程生产期年平均利税总额与工程投资的比率,可根据损益表中有关数据求得。其计算公式为:

$$投资利税率 = \frac{年利税总额}{项目总投资} \times 100\% = \frac{2894.19 + 398.36}{28553} \times 100\% = 11.53\%$$

(3) 资本金利润率

资本金利润率是指工程达到设计能力后的一个正常生产年份的年利润总额与水电站资金筹措表中的资本金的比率,它是反映投入工程的资本金的盈利能力的静态指标。

$$资本金利润率 = \frac{年利润总额}{项目资本金} \times 100\% = \frac{2894.19}{8565.9} \times 100\% = 33.78\%$$

5.2 清偿能力分析

清偿能力分析主要是考察计算期内各年得财务状况及还债能力,此次财务评价采用的计算指标为借款偿还期。

借款偿还期是指在国家财政规定及项目具体财务条件下,以项目投产后可用于还款的资

金偿还固定资产投资借款本金和利息所需的时间。以年表示，一般从借款开始年计算。

项目投产后可用于还款的资金包括税后利润、部分折旧基金。本项目取折旧基金的80%用于还贷。借款偿还期计算见表10。

表10 借款偿还期计算表　　　　　　　　　　　　单位：万元

序号		年份	6	7	8	9	10	11	12	13	14
			6.39%	6.39%	6.39%	6.39%	6.39%	6.39%	6.39%	6.39%	6.39%
1	贷款本息偿还能力	年初本息累计	23237.7	21244.2	19123.2	16866.7	14466.1	11912	9194.8	6303.8	3228.1
2		本年应计利息	1484.9	1357.5	1222	1077.8	924.4	761.2	587.5	402.8	206.3
3		未分配利润	2460.06	2460.06	2460.06	2460.06	2460.06	2460.1	2460.1	2460.1	2460.1
4		还贷折旧基金	1018.4	1018.4	1018.4	1018.4	1018.4	1018.4	1018.4	1018.4	1018.4
5		合计	3478.46	3478.46	3478.46	3478.46	3478.46	3478.5	3478.5	3478.5	3478.5
6		偿还本息后年末余额	21244.2	19123.2	16866.7	14466.1	11912	9194.8	6303.8	3228.1	-44.03

根据表10，可计算项目借款偿还期为8.9年。

6. 不确定性分析

6.1 盈亏平衡分析

盈亏平衡分析法（量—本—利分析法）：是一种通过分析产量、成本、利润三者之间的关系，确定保证项目盈利的最低产量的分析方法。利用盈亏平衡分析法，可以初步估计建设项目的经营风险。

设：Q_d为项目设计生产能力，即设计年发电量，C_F为项目固定成本，C_V为单件产品可变成本，P为单件产品销售价格。

经计算，设计年度发电量为1.68亿kW·h，固定成本为3006.78万元，可变成本为84.67万元，每度电可变成本为0.005元，单位价格为0.38元/(kW·h)。

(1) 年度发电量盈亏平衡点为：

$$Q_0 = \frac{C_F}{p-C_v} = \frac{3006.78}{0.38-0.005} = 8018.1(万\ kW·h) = 0.8\ 亿\ kW·h$$

即当年度发电量达到0.8亿kW·h时，本项目可保本经营。

(2) 电力收入盈亏平衡点为：

$$S^* = p\left(\frac{C_F}{p-C_v}\right) = 0.38 \times \left(\frac{3006.78}{0.38-0.005}\right) = 3046.87(万元)$$

即当年度电力销售收入达3046.87万元时，本项目可维持收支平衡。

(3) 年度电力生产能力利用率盈亏平衡点为：

$$E^* = \frac{Q_0}{Q_d} \times 100\% = \frac{0.8}{1.68} \times 100\% = 47.62\%$$

$$经营安全率\ \eta^* = \frac{Q_d - Q_0}{Q_d} = 1 - E^* = 1 - 47.62\% = 52.38\%$$

即年度发电能力利用率达47.62%，本项目可维持收支平衡；经营安全率为52.38%，远大于25%，说明项目有较强的抗风险能力。

(4) 电力销售价格盈亏平衡点为：

$$P^* = \frac{C_F}{Q_d} + C_V = \frac{3006.78}{16800} + 0.005 = 0.19\ 元/(kW·h)$$

即电力销售价格为0.19元/(kW·h)时，本项目经营可保本。

6.2 敏感性分析

敏感性分析，是指通过研究某些不确定性因素的变动对经济评价指标的影响程度，从中找出敏感性因素，为决策提供依据的一种分析方法。通过敏感性分析，可以测定因素的敏感性程度，在假定其他因素不变的前提下，计算某因素变动对评价指标的影响，并将该因素变动值及对应的评价指标结果绘成图表，通过图表，显示因素的敏感性程度，为决策提供依据。

根据该水电站建设项目具体情况，以净现值 NPV 为评价指标，对投资额、年发电量、电力销售价格、年度经营成本等因素进行敏感性程度分析。取±10%、±15%、±20%为各因素变化率，进行敏感性分析，计算结果列于表11。

表 11　单因素敏感性分析计算表　　　　　　　单位：万元

变化率因素	−20%	−15%	−10%	0%	10%	15%	20%
投资额	9434.74	8406.95	7379.16	5323.58	3268.01	2240.22	1212.43
年发电量	−1327.23	335.48	1998.18	5323.58	8648.99	10311.69	11974.40
价格	−1327.23	335.48	1998.18	5323.58	8648.99	10311.69	11974.40
年经营成本	7749.68	7143.16	6536.63	5323.58	4110.54	3504.01	2897.49

据此可作敏感性分析图，如图1。

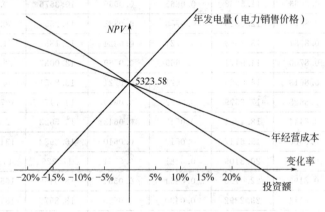

图 1　敏感性分析图

从计算表和敏感性分析图，可看出，产量、价格、敏感性程度较高，投资额次之，年经营成本的敏感性程度相对较弱。

7. 水电站财务评价结论

将计算结果汇总如下。

① 项目在机组全部投入运行后的第9年（开工后第14年）可还清借款本息，满足借款偿还要求；

② 项目全部投资的财务内部收益率可达10.56%，大于基准利润率8%；

③ 财务净现值5323.58万元，远大于0；

④ 投资回收期13.6年，小于规定的15年；

⑤ 投资利润率10.14%，投资利税率11.53%，资本金利润率33.78%；

⑥ 经营安全率为52.38%，远远大于25%。

可以得出结论：该水电站建设项目在经济上是可行的，且有较强的抗风险能力。

附录 2　复利系数表

($i=1\%$)

n	一次支付		等额序列				等差序列	
	$(F/P,i,n)$	$(P/F,i,n)$	$(F/A,i,n)$	$(A/F,i,n)$	$(A/P,i,n)$	$(P/A,i,n)$	$(P/G,i,n)$	$(A/G,i,n)$
1	1.0100	0.9901	1.0000	1.0000	1.0100	0.9901	0.0000	0.0000
2	1.0201	0.9803	2.0100	0.4975	0.5075	1.9704	0.9803	0.4975
3	1.0303	0.9706	3.0301	0.3300	0.3400	2.9410	2.9215	0.9933
4	1.0406	0.9610	4.0604	0.2463	0.2563	3.9020	5.8044	1.4877
5	1.0510	0.9515	5.1010	0.1960	0.2060	4.8534	9.6103	1.9797
6	1.0615	0.9420	6.1520	0.1625	0.1725	5.7955	14.3205	2.4703
7	1.0721	0.9327	7.2135	0.1386	0.1486	6.7282	19.9168	2.9596
8	1.0829	0.9235	8.2857	0.1207	0.1307	7.6517	26.3812	3.4480
9	1.0937	0.9143	9.3685	0.1067	0.1167	8.5660	33.6959	3.9323
10	1.1046	0.9053	10.4622	0.0956	0.1056	9.4713	41.8435	4.4187
11	1.1157	0.8963	11.5668	0.0865	0.0965	10.3676	50.8067	4.9028
12	1.1268	0.8874	12.6825	0.0788	0.0888	11.2551	60.5687	5.3785
13	1.1381	0.8787	13.8093	0.0724	0.0824	12.1337	71.1126	5.8597
14	1.1495	0.8700	14.9474	0.0669	0.0769	13.0037	82.4221	6.3383
15	1.1610	0.8613	16.0969	0.0621	0.0721	13.8651	94.4810	6.8121
16	1.1726	0.8528	17.2579	0.0579	0.0679	14.7179	107.2734	7.2839
17	1.1843	0.8444	18.4304	0.0543	0.0643	15.5623	120.7834	7.7664
18	1.1961	0.8360	19.6147	0.0510	0.0610	16.3983	134.9957	8.2347
19	1.2081	0.8277	20.8109	0.0481	0.0581	17.226	149.895	8.7089
20	1.2202	0.8195	22.0190	0.0454	0.0554	18.0456	165.4664	9.1668
21	1.2324	0.8114	23.2392	0.0430	0.0530	18.8570	181.6950	9.6298
22	1.2447	0.8034	24.4716	0.0409	0.0509	19.6604	198.5663	10.1070
23	1.2572	0.7954	25.7163	0.0389	0.0489	20.4558	216.0660	10.5656
24	1.2697	0.7876	26.9735	0.0371	0.0471	21.2434	234.1800	11.0299
25	1.2824	0.7798	28.2432	0.0354	0.0454	22.0232	252.8945	11.4814
26	1.2953	0.7720	29.5256	0.0339	0.0439	22.7952	272.1957	11.9494
27	1.3082	0.7644	30.8209	0.0324	0.0424	23.5596	292.0702	12.3838
28	1.3213	0.7568	32.1291	0.0311	0.0411	24.3164	312.5047	12.8439
29	1.3345	0.7493	33.4504	0.0299	0.0399	25.0658	333.4863	13.3061
30	1.3478	0.7419	34.7849	0.0287	0.0387	25.8077	355.0021	13.7386
31	1.3613	0.7346	36.1327	0.0277	0.0377	26.5423	377.0394	14.2144
32	1.3749	0.7273	37.4941	0.0267	0.0367	27.2696	399.5858	14.6648
33	1.3887	0.7201	38.8690	0.0257	0.0357	27.9897	422.6291	15.0879
34	1.4026	0.7130	40.2577	0.0248	0.0348	28.7027	446.1572	15.5263
35	1.4166	0.7059	41.6603	0.0240	0.0340	29.4086	470.1583	15.9854

($i=2\%$) 续表

n	一次支付		等额序列				等差序列	
	$(F/P,i,n)$	$(P/F,i,n)$	$(F/A,i,n)$	$(A/F,i,n)$	$(A/P,i,n)$	$(P/A,i,n)$	$(P/G,i,n)$	$(A/G,i,n)$
1	1.0200	0.9804	1.0000	1.0000	1.0200	0.9804	0.0000	0.0000
2	1.0404	0.9612	2.0200	0.4950	0.5150	1.9416	0.9612	0.495
3	1.0612	0.9423	3.0604	0.3268	0.3468	2.8839	2.8458	0.9869
4	1.0824	0.9238	4.1216	0.2426	0.2626	3.8077	5.6173	1.4751
5	1.1041	0.9057	5.2040	0.1922	0.2122	4.7135	9.2403	1.9608
6	1.1262	0.8880	6.3081	0.1585	0.1785	5.6014	13.6801	2.4419
7	1.1487	0.8706	7.4343	0.1345	0.1545	6.4720	18.9035	2.9206
8	1.1717	0.8535	8.5830	0.1165	0.1365	7.3255	24.8779	3.3958
9	1.1951	0.8368	9.7546	0.1025	0.1225	8.1622	31.5720	3.8676
10	1.2190	0.8203	10.9497	0.0913	0.1113	8.9826	38.9551	4.3357
11	1.2434	0.8043	12.1687	0.0822	0.1022	9.7868	46.9977	4.8032
12	1.2682	0.7885	13.4121	0.0746	0.0946	10.5753	55.6712	5.2665
13	1.2936	0.7730	14.6803	0.0681	0.0881	11.3484	64.9475	5.7219
14	1.3195	0.7579	15.9739	0.0626	0.0826	12.1062	74.7999	6.1785
15	1.3459	0.743	17.2934	0.0578	0.0778	12.8493	85.2021	6.6287
16	1.3728	0.7284	18.6393	0.0537	0.0737	13.5777	96.1288	7.0847
17	1.4002	0.7142	20.0121	0.0500	0.0700	14.2919	107.5554	7.5289
18	1.4282	0.7002	21.4123	0.0467	0.0667	14.9920	119.4581	7.9679
19	1.4568	0.6864	22.8406	0.0438	0.0638	15.6785	131.8139	8.4097
20	1.4859	0.6730	24.2974	0.0412	0.0612	16.3514	144.6003	8.8495
21	1.5157	0.6598	25.7833	0.0388	0.0588	17.0112	157.7959	9.2784
22	1.5460	0.6468	27.2990	0.0366	0.0566	17.6580	171.3795	9.7001
23	1.5769	0.6342	28.8450	0.0347	0.0547	18.2922	185.3309	10.1376
24	1.6084	0.6217	30.4219	0.0329	0.0529	18.9139	199.6305	10.5605
25	1.6406	0.6095	32.0303	0.0312	0.0512	19.5235	214.2592	10.9701
26	1.6734	0.5976	33.6709	0.0297	0.0497	20.1210	229.1987	11.3912
27	1.7069	0.5859	35.3443	0.0283	0.0483	20.7069	244.4311	11.8060
28	1.7410	0.5744	37.0512	0.0270	0.0470	21.2813	259.9392	12.2171
29	1.7758	0.5631	38.7922	0.0258	0.0458	21.8444	275.7064	12.6274
30	1.8114	0.5521	40.5681	0.0246	0.0446	22.3965	291.7164	13.0106
31	1.8476	0.5412	42.3794	0.0236	0.0436	22.9377	307.9538	13.4268
32	1.8845	0.5306	44.2270	0.0226	0.0426	23.4683	324.4035	13.8196
33	1.9222	0.5202	46.1116	0.0217	0.0417	23.9886	341.0508	14.2218
34	1.9607	0.5100	48.0338	0.0208	0.0408	24.4986	357.8817	14.6016
35	1.9999	0.5000	49.9945	0.0200	0.0400	24.9986	374.8826	14.9953

($i=3\%$) 续表

n	一次支付		等额序列				等差序列	
	$(F/P,i,n)$	$(P/F,i,n)$	$(F/A,i,n)$	$(A/F,i,n)$	$(A/P,i,n)$	$(P/A,i,n)$	$(P/G,i,n)$	$(A/G,i,n)$
1	1.0300	0.9709	1.0000	1.0000	1.0300	0.9709	0.0000	0.0000
2	1.0609	0.9426	2.0300	0.4926	0.5226	1.9135	0.9426	0.4926
3	1.0927	0.9151	3.0909	0.3235	0.3535	2.8286	2.7729	0.9802
4	1.1255	0.8885	4.1836	0.2390	0.2690	3.7171	5.4383	1.4629
5	1.1593	0.8626	5.3091	0.1884	0.2184	4.5797	8.8888	1.9413
6	1.1941	0.8375	6.4684	0.1546	0.1846	5.4172	13.0762	2.4139
7	1.2299	0.8131	7.6625	0.1305	0.1605	6.2303	17.9547	2.8817
8	1.2668	0.7894	8.8923	0.1125	0.1425	7.0197	23.4806	3.3460
9	1.3048	0.7664	10.1591	0.0984	0.1284	7.7861	29.6119	3.8022
10	1.3439	0.7441	11.4639	0.0872	0.1172	8.5302	36.3088	4.2554
11	1.3842	0.7224	12.8078	0.0781	0.1081	9.2526	43.5330	4.7059
12	1.4258	0.7014	14.1920	0.0705	0.1005	9.9540	51.2482	5.1504
13	1.4685	0.681	15.6178	0.0640	0.0940	10.6350	59.4196	5.5854
14	1.5126	0.6611	17.0863	0.0585	0.0885	11.2961	68.0141	6.0192
15	1.5580	0.6419	18.5989	0.0538	0.0838	11.9379	77.0002	6.4526
16	1.6047	0.6232	20.1569	0.0496	0.0796	12.5611	86.3477	6.8733
17	1.6528	0.6050	21.7616	0.0460	0.0760	13.1661	96.0280	7.2981
18	1.7024	0.5874	23.4144	0.0427	0.0727	13.7535	106.0137	7.7072
19	1.7535	0.5703	25.1169	0.0398	0.0698	14.3238	116.2788	8.1163
20	1.8061	0.5537	26.8704	0.0372	0.0672	14.8775	126.7987	8.5209
21	1.8603	0.5375	28.6765	0.0349	0.0649	15.4150	137.5496	8.9270
22	1.9161	0.5219	30.5368	0.0327	0.0627	15.9369	148.5094	9.3115
23	1.9736	0.5067	32.4529	0.0308	0.0608	16.4436	159.6566	9.7071
24	2.0328	0.4919	34.4265	0.0290	0.0590	16.9355	170.9711	10.0873
25	2.0938	0.4776	36.4593	0.0274	0.0574	17.4131	182.4336	10.4717
26	2.1566	0.4637	38.5530	0.0259	0.0559	17.8768	194.026	10.8461
27	2.2213	0.4502	40.7096	0.0246	0.0546	18.3270	205.7309	11.2329
28	2.2879	0.4371	42.9309	0.0233	0.0533	18.7641	217.532	11.5945
29	2.3566	0.4243	45.2189	0.0221	0.0521	19.1885	229.4137	11.9525
30	2.4273	0.4120	47.5754	0.0210	0.0510	19.6004	241.3613	12.3094
31	2.5001	0.4000	50.0027	0.0200	0.0500	20.0004	253.3609	12.6680
32	2.5751	0.3883	52.5028	0.0190	0.0490	20.3888	265.3993	13.0046
33	2.6523	0.3770	55.0778	0.0182	0.0482	20.7658	277.4642	13.3738
34	2.7319	0.3660	57.7302	0.0173	0.0473	21.1318	289.5437	13.6954
35	2.8139	0.3554	60.4621	0.0165	0.0465	21.4872	301.6267	14.0256

($i=4\%$) 续表

n	一次支付		等额序列				等差序列	
	$(F/P,i,n)$	$(P/F,i,n)$	$(F/A,i,n)$	$(A/F,i,n)$	$(A/P,i,n)$	$(P/A,i,n)$	$(P/G,i,n)$	$(A/G,i,n)$
1	1.0400	0.9615	1.0000	1.0000	1.0400	0.9615	0.0000	0.0000
2	1.0816	0.9246	2.0400	0.4902	0.5302	1.8861	0.9246	0.4902
3	1.1249	0.889	3.1216	0.3203	0.3603	2.7751	2.7025	0.9737
4	1.1699	0.8548	4.2465	0.2355	0.2755	3.6299	5.2670	1.4511
5	1.2167	0.8219	5.4163	0.1846	0.2246	4.4518	8.5547	1.9214
6	1.2653	0.7903	6.6330	0.1508	0.1908	5.2421	12.5062	2.3862
7	1.3159	0.7599	7.8983	0.1266	0.1666	6.0021	17.0657	2.8431
8	1.3686	0.7307	9.2142	0.1085	0.1485	6.7327	22.1806	3.2938
9	1.4233	0.7026	10.5828	0.0945	0.1345	7.4353	27.8013	3.7393
10	1.4802	0.6756	12.0061	0.0833	0.1233	8.1109	33.8814	4.1776
11	1.5395	0.6496	13.4864	0.0741	0.1141	8.7605	40.3772	4.6070
12	1.6010	0.6246	15.0258	0.0666	0.1066	9.3851	47.2477	5.0366
13	1.6651	0.6006	16.6268	0.0601	0.1001	9.9856	54.4546	5.4509
14	1.7317	0.5775	18.2919	0.0547	0.0947	10.5631	61.9618	5.8678
15	1.8009	0.5553	20.0236	0.0499	0.0899	11.1184	69.7355	6.2692
16	1.8730	0.5339	21.8245	0.0458	0.0858	11.6523	77.7441	6.6704
17	1.9479	0.5134	23.6975	0.0422	0.0822	12.1657	85.9581	7.0658
18	2.0258	0.4936	25.6454	0.0390	0.0790	12.6593	94.3498	7.4536
19	2.1068	0.4746	27.6712	0.0361	0.0761	13.1339	102.8933	7.8302
20	2.1911	0.4564	29.7781	0.0336	0.0736	13.5903	111.5647	8.2112
21	2.2788	0.4388	31.9692	0.0313	0.0713	14.0292	120.3414	8.5803
22	2.3699	0.4220	34.2480	0.0292	0.0692	14.4511	129.2024	8.9408
23	2.4647	0.4057	36.6179	0.0273	0.0673	14.8568	138.1284	9.2960
24	2.5633	0.3901	39.0826	0.0256	0.0656	15.2470	147.1012	9.6498
25	2.6658	0.3751	41.6459	0.0240	0.0640	15.6221	156.1040	9.9907
26	2.7725	0.3607	44.3117	0.0226	0.0626	15.9828	165.1212	10.3366
27	2.8834	0.3468	47.0842	0.0212	0.0612	16.3296	174.1385	10.6573
28	2.9987	0.3335	49.9676	0.0200	0.0600	16.6631	183.1424	10.9885
29	3.1187	0.3207	52.9663	0.0189	0.0589	16.9837	192.1206	11.3159
30	3.2434	0.3083	56.0849	0.0178	0.0578	17.292	201.0618	11.6214
31	3.3731	0.2965	59.3283	0.0169	0.0569	17.5885	209.9556	11.9465
32	3.5081	0.2851	62.7015	0.0159	0.0559	17.8736	218.7924	12.2305
33	3.6484	0.2741	66.2095	0.0151	0.0551	18.1476	227.5634	12.5387
34	3.7943	0.2636	69.8579	0.0143	0.0543	18.4112	236.2607	12.8290
35	3.9461	0.2534	73.6522	0.0136	0.0536	18.6646	244.8768	13.1254

($i=5\%$) 续表

n	一次支付		等额序列				等差序列	
	$(F/P,i,n)$	$(P/F,i,n)$	$(F/A,i,n)$	$(A/F,i,n)$	$(A/P,i,n)$	$(P/A,i,n)$	$(P/G,i,n)$	$(A/G,i,n)$
1	1.0500	0.9524	1.0000	1.0000	1.0500	0.9524	0.0000	0.0000
2	1.1025	0.9070	2.0500	0.4878	0.5378	1.8594	0.9070	0.4878
3	1.1576	0.8638	3.1525	0.3172	0.3672	2.7232	2.6347	0.9675
4	1.2155	0.8227	4.3101	0.2320	0.2820	3.5460	5.1028	1.4390
5	1.2763	0.7835	5.5256	0.1810	0.2310	4.3295	8.2369	1.9027
6	1.3401	0.7462	6.8019	0.1470	0.1970	5.0757	11.9680	2.3577
7	1.4071	0.7107	8.1420	0.1228	0.1728	5.7864	16.2321	2.8049
8	1.4775	0.6768	9.5491	0.1047	0.1547	6.4632	20.9700	3.2441
9	1.5513	0.6446	11.0266	0.0907	0.1407	7.1078	26.1268	3.6760
10	1.6289	0.6139	12.5779	0.0795	0.1295	7.7217	31.6520	4.0989
11	1.7103	0.5847	14.2068	0.0704	0.1204	8.3064	37.4988	4.5149
12	1.7959	0.5568	15.9171	0.0628	0.1128	8.8633	43.6241	4.9208
13	1.8856	0.5303	17.7130	0.0565	0.1065	9.3936	49.9879	5.3237
14	1.9799	0.5051	19.5986	0.0510	0.1010	9.8986	56.5538	5.7119
15	2.0789	0.4810	21.5786	0.0463	0.0963	10.3797	63.2880	6.0946
16	2.1829	0.4581	23.6575	0.0423	0.0923	10.8378	70.1597	6.4757
17	2.2920	0.4363	25.8404	0.0387	0.0887	11.2741	77.1405	6.8424
18	2.4066	0.4155	28.1324	0.0355	0.0855	11.6896	84.2043	7.1995
19	2.5270	0.3957	30.5390	0.0327	0.0827	12.0853	91.3275	7.5528
20	2.6533	0.3769	33.0660	0.0302	0.0802	12.4622	98.4884	7.8988
21	2.7860	0.3589	35.7193	0.0280	0.0780	12.8212	105.6673	8.2420
22	2.9253	0.3418	38.5052	0.0260	0.0760	13.1630	112.8461	8.5763
23	3.0715	0.3256	41.4305	0.0241	0.0741	13.4886	120.0087	8.8926
24	3.2251	0.3101	44.5020	0.0225	0.0725	13.7986	127.1402	9.2177
25	3.3864	0.2953	47.7271	0.0210	0.0710	14.0939	134.2275	9.5302
26	3.5557	0.2812	51.1135	0.0196	0.0696	14.3752	141.2585	9.8316
27	3.7335	0.2678	54.6691	0.0183	0.0683	14.6430	148.2226	10.1236
28	3.9201	0.2551	58.4026	0.0171	0.0671	14.8981	155.1101	10.4079
29	4.1161	0.2429	62.3227	0.0160	0.0660	15.1411	161.9126	10.6862
30	4.3219	0.2314	66.4388	0.0151	0.0651	15.3725	168.6226	10.9773
31	4.5380	0.2204	70.7608	0.0141	0.0641	15.5928	175.2333	11.2325
32	4.7649	0.2099	75.2988	0.0133	0.0633	15.8027	181.7392	11.5041
33	5.0032	0.1999	80.0638	0.0125	0.0625	16.0025	188.1351	11.7584
34	5.2533	0.1904	85.0670	0.0118	0.0618	16.1929	194.4168	12.0150
35	5.5160	0.1813	90.3203	0.0111	0.0611	16.3742	200.5807	12.2555

($i=6\%$) 续表

n	一次支付		等额序列				等差序列	
	$(F/P,i,n)$	$(P/F,i,n)$	$(F/A,i,n)$	$(A/F,i,n)$	$(A/P,i,n)$	$(P/A,i,n)$	$(P/G,i,n)$	$(A/G,i,n)$
1	1.0600	0.9434	1.0000	1.0000	1.0600	0.9434	0.0000	0.0000
2	1.1236	0.8900	2.0600	0.4854	0.5454	1.8334	0.8900	0.4854
3	1.1910	0.8396	3.1836	0.3141	0.3741	2.673	2.5692	0.9611
4	1.2625	0.7921	4.3746	0.2286	0.2886	3.4651	4.9455	1.4273
5	1.3382	0.7473	5.6371	0.1774	0.2374	4.2124	7.9345	1.8837
6	1.4185	0.7050	6.9753	0.1434	0.2034	4.9173	11.4594	2.3308
7	1.5036	0.6651	8.3938	0.1191	0.1791	5.5824	15.4497	2.7670
8	1.5938	0.6274	9.8975	0.1010	0.1610	6.2098	19.8416	3.1945
9	1.6895	0.5919	11.4913	0.0870	0.1470	6.8017	24.5768	3.6128
10	1.7908	0.5584	13.1808	0.0759	0.1359	7.3601	29.6023	4.0230
11	1.8983	0.5268	14.9716	0.0668	0.1268	7.8869	34.8702	4.4215
12	2.0122	0.4970	16.8699	0.0593	0.1193	8.3838	40.3369	4.8122
13	2.1329	0.4688	18.8821	0.0530	0.1130	8.8527	45.9629	5.1938
14	2.2609	0.4423	21.0151	0.0476	0.1076	9.2950	51.7128	5.5643
15	2.3966	0.4173	23.2760	0.0430	0.1030	9.7122	57.5546	5.9281
16	2.5404	0.3936	25.6725	0.0390	0.0990	10.1059	63.4592	6.2825
17	2.6928	0.3714	28.2129	0.0354	0.0954	10.4773	69.4011	6.6209
18	2.8543	0.3503	30.9057	0.0324	0.0924	10.8276	75.3569	6.9630
19	3.0256	0.3305	33.7600	0.0296	0.0896	11.1581	81.3062	7.2850
20	3.2071	0.3118	36.7856	0.0272	0.0872	11.4699	87.2304	7.6065
21	3.3996	0.2942	39.9927	0.0250	0.0850	11.7641	93.1136	7.9147
22	3.6035	0.2775	43.3923	0.0230	0.0830	12.0416	98.9412	8.2121
23	3.8197	0.2618	46.9958	0.0213	0.0813	12.3034	104.7007	8.5122
24	4.0489	0.2470	50.8156	0.0197	0.0797	12.5504	110.3812	8.7974
25	4.2919	0.2330	54.8645	0.0182	0.0782	12.7834	115.9732	9.0691
26	4.5494	0.2198	59.1564	0.0169	0.0769	13.0032	121.4684	9.3409
27	4.8223	0.2074	63.7058	0.0157	0.0757	13.2105	126.8600	9.6033
28	5.1117	0.1956	68.5281	0.0146	0.0746	13.4062	132.1420	9.8578
29	5.4184	0.1846	73.6398	0.0136	0.0736	13.5907	137.3096	10.1060
30	5.7435	0.1741	79.0582	0.0126	0.0726	13.7648	142.3588	10.3352
31	6.0881	0.1643	84.8017	0.0118	0.0718	13.9291	147.2864	10.5752
32	6.4534	0.1550	90.8898	0.0110	0.0710	14.0840	152.0901	10.7984
33	6.8406	0.1462	97.3432	0.0103	0.0703	14.2302	156.7681	11.0208
34	7.2510	0.1379	104.1838	0.0096	0.0696	14.3681	161.3192	11.2278
35	7.6861	0.1301	111.4348	0.0090	0.0690	14.4982	165.7427	11.4362

$(i=7\%)$ 续表

n	一次支付		等额序列				等差序列	
	$(F/P,i,n)$	$(P/F,i,n)$	$(F/A,i,n)$	$(A/F,i,n)$	$(A/P,i,n)$	$(P/A,i,n)$	$(P/G,i,n)$	$(A/G,i,n)$
1	1.0700	0.9346	1.0000	1.0000	1.0700	0.9346	0.0000	0.0000
2	1.1449	0.8734	2.0700	0.4831	0.5531	1.8080	0.8734	0.4831
3	1.2250	0.8163	3.2149	0.3111	0.3811	2.6243	2.5060	0.955
4	1.3108	0.7629	4.4399	0.2252	0.2952	3.3872	4.7947	1.4154
5	1.4026	0.7130	5.7507	0.1739	0.2439	4.1002	7.6467	1.8650
6	1.5007	0.6663	7.1533	0.1398	0.2098	4.7665	10.9784	2.3033
7	1.6058	0.6227	8.6540	0.1156	0.1856	5.3893	14.7149	2.7311
8	1.7182	0.5820	10.2598	0.0975	0.1675	5.9713	18.7889	3.1471
9	1.8385	0.5439	11.9780	0.0835	0.1535	6.5152	23.1404	3.5521
10	1.9672	0.5083	13.8164	0.0724	0.1424	7.0236	27.7156	3.9467
11	2.1049	0.4751	15.7836	0.0634	0.1334	7.4987	32.4665	4.3310
12	2.2522	0.4440	17.8885	0.0559	0.1259	7.9427	37.3506	4.7024
13	2.4098	0.4150	20.1406	0.0497	0.1197	8.3577	42.3302	5.0669
14	2.5785	0.3878	22.5505	0.0443	0.1143	8.7455	47.3718	5.4146
15	2.7590	0.3624	25.1290	0.0398	0.1098	9.1079	52.4461	5.7586
16	2.9522	0.3387	27.8881	0.0359	0.1059	9.4466	57.5271	6.0921
17	3.1588	0.3166	30.8402	0.0324	0.1024	9.7632	62.5923	6.4095
18	3.3799	0.2959	33.9990	0.0294	0.0994	10.0591	67.6219	6.7216
19	3.6165	0.2765	37.3790	0.0268	0.0968	10.3356	72.5991	7.0276
20	3.8697	0.2584	40.9955	0.0244	0.0944	10.594	77.5091	7.3169
21	4.1406	0.2415	44.8652	0.0223	0.0923	10.8355	82.3393	7.5999
22	4.4304	0.2257	49.0057	0.0204	0.0904	11.0612	87.0793	7.872
23	4.7405	0.2109	53.4361	0.0187	0.0887	11.2722	91.7201	8.1356
24	5.0724	0.1971	58.1767	0.0172	0.0872	11.4693	96.2545	8.3934
25	5.4274	0.1842	63.2490	0.0158	0.0858	11.6536	100.6765	8.638
26	5.8074	0.1722	68.6765	0.0146	0.0846	11.8258	104.9814	8.8814
27	6.2139	0.1609	74.4838	0.0134	0.0834	11.9867	109.1656	9.1044
28	6.6488	0.1504	80.6977	0.0124	0.0824	12.1371	113.2264	9.3299
29	7.1143	0.1406	87.3465	0.0114	0.0814	12.2777	117.1622	9.5370
30	7.6123	0.1314	94.4608	0.0106	0.0806	12.409	120.9718	9.7503
31	8.1451	0.1228	102.0730	0.0098	0.0798	12.5318	124.6550	9.9475
32	8.7153	0.1147	110.2182	0.0091	0.0791	12.6466	128.2120	10.1416
33	9.3253	0.1072	118.9334	0.0084	0.0784	12.7538	131.6435	10.3209
34	9.9781	0.1002	128.2588	0.0078	0.0778	12.854	134.9507	10.4992
35	10.6766	0.0937	138.2369	0.0072	0.0772	12.9477	138.1353	10.664

($i=8\%$) 续表

n	一次支付		等额序列				等差序列	
	$(F/P,i,n)$	$(P/F,i,n)$	$(F/A,i,n)$	$(A/F,i,n)$	$(A/P,i,n)$	$(P/A,i,n)$	$(P/G,i,n)$	$(A/G,i,n)$
1	1.0800	0.9259	1.0000	1.0000	1.0800	0.9259	0.0000	0.0000
2	1.1664	0.8573	2.0800	0.4808	0.5608	1.7833	0.8573	0.4808
3	1.2597	0.7938	3.2464	0.3080	0.3880	2.5771	2.4450	0.9487
4	1.3605	0.7350	4.5061	0.2219	0.3019	3.3121	4.6501	1.4039
5	1.4693	0.6806	5.8666	0.1705	0.2505	3.9927	7.3724	1.8468
6	1.5869	0.6302	7.3359	0.1363	0.2163	4.6229	10.5233	2.2762
7	1.7138	0.5835	8.9228	0.1121	0.1921	5.2064	14.0242	2.6940
8	1.8509	0.5403	10.6366	0.0940	0.1740	5.7466	17.8061	3.0983
9	1.9990	0.5002	12.4876	0.0801	0.1601	6.2469	21.8081	3.4915
10	2.1589	0.4632	14.4866	0.0690	0.1490	6.7101	25.9768	3.8705
11	2.3316	0.4289	16.6455	0.0601	0.1401	7.1390	30.2657	4.2402
12	2.5182	0.3971	18.9771	0.0527	0.1327	7.5361	34.6339	4.5959
13	2.7196	0.3677	21.4953	0.0465	0.1265	7.9038	39.0463	4.9394
14	2.9372	0.3405	24.2149	0.0413	0.1213	8.2442	43.4723	5.2732
15	3.1722	0.3152	27.1521	0.0368	0.1168	8.5595	47.8857	5.5930
16	3.4259	0.2919	30.3243	0.0330	0.1130	8.8514	52.2640	5.9058
17	3.7000	0.2703	33.7502	0.0296	0.1096	9.1216	56.5883	6.2021
18	3.9960	0.2502	37.4502	0.0267	0.1067	9.3719	60.8426	6.4919
19	4.3157	0.2317	41.4463	0.0241	0.1041	9.6036	65.0134	6.7679
20	4.6610	0.2145	45.7620	0.0219	0.1019	9.8181	69.0898	7.0403
21	5.0338	0.1987	50.4229	0.0198	0.0998	10.0168	73.0629	7.2917
22	5.4365	0.1839	55.4568	0.0180	0.0980	10.2007	76.9257	7.5387
23	5.8715	0.1703	60.8933	0.0164	0.0964	10.3711	80.6726	7.7768
24	6.3412	0.1577	66.7648	0.0150	0.0950	10.5288	84.2997	8.0085
25	6.8485	0.1460	73.1059	0.0137	0.0937	10.6748	87.8041	8.2272
26	7.3964	0.1352	79.9544	0.0125	0.0925	10.8100	91.1842	8.4345
27	7.9881	0.1252	87.3508	0.0114	0.0914	10.9352	94.4390	8.6317
28	8.6271	0.1159	95.3388	0.0105	0.0905	11.0511	97.5687	8.8300
29	9.3173	0.1073	103.9659	0.0096	0.0896	11.1584	100.5738	9.0114
30	10.0627	0.0994	113.2832	0.0088	0.0888	11.2578	103.4558	9.1869
31	10.8677	0.0920	123.3459	0.0081	0.0881	11.3498	106.2163	9.3577
32	11.7371	0.0852	134.2135	0.0075	0.0875	11.4350	108.8575	9.5250
33	12.6760	0.0789	145.9506	0.0069	0.0869	11.5139	111.3819	9.6791
34	13.6901	0.073	158.6267	0.0063	0.0863	11.5869	113.7924	9.8203
35	14.7853	0.0676	172.3168	0.0058	0.0858	11.6546	116.0920	9.9607

$(i=9\%)$ 续表

n	一次支付		等额序列				等差序列	
	$(F/P,i,n)$	$(P/F,i,n)$	$(F/A,i,n)$	$(A/F,i,n)$	$(A/P,i,n)$	$(P/A,i,n)$	$(P/G,i,n)$	$(A/G,i,n)$
1	1.0900	0.9174	1.0000	1.0000	1.0900	0.9174	0.0000	0.0000
2	1.1881	0.8417	2.0900	0.4785	0.5685	1.7591	0.8417	0.4785
3	1.2950	0.7722	3.2781	0.3051	0.3951	2.5313	2.3860	0.9427
4	1.4116	0.7084	4.5731	0.2187	0.3087	3.2397	4.5113	1.3926
5	1.5386	0.6499	5.9847	0.1671	0.2571	3.8897	7.1110	1.8282
6	1.6771	0.5963	7.5233	0.1329	0.2229	4.4859	10.0924	2.2496
7	1.8280	0.547	9.2004	0.1087	0.1987	5.033	13.3746	2.6575
8	1.9926	0.5019	11.0285	0.0907	0.1807	5.5348	16.8877	3.0516
9	2.1719	0.4604	13.0210	0.0768	0.1668	5.9952	20.5711	3.4313
10	2.3674	0.4224	15.1929	0.0658	0.1558	6.4177	24.3728	3.7973
11	2.5804	0.3875	17.5603	0.0569	0.1469	6.8052	28.2481	4.1496
12	2.8127	0.3555	20.1407	0.0497	0.1397	7.1607	32.1590	4.4926
13	3.0658	0.3262	22.9534	0.0436	0.1336	7.4869	36.0731	4.8194
14	3.3417	0.2992	26.0192	0.0384	0.1284	7.7862	39.9633	5.1313
15	3.6425	0.2745	29.3609	0.0341	0.1241	8.0607	43.8069	5.4364
16	3.9703	0.2519	33.0034	0.0303	0.1203	8.3126	47.5849	5.7245
17	4.3276	0.2311	36.9737	0.0270	0.1170	8.5436	51.2821	6.0024
18	4.7171	0.212	41.3013	0.0242	0.1142	8.7556	54.8860	6.2680
19	5.1417	0.1945	46.0185	0.0217	0.1117	8.9501	58.3868	6.5218
20	5.6044	0.1784	51.1601	0.0195	0.1095	9.1285	61.7770	6.7646
21	6.1088	0.1637	56.7645	0.0176	0.1076	9.2922	65.0509	6.9995
22	6.6586	0.1502	62.8733	0.0159	0.1059	9.4424	68.2048	7.2229
23	7.2579	0.1378	69.5319	0.0144	0.1044	9.5802	71.2359	7.4370
24	7.9111	0.1264	76.7898	0.0130	0.1030	9.7066	74.1433	7.6368
25	8.6231	0.1160	84.7009	0.0118	0.1018	9.8226	76.9265	7.8311
26	9.3992	0.1064	93.3240	0.0107	0.1007	9.9290	79.5863	8.0143
27	10.2451	0.0976	102.7231	0.0097	0.0997	10.0266	82.1241	8.1878
28	11.1671	0.0895	112.9682	0.0089	0.0989	10.1161	84.5419	8.3612
29	12.1722	0.0822	124.1354	0.0081	0.0981	10.1983	86.8422	8.5192
30	13.2677	0.0754	136.3075	0.0073	0.0973	10.2737	89.0280	8.6624
31	14.4618	0.0691	149.5752	0.0067	0.0967	10.3428	91.1024	8.8096
32	15.7633	0.0634	164.0370	0.0061	0.0961	10.4062	93.0690	8.9439
33	17.1820	0.0582	179.8003	0.0056	0.0956	10.4644	94.9314	9.0754
34	18.7284	0.0534	196.9823	0.0051	0.0951	10.5178	96.6935	9.1956
35	20.4140	0.0490	215.7108	0.0046	0.0946	10.5668	98.3590	9.3048

($i=10\%$) 续表

n	一次支付		等额序列				等差序列	
	$(F/P,i,n)$	$(P/F,i,n)$	$(F/A,i,n)$	$(A/F,i,n)$	$(A/P,i,n)$	$(P/A,i,n)$	$(P/G,i,n)$	$(A/G,i,n)$
1	1.1000	0.9091	1.0000	1.0000	1.1000	0.9091	0.0000	0.0000
2	1.2100	0.8264	2.1000	0.4762	0.5762	1.7355	0.8264	0.4762
3	1.3310	0.7513	3.3100	0.3021	0.4021	2.4869	2.3291	0.9365
4	1.4641	0.6830	4.6410	0.2155	0.3155	3.1699	4.3781	1.3813
5	1.6105	0.6209	6.1051	0.1638	0.2638	3.7908	6.8618	1.8101
6	1.7716	0.5645	7.7156	0.1296	0.2296	4.3553	9.6842	2.2235
7	1.9487	0.5132	9.4872	0.1054	0.2054	4.8684	12.7631	2.6215
8	2.1436	0.4665	11.4359	0.0874	0.1874	5.3349	16.0287	3.0038
9	2.3579	0.4241	13.5795	0.0736	0.1736	5.759	19.4215	3.3716
10	2.5937	0.3855	15.9374	0.0627	0.1627	6.1446	22.8913	3.7244
11	2.8531	0.3505	18.5312	0.0540	0.1540	6.4951	26.3963	4.0650
12	3.1384	0.3186	21.3843	0.0468	0.1468	6.8137	29.9012	4.3895
13	3.4523	0.2897	24.5227	0.0408	0.1408	7.1034	33.3772	4.6995
14	3.7975	0.2633	27.9750	0.0357	0.1357	7.3667	36.8005	4.9938
15	4.1772	0.2394	31.7725	0.0315	0.1315	7.6061	40.1520	5.2800
16	4.5950	0.2176	35.9497	0.0278	0.1278	7.8237	43.4164	5.5486
17	5.0545	0.1978	40.5447	0.0247	0.1247	8.0216	46.5819	5.8088
18	5.5599	0.1799	45.5992	0.0219	0.1219	8.2014	49.6395	6.0511
19	6.1159	0.1635	51.1591	0.0195	0.1195	8.3649	52.5827	6.2836
20	6.7275	0.1486	57.2750	0.0175	0.1175	8.5136	55.4069	6.5103
21	7.4002	0.1351	64.0025	0.0156	0.1156	8.6487	58.1095	6.7175
22	8.1403	0.1228	71.4027	0.0140	0.1140	8.7715	60.6893	6.9186
23	8.9543	0.1117	79.5430	0.0126	0.1126	8.8832	63.1462	7.1103
24	9.8497	0.1015	88.4973	0.0113	0.1113	8.9847	65.4813	7.2881
25	10.8347	0.0923	98.3471	0.0102	0.1102	9.0770	67.6964	7.4601
26	11.9182	0.0839	109.1818	0.0092	0.1092	9.1609	69.7940	7.6215
27	13.1100	0.0763	121.0999	0.0083	0.1083	9.2372	71.7773	7.7735
28	14.4210	0.0693	134.2099	0.0075	0.1075	9.3066	73.6495	7.9173
29	15.8631	0.0630	148.6309	0.0067	0.1067	9.3696	75.4146	8.0467
30	17.4494	0.0573	164.4940	0.0061	0.1061	9.4269	77.0766	8.1778
31	19.1943	0.0521	181.9434	0.0055	0.1055	9.4790	78.6395	8.2965
32	21.1138	0.0474	201.1378	0.0050	0.1050	9.5264	80.1078	8.4113
33	23.2252	0.0431	222.2515	0.0045	0.1045	9.5694	81.4856	8.5152
34	25.5477	0.0391	245.4767	0.0041	0.1041	9.6086	82.7773	8.6171
35	28.1024	0.0356	271.0244	0.0037	0.1037	9.6442	83.9872	8.7095

续表

($i=11\%$)

n	一次支付		等额序列				等差序列	
	$(F/P,i,n)$	$(P/F,i,n)$	$(F/A,i,n)$	$(A/F,i,n)$	$(A/P,i,n)$	$(P/A,i,n)$	$(P/G,i,n)$	$(A/G,i,n)$
1	1.1100	0.9009	1.0000	1.0000	1.1100	0.9009	0.0000	0.0000
2	1.2321	0.8116	2.1100	0.4739	0.5839	1.7125	0.8116	0.4739
3	1.3676	0.7312	3.3421	0.2992	0.4092	2.4437	2.2740	0.9305
4	1.5181	0.6587	4.7097	0.2123	0.3223	3.1024	4.2502	1.3698
5	1.6851	0.5935	6.2278	0.1606	0.2706	3.6959	6.6240	1.7925
6	1.8704	0.5346	7.9129	0.1264	0.2364	4.2305	9.2972	2.1979
7	2.0762	0.4817	9.7833	0.1022	0.2122	4.7122	12.1872	2.5861
8	2.3045	0.4339	11.8594	0.0843	0.1943	5.1461	15.2246	2.9581
9	2.5580	0.3909	14.1640	0.0706	0.1806	5.537	18.3520	3.3144
10	2.8394	0.3522	16.7220	0.0598	0.1698	5.8892	21.5217	3.6544
11	3.1518	0.3173	19.5614	0.0511	0.1611	6.2065	24.6945	3.9783
12	3.4985	0.2858	22.7132	0.0440	0.1540	6.4924	27.8388	4.2872
13	3.8833	0.2575	26.2116	0.0382	0.1482	6.7499	30.9290	4.5837
14	4.3104	0.2320	30.0949	0.0332	0.1432	6.9819	33.9449	4.8609
15	4.7846	0.2090	34.4054	0.0291	0.1391	7.1909	36.8709	5.1287
16	5.3109	0.1883	39.1899	0.0255	0.1355	7.3792	39.6953	5.3787
17	5.8951	0.1696	44.5008	0.0225	0.1325	7.5488	42.4095	5.6193
18	6.5436	0.1528	50.3959	0.0198	0.1298	7.7016	45.0074	5.8420
19	7.2633	0.1377	56.9395	0.0176	0.1276	7.8393	47.4856	6.0592
20	8.0623	0.1240	64.2028	0.0156	0.1256	7.9633	49.8423	6.2602
21	8.9492	0.1117	72.2651	0.0138	0.1238	8.0751	52.0771	6.4471
22	9.9336	0.1007	81.2143	0.0123	0.1223	8.1757	54.1912	6.6276
23	11.0263	0.0907	91.1479	0.0110	0.1210	8.2664	56.1864	6.7986
24	12.2392	0.0817	102.1742	0.0098	0.1198	8.3481	58.0656	6.9563
25	13.5855	0.0736	114.4133	0.0087	0.1187	8.4217	59.8322	7.1021
26	15.0799	0.0663	127.9988	0.0078	0.1178	8.4881	61.4900	7.2435
27	16.7386	0.0597	143.0786	0.0070	0.1170	8.5478	63.0433	7.3761
28	18.5799	0.0538	159.8173	0.0063	0.1163	8.6016	64.4965	7.5009
29	20.6237	0.0485	178.3972	0.0056	0.1156	8.6501	65.8542	7.6127
30	22.8923	0.0437	199.0209	0.0050	0.1150	8.6938	67.1210	7.7189
31	25.4104	0.0394	221.9132	0.0045	0.1145	8.7331	68.3016	7.8205
32	28.2056	0.0355	247.3236	0.0040	0.1140	8.7686	69.4007	7.9117
33	31.3082	0.0319	275.5292	0.0036	0.1136	8.8005	70.4228	8.0000
34	34.7521	0.0288	306.8374	0.0033	0.1133	8.8293	71.3724	8.0865
35	38.5749	0.0259	341.5896	0.0029	0.1129	8.8552	72.2538	8.1575

($i=12\%$) 续表

n	一次支付		等额序列				等差序列	
	$(F/P,i,n)$	$(P/F,i,n)$	$(F/A,i,n)$	$(A/F,i,n)$	$(A/P,i,n)$	$(P/A,i,n)$	$(P/G,i,n)$	$(A/G,i,n)$
1	1.1200	0.8929	1.0000	1.0000	1.1200	0.8929	0.0000	0.0000
2	1.2544	0.7972	2.1200	0.4717	0.5917	1.6901	0.7972	0.4717
3	1.4049	0.7118	3.3744	0.2963	0.4163	2.4018	2.2208	0.9245
4	1.5735	0.6355	4.7793	0.2092	0.3292	3.0373	4.1273	1.3587
5	1.7623	0.5674	6.3528	0.1574	0.2774	3.6048	6.3970	1.7745
6	1.9738	0.5066	8.1152	0.1232	0.2432	4.1114	8.9302	2.1718
7	2.2107	0.4523	10.0890	0.0991	0.2191	4.5638	11.6443	2.5513
8	2.4760	0.4039	12.2997	0.0813	0.2013	4.9676	14.4714	2.9131
9	2.7731	0.3606	14.7757	0.0677	0.1877	5.3282	17.3563	3.2578
10	3.1058	0.322	17.5487	0.0570	0.1770	5.6502	20.2541	3.5850
11	3.4785	0.2875	20.6546	0.0484	0.1684	5.9377	23.1288	3.8949
12	3.8960	0.2567	24.1331	0.0414	0.1614	6.1944	25.9523	4.1887
13	4.3635	0.2292	28.0291	0.0357	0.1557	6.4235	28.7024	4.4690
14	4.8871	0.2046	32.3926	0.0309	0.1509	6.6282	31.3624	4.7326
15	5.4736	0.1827	37.2797	0.0268	0.1468	6.8109	33.9202	4.9795
16	6.1304	0.1631	42.7533	0.0234	0.1434	6.9740	36.3670	5.2150
17	6.8660	0.1456	48.8837	0.0205	0.1405	7.1196	38.6973	5.4370
18	7.6900	0.1300	55.7497	0.0179	0.1379	7.2497	40.9080	5.6412
19	8.6128	0.1161	63.4397	0.0158	0.1358	7.3658	42.9979	5.8391
20	9.6463	0.1037	72.0524	0.0139	0.1339	7.4694	44.9676	6.0212
21	10.8038	0.0926	81.6987	0.0122	0.1322	7.5620	46.8188	6.1894
22	12.1003	0.0826	92.5026	0.0108	0.1308	7.6446	48.5543	6.3509
23	13.5523	0.0738	104.6029	0.0096	0.1296	7.7184	50.1776	6.5030
24	15.1786	0.0659	118.1552	0.0085	0.1285	7.7843	51.6929	6.6425
25	17.0001	0.0588	133.3339	0.0075	0.1275	7.8431	53.1046	6.7708
26	19.0401	0.0525	150.3339	0.0067	0.1267	7.8957	54.4177	6.8947
27	21.3249	0.0469	169.3740	0.0059	0.1259	7.9426	55.6369	7.0047
28	23.8839	0.0419	190.6989	0.0052	0.1252	7.9844	56.7674	7.1073
29	26.7499	0.0374	214.5828	0.0047	0.1247	8.0218	57.8141	7.2094
30	29.9599	0.0334	241.3327	0.0041	0.1241	8.0552	58.7821	7.2949
31	33.5551	0.0298	271.2926	0.0037	0.1237	8.0850	59.6761	7.3819
32	37.5817	0.0266	304.8477	0.0033	0.1233	8.1116	60.5010	7.4598
33	42.0915	0.0238	342.4294	0.0029	0.1229	8.1354	61.2612	7.5290
34	47.1425	0.0212	384.5210	0.0026	0.1226	8.1566	61.9612	7.5964
35	52.7996	0.0189	431.6635	0.0023	0.1223	8.1755	62.6052	7.6566

续表

($i=15\%$)

n	一次支付		等额序列				等差序列	
	$(F/P,i,n)$	$(P/F,i,n)$	$(F/A,i,n)$	$(A/F,i,n)$	$(A/P,i,n)$	$(P/A,i,n)$	$(P/G,i,n)$	$(A/G,i,n)$
1	1.1500	0.8696	1.0000	1.0000	1.1500	0.8696	0.0000	0.0000
2	1.3225	0.7561	2.1500	0.4651	0.6151	1.6257	0.7561	0.4651
3	1.5209	0.6575	3.4725	0.2880	0.4380	2.2832	2.0712	0.9072
4	1.7490	0.5718	4.9934	0.2003	0.3503	2.855	3.7864	1.3264
5	2.0114	0.4972	6.7424	0.1483	0.2983	3.3522	5.7751	1.7227
6	2.3131	0.4323	8.7537	0.1142	0.2642	3.7845	7.9368	2.0969
7	2.6600	0.3759	11.0668	0.0904	0.2404	4.1604	10.1924	2.4503
8	3.0590	0.3269	13.7268	0.0729	0.2229	4.4873	12.4807	2.7819
9	3.5179	0.2843	16.7858	0.0596	0.2096	4.7716	14.7548	3.0926
10	4.0456	0.2472	20.3037	0.0493	0.1993	5.0188	16.9795	3.3840
11	4.6524	0.2149	24.3493	0.0411	0.1911	5.2337	19.1289	3.6555
12	5.3503	0.1869	29.0017	0.0345	0.1845	5.4206	21.1849	3.9086
13	6.1528	0.1625	34.3519	0.0291	0.1791	5.5831	23.1352	4.1435
14	7.0757	0.1413	40.5047	0.0247	0.1747	5.7245	24.9725	4.3627
15	8.1371	0.1229	47.5804	0.0210	0.1710	5.8474	26.6930	4.5645
16	9.3576	0.1069	55.7175	0.0179	0.1679	5.9542	28.2960	4.7509
17	10.7613	0.0929	65.0751	0.0154	0.1654	6.0472	29.7828	4.9261
18	12.3755	0.0808	75.8364	0.0132	0.1632	6.1280	31.1565	5.0847
19	14.2318	0.0703	88.2118	0.0113	0.1613	6.1982	32.4213	5.2296
20	16.3665	0.0611	102.4436	0.0098	0.1598	6.2593	33.5822	5.3664
21	18.8215	0.0531	118.8101	0.0084	0.1584	6.3125	34.6448	5.4877
22	21.6447	0.0462	137.6316	0.0073	0.1573	6.3587	35.6150	5.6022
23	24.8915	0.0402	159.2764	0.0063	0.1563	6.3988	36.4988	5.7048
24	28.6252	0.0349	184.1678	0.0054	0.1554	6.4338	37.3023	5.7968
25	32.9190	0.0304	212.7930	0.0047	0.1547	6.4641	38.0314	5.8835
26	37.8568	0.0264	245.7120	0.0041	0.1541	6.4906	38.6918	5.9624
27	43.5353	0.0230	283.5688	0.0035	0.1535	6.5135	39.2890	6.0309
28	50.0656	0.0200	327.1041	0.0031	0.1531	6.5335	39.8283	6.0977
29	57.5755	0.0174	377.1697	0.0027	0.1527	6.5509	40.3146	6.1560
30	66.2118	0.0151	434.7451	0.0023	0.1523	6.5660	40.7526	6.2066
31	76.1435	0.0131	500.9569	0.0020	0.1520	6.5791	41.1466	6.2543
32	87.5651	0.0114	577.1005	0.0017	0.1517	6.5905	41.5006	6.2956
33	100.6998	0.0099	664.6655	0.0015	0.1515	6.6005	41.8184	6.3355
34	115.8048	0.0086	765.3654	0.0013	0.1513	6.6091	42.1033	6.3702
35	133.1755	0.0075	881.1702	0.0011	0.1511	6.6166	42.3586	6.4004

$(i=18\%)$ 续表

n	一次支付		等额序列				等差序列	
	$(F/P,i,n)$	$(P/F,i,n)$	$(F/A,i,n)$	$(A/F,i,n)$	$(A/P,i,n)$	$(P/A,i,n)$	$(P/G,i,n)$	$(A/G,i,n)$
1	1.1800	0.8475	1.0000	1.0000	1.1800	0.8475	0.0000	0.0000
2	1.3924	0.7182	2.1800	0.4587	0.6387	1.5656	0.7182	0.4587
3	1.6430	0.6086	3.5724	0.2799	0.4599	2.1743	1.9354	0.8901
4	1.9388	0.5158	5.2154	0.1917	0.3717	2.6901	3.4828	1.2946
5	2.2878	0.4371	7.1542	0.1398	0.3198	3.1272	5.2312	1.6729
6	2.6996	0.3704	9.4420	0.1059	0.2859	3.4976	7.0834	2.0251
7	3.1855	0.3139	12.1415	0.0824	0.2624	3.8115	8.9670	2.3529
8	3.7589	0.266	15.3270	0.0652	0.2452	4.0776	10.8292	2.6553
9	4.4355	0.2255	19.0859	0.0524	0.2324	4.3030	12.6329	2.9359
10	5.2338	0.1911	23.5213	0.0425	0.2225	4.4941	14.3525	3.1934
11	6.1759	0.1619	28.7551	0.0348	0.2148	4.6560	15.9716	3.4307
12	7.2876	0.1372	34.9311	0.0286	0.2086	4.7932	17.4811	3.6466
13	8.5994	0.1163	42.2187	0.0237	0.2037	4.9095	18.8765	3.8451
14	10.1472	0.0985	50.8180	0.0197	0.1997	5.0081	20.1576	4.0255
15	11.9737	0.0835	60.9653	0.0164	0.1964	5.0916	21.3269	4.1886
16	14.1290	0.0708	72.9390	0.0137	0.1937	5.1624	22.3885	4.3367
17	16.6722	0.0600	87.0680	0.0115	0.1915	5.2223	23.3482	4.4712
18	19.6733	0.0508	103.7403	0.0096	0.1896	5.2732	24.2123	4.5907
19	23.2144	0.0431	123.4135	0.0081	0.1881	5.3162	24.9877	4.7002
20	27.3930	0.0365	146.6280	0.0068	0.1868	5.3527	25.6813	4.7973
21	32.3238	0.0309	174.0210	0.0057	0.1857	5.3837	26.3000	4.8839
22	38.1421	0.0262	206.3448	0.0048	0.1848	5.4099	26.8506	4.9620
23	45.0076	0.0222	244.4868	0.0041	0.1841	5.4321	27.3394	5.0332
24	53.1090	0.0188	289.4945	0.0035	0.1835	5.4509	27.7725	5.0963
25	62.6686	0.0160	342.6035	0.0029	0.1829	5.4669	28.1555	5.1496
26	73.9490	0.0135	405.2721	0.0025	0.1825	5.4804	28.4935	5.2001
27	87.2598	0.0115	479.2211	0.0021	0.1821	5.4919	28.7915	5.2429
28	102.9666	0.0097	566.4809	0.0018	0.1818	5.5016	29.0537	5.2820
29	121.5005	0.0082	669.4475	0.0015	0.1815	5.5098	29.2842	5.3151
30	143.3706	0.007	790.9480	0.0013	0.1813	5.5168	29.4864	5.3459
31	169.1774	0.0059	934.3186	0.0011	0.1811	5.5227	29.6638	5.3721
32	199.6293	0.005	1103.4960	0.0009	0.1809	5.5277	29.8191	5.3943
33	235.5625	0.0042	1303.1253	0.0008	0.1808	5.532	29.9549	5.4158
34	277.9638	0.0036	1538.6878	0.0006	0.1806	5.5356	30.0736	5.4313
35	327.9973	0.0030	1816.6516	0.0006	0.1806	5.5386	30.1773	5.4500

($i=20\%$) 续表

n	一次支付		等额序列				等差序列	
	$(F/P,i,n)$	$(P/F,i,n)$	$(F/A,i,n)$	$(A/F,i,n)$	$(A/P,i,n)$	$(P/A,i,n)$	$(P/G,i,n)$	$(A/G,i,n)$
1	1.2000	0.8333	1.0000	1.0000	1.2000	0.8333	0.0000	0.0000
2	1.4400	0.6944	2.2000	0.4545	0.6545	1.5278	0.6944	0.4545
3	1.7280	0.5787	3.6400	0.2747	0.4747	2.1065	1.8519	0.8791
4	2.0736	0.4823	5.3680	0.1863	0.3863	2.5887	3.2986	1.2742
5	2.4883	0.4019	7.4416	0.1344	0.3344	2.9906	4.9061	1.6406
6	2.9860	0.3349	9.9299	0.1007	0.3007	3.3255	6.5806	1.9788
7	3.5832	0.2791	12.9159	0.0774	0.2774	3.6046	8.2551	2.2900
8	4.2998	0.2326	16.4991	0.0606	0.2606	3.8372	9.8831	2.5755
9	5.1598	0.1938	20.7989	0.0481	0.2481	4.0310	11.4335	2.8367
10	6.1917	0.1615	25.9587	0.0385	0.2385	4.1925	12.8871	3.0736
11	7.4301	0.1346	32.1504	0.0311	0.2311	4.3271	14.2330	3.2892
12	8.9161	0.1122	39.5805	0.0253	0.2253	4.4392	15.4667	3.4846
13	10.6993	0.0935	48.4966	0.0206	0.2206	4.5327	16.5883	3.6594
14	12.8392	0.0779	59.1959	0.0169	0.2169	4.6106	17.6008	3.8176
15	15.4070	0.0649	72.0351	0.0139	0.2139	4.6755	18.5095	3.9592
16	18.4884	0.0541	87.4421	0.0114	0.2114	4.7296	19.3208	4.0844
17	22.1861	0.0451	105.9306	0.0094	0.2094	4.7746	20.0419	4.1968
18	26.6233	0.0376	128.1167	0.0078	0.2078	4.8122	20.6805	4.2974
19	31.9480	0.0313	154.7400	0.0065	0.2065	4.8435	21.2439	4.3869
20	38.3376	0.0261	186.6880	0.0054	0.2054	4.8696	21.7395	4.4653
21	46.0051	0.0217	225.0256	0.0044	0.2044	4.8913	22.1742	4.5324
22	55.2061	0.0181	271.0307	0.0037	0.2037	4.9094	22.5546	4.5944
23	66.2474	0.0151	326.2369	0.0031	0.2031	4.9245	22.8867	4.6483
24	79.4968	0.0126	392.4842	0.0025	0.2025	4.9371	23.1760	4.6931
25	95.3962	0.0105	471.9811	0.0021	0.2021	4.9476	23.4276	4.7347
26	114.4755	0.0087	567.3773	0.0018	0.2018	4.9563	23.6460	4.7718
27	137.3706	0.0073	681.8528	0.0015	0.2015	4.9636	23.8353	4.8028
28	164.8447	0.0061	819.2233	0.0012	0.2012	4.9697	23.9991	4.8286
29	197.8136	0.0051	984.0680	0.0010	0.2010	4.9747	24.1406	4.8523
30	237.3763	0.0042	1181.8816	0.0008	0.2008	4.9789	24.2628	4.8720
31	284.8516	0.0035	1419.2579	0.0007	0.2007	4.9824	24.3681	4.8907
32	341.8219	0.0029	1704.1095	0.0006	0.2006	4.9854	24.4588	4.9064
33	410.1863	0.0024	2045.9314	0.0005	0.2005	4.9878	24.5368	4.9196
34	492.2235	0.0020	2456.1176	0.0004	0.2004	4.9898	24.6038	4.9306
35	590.6682	0.0017	2948.3411	0.0003	0.2003	4.9915	24.6614	4.9397

($i=25\%$) 续表

n	一次支付		等额序列				等差序列	
	$(F/P,i,n)$	$(P/F,i,n)$	$(F/A,i,n)$	$(A/F,i,n)$	$(A/P,i,n)$	$(P/A,i,n)$	$(P/G,i,n)$	$(A/G,i,n)$
1	1.2500	0.8000	1.0000	1.0000	1.2500	0.8000	0.0000	0.0000
2	1.5625	0.6400	2.2500	0.4444	0.6944	1.4400	0.6400	0.4444
3	1.9531	0.5120	3.8125	0.2623	0.5123	1.9520	1.6640	0.8525
4	2.4414	0.4096	5.7656	0.1734	0.4234	2.3616	2.8928	1.2248
5	3.0518	0.3277	8.2070	0.1218	0.3718	2.6893	4.2035	1.5629
6	3.8147	0.2621	11.2588	0.0888	0.3388	2.9514	5.5142	1.8682
7	4.7684	0.2097	15.0735	0.0663	0.3163	3.1611	6.7725	2.1421
8	5.9605	0.1678	19.8419	0.0504	0.3004	3.3289	7.9469	2.3872
9	7.4506	0.1342	25.8023	0.0388	0.2888	3.4631	9.0207	2.6052
10	9.3132	0.1074	33.2529	0.0301	0.2801	3.5705	9.9870	2.7974
11	11.6415	0.0859	42.5661	0.0235	0.2735	3.6564	10.8460	2.9664
12	14.5519	0.0687	54.2077	0.0184	0.2684	3.7251	11.6020	3.1140
13	18.1899	0.0550	68.7596	0.0145	0.2645	3.7801	12.2617	3.2432
14	22.7374	0.0440	86.9495	0.0115	0.2615	3.8241	12.8334	3.3559
15	28.4217	0.0352	109.6868	0.0091	0.2591	3.8593	13.3260	3.4528
16	35.5271	0.0281	138.1085	0.0072	0.2572	3.8874	13.7482	3.5360
17	44.4089	0.0225	173.6357	0.0058	0.2558	3.9099	14.1085	3.6090
18	55.5112	0.0180	218.0446	0.0046	0.2546	3.9279	14.4147	3.6700
19	69.3889	0.0144	273.5558	0.0037	0.2537	3.9424	14.6741	3.7228
20	86.7362	0.0115	342.9447	0.0029	0.2529	3.9539	14.8932	3.7665
21	108.4202	0.0092	429.6809	0.0023	0.2523	3.9631	15.0777	3.8041
22	135.5253	0.0074	538.1011	0.0019	0.2519	3.9705	15.2326	3.8371
23	169.4066	0.0059	673.6264	0.0015	0.2515	3.9764	15.3625	3.8637
24	211.7582	0.0047	843.0329	0.0012	0.2512	3.9811	15.4711	3.8863
25	264.6978	0.0038	1054.7912	0.0009	0.2509	3.9849	15.5618	3.9045
26	330.8722	0.0030	1319.4890	0.0008	0.2508	3.9879	15.6373	3.9218
27	413.5903	0.0024	1650.3612	0.0006	0.2506	3.9903	15.7002	3.9345
28	516.9879	0.0019	2063.9515	0.0005	0.2505	3.9923	15.7524	3.9460
29	646.2349	0.0015	2580.9394	0.0004	0.2504	3.9938	15.7957	3.9552
30	807.7936	0.0012	3227.1743	0.0003	0.2503	3.9950	15.8316	3.9626
31	1009.7420	0.0010	4034.9678	0.0002	0.2502	3.9960	15.8614	3.9685
32	1262.1774	0.0008	5044.7098	0.0002	0.2502	3.9968	15.8859	3.9747
33	1577.7218	0.0006	6306.8872	0.0002	0.2502	3.9975	15.9062	3.9797
34	1972.1523	0.0005	7884.6091	0.0001	0.2501	3.9980	15.9229	3.9823
35	2465.1903	0.0004	9856.7613	0.0001	0.2501	3.9984	15.9367	3.9858

($i=30\%$)

n	一次支付		等额序列				等差序列	
	$(F/P,i,n)$	$(P/F,i,n)$	$(F/A,i,n)$	$(A/F,i,n)$	$(A/P,i,n)$	$(P/A,i,n)$	$(P/G,i,n)$	$(A/G,i,n)$
1	1.3000	0.7692	1.0000	1.0000	1.3000	0.7692	0.0000	0.0000
2	1.6900	0.5917	2.3000	0.4348	0.7348	1.3609	0.5917	0.4348
3	2.1970	0.4552	3.9900	0.2506	0.5506	1.8161	1.5020	0.8270
4	2.8561	0.3501	6.1870	0.1616	0.4616	2.1662	2.5524	1.1782
5	3.7129	0.2693	9.0431	0.1106	0.4106	2.4356	3.6297	1.4904
6	4.8268	0.2072	12.7560	0.0784	0.3784	2.6427	4.6656	1.7655
7	6.2749	0.1594	17.5828	0.0569	0.3569	2.8021	5.6218	2.0064
8	8.1573	0.1226	23.8577	0.0419	0.3419	2.9247	6.4800	2.2155
9	10.6045	0.0943	32.0150	0.0312	0.3312	3.0190	7.2343	2.3960
10	13.7858	0.0725	42.6195	0.0235	0.3235	3.0915	7.8872	2.5515
11	17.9216	0.0558	56.4053	0.0177	0.3177	3.1473	8.4452	2.6830
12	23.2981	0.0429	74.3270	0.0135	0.3135	3.1903	8.9173	2.7956
13	30.2875	0.0330	97.6250	0.0102	0.3102	3.2233	9.3135	2.8890
14	39.3738	0.0254	127.9125	0.0078	0.3078	3.2487	9.6437	2.9683
15	51.1859	0.0195	167.2863	0.0060	0.3060	3.2682	9.9172	3.0347
16	66.5417	0.0150	218.4722	0.0046	0.3046	3.2832	10.1426	3.0894
17	86.5042	0.0116	285.0139	0.0035	0.3035	3.2948	10.3276	3.1344
18	112.4554	0.0089	371.5180	0.0027	0.3027	3.3037	10.4788	3.1719
19	146.1920	0.0068	483.9734	0.0021	0.3021	3.3105	10.6019	3.2028
20	190.0496	0.0053	630.1655	0.0016	0.3016	3.3158	10.7019	3.2277
21	247.0645	0.0040	820.2151	0.0012	0.3012	3.3198	10.7828	3.2478
22	321.1839	0.0031	1067.2796	0.0009	0.3009	3.3230	10.8482	3.2642
23	417.5391	0.0024	1388.4635	0.0007	0.3007	3.3254	10.9009	3.2779
24	542.8008	0.0018	1806.0026	0.0006	0.3006	3.3272	10.9433	3.2896
25	705.6410	0.0014	2348.8033	0.0004	0.3004	3.3286	10.9773	3.2976
26	917.3333	0.0011	3054.4443	0.0003	0.3003	3.3297	11.0045	3.3047
27	1192.5333	0.0008	3971.7776	0.0003	0.3003	3.3305	11.0263	3.3112
28	1550.2933	0.0006	5164.3109	0.0002	0.3002	3.3312	11.0437	3.3153
29	2015.3813	0.0005	6714.6042	0.0001	0.3001	3.3317	11.0576	3.3184
30	2619.9956	0.0004	8729.9855	0.0001	0.3001	3.3321	11.0687	3.3217
31	3405.9943	0.0003	11349.981	0.0001	0.3001	3.3324	11.0775	3.3244
32	4427.7926	0.0002	14755.976	0.0001	0.3001	3.3326	11.0845	3.3265
33	5756.1304	0.0002	19183.768	0.0001	0.3001	3.3328	11.0901	3.3281
34	7482.9696	0.0001	24939.899	0.0000	0.3000	3.3329	11.0945	3.3284
35	9727.8604	0.0001	32422.868	0.0000	0.3000	3.3330	11.0980	3.3294

($i=35\%$) 续表

n	一次支付		等额序列				等差序列	
	$(F/P,i,n)$	$(P/F,i,n)$	$(F/A,i,n)$	$(A/F,i,n)$	$(A/P,i,n)$	$(P/A,i,n)$	$(P/G,i,n)$	$(A/G,i,n)$
1	1.3500	0.7407	1.0000	1.0000	1.3500	0.7407	0.0000	0.0000
2	1.8225	0.5487	2.3500	0.4255	0.7755	1.2894	0.5487	0.4255
3	2.4604	0.4064	4.1725	0.2397	0.5897	1.6959	1.3616	0.8029
4	3.3215	0.3011	6.6329	0.1508	0.5008	1.9969	2.2648	1.1342
5	4.4840	0.2230	9.9544	0.1005	0.4505	2.2200	3.1568	1.4221
6	6.0534	0.1652	14.4384	0.0693	0.4193	2.3852	3.9828	1.6700
7	8.1722	0.1224	20.4919	0.0488	0.3988	2.5075	4.7170	1.8811
8	11.0324	0.0906	28.6640	0.0349	0.3849	2.5982	5.3515	2.0598
9	14.8937	0.0671	39.6964	0.0252	0.3752	2.6653	5.8886	2.2094
10	20.1066	0.0497	54.5902	0.0183	0.3683	2.7150	6.3363	2.3337
11	27.1439	0.0368	74.6967	0.0134	0.3634	2.7519	6.7047	2.4365
12	36.6442	0.0273	101.8406	0.0098	0.3598	2.7792	7.0049	2.5204
13	49.4697	0.0202	138.4848	0.0072	0.3572	2.7994	7.2474	2.5888
14	66.7841	0.0150	187.9544	0.0053	0.3553	2.8144	7.4421	2.6442
15	90.1585	0.0111	254.7385	0.0039	0.3539	2.8255	7.5974	2.6887
16	121.7139	0.0082	344.8970	0.0029	0.3529	2.8337	7.7206	2.7246
17	164.3138	0.0061	466.6109	0.0021	0.3521	2.8398	7.8180	2.7527
18	221.8236	0.0045	630.9247	0.0016	0.3516	2.8443	7.8946	2.7757
19	299.4619	0.0033	852.7483	0.0012	0.3512	2.8476	7.9547	2.7937
20	404.2736	0.0025	1152.2103	0.0009	0.3509	2.8501	8.0017	2.8078
21	545.7693	0.0018	1556.4838	0.0006	0.3506	2.8519	8.0384	2.8183
22	736.7886	0.0014	2102.2532	0.0005	0.3505	2.8533	8.0669	2.8274
23	994.6646	0.0010	2839.0418	0.0004	0.3504	2.8543	8.0890	2.8344
24	1342.7973	0.0007	3833.7064	0.0003	0.3503	2.8550	8.1061	2.8396
25	1812.7763	0.0006	5176.5037	0.0002	0.3502	2.8556	8.1194	2.8434
26	2447.2480	0.0004	6989.2800	0.0001	0.3501	2.8560	8.1296	2.8462
27	3303.7848	0.0003	9436.5280	0.0001	0.3501	2.8563	8.1374	2.8489
28	4460.1095	0.0002	12740.313	0.0001	0.3501	2.8565	8.1435	2.8510
29	6021.1478	0.0002	17200.422	0.0001	0.3501	2.8567	8.1481	2.8526
30	8128.5495	0.0001	23221.570	0.0000	0.3500	2.8568	8.1517	2.8531
31	10973.542	0.0001	31350.120	0.0000	0.3500	2.8569	8.1545	2.8541
32	14814.282	0.0001	42323.661	0.0000	0.3500	2.8569	8.1565	2.8548
33	19999.280	0.0001	57137.943	0.0000	0.3500	2.8570	8.1581	2.8553
34	26999.028	0.0000	77137.223	0.0000	0.3500	2.8570	8.1594	2.8558
35	36448.688	0.0000	104136.251	0.0000	0.3500	2.8571	8.1603	2.8561

($i=40\%$) 续表

n	一次支付		等额序列				等差序列	
	$(F/P,i,n)$	$(P/F,i,n)$	$(F/A,i,n)$	$(A/F,i,n)$	$(A/P,i,n)$	$(P/A,i,n)$	$(P/G,i,n)$	$(A/G,i,n)$
1	1.4000	0.7143	1.0000	1.0000	1.4000	0.7143	0.0000	0.0000
2	1.9600	0.5102	2.4000	0.4167	0.8167	1.2245	0.5102	0.4167
3	2.7440	0.3644	4.3600	0.2294	0.6294	1.5889	1.2391	0.7799
4	3.8416	0.2603	7.1040	0.1408	0.5408	1.8492	2.0200	1.0924
5	5.3782	0.1859	10.9456	0.0914	0.4914	2.0352	2.7637	1.3581
6	7.5295	0.1328	16.3238	0.0613	0.4613	2.1680	3.4278	1.5812
7	10.5414	0.0949	23.8534	0.0419	0.4419	2.2628	3.9970	1.7663
8	14.7579	0.0678	34.3947	0.0291	0.4291	2.3306	4.4713	1.9186
9	20.6610	0.0484	49.1526	0.0203	0.4203	2.3790	4.8585	2.0420
10	28.9255	0.0346	69.8137	0.0143	0.4143	2.4136	5.1696	2.1418
11	40.4957	0.0247	98.7391	0.0101	0.4101	2.4383	5.4166	2.2213
12	56.6939	0.0176	139.2348	0.0072	0.4072	2.4559	5.6106	2.2846
13	79.3715	0.0126	195.9287	0.0051	0.4051	2.4685	5.7618	2.3341
14	111.1201	0.009	275.3002	0.0036	0.4036	2.4775	5.8788	2.3727
15	155.5681	0.0064	386.4202	0.0026	0.4026	2.4839	5.9688	2.4030
16	217.7953	0.0046	541.9883	0.0018	0.4018	2.4885	6.0376	2.4259
17	304.9135	0.0033	759.7837	0.0013	0.4013	2.4918	6.0901	2.4440
18	426.8789	0.0023	1064.6971	0.0009	0.4009	2.4941	6.1299	2.4575
19	597.6304	0.0017	1491.5760	0.0007	0.4007	2.4958	6.1601	2.4684
20	836.6826	0.0012	2089.2064	0.0005	0.4005	2.4970	6.1828	2.4762
21	1171.3556	0.0009	2925.8889	0.0003	0.4003	2.4979	6.1998	2.4818
22	1639.8978	0.0006	4097.2445	0.0002	0.4002	2.4985	6.2127	2.4863
23	2295.8569	0.0004	5737.1423	0.0002	0.4002	2.4989	6.2222	2.4901
24	3214.1997	0.0003	8032.9993	0.0001	0.4001	2.4992	6.2294	2.4924
25	4499.8796	0.0002	11247.1990	0.0001	0.4001	2.4994	6.2347	2.4945
26	6299.8314	0.0002	15747.0785	0.0001	0.4001	2.4996	6.2387	2.4961
27	8819.7640	0.0001	22046.9099	0.0000	0.4000	2.4997	6.2416	2.4966
28	12347.6696	0.0001	30866.6739	0.0000	0.4000	2.4998	6.2438	2.4975
29	17286.7374	0.0001	43214.3435	0.0000	0.4000	2.4999	6.2454	2.4982
30	24201.4324	0.0000	60501.0809	0.0000	0.4000	2.4999	6.2466	2.4986
31	33882.0053	0.0000	84702.513	0.0000	0.4000	2.4999	6.2475	2.499
32	47434.8074	0.0000	118584.519	0.0000	0.4000	2.4999	6.2482	2.4993
33	66408.7304	0.0000	166019.326	0.0000	0.4000	2.5000	6.2487	2.4995
34	92972.2225	0.0000	232428.056	0.0000	0.4000	2.5000	6.2490	2.4996
35	130161.112	0.0000	325400.279	0.0000	0.4000	2.5000	6.2493	2.4997

参 考 文 献

[1] 陈进，王永祥. 建设项目经济分析 [M]. 上海：同济大学出版社，2009.
[2] 李南. 工程经济学 [M]. 3版. 北京：科学出版社，2009.
[3] 国家发改委，建设部. 建设项目经济评价方法与参数 [M]. 3版. 北京：中国计划出版社，2006.
[4] 全国一级建造师执业资格考试用书编写委员会. 建设工程经济 [M]. 3版. 北京：中国建筑工业出版社，2004.
[5] 冯为民，付晓灵. 工程经济学 [M]. 北京：北京大学出版社，2006.
[6] 李相然，陈慧. 工程经济学 [M]. 北京：中国电力出版社，2008.
[7] 宋国防，贾湖. 工程经济学 [M]. 天津：天津大学出版社，2005.
[8] 《投资项目可行性研究指南》编写组. 投资项目可行性研究指南（试用版）[M]. 北京：中国电力出版社，2002.
[9] 刘晓君. 工程经济学 [M]. 北京：中国建筑工业出版社，2009.
[10] 黄如宝. 建筑经济学 [M]. 上海：同济大学出版社，2009.
[11] 魏法杰，王玉灵，郑筠. 工程经济学 [M]. 北京：电子工业出版社，2007.
[12] 刘玉明. 工程经济学 [M]. 北京：清华大学出版社，2006.
[13] （美）威廉·G. 沙立文，埃琳·M. 威克斯，詹姆斯·T. 勒克斯霍. 工程经济学 [M]. 北京：清华大学出版社，2007.
[14] 黄有亮，徐向阳，谈飞，李希胜. 工程经济学 [M]. 南京：东南大学出版社，2006.
[15] 陈戈止. 技术经济学 [M]. 成都：西南财经大学出版社，2006.
[16] 丁冰. 当代西方经济学原理 [M]. 北京：首都经济贸易大学出版社，2004.
[17] 丁芸，武永春. 房地产经济学 [M]. 北京：首都经济贸易大学出版社，2008.
[18] 杜葵. 工程经济学 [M]. 重庆：重庆大学出版社，2001.
[19] 洪军，阳兆详. 工程经济学 [M]. 北京：高等教育出版社，2004.
[20] 李宝海. 西藏农牧业项目建设可行性研究报告编写基础与指南 [M]. 北京：中国农业科学技术出版社，2007.
[21] 刘长滨. 建筑工程技术经济学 [M]. 北京：中国建筑工业出版社，2004.
[22] 刘思峰，唐学文，米传民. 路桥项目后评价理论与方法 [M]. 北京：科学出版社，2009.
[23] 门格尔，刘絜敖. 国民经济学原理 [M]. 上海：上海人民出版社，2005.
[24] 屈援. 市场预测与决策 [M]. 北京：经济科学出版社，2007.
[25] 斯坦纳. 工程经济学原理 [M]. 北京：经济科学出版社，2000.
[26] 谭大璐，赵世强. 工程经济学 [M]. 武汉：武汉理工出版社. 2008.
[27] 王克强. Excel在工程经济学中的应用 [M]. 上海：上海财经大学出版社，2005.
[28] 王勇，陈延辉. 项目可行性研究与评估典型案例精解 [M]. 北京：中国建筑工业出版社，2008.
[29] 吴添祖. 技术经济学概论 [M]. 2版. 北京：高等教育出版社，2004.
[30] 吴易风. 当代西方经济学 [M]. 北京：中国财政经济出版社，2004.
[31] 武献华. 工程经济学 [M]. 大连：东北财经大学出版社，2002.
[32] 肖跃军，周东明，赵丽. 工程经济学 [M]. 北京：等教育出版社，2004.
[33] 徐阳，张毅. 市场调查与市场预测 [M]. 北京：高等教育出版社，2008.
[34] 许以洪，熊艳. 市场调查与预测 [M]. 北京：机械工业出版社，2010.
[35] 杨思远. 现代工程经济学 [M]. 北京：学苑出版社，1993.
[36] 张灿鹏，郭砚常. 市场调查与分析预测 [M]. 北京：北京交通大学出版社，2008.
[37] 张磊. 会计学 [M]. 北京：北京大学出版社，2005.

[38] 赵国杰. 技术经济学 [M]. 天津：天津大学出版社，1999.
[39] 中国国际工程咨询公司投资项目可行性研究与评价中心. 投资项目可行性研究报告编写范例 [M]. 北京：中国电力出版社，2003.
[40] 周慧珍. 投资项目经济评价 [M]. 北京：中国审计出版社，1997.
[41] 邵颖红，黄渝祥，邢爱芳等. 工程经济学 [M]. 4版. 上海：同济大学出版社，2009.
[42] 傅家骥，仝允桓. 技术经济学 [M]. 北京：清华大学出版社，1996.
[43] 吴添祖，冯勤，欧阳仲健. 技术经济学 [M]. 北京：清华大学出版社，2004.
[44] 杨克磊. 工程经济学 [M]. 上海：复旦大学出版社，2009.
[45] 吴添祖，虞晓芬，龚建立. 技术经济学概论 [M]. 3版. 北京：高等教育出版社，2010.